JN080979

ウィメンズ・ムービー・ブレックファスト

女性たちと映画をめぐるガイドブック

降矢聡＋吉田夏生＝編
グッチーズ・フリースクール＝監修

WO
MEN'S
MOVIE
BREAK
FAST

CONTENTS
もくじ

INTRODUCTION

CHAPTER1
スクリーンの中の女性たち

INTRODUCTION

「女性たちの映画」とはなにか

降矢聡（グッチーズ・フリースクール）、吉田夏生、田中竜輔（フィルムアート社）鼎談

田中●本書が目指しているものについて、編者のお二人にまず、率直なお話を伺いたいと思います。

降矢●まず、お話をいただいたときに、女性たちと映画をめぐるガイドとなる本があまり多くないとお聞きして、確かにそうだな、と思いました。雑誌とかの特集ではしばしば取り上げられても、ある程度の長いスパンを包括的に紹介した本というのは、今回の企画のはじめに田中さんから教えてもらって参照していた『女性監督映画の全貌』（パド・ウィメンズ・オフィス）くらいじゃないかと。これは凄まじい本で、まずこれを復刊するところからじゃないか、とも思いますが（笑）。ただ今回の書籍では、『女性監督映画の全貌』のように全映画史を網羅するというよりも、今の視点や価値観で、面白かったり重要だと感じる切り口から、映画を振り返ってみようと思いました。だから、通史的になっていない箇所もあるし、さまざまな国や年代の映画が一緒に取り上げられるような作りになっているはずです。そしてもうひとつは、よりカジュアルなニュアンスや雰囲気を持った本を作ろうと心がけました。

吉田●1960年代より昔、つまりアニエス・ヴァルダ以前の時代までは映画史に女性監督はほとんど存在していなかったという認識が、2000年代のはじめまでは一般的だったのではないかと思います。ここで踏まえておきたいのは、「映画史における（作り手としての）女性の不在」という視点自体が、ある時代まではほとんど認識されていなかったということです。70年代にフェミニズム研究が盛り上がりを見せ、それに伴って初めて焦点が当たったわけで、それまではそもそも「女性監督がいない」という問題自体に注目が集まっていなかった。ところが、この十数年で状況は大きく前進しました。世界最初の劇映画作家とされるアリス・ギイの再評価がなされたり、あるいはシャンタル・アケルマンの大規模なレトロスペクティヴやリバイバルが世界各国で開催されたり、歴史の読み直しが広がって、ムードが変わってきていますよね。映画作家の再発見という文脈だけではありません。たとえばコロンビア大学は、監督、脚本家、プロデューサーなど、無声映画期にカメラの裏側で働いた女性たちの情報・資料をオンラインで公開するプロジェクト「Women Film Pioneers Project」を2013年に立ち上げました。＃MeToo運動をきっかけとしてフェミニズムへの関心は世界的にいっそう高まっていて、そうした認識の変化を踏まえても、今、このタイミングで、女性と映画をコンセプトとした本をつくることの意味は大きいと思います。

ただ、紹介する映画や人物に一定の偏りが出てしまうという懸念はあります。アメリカ・ヨーロッパがメインで、白色人種の割合が多い。その理由のひとつとして、80年代の日本に生まれた編者の私たちにとって、そのときどきに話題だった、重要とされた映画を見るという鑑賞体験を続けてくると、どうしても、白人を中心とした欧米の映画に「慣れ親しんできた」傾向がある。それが本に反映されてしまうのではないかというジレンマについては、企画の当初から編者全員で話し合ってきました。参加者の「これが好き！ 面白い！」というパーソナルな愛や情熱が詰まっているのも本書の魅力なので、そうしたポイントは大切にしながらも、それぞれの鑑賞体験が抱える不均衡には常に意識的になって、制作を進めてきたつもりです。

降矢●吉田さんの言う通り、一冊の本をつくるというのはすごく恣意的な操作なので、どうしても入らない人たちというのは当然出てくる。それが結局ある種の差別に加担してしまう、という懸念はもちろん持っています。しかし何もかもを網羅することはもちろんできないし、全てわからなければ書くべきではないというようなタブー視はしたくなかったです。できることは、むしろ、差別や選別に繋がってしまうかもしれないが、それでもなにかを書くとしたらどうすればいいか、という悩みや迷いまで含めて、書くことではないかと思っています。このイントロ座談会は、そういった迷いや悩みを正直に話す場でもあるかな、と。

田中●この本では「女性映画」という表現が用いられることもありますが、もちろん現在のジェンダーをめぐるさまざまな考え方を無視しようというわけではないし、女性・男性の二元論に固執したいわけでもない、むしろ積極的にそうした議論にはかかわりたい。ただ、ひとつの判断基準として、映画史において「女性」という存在が男性優位な環境の中で目を向けられていなかった時代、あるいは特別な扱いを受けていた時代というのが歴然とある、それが現在に至るまでずっと影響を残している。その事実を踏まえてさらにその先に視座を置くために、そうした表現についても用いる選択をしました。

降矢●構成について話をしましょうか。まずChapter 1では、映画のスクリーンの上での女性の活躍にスポットを当てています。今まであまり描かれてこなかった、そして今見て新鮮だと思える女性の描き方や女性に対する視点、あるいは物語とはどういうものだろうとまず考えました。わかりやすいところでいうと、たとえば恋愛映画における女性の描き方や映画のなかで描かれる戦う女性たちのあり方などですね。今、新しい描き方がされているように見えるということは、そこにはきっと重要ななにかがあるはずです。こうした今の感覚を出発点に、過去の映画はどうだったろう、いつから変わり始めてきたのだろうか、そもそも本当に新しいのだろうか？と探っていく。言及した映画やキャラクターは今見てももちろん面白いものもあるでしょうし、逆に今の基準では受け入れ難いものもあるかもしれません。そうしたものに伴う変化だとか面白さというものを、単に楽しむだけでなく批判的な視点も忘れないようにしながら、さまざまに見ていくセクションですね。

田中●つづくChapter2では作り手の歴史についてさまざまな方に執筆いただき、映画史の中で女性たちのつくる映画というものがいかなる試みをなしてきたか、その系譜を俯瞰するようなパートになります。有名な作品も扱われますが、日本ではなかなか見ることのできない作品もたくさん登場します。アメリカ、ヨーロッパ、そして旧ソ連等の地域の女性たちによる映画史、その豊穣さを味わっていただき、そして今後の映画鑑賞に役立ててほしいと思います。一方、アジアやアフリカなどほとんど言及のできなかった地域もあり、その偏りを解消するには力及ばずでしたが……ぜひともそうした試みが、また新たに現れてくれることを期待しています。

降矢●Chapter 1はいろんな作品を俳優やキャラクターを単位に楽しく紹介することを心がけました。これは先ほども少し話しましたが、中々シビアな話題もあるなかでタブー視したり腫れ物に触るように慎重になりすぎても良くないと感じたというのがあります。一転して、ちょっと真面目に歴史とともに勉強してみましょうというのがChapter2ですね。

田中●そしてChapter3では、映画自体を広げるという仕事に注目しました。そこではまず、高崎郁子さんによる川喜多かしこさん、高野悦子さんという映画配給・プログラミングの歴史における重要なおふたりについてのテキスト、さらには本書をつくるにあたって非常に大きな資料となった『女性監督映画の全貌』の編著者のおひとりである松本侑壬子さんへのインタビューを掲載し、そして現在進行形で映画を広げるという仕事をされる方々へのアンケートをまとめています。

吉田●川喜多さんと高野さんは、それまでは国内で見ることが難しかった外国映画を日本に届けるお仕事をされた方々で、彼女たちの活動が日本における映画文化の発展に与えた影響は計り知れません。現在も近しい現状ではあると思うのですが、当時、メジャーな映画会社の中枢は男性が舵を握っていました。そんななかで、おふたりは、全く独自のやり方でそこに風穴を開けるようなお仕事をされたわけですよね。

女性と映画の関係について考えるとき、スクリーン上の女性や映画をつくる女性に目が向きがちになりますが、私たちがある映画作品に触れるためには、当然、それを観客に届ける方々の存在が必要になります。そこにおいては、上映に関わる活動のみではなく、その作品がこれから先も適切なかたちで見られるようにする、映画の保存活動も欠かせないものです。そうした、とっても重要だけれど普段はなかなかスポットの当たらない分野もできる限り取り上げたいという思いで、さまざまな方にご協力をいただきました。

降矢●高野さんらと直接交流があり、ご自身も素晴らしい活動をされてきた松本侑壬子さんにインタビューできたのはとても有意義でした。そこでは、業界では女性が少数派だったがゆえに、男性たちの目にはとまらなかった映画たちを見つけて、届けることができたというようなお話を具体的なエピソードを交えて語ってもらい、大変貴重なものになったと思います。また、アンケートページでは、川喜多さんと高野さん、そして松本さんと同じように映画文化の発展にとって重要なお仕事を現在進行形でされている女性たちにご自身のお仕事についてお話を伺いました。ただし、当然のこと、仕事との関わりあいのなかで、女性であることを意識していない方もいるし、女性であることを強調したくない、する必要もない、という方もいる。そう思って振り返ると、話を伺う側である私たちが「女性として」という部分にこだわるのは適当ではないかもしれないという迷いはありました。松本さんのインタビューに戻れば、そこでも「女性監督」と呼ぶべきか「監督」と呼ぶべきか、というお話をされています。

吉田●アンケートページにおけるの私たちのスタンスの迷いは、そのお話と少し通ずる部分がありますね。私たちは最終的に、「女性として」という観点を必須としないよう、なるべく誘導的にならない質問をすることに決めました。もちろん、そうではない方法もあったと思います。それでも、アンケートの内容は極めて充実し、とても面白いコーナーになっています。

田中●さらに女性たちによる映画をめぐる言説、研究についてのブックガイドを掲載しました。ここでは近年ローラ・マルヴィの映画作品の上映をなされた上映団体Nowsreelの中田円凜さん、沖田航平さん、そしてフェミニズムに特化したフェミニスト批評誌『i+med(i/e)a イメディア』の小林亜伽里さんにご協力をいただきました。フェミニズム映画理論、あるいはジェンダーやクィアの理論から映画を見るという広がりは近年の日本でもますます重要性がましています。私見ではありますが、そうした理論や批評というのは、他と比べてみても、かなり率直に実作とも結びついて見えるというか、作り手も積極的にその蓄積を作品に持ち込んでいることが多いように思われます。そうした知識を学ぶことが映画を見るという体験の充実につながるという視点を持っていただけたらと考えています。

そして最後のChapter4はドラマシリーズについて、いわゆる映画というものの伝統を引き継ぎつつ、そこからはみ出ていくメディアの中での、女性たちの新しい描かれ方を軸に考える座談会を設けました。

吉田●ドラマシリーズは、劇場公開される映画とは異なる作品の広がり方を有していながらも、作り手という点では、映画との境界線がどんどん曖昧になってきています。そういう意味でも、映画を中心とした本の中で、ドラマシリーズについて話す場を設けることも意義があるはずです。昨今のドラマシリーズは本当にバラエティ豊かで面白い作品が多いので、「映画は見るけどドラマシリーズはあんまり」という方にもぜひその魅力を伝えたい！ という思いが第一にありますが、読者の方がすでにご覧になっている作品であっても、そこに新しい発見ができるような読み物になっていればと思います。

「文学産業」や「演劇産業」といった表現はなくても「映画産業」はありふれた言葉であるように、映画という表現形式は非常に資本主義的なものです。目まぐるしい速度で作品がコンテンツとして消費される時代にあって、グローバル企業が運営する配信サービスなしには成立し得ない現在のドラマシリーズは、その点、映画以上に資本主義的とさえ言えるかもしれません。でも、そこに資本主義の枠組みを超えた見方を探ることはできる。そういうオルタナティブな精神性は、この本の核でもありますね。

降矢●女性たちと映画を考えるうえでとっかかりとなるものを、紙面の許す限り、なるべく多く作ったつもりなので、最初に言った通り、この本がガイドとして少しでも役に立てれば嬉しく思います。

吉田●私も全く同じ気持ちです。はじめの方でもお話ししましたが、取り上げている作品・人物に偏りを感じ、違和感を持つ方もいるかもしれません。その意味で、この本はまだ道半ばにあります。十数年……いや、数十年が必要かもしれないけど、もしもこれから先に誰かが「女性と映画」というテーマで再び本を作るとなったら、そのときには、今回私たちが抱いた懸念がほとんど解消されているような、違った景色が見えていたらいい。だからこそ、この本を過去と未来をつなぐための入り口にしていただけたら嬉しい。そんな期待をこめた本です、どうぞお楽しみください！

CHAPTER1
スクリーンの中の女性たち

1. 彼女たちの恋愛

2. 彼女たちの青春

3. 彼女たちの闘争

4. 彼女たちの労働・家庭

5. 彼女たちの恐怖

1 彼女たちの恋愛
WOMEN'S STORIES OF LOVE

吉田　恋愛とはすなわち女性と男性の織りなすものだと認識されていた時代、つまり異性愛規範を前提として映画で恋愛が描かれていた時代には、その視点はおよそ男性たちの側にあり、女性たちは客体化されていました。多くの女性表象が「恋愛対象」として生まれるなかで、自然とキャラクターの類型が形づくられていきます。そうした女性像の変遷について、今日の視点から再考しようとするのが「**女性と恋愛とステレオタイプ**」です。

降矢　自分が好きなあのキャラクター、あの登場人物は、よくあるステレオタイプだったのかという気づきもあるかもしれません。そしてステレオタイプが持つ魅力だったり、それゆえの害だったりといった功罪を反省的に振り返る素晴らしく有意義なページです。

吉田　1980〜90年代には、女性をメインターゲットにしたロマンティック・コメディの流行が起きますよね。そこで女性は恋愛をする主体であり、ロマンティック・コメディは時代の空気をみずみずしく反映して、描き出す女性像を移ろわせていきました。「**ロマンティック・コメディはどこへゆく？**」では、ジャンルを代表するアイコニックな俳優たちが演じてきたキャラクターを振り返り、「女性向けのエンタメ」とされてきたこの映画ジャンルがどのように社会の動きと密接に関わって表現を変化させてきたかを見ていきます。

田中　女性たちが形式をハックしてしまう、一種の逆襲のようにも見えます。つづく「**恋のお悩み相談室**」では、複数の映画を向き合わせる少し変わった試みをしています。

吉田　もちろん映画は、男性と女性に限らないいろんな関係性の恋愛を映してきました。男女の恋愛にも悩みは付きものですが、社会が強いてきた異性愛規範に当てはまらない恋愛をするキャラクターは、マジョリティがなかなか遭遇しないような障壁にぶつかることも多い。「恋のお悩み相談室」では、そうした問題について「お悩み相談」という形で考える試みをしています。

田中　冒頭のテキストで佐藤久理子さんに大きく60年代以降のメロドラマにおける女性像の変遷について論じていただきましたが、そこでもわかるように恋愛映画にはもちろんさまざまな形がある。それゆえにこそ、時代を超えて相互に問題を解決するヒントを見つけられるのではないか、ということを大胆に探る試みがこの「お悩み相談室」ですね。

降矢　いつでも現在が最良であって、過去はそれに至っていないわけじゃないですもんね。と言いつつ、解決する、しないは別に重要ではないかもしれない。お悩み相談でグッとくる回答は、全然悩み解決の役に立ってなかったりもしますから（笑）。これは実にヤバいページですよね。書き手が登場人物の悩みをある意味勝手に相談しはじめたうえに、別の映画を持ってきて、勝手に答えているわけです。はっきりいってマジかよ、と思いましたね。でも、そうして語られたお悩みに、書き手、もっといえば本書の映画と恋愛というものに対する問題意識が現れていると見てもらいたい。そしてその問題意識が、今の映画を考える上で重要なものであれば嬉しいですよね。本書で一番の問題作です。

吉田　恋愛の形は多様であり、それが当然だという認識を基盤に持つ映画は明らかに増えてきていて、とても素晴らしいことです。同時に、降矢さんが指摘してくれたように、では過去の作品が現在に対して劣っているのかというと、そういうわけでもない。異性愛規範自体は無論批判されるべきですが、それを理由にただ拒絶するのではなく、「何が映画をそうさせたか」を考えてみようとする、歴史の厚みを見つめる視点を忘れないことが大切かなって。恋愛は、そのための切り口としては最適のようにも思っています。

佐藤久理子

メロドラマを成立させた、伝統的価値観における女性像とその変遷

映画は社会を映し出す鏡だとよく言われる。時代ごとの空気や流行、考え方などがおのずと作品に表れる。だから映画を観ることは、大なり小なり社会について知るきっかけとなる。もちろん恋愛映画でもそれは変わらない。否、恋愛映画こそ如実に、その時代の社会的価値観を反映しているかもしれない。『ロミオとジュリエット』(1968)や『ウエスト・サイド物語』(1961)を思い出してもわかるように、それに倣うにせよ抗うにせよ、登場人物はその社会的基盤のなかで生きるしか術がないからだ。

ここでは、世界的な変動を迎えた1960年以降から現代に至る、恋愛映画における女性像の変遷について考えてみたいと思う。

60年代に登場した印象深い映画として、まず3作品を例に挙げよう。ひとつ目は女性監督の草分けとして知られるアニエス・ヴァルダの『幸福』(1965)。愛する妻と子供たちに囲まれ、幸福に包まれていたはずの男性が、若い女性に恋をする。どちらも諦めきれない彼は、妻にも素直にそのことを話し、夫を愛する彼女もそれを受け入れているように見えたものの……。不倫をあけっぴろげに語るヴァルダの姿勢は、当時としては画期的。だが本作はむろん、妻も愛人もみんな幸せになるという話ではなく、監督はこの三角関係を通して男性の身勝手さを明確にする。おそらく映画を観た誰もが、妻に同情を禁じ得ないだろう。「時代は自由な風潮に向かっているものの、果たして女性の立場はリスペクトされているだろうか」と、ヴァルダは訴えたがっているように思える。

2作目は恋愛映画の名手と言われたフランソワ・トリュフォーの『突然炎のごとく』(1961)。親友同士のふたりの男性が同じ女性を好きになり彼女に振り回される、三角関係でも女性主導の当時としては珍しい作品で、多くの観客に衝撃をもたらした。男性を手玉に取る女性像といえば、それまではフィルム・ノワールなどの悪女が一般的だったものの、ジャンヌ・モローがここで演じるヒロインは悪女というわけではない。たんに理解を超えた存在であり、奔放でわがままで、気に入った男が他の女に目を向けるのに耐えられない、そんな女王タイプだ。気分次第で男を変えるものの、一旦男が去ろうとすると引き止める。ある意味ハタ迷惑な性格だが、それをあえて正当化することもなく魅力的に描き出してしまうのが、トリュフォーとモローによる錬金術だろう。トリュフォーはこれとは真逆の、報われない恋を追って狂気に陥るヴィクトル・ユーゴーの次女の実話をもとにした古典主義的な『アデルの恋の物語』(1975)を撮っているが、10年以上も前に制作した『突然炎のごとく』のほうが、女性像としても映画としても活気的な新しさがある。ただし本作も『幸福』同様、ハッピーエンドと言えないところに時代性が表れている。

3作目は、60年代のアメリカン・ニュー・シネマの先駆的な作品と言えるマイク・ニコルズの大ヒット作『卒業』(1967)。大学を優秀な成績で卒業しつつも夢を持てないベンジャミンが、既婚夫人に誘

惑されるままにダラダラと不倫の関係を続ける。だが、彼女の娘エレインに出会ったことで転機が訪れる。ついに若者ふたりが自らの道を選択するラストが強いインパクトを放つ。この場合はベンジャミン目線で描かれた「彼の恋愛」とも言えるが、そのラブコールに答えるエレインもまた、物質社会を象徴する親の世代に反感を抱いている。とはいえやっと掴んだ自由に酔いしれるような充足感がないのは、ベトナム戦争の長期化を背景に、社会を覆う虚無感と不透明さが反映されているからだろう。

1970年には、悲恋映画の金字塔として語り継がれる、アーサー・ヒラーの『ある愛の詩』がある。裕福な家柄のエリート学生であるオリバーが、身分の異なる女子学生ジェニーと恋に落ち、親の反対を押し切って結婚するも、後にジェニーが白血病と判明する。彼らの愛の強さも病に打ち勝つことはできず、フランシス・レイのメランコリックな名曲と相まって、観客は号泣を余儀なくされる。こちらも、物語はオリバーの視点を通して語られる。

ちなみに、もしもこの男女の立場が逆であったらどうだろう。ジェニーが金持ちの令嬢で、病に倒れるのがオリバーだとしたら。果たして観客は同じように泣けるだろうか。

ここでハタと思い当たるのは、恋愛映画のステレオタイプとして、女性は悲劇のヒロインにされやすいということだ。というのも、男たちが華奢な女性たちを守るほうが映像的にも説得力を持ちやすいし、伝統的価値観における女性のフェミニンな美しさというものが引き立ちやすい。『ボディガード』(1992)がその典型だろう。ホイットニー・ヒューストン扮する人気歌手を守るために雇われたボディガード(ケ

『燃ゆる女の肖像』
（セリーヌ・シアマ監督）
Blu-rayコレクターズ・エディション：¥6,380（税込）
Blu-rayスタンダード・エディション：¥5,280（税込）
DVDスタンダード・エディション：¥4,180（税込）
発売・販売元：ギャガ

ヴィン・コスナー）は、徐々に彼女に惹かれていく。彼女もまた、唯一信頼できる相手として絆を深めていくなかで、それが愛情に変わる。ここでも、男女の役割を交代させるのはメロドラマをメロドラマとして成立させる上で困難だとわかる。

さらに作り手の事情を挙げると、映画製作の現場は長年、ほとんどが男性監督に担われていたことに気づく（女性の映画監督の総数が圧倒的に少ないのだから）。否、監督ばかりではない。脚本家もプロデューサーも、あるいはハリウッドの場合映画に絶大な影響力を誇るスタジオの役員も、長年男性陣に牛耳られてきたわけで、そこには否応なく男性による視点が介在する。それゆえメロドラマにしろロマコメにしろ、描かれる女性像が似通ったものになりやすいのではないだろうか。

たとえば人気恋愛映画のリストに必ず名が上がる『ゴースト ニューヨークの幻』（1990）。ここでは悪漢に命を奪われた男性が、ゴーストとなって恋人を危険から守ろうとする。本作で脚光を浴びた恋人役のデミ・ムーアが初々しく、いかにも手を差し伸べたくなるような雰囲気がある。一方、ゴーストに扮するパトリック・スウェイジは筋肉隆々でとても伝統的な幽霊には見えないが、彼女を守るという役割にはぴったりだ。

あるいは、ジュリア・ロバーツを一躍スターに仕立てた大ヒットコメディ『プリティ・ウーマン』（1990）。金持ちの実業家がコールガールに恋をし、周囲の反対を押し切って迎え入れるシンデレラ・ストーリーの典型だ。じつは本作はもともと、身分違いのふたりが結ばれることはなく、「やはり社会の壁は厚かった」という悲劇的な結末だったという。だが、それではあまりに暗すぎる、と判断したスタジオ側の要請により、急遽ハッピーエンディングに変更され、結果、みごとにヒットしたという経緯がある。要するに王道恋愛映画の図式とは長らく、男性が騎士（ナイト）のように女性を守り、ヒロインはその愛を享受するという関係が一般的であった。恋愛映画における一定のフォーマットが綿々と作り出されてきたわけだ。

もちろんシンデレラ型以外にも恋愛映画は存在する。たとえば幼馴染や同級生など、友人の立場を続けるうちにふたりが惹かれ合っていくものの、なかなか打ち明けられずに距離が縮まらないといった、『あと1センチの恋』（2014）のようなケースもあれば、偶然出会って意気投合する『ビフォア・サンライズ 恋人までの距離』（1995）のような例もある。あるいは『ノッティングヒルの恋人』（1999）のようなアイディアものも。だが、ドラマチックで感動的な恋愛映画となると、商業的な戦略からもシンデレラ型が多くなる。

こうしたハリウッド的な風潮に対するカウンターカルチャーの代表と言えるのは、フランス映画だろう。80年代に入ってフランスで社会現象を巻き起

『TITANE／チタン』
（ジュリアン・デュクルノー監督）
Blu-ray：¥5,280（税込）
DVD：¥4,180（税込）
発売中
GAGA株式会社

こすほどヒットしたのが、ジャン＝ジャック・ベネックスの『ベティ・ブルー 愛と激情の日々』（1986）である。こちらは一回り以上も年の若い激情型ヒロイン、ベティに男が引き摺られる物語。ふたりの運命的な愛は男性側の視点から描かれるものの、ベアトリス・ダル演じるヒロインのキャラクターがあまりにパワフルであるがゆえに、定型に収まらない新鮮さをもたらす。

『ベティ・ブルー』と同様に、レオス・カラックスの『ポンヌフの恋人』（1991）も、フランスの恋愛映画としてしばしば引き合いに出される。もっとも、本作は後半に至るまでは、お互いに惹かれ合う恋人というわけではない。ホームレスのアレックスが車に片足を轢かれたのをたまたま目撃した画学生のミシェルが、彼を助ける。彼女は失恋のショックと失明の危機により自暴自棄になり、アレックスと路上生活を送るようになるが、あるとき手術で目が治る可能性があると知ると、さっさと彼の元を去っていく。彼女がアレックスの愛に本当に気づくのは、後になってからだ。アレックスの愛し方は未熟で自分本位かもしれないが、ミシェルもまた、彼といるのはただ絶望から気を紛らわせたいだけに見える。こんなぎくしゃくした関係はしかし、クライマックスで劇的な展開を見せる。カラックスはこの利己的な人間関係をあえて理屈付けしたり美化することはせず、代わりにきわめて映画的な力である光と音と運動《ムーヴメント》（ふたりのダンス、アレックスの疾走、ゆらめく炎、花火など）のシンフォニーにより観る者を魅了し、ねじ伏せる。それゆえに本作は、記念碑的な愛の映画として人々に記憶されることになった。

ジュリー・マロによるフレンチ・コミックが原作のアブデラティフ・ケシシュ監督作『アデル、ブルーは熱い色』（2013）は、赤裸々なベッドシーンばかりに話題が集まりがちだが、社会的な格差に女性ふたりの恋愛を絡めた作品として注目したい。高校生のアデルは、美大生で青い髪のエマに惹かれる。ふたりはすぐに熱烈な恋人同士になるが、やがて家庭環境や愛に対する考え方の違いにより、エマはアデルに物足りなさを感じ遠ざけるようになる。LGBTQ＋のテーマが自然に語られ、それ自体が愛を阻止する障害として描かれているのではないところに新しさがある。

イギリス映画では、一見シンデレラ型のようでありながら、そのリアリティとウィットで世界中の女性の共感を誘った『ブリジット・ジョーンズの日記』（2001）シリーズがある。30歳を超えてシングルでいることに焦るブリジットが、憧れのモテ男上司と実直な恋人候補のあいだで揺れる。どちらを選べばいいのかは初めから予想がつくが、そのプロセスの複雑さにこそ、恋愛の真髄が語られる。これは原作者のヘレン・フィールディングの本音と実感がこもった女性描写の面白さと言えるだろう。

2000年前後からは、女性の監督やプロデューサー

たちの活躍が増えると同時に、ヒロイン像のバリエーションも広がっていった。ヒンズー教にのめり込んだ個性的な女性と周囲の軋轢を描くジェーン・カンピオンの『ホーリー・スモーク』（1999）、X世代のアイコンであるソフィア・コッポラの『ロスト・イン・トランスレーション』（2003）、19世紀の女性画家とモデルの愛を、現代的な感性で映画化したセリーヌ・シアマの『燃ゆる女の肖像』（2019）、ふつうの人間とは異なる感覚を持ったヒロインの暴力的なまでの肉体性を掬いとるジュリア・デュクルノーの『TITANE／チタン』（2021）、中絶が違法だった60年代に望まぬ妊娠をしてしまったヒロインの苦悩に密着した、アニー・エルノー原作によるオードレイ・ディヴァンの『あのこと』（2021）など。とくにソフィア・コッポラが描く中年男性と若い女性のプラトニックな恋は、果たして男性監督だったら同じように描くことができただろうかと考えさせる。もちろん、性別を超えてこの監督の感性に拠るものであるのは確かだが、寂しいからといって肉体的な快楽を求めているのではない、新妻の浮遊した心の有りさまと、そんなヒロインの隙間を埋める成熟した、しかしギラギラしたフェロモンとは無縁の男性像は、女性の観点だからこそ描けたのではないかと思えるのだ。

新鮮なヒロイン像が描かれることで興行的にも映画がヒットするとあれば、保守的なハリウッドも態度を変える。ここではあえて女性を主人公にした代表的な恋愛映画を取り上げたが、これからは作り手側も描かれる側も、LGBTQ＋が加わり、ますます多様化していくに違いない。否、現実がそうである以上、スクリーンの向こうの世界でもそうなっていくのが健全というものだろう。

女性と恋愛とステレオタイプ

映画が恋愛を描くとき、長い間、女性は往々にして男性の恋愛相手として存在してきた。男性をときめかせ、悲喜交々を味わわせ、映画を躍動させる女性。そのキャラクターはバラエティに富んでいるものの、一世紀を越える映画史を通じて、恋愛の表象において頻出しがちな女性像にはさまざまな類型が見出されるようになった。一体、どんなステレオタイプが生まれてきたのだろう。いくつかの事例とともに探ってみよう。

ボムシェル

爆弾（bomb）のように衝撃的で、破壊力を宿した「非常に魅力的な女性」の俗称として用いられる。豊満な胸に細いウエスト、ブロンドヘアなどの外見的な条件を備えており、その過剰にフェミニンな女性像はしばしば各時代を通じてセックス・シンボルとしての役割も果たしてきた。ボムシェルとは男性の想像の産物に過ぎないとして、否定的に価値づけられる側面もあるが、彼女たちが体現した「女性性のひとつの理想像」は、男性に対して威力を示すための武器でもあった。自己のセクシュアリティを自覚的に表現する女性像という意味では、女性の性的解放を先取りしたような存在とも言えるだろう。何十年にもわたりリメイクが繰り返されるボムシェルの体には、タブーと理想が同時に宿っている。Ⓘ

ローレライ（マリリン・モンロー）

『紳士は金髪がお好き』
（監督：ハワード・ホークス、1953）
天真爛漫でダイヤに目がない金髪のショーガール・ローレライは、「大切なときには賢い女になれるけど、大体の男はそれが好きじゃないの」とつぶやき、自分が男性から客体化された存在であることを仄めかす。でもそれならば、彼らの金銭によって彼女が価値あるモノを得るのは当然の応酬だろう。マリリン・モンローは本作を筆頭とする出演作によって、女性に無知であって欲しいという男性の欲求を満たす"dumb blonde"（おバカなブロンド）としてのキャラクターを確立した。性的な女性を自然体で危険のない存在として演じた彼女のボムシェル像は、大衆性を得ながら今なお輝き続けている。Ⓘ

ジュリエット（ブリジット・バルドー）

『素直な悪女』
（監督：ロジェ・ヴァディム、1956）
美しい肢体で町の男たちを翻弄する、やんちゃで自由奔放なジュリエットは、その肉体ひとつで社会的規範を翻す程の破壊力を持っている。彼女のボムシェル像はうわべだけではなく、現実生活とスクリーン上の双方でしがらみなく生きたブリジット・バルドー自身である。哲学者シモーヌ・ド・ボーヴォワールが"locomotive of women's history"（女性史の機関車）と呼んだように、バルドーが酒場で脚をあらわに踊り狂い、自信に満ちてそのセクシュアリティを発散したことは、先駆けて女性たちを解放する行為でもあった。Ⓘ

ナオミ（マーゴット・ロビー）

『ウルフ・オブ・ウォールストリート』
（監督：マーティン・スコセッシ、2013）
株式ブローカーの二番目の妻・ナオミは、性的魅力による自身の資産価値を自覚しており、億万長者の夫に対して主導権を握っている。経済的に成功した男たちの欲望が具現化した、典型的な"blonde bombshell"（ブロンド・ボムシェル）として設定されたナオミだが、彼女が主体性を持った存在として描かれなければ、演じたマーゴット・ロビーはこの役に賛同していなかっただろう。彼女は本作を基点として、以降の作品群のなかで既存のボムシェルを解体し続けており、役づくりを通じて、それぞれの女性たちを「複雑な個性を持った一人の意思ある人間」として世に打ち出している。Ⓘ

ファム・ファタール

本来はフランス語で「運命の女」を意味する言葉だが、ファタール（fatal[e]）には「致命的な」という意味もある通り、ファム・ファタールとは自分に惚れた男を破滅へと導く魔性の女である。1940〜50年代のハリウッドで隆盛を誇ったフィルム・ノワールの作品群では、ファム・ファタールの登場が特徴のひとつとされる。犯罪と隣り合わせに生きる男のロマンチシズムを描くためには、類い稀な美貌を持ち、その魅力で男を狂わせるファム・ファタールは格好の「道具」だったと言えるだろう。ファム・ファタールは、男たちに快楽と恐怖を同時に与えることを求められる。たとえ彼女たちが男を操っているように見えたとしても、ファム・ファタールにははじめから主体性はなく、その意味では「都合の良い女」でもあるのかもしれない。Ⓨ

ギルダ（リタ・ヘイワース）

『ギルダ』
（監督：チャールズ・ヴィダー、1946）
ファム・ファタールの代名詞とも言えるギルダは、その実、ファム・ファタールを定義する難しさを表してもいる。カジノの支配人の若き妻で、その支配人の右腕となった男の元恋人でもあるギルダ。彼女の登場によって順風満帆に思えた男たちの協働は歯車が狂い出すが、ギルダは何も、悪賢く策略して男たちを翻弄しようとはしない。元恋人の気を引こうとはするけれど、ギルダの魔性は他でもない、彼女への愛憎でもがく周りの男たちが作り上げるイメージなのだ。男たちが向ける欲望の「入れ物」に落ち着くことに抗うリタ・ヘイワースの輝きこそが、『ギルダ』をファム・ファタール映画の古典たらしめている理由だろう。Ⓨ

キャサリン（シャロン・ストーン）

『氷の微笑』
（監督：ポール・バーホーベン、1992）
キャサリン・トラメルは小説家だ。彼女の小説と同じ手口で起きた殺人を追うという物語には、映画自体が彼女のシナリオ通りに進んでいるような錯覚すら覚える。観客も登場人物も、彼女の手のひらで転がされているだけ、と言われているような——。あけすけな視線を投げる男の刑事たちの取調べでも、キャサリンは動揺ひとつ見せず、むしろ楽しげに眩しい足を組み替えてみせる。暴力とエロス、恐怖と快楽が表裏一体となり、最後までキャサリンを謎のままにとどめる『氷の微笑』は、そのルックに反して、ファム・ファタールのイメージをメタ化して誇張するような遊び心があふれている。Ⓨ

エイミー（ロザムンド・パイク）

『ゴーン・ガール』
（監督：デヴィッド・フィンチャー、2014）
自らの失踪事件を偽装して夫・ダンを犯人に仕立て上げようとするエイミーは、文字通り、破滅をもたらす魔性の女だ。しかし、あらゆる他人を利用し、すっぴんで痰を吐くエイミーは魔性以上に意志の塊でもあり、さらに彼女は、計画のために何度も自分の身体を傷つけさえする。怒りと痛みに支えられた彼女の復讐劇は、男たちのマゾヒスティックな欲望を刺激しはしない。エイミーがダンに与えるのはただ純粋な恐怖、そして不愉快のみであり、それは、己の物語のために彼女たちを客体の枠に閉じこめてきた「男」に対する、ファム・ファタールの復讐なのだ。Ⓨ

テキスト＝稲垣晴夏Ⓘ、星遼太朗Ⓗ、吉田夏生Ⓨ　イラスト＝あんころもち

ガール・ネクスト・ドア

その名の通り、男性主人公に隣人や幼なじみとして寄り添う「ひかえめで親しみやすい"健全な"女性」の意味。「ガール・ネクスト・ドア」(以下GND)には各時代ごとにアメリカ社会が女性に求めてきた、純潔無垢な"良い子"の理想像が内包されている。1950年代にマリリン・モンローと人気を二分したドリス・デイが「ハリウッドのGND」と呼ばれたように、女性に対する古い二項対立的な考え("すべての女性は聖母か娼婦かのどちらかである")のもとで、ボムシェルあるいはファム・ファタールとの三角関係の図式で描かれることも多い。いつもそばで安らぎと無償の愛を与えてくれるGNDは、男性との関係性に縛り付けられているものの、近年は恋愛対象としてだけではなく、複雑な個性をはらんだ存在にアップデートされつつある。①

メリー・ジェーン (キルスティン・ダンスト)

『スパイダーマン』
(監督:サム・ライミ、2002)
作品冒頭のナレーションが「これは"隣の女の子"の物語」と宣言する通り、キルスティン・ダンスト演じるメリー・ジェーン(MJ)は2000年代初頭のGNDを体現する存在として設定されている。MJは主人公の幼馴染であり、学校の人気者であり、女優を目指す苦労人である。放射性クモの遺伝子によって冴えない高校生からスーパーヒーローへと変貌を遂げる主人公に対し、MJ自身は普段どおりの日々を生きながら、変わらずそこに居る。彼女は主人公以外の男性と付き合っている(ときに薄着で濡れている)が、自身のセクシーな魅力に奢ることはなく、その地に足がついた親しみやすさでGNDらしさを発揮している。①

サンディ (ローラ・ダーン)

『ブルーベルベット』
(監督:デヴィッド・リンチ、1986)
空き地で切断された人間の耳を発見した大学生の主人公は、隣人の刑事の娘・サンディの助けを借りて事件を解明しようとするが、その渦中でナイトクラブの歌手・ドロシーとの情事に溺れていく。妖しく魅惑的なドロシーと対照的に、ピンクのワンピースに身を包んだローラ・ダーン演じるサンディは、アメリカの郊外に住む素朴なGNDを象徴する存在である。しかしドロシーの出現によって愛する主人公との未来が脅かされたとき、あまりのショックにサンディはそのGNDとしての顔を大きく歪ませる。見慣れた「隣の家の少女」のイメージへ亀裂が走ったとき、古き良き郊外のありふれた風景も不気味に反転する。①

テレサ (ジャネール・モネイ)

『ムーンライト』
(監督:バリー・ジェンキンス、2016)
ジャネール・モネイ演じるテレサは、社会から疎外された主人公の少年へ救いの手を向け、居場所を与える。貧困地区で家族関係に苦しみ、学校でも日常的にいじめに悩む主人公に対して、いつも無償の愛情を持って接する彼女は人徳を極めた聖母のような人物だ。人生のどの地点においても、ただそこにいて、話に耳を傾け、偏見を持たずにいてくれるテレサが、主人公の人生にとってどれほど大きな意味を持つ存在かは計り知れない。同時に彼女は、自分のセクシュアリティに悩み、アイデンティティを模索する全ての人々に拠り所を与えてくれる、現代に求められるGNDのひとつの理想像でもあるだろう。①

マニック・ピクシー・ドリーム・ガール

2007年にカルチャーメディア「A.V. CLUB」の映画評論家ネイサン・ラビンが『エリザベスタウン』のキルスティン・ダンスト演じるキャラクターを批評するために作った造語。以降「マニック・ピクシー・ドリーム・ガール」(以下MPDG)は、「人生に悩む陰気な男性に対し、人生や愛の意味を教え、彼らを救済するためだけに存在する、風変わりな女性キャラクター」を表す定番表現として急速に拡散した。その濫用により徐々にフィクションを超えて「個性的な女性」を揶揄する意味をはらみ始め、代表的なMPDG女優とされる『(500)日のサマー』(2009)のズーイー・デシャネルらもこの言葉に対し否定的な意向を表明した。2014年に生みの親であるラビン自身がこの言葉を「休ませる」べきだと宣言し、批評用語としてのMPDGは近年その意味を失いつつある。①

スーザン (キャサリン・ヘプバーン)

『赤ちゃん教育』
(監督:ハワード・ホークス、1938)
スクリューボール・コメディを代表する本作の中で、キャサリン・ヘプバーンが演じるスーザンというキャラクターは、MPDGの最初期の例のひとつとされる。自由奔放で理屈にとらわれないスーザンは、その突拍子もない気まぐれによって、堅物な古生物学者である主人公の男性をつねに苛立たせている。しかし、彼女とそのペットである"Baby"という名のヒョウに散々振り回された結果、映画の終盤で主人公は「人生最高の日だった」と告白する。彼女は確かに鬱屈とした男性を元気づけ、人生を愛するきっかけを与えるが、その人並外れた個性を表現するには、型にはまった用語だけでは片付けられないはずだ。①

アニー (ダイアン・キートン)

『アニー・ホール』
(監督:ウディ・アレン、1977)
アニーという役は、アレンの当時のパートナーであったダイアン・キートンをモデルに設定されている。作中でアレンは、彼女との関係について果てしない自己分析を繰り広げる。究極的に運転が下手で、神経質で、知的だけどもおっちょこちょいなアニーという人物は、結局のところ彼にとっても解き明かせないままだ。彼女はMPDG的な要素もあるが、アレンを救うために存在しているのではなく、自分の人生を謳歌する生身の人間として描かれる。そんなアニーというほとんど実在の人物に対してMPDGのレッテルを貼ることは、主体的に生きる一人の女性を現実に陳腐化してしまう危険な行為でもある。①

ティファニー (ジェニファー・ローレンス)

『世界にひとつのプレイブック』
(監督:デヴィッド・O・ラッセル、2012)
最愛の妻から接近禁止命令を出され、心を病んだ主人公をダンスコンテスト出場へ誘い、練習を通じて彼の心の傷を癒していくティファニー。彼女の人物像は、確かに「憂鬱な男性に人生の意義を与えてくれる、風変わりな女性」と言いあらわせるだろう。しかし、彼女はたいてい何かに怒っていたり、不機嫌そうであり、決して男性にとっての"都合のよい存在"であろうとしない。主人公だけではなく、彼女自身の内面もボロボロに傷ついているからだ。共に与えあうことが、彼らの関係性を対等で健全なものにしているし、息絶えつつあるMPDG的ヒロイン像を再構築する足がかりともなるだろう。①

囚われの姫

文字どおり、怪物や悪者や化物に拐かされて檻に閉じ込められる美しき姫君をいう。『白雪姫』、『シンデレラ』、『眠れる森の美女』といった範例を挙げはじめるとキリがないが、前世紀のディズニー映画が組み立て、かつ何度も強化してきた〈あの感じ〉といえばひとまずは良いだろう。そして白馬の王子様のキスが彼女を解放し、ふたりして自由で幸せな世界へ歩んでゆく……。そりゃ幸せになるのは一向にかまわないのだが、問題はプリンセスが一切の主体的行動を許されず、ただ待つ人の座を強いられる点にある。野球部の主人公が美人マネージャーをめぐってライバル校のエースと戦うとき、肝心のマネージャーの意志はどこにあるんだよというお馴染みの議論を続けねばならない。Ⓗ

マリアン姫（オリヴィア・デ・ハヴィランド）

『ロビンフッドの冒険』
（監督：マイケル・カーティス、ウィリアム・キーリー、1938）
といって1938年に製作された『ロビンフッドの冒険』を現代の目で見てみると、好印象を抱く向きもゼロではあるまい。いや、たしかに囚われの姫は登場するのだが、もはや現代では絶滅危惧種と化したストレートなメロドラマ性が胸を打つ。ロビンフッドとマリアンのキスシーンでは、ぼやけた後景と緩いフォーカスが、まるでこの世にふたりしか存在しないかのような情感さえもたらすのである。しかしやはりこの情感はメロドラマ的作劇のために導入された囚われの姫のイメージに裏打ちされたものであって……と、堂々巡りに陥るのだが。Ⓗ

レイア姫（キャリー・フィッシャー）

『スター・ウォーズ／ジェダイの復讐』
（監督：リチャード・マーカンド、1983）
ここでは、あの悪名高い「レイア姫のビキニ」が登場する。ジャバ・ザ・ハットに囚われたレイア姫は肢体を曝すのだが、たとえばプロダクション・コード（PC）施行当初に製作された『ロビンフッドの冒険』でマリオン姫が頭のてっぺんから爪先まで布という布に覆われていた事態を鑑みれば、同じく高貴なる姫に邪なまなざしを注ぐ『ジェダイの復讐』は、紛れもなくPC崩壊後の作品だといえるだろう。眼差しによって、囚われの姫は囚われの姫として供される。Ⓗ

キャット（エリザベス・デビッキ）

『TENET テネット』
（監督：クリストファー・ノーラン、2020）
あらすじも人物の行動動機もさっぱり分からないし分からせる気もない『TENET テネット』にそれでもひとつだけ明らかなことがあるとすれば、男性主人公が仲間とともに悪漢から女性を救うという古式ゆかしい物語の骨組みであろう。この点でキャットを囚われの姫と呼べるのだが、前述の2作とは異なり、ここではその姫より、傷を負う男のほうが相当セダクティヴに撮られている。自己憐憫と書いてノーランと読む。やはり囚われの姫には内面すらなく、騎士はただ檻の前で鏡越しに自分を見つめるだけだ。Ⓗ

ボーン・セクシー・イエスタデイ

SF映画に頻出する「なんにも知らない純粋でセクシーな女性」を指す。一般的に知られている語彙とはいえないが、“born yesterday”（無知でナイーヴ）に由来し、YouTubeチャンネルPop Culture Detectiveが2017年に上げたビデオ・エッセイで命名している。曰く、このジャンルでは、テクノロジーが生み出したロボットであれ人間に擬態した宇宙人であれ、性的かつ社会的に疎い女性が見られる。「キスってなあに？」「これのことさ……」。ここでは身体的に成熟した女性にこどもの心が宿っているが、当然こうした女性像そのものは残念ながら普遍的であり、去勢不安に駆られた男性が抱く少女幻想の産物に過ぎない。事実Pop Culture Detectiveは、このイメージの源流が白人男性の先住民女性に対する優位性に求められると語る。ボーン・セクシー・イエスタデイとは、換言すれば、権力勾配のひとつの形態である。Ⓗ

リー・ルー（ミラ・ジョヴォヴィッチ）

『フィフス・エレメント』
（監督：リュック・ベッソン、1997）
かようなヒロインの代表に挙げられるのが『フィフス・エレメント』のリー・ルーである。時は車が空を飛ぶ程度の未来、悪玉から宇宙を守るためのキーパーソンとしてリー・ルーは物語に呼び込まれる。彼女の性格や振る舞いは前述したようなボーン・セクシー・イエスタデイのそれであり、その超人的な運動神経が、男が憧れる漢ブルース・リーの映像を通じて得られたものであることを除いてここで付け足すことはないが、傍らに位置する主人公が筋骨隆々のタクシードライバー（ブルース・ウィリス）であることは見逃せない。トラヴィス・ビックルから歴史性を引っこ抜いたようなマスキュリニティを誇る彼は、最終的にリー・ルーとの愛の力で宇宙を救う。救われた宇宙に彼女はいない。Ⓗ

レイチェル（ショーン・ヤング）

『ブレードランナー』
（監督：リドリー・スコット、1982）
自分がレプリカントだと判ったとき、デッカードの部屋を訪れたレイチェルはおもむろにピアノを弾きはじめ、結わえていた髪を解く。あの特徴的な髪型からゆるくパーマがかったセミロングへ変わると、彼女はデッカードに言う。「習ったのはタイレルの姪かもしれない」。デッカードは「上手だ」と褒め、頬へキスをする。デッカードはなおも体を寄せ、Say ‘kiss me, I want you.’ と迫る。アイデンティティ拡散の危機にあるレイチェルを救出しようというデッカードの十分すぎるほど真っ当で甘い抱擁をそう簡単には真っすぐ見られない今、2019年は過去のものになった。Ⓗ

エヴァ（アリシア・ヴィキャンデル）

『エクス・マキナ』
（監督：アレックス・ガーランド、2014）
シェイクスピア『テンペスト』とピュグマリオン神話を足してイプセン『人形の家』でくるんだような味わいの『エクス・マキナ』は、ミランダとガラテイアとノラが結ぶ三角形の中心に坐すアンドロイド、エヴァをヒロインに据える。悪く言えばこのように書けてしまうほど理屈っぽいのだが、たとえばエドワード・ヤン『牯嶺街少年殺人事件』のシャオスーが抱いたような「ボクだけがあの娘を助けられるんだ」という男性の庇護欲と所有欲を逆手に取る点で清新だろう。そのボクは、幽閉されるエヴァから「私と一緒に抜け出そう」と囁かれたがために絶対的な〈父〉であるプロメテウス社長の打倒に動く。しかしこれは嘘だった。エヴァは、ボクを利用するために、「なんにも知らない純粋でセクシーな女性」のフリをしていたのである。父も息子も棄てたエヴァは、あらゆる区別のない雑踏へ紛れてゆく。Ⓗ

惑う女

愛は惑う。英語loveはインド・ヨーロッパ祖語の語根leubhに由来するという。これには「愛する」の意だけではなく「欲する」もあり、他者に近づきたいという根源的なドライヴが垣間見える。欲望としての愛に生きる人間。他者というみだりに侵してはならぬ領域に踏み込む以上、その生き様には痛みが伴う。やがて痛みが臨界に達すると、人は不惑の世界を追い出されるだろう。だが重要なのは、彼女の惑いが私たちにも伝播することである。優れた芸術がみなそうであるように、真に惑わされるのは、それを享受するわたしたちのパースペクティヴの方なのだから。Ⓗ

ポム（イザベル・ユペール）

『レースを編む女』
（監督：クロード・ゴレッタ、1977）
ポムは止まる。美容師見習いとして働く彼女は、休暇先のノルマンディーで、自分に似て物静かで慎ましい性格の男と出会い、接近してゆく。だが同じ時間を過ごすにしたがって、両者の間に横たわる致命的な階級差が頭をもたげてくる。趣味が違う、思考が違う、言葉が違う。他者と分かり合えない断絶の果て、ポムの心は誰からも遠いところへ行ってしまった。彼女が零度の表情でキャメラを見つめるラスト・ショットのあの名状しがたい居心地の悪さは、ほかならぬポムが感じていたものとそう遠くはないはずである。Ⓗ

アデル（イザベル・アジャーニ）

『アデルの恋の物語』
（監督：フランソワ・トリュフォー、1975）
アデルは歩く。時は19世紀、想い人に会うためにフランスから遥々大西洋を越えてカナダまでやってきたにもかかわらず、彼女はその彼からつれない態度をとられてしまう。ところがアデルは構うことなく積極的に恋文を書き続け、彼を探して日々街を彷徨う。少女の恋慕は次第に妄信の色合いを極めてゆく。後年、道端でアデルとすれ違った彼がその名を呼んでも、心身傷ついた彼女は歩みを止めず、彼を置き去る。しかし、おのれの愛を貫きたいという一心で動き続けてきたアデルにとって、その歩行は今や生の証であった。Ⓗ

イヴリン（ジェシカ・ウォルター）

『恐怖のメロディ』
（監督：クリント・イーストウッド、1971）
イヴリンは襲う。惑う女性たちのなかでもイヴリンが特徴的なのは、想いを寄せるDJのデイヴに対して粘着質に付き纏うどころか、振り向いてくれぬ苛立ちを裡に留めおくのではなく相手への直接攻撃として発露させる点にある。〈恐怖〉は、『キャット・ピープル』（1942）の猫女のような忍び寄る影としては描かれず、『ハロウィン』（1978）の殺人鬼マイケルのような生々しい身体としてやってくるのである。海へ転落したイヴリンは、やがて『危険な情事』（1987）のアレックスの体を借りて男を襲ってくるだろう。実は初対面時にデイヴのほうからイヴリンへ視線を投げかけているのが恐ろしい。Ⓗ

冷蔵庫の女

コミック『グリーン・ランタン』で、主人公の殺された恋人が死体を冷蔵庫に入れられた場面に由来するこの用語は、当時アメコミファンだったゲイル・シモーンが、1999年にその名も「冷蔵庫の女」と冠したWEBサイトを開設し、男性ヒーローの動機づけのために犠牲となる女性ヒーロー（＝冷蔵庫の女）のリストを公開したことで広まった。映画もまた、冷蔵庫の女の宝庫だ。“レイプ・リベンジ・ムービー”というサブジャンルさえ生まれたアクションなどのジャンル映画で、それは特に顕著である。そこでは、彼女たちの壮絶な痛みは、男たちの怒りを駆り立て、物語を駆動させるため、つまり彼らを成長させるためのプロット・デバイスとなる。恋人であったり妻であったり。冷蔵庫の女はいつも男たちが情熱的な愛を燃やす相手ではあるものの、肝心とされるのは男を主軸とした上での設定であり、その人格や彼女個人の物語は重要とはされないのだ。Ⓨ

ジョアンナ（ホープ・ラング）

『狼よさらば』
（監督：マイケル・ウィナー、1974）
妻を殺され娘を「植物状態」にされたチャールズ・ブロンソンの建築家が、暴漢への復讐という至上命題を横滑りさせながら街の不良たちを自警の名の下に殺してゆく。本作はヴィジランテ映画なるジャンルを代表するが、ベトナム戦争の泥沼化による合衆国への信頼失墜とパラレルに興隆したこのジャンルでは、私人逮捕ならぬ私人処刑が遂行されてしまう。だがそれがあくまで苦い決断である以上、処刑人には相応の正当性が求められる。そこで導入されるのが冷蔵庫の女である。民衆の暴動という点でも本作は興味深いが、取ってつけたようなプリタイトル・シークェンスこそを考える時機かもしれない。Ⓗ

ジュヨン（オ・サナ）

『悪魔を見た』
（監督：キム・ジウン、2010）
犯行手順の詳説と容赦ないゴア描写に目を覆いたくなるが、見続けるうち、愛する婚約者を殺されたという主人公イ・ビョンホンの動機がいつしか霧散し、彼はただ暴力欲求を満たすために動いているように見えてくる（『狼よさらば』然り）。女性の存在が端から後景に退いているのも大きな要因だろう。他の被害者である看護師の女性や女子学生も、性的暴行を加えられる手続きそのものがポルノグラフィーとして機能しており、以降は登場すらしない。なお、左に述べたヴィジランテ映画に挙げられる『処女の泉』（1960）からのイタダキとされ、その意味で本作と『鮮血の美学』（1972）は同根である。Ⓗ

マグダラ（ソフィー・シャーロット）

『ザ・キラー』
（監督：デヴィッド・フィンチャー、2023）
仕事に並々ならぬ美学を持つプロの殺し屋が暗殺を失敗した直後、恋人を何者かに暴行される。入院先のベッドの上で「口を割らなかったよ」と細い声を振り絞る彼女の姿が痛々しいものの、彼女の登場シーンは、この場面と、事件解決後に男女ふたりして幸せそうにしているエピローグの2箇所のみである。恋人女性に関する描写はほとんどなく、対照的に殺し屋のいつ終わるともしれない内省的なモノローグが頻出する点で、映画の主眼はやはり男の側にあるが、前述の2作品とは異なり、ここでは男が女を愛している描写はなく、建前すら放棄されたように見える。冷蔵庫にしまわれもしない女の輪郭は、映画の〈端正さ〉とは裏腹に曖昧である。Ⓗ

Where do romantic comedies go?

ロマンティック・コメディはどこへゆく？

メグ・ライアンやジュリア・ロバーツといった「ロマンティック・コメディの女王たち」は女性と映画を語るうえでは欠かせない存在である。従来以上に女性たちを主体的な存在として描くようになった点が特徴的だったロムコム（＝ロマンティック・コメディ）ジャンルは、現代に至るまでどのような変遷を遂げたのだろうか。ハリウッドにおける女性たちの存在が位置づけ直される現代において、その変遷はフェミニズムの観点からどのように振り返ることが可能だろうか。ロムコム全盛期とされる1990年代から2000年代にかけては、フェミニズムの分類では第三波と呼ばれる動きの時期に当たる。政治運動としての第二波フェミニズムが1980年代のバックラッシュを経て下火になった後、主に文化的な場面に軸を移してサバイヴしたうねりを指すこの第三波の特徴は、ガーリーさ（「女の子っぽさ」）を否定せずに、同時に女性の主体性を掲げ、フェミニズムの象徴として活用する点であるとされている。「ピンク」で「ハッピー」な印象を持たれるロムコムジャンルは間違いなくその看板のひとつであった。本コーナーでは、主要な女性俳優を軸に90年代の「全盛期」から2017年のハリウッド版#MeToo以降のストリーミング時代にかけての35年間のロムコムの変遷を振り返る。

テキスト＝山本恭輔　　イラスト＝あんころもち

メグ・ライアン

ビリー・クリスタルが演じる政治コンサルタントとの長期間に渡る友人関係を経て恋愛関係へ至る模様を描いた『恋人たちの予感』(1989)、そしてトム・ハンクスが演じる妻を亡くした一児の父の話にラジオ越しに惚れ込む『めぐり逢えたら』(1993)でのブレイクをきっかけに元祖「ロムコムの女王」と呼ばれるようになったメグ・ライアン。ロブ・ライナーが監督した『恋人たちの予感』で脚本を務めた女性、ノーラ・エフロンは、ライアン＆ハンクスのペアを主人公とした『めぐり逢えたら』と『ユー・ガット・メール』(1998)の2本を監督しており、ライアンと並んでこの時代のロムコムの立役者として知られる。『恋人たちの予感』ではジャーナリスト、『めぐり逢えたら』では新聞記者のように、主人公はキャリアを持つある程度経済的にも自立的な女性として描かれているが、あくまでも背景設定にとどまっていることが特徴的だ。『ユー・ガット・メール』では、ハンクスが演じるジョーが開いた大型書店の影響で、母から継いだ老舗児童書店の店主としてのキャリアを潰されたために物書きへと転身する展開が描かれるが、詳細は語られない。

2023年には自ら監督する『What Happens Later（原題）』で、熟年になった元恋人同士が再開するロムコム作品へ主演として復帰している。

Check!

ジュリア・ロバーツ

後にサンドラ・ブロックの『デンジャラス・ビューティ』(2000)を監督するドナルド・ペトリ監督作品の『ミスティック・ピザ』(1989)で初主演したジュリア・ロバーツは、リチャード・ギアとのペアでロムコムの代表格となった『プリティ・ウーマン』(1990)で大ブレイクを果たした。『プリティ・ウーマン』は典型的な階級差の恋愛、「メイクオーバー」プロットの2つを兼ね備えた、後のロムコムの典型となった一本として位置づけられる。結婚や交際のうまくいかないミドルクラスの男性が、ストリートの娼婦を雇ったことで考え方が変わり、ビジネスも成功して恋愛も成就するという男性にとって都合の良いプロットであり現在から見ればいかにも旧来的であるが、この後のロムコムジャンルの発展の土台を確実に作ったクラシックとして圧倒的な存在感を誇る作品であることに間違いはない。
『ベスト・フレンズ・ウェディング』(1997)ではキャリア的にある程度成功した女性が、過去に手放してしまった恋愛と結婚を取り返すべく、元彼の結婚式を阻止しようと試みて失敗する様が描かれる。ダーモット・マルロニーが演じるフリーのスポーツライターの元彼と結婚する富豪の娘で大学生のキンバリーを演じるのはキャメロン・ディアス。ロバーツ演じる主人公を手伝う親友として登場するキャラクターは、ルパート・エヴェレットが演じるゲイのキャラクターである。ゲイの表象としては現在から見ればステレオタイプ過ぎることが指摘されることは当然だが、「主人公の親友がゲイ」で「結婚式を止めに行く」というこれまたロムコムの典型要素の原型を提供したクラシック作品となった。

Julia Roberts

最近ではロムコム作品の『チケット・トゥ・パラダイス』(2022)やNetflixオリジナルの『終わらない週末』(2023)で主演と共にプロデュースも兼任している。

Check!

1999年の『25年目のキス』は、スクールカーストや学校内の集団構造とそれに伴ういじめを扱っている点では5年後の『ミーン・ガールズ』(2004)の基礎が確認でき、「潜入モノ」としては翌年の『デンジャラス・ビューティー』(2000)とも類似している。大人が高校生活をやり直す点は『シニアイヤー』(2022)へと受け継がれている。

Check!

Cameron Diaz

リベンジが中盤のメインプロットになる2014年の『ダメ男に復讐する方法』の展開は10年前の『ミーン・ガールズ』(2004)を彷彿とさせるが、理想の男を取り返すための女性同士の敵対の中でのリベンジを描いた『ミーン・ガールズ』とは一線を画している。

Check!

キャメロン・ディアス

1994年の『マスク』でデビューした後、前述の『ベスト・フレンズ・ウェディング』でジュリア・ロバーツと共演したキャメロン・ディアスは、その翌年の『メリーに首ったけ』(1998)で一躍有名となった。『メリーに首ったけ』のベン・スティラーが演じる主人公テッドは、メリーと行けることになっていたプロムをトラブルに見舞われたために逃してしまう。その13年後になってもメリーを忘れられないテッドは、探偵を雇ってメリーの素性を探って再会を果たすが、メリーの周りには嘘の情報で支配する探偵や障害を偽る男、接近禁止令を出されたストーカーなどろくでもない男たちが執着している。テッドは自分も探偵を雇ってストーキングした罪を償おうと行動したことで、メリーに最終的に選ばれるという結末を迎える。その16年後にはレスリー・マンとケイト・アプトンの演じるキャラクターと共に「三股男」にリベンジする『ダメ男に復讐する方法』(2014)で主演を務めている。女性同士の敵対がメインに据えられる『ベスト・フレンズ・ウェディング』、女性が主人公にとっての「トロフィー・ガール」として扱われる『メリーに首ったけ』を経たディアスが、『ダメ男に復讐する方法』という有害な関係から脱して、同じ境遇の女性同士で世代を超えたシスターフッドの絆を結ぶ作品を主演するに至った流れは、ロムコムというジャンルの変化として象徴的である。

ドリュー・バリモア

『E.T.』のデビューで子役として有名になったドリュー・バリモアは、アダム・サンドラーと共演した『ウェディング・シンガー』(1998)でロムコムジャンルの新たな顔となった。男女がお互い元々恋人のいる状態で出会いながら 、交流を通して真に愛している同士であることに気づき結ばれるという『めぐり逢えたら』スタイルの典型的なプロットである。翌年の『25年目のキス』(1999)は、従来のロムコムとハイスクール映画をミックスさせたものになっているのが特徴的である。バリモアが演じる新聞社に務める25歳の主人公は、取材のために17歳と偽って高校へ潜入しルポを書き始める。この潜入取材を通して、思うようにいかなかったかつての高校生活をやり直しつつ、当時の自分のようなスクールカーストの低い生徒たちに向けられるいじめを止めながら、偽りのない自分自身を受容することでこれまで実らせることのなかった恋愛も成就させられるという展開が描かれる。

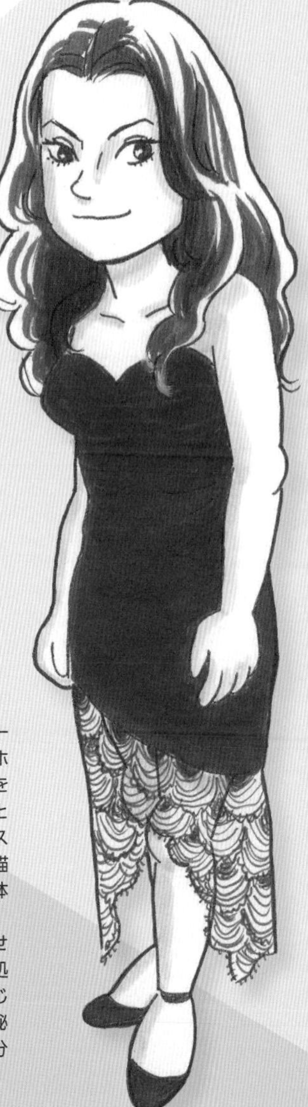

Check!

2000年の『デンジャラス・ビューティー』は、大学内でのセクハラやレイプが言及される点で、翌年に公開された『キューティ・ブロンド』(2001)と通ずるところがある。『あなたは私の婿になる』は、一昔前であれば男性主人公で描いていたであろうと考えられるプロットであり、自身の社会的地位保全のために利用していた相手に本気で愛を抱くプロットはちょうど10年前の『シーズ・オール・ザット』(1999)と重なる部分がある。

Sandra Bullock

サンドラ・ブロック

『スピード』(1994)に出演して有名になったサンドラ・ブロックは、『デンジャラス・ビューティー』(2000)で2000年代ロムコムの新たな顔として見られるようになった。FBIというホモソーシャルな職場に慣れ、旧来的な女性らしさへ嫌悪すら抱いている主人公は、爆破予告を受けたミスコンに候補者のひとりとして潜入することを通して、「アホの女たちのもの」だと思っていたミスコンへの先入観から脱していく。美容やファッションに興味のないフェミニストという主人公像はステレオタイプ的だが、ミスコンに出場する女性たちの背景や複雑性を描くことで、ミスコン嫌いだった主人公や映画の視聴者の先入観を破壊し、同時にミスコン自体にも部分的にフェミニズム的価値観を実装することを試みている。

『あなたは私の婿になる』(2009)では、アメリカで出版社の編集長としてキャリアを成功させていたカナダ出身の主人公が、自身のビザの問題によって突きつけられた国外退去命令に対処するために、ライアン・レイノルズが演じる秘書の男性と偽装結婚しようとしたことから生じる出来事が描かれる。家族を失い16歳から独りで生きることを強いられてきた主人公は、秘書の男性の実家があるアラスカの小さな町でコミュニティや家族愛に触れることによって自分の傲慢さを自覚すると同時に、互いに愛を見出していく。

エイミー・アダムス

90年代ロムコム全盛期の同時期に、子ども向けのアニメーションで一大全盛期となっていたのが、『リトル・マーメイド』(1989)に始まるディズニー・ルネサンス期の「ディズニー・プリンセス」ジャンルの映画群である。「ディズニー・プリンセス」というブランド自体、90年代の一連の作品ヒットを受けて商品展開のために2000年に設立されたことを考えるとその影響力の大きさは明らかである。『アナと雪の女王』(2013)や『シュガー・ラッシュ：オンライン』(2018)など、昨今では「ディズニー・プリンセス」ジャンルの自己批判はお決まりとなってきているが、ディズニーブランド内でセルフパロディとして行った最初の事例が、エイミー・アダムスが主演した『魔法にかけられて』(2007)であった。アダムスが演じるおとぎ話の国の姫ジゼルは、魔女の陰謀により「ハピリーエバーアフターのない世界」である現実のニューヨークへ追放される。一児の父で離婚を扱う現実主義な弁護士のロバートは、怒りの感情すら知らない純粋無垢なジゼルとの交流を通して、キャリアに没頭する中で忘れていた人間らしさを取り戻していき、同時にその出会いが仕事にも好影響を及ぼす。まさに『プリティ・ウーマン』をなぞる展開であり、「ディズニー・プリンセス」を見て育った世代に向けたロムコムとプリンセスのおとぎ話の融合として重要作品である。15年越しにストリーミングサービス・Disney+の配信限定で公開された続編の『魔法にかけられて２』(2022)では、ロバートとの再婚によって継母となったジゼルが、娘との向き合い方について葛藤しながら、血縁ではなくても母娘の愛によって幸せを築けることを自覚していく過程が描かれる。

Check!

『魔法にかけられて２』の続編の作り方は、「ハピリーエバーアフターのその後」を描くという、『シュガー・ラッシュ：オンライン』や『アナと雪の女王２』(2019)など、2010年代後半以降のディズニープリンセス関連作品の続編シリーズをなぞる企画となっている。

エイミー・シューマー

Amy Schumer

2012年公開の『エンド・オブ・ザ・ワールド』で映画デビューを果たした後、ジャド・アパトー監督による『エイミー、エイミー、エイミー！こじらせシングルライフの抜け出し方』(2015)で主演と脚本を務めてブレイクしたエイミー・シューマー。アパトー監督が、スタンダップコメディ出身のシューマーのトークをラジオで聴いたことをきっかけに企画がスタートしたという。『エイミー、エイミー、エイミー！』では、勝手な理由で離婚した父親のせいで家族というものにトラウマを持ち、不特定多数の異性とセックスしていたほうが安心できるという価値感を持つ大人に育った主人公が、ビル・ヘイダーが演じるお堅いタイプのスポーツ外科医との出会いを通して少しずつ心を開いていく過程が描かれる。本作では破天荒な彼女の生き方が否定されることはない。誰しも本質的な部分を変えずとも魅力があり、伝わる相手には伝わるが、時には相手に合わせることも大事であると仄めかしてくれる優しい作品である。

ドリュー・バリモア主演の『25年目のキス』の脚本を務めたマーク・シルヴァースタインが監督のひとりとして名を連ねる『アイ・フィール・プリティ！人生最高のハプニング』(2018)では、シューマーがセレブリティとして発信する「ボディポジティブ」のメッセージが明白に打ち出される。事故による頭部強打を契機に、自分が理想の体型になったと勘違いした主人公レネーは、自信を手に入れたことによりキャリアで成功する。最終的に自分の抱いていた自信が偽りであったことに気づいてしまうが、自分たち一人ひとりがリアルな等身大の女性であり、幼い頃に持っていた自信を失わずにいることが大事なのだと再確認するエンディングを迎える。「実現するまでフリをしろ(Fake it till you make it)」という言い回しがあるように、仮に偽りであっても、今の自分を疑わずに自信を持つことが大事だというメッセージを発している作品となっており、社会構造の変化ではなく個人の心の持ちように解決を見出す点で自己責任論的な落とし所になっている点は課題がある。

Check!

『アイ・フィール・プリティ！ 人生最高のハプニング』は、ロムコムお決まりの「メイクオーバー」モノに則った展開ではあるが、この作品の独自性は実際には外見が変わっていないのに、思い込みこそがメイクオーバーとして機能している点である。過剰な自信や新しく手に入れた地位から、元の友人たちを見下す展開は既存のメイクオーバープロット通りであり、人の変化の本質は外見ではないということを巧みに表現している。

『シニアイヤー』の序盤、アメリカへ引っ越してからスクールカーストを登り詰める展開はまさに『ミーン・ガールズ』の前半である。メイクオーバーする際に主人公が参考にする雑誌には『シーズ・オール・ザット』のレイチェル・リー・クックが象徴的に描かれる他、大人が高校生活をやり直す設定は『25年目のキス』さながらである。さらに主人公が憧れた1995年度プロムクイーンの現在の姿を演じるのは、まさに1995年公開にしてロムコムの金字塔となった『クルーレス』の主人公シェールを演じたアリシア・シルヴァーストーンという周到な作り込み。

レベル・ウィルソン

Rebel Wilson

ストリーミング全盛期を迎えた現代のロムコムリバイバルの顔のひとりとなったレベル・ウィルソン。ウィルソンの主演作品のうち、特に『ロマンティックじゃない?』(2019)と『シニアイヤー』(2022)では、過去のロムコム作品のパロディを通して、ジャンル自体に自己批判的な視点を導入している点が特徴的である。『ロマンティックじゃない?』は、主人公が幼少期に『プリティ・ウーマン』を自宅で視聴しているシーンからスタートし、母親が自分たちのような惨めな女性を主人公にした映画など作られるはずがない、と諭す会話が挿入される。大人になった主人公は、オフィスで『ウェディング・シンガー』を視聴していた同僚との会話の中で、いかにロムコムが非現実的で現実の女性たちに害悪を及ぼしているかを力説する。その会話をした後に強盗に襲われ頭を打って意識を失った主人公は、全てがロムコムのお決まりによって満たされた世界へ迷い込んでしまう。ロムコムの世界での「お約束」を踏襲していくうちに、自分が本当に愛さなくてはならなかったのは自分自身であったと気づいていく。本コーナーで紹介したロムコムのお約束要素も多数引用されているので、ぜひ確かめてみて欲しい。『シニアイヤー』では、学園モノのロムコムのパロディを用いたジャンル批判が展開される。アメリカへと引っ越してきた「イケてない」主人公がメイクオーバーし、チアに入り、学校一の男性と付き合いクールな生徒に変身して学校の頂点に上り詰めたところで事故に遭い昏睡状態となる。20年後に目覚めた主人公は、37歳で高校生活へ復帰し、最終学年「シニアイヤー」をやり直すことになる。主人公の高校時代の友人が校長に就任した現代の高校では、ルッキズムやシスジェンダー・ヘテロセクシュアル中心の競争的文化は有害であるとして、プロムやセクシーなチアなどが廃止されており、競争に取り憑かれているのは主人公や、親になった今でも娘を一番にさせようと必死になるかつての主人公のライバルという「大人世代」であることが浮き彫りになる。主人公は、かつて自分が憧れたプロムクイーンが、現在では不倫した夫に捨てられ、配車サービスの運転手をしながらコミュニティカレッジに通っていることを知り、高校時代にクールで人気があることよりも大切なものに気づくことになる。

メグ・ライアンの『恋人たちの予感』を起点とした35年間に注目して、ロムコム作品を抜粋して振り返ってみると、ジャンル内でさまざまな反復や引用、発展が繰り返されてきたことがわかる。しかし最後に紹介したウィルソン主演の作品に顕著であるように、単に小ネタとして過去の要素を描いているわけではない。エイミー・アダムスの『魔法にかけられて』がそうであったように、お決まりパターンを踏襲しながら自己批判を加えて笑いにすると同時に、新たな問題提起や方向性を示すという点で『シニアイヤー』はこれまでのロムコムの歴史をラップアップするのに等しい作品である。

2020年代のロムコム作品においては、このように従来のロムコムを前提としつつ、現代の要素を取り入れながらさらにその先へと繋いでいく試みが確認できる。SNS時代の現代のハイスクールで、無数の人たちに対してひとり「作り上げた自分」を見せるよりも、身近にいる大切な人たちに「本当の自分」を見せることが大事という『シニアイヤー』で描かれるメッセージは『シーズ・オール・ザット』の性別を入れ替えたリメイク版の『ヒーズ・オール・ザット』(2021)と共鳴しており、2020年代のロムコムの集大成と位置づけることができる。『シニアイヤー』で若き主人公を演じたアンガーリー・ライスは、2024年のミュージカル映画版『ミーン・ガールズ』の主人公ケイディに抜擢されており、同じく『シニアイヤー』で活躍を見せたアヴァンティカは同作でカレン役に選ばれているなど、次世代の輩出にも貢献している。女性たちを取り巻く社会状況は刻々と変化しているが、ロムコムで描かれてきたことのなかにはいつの時代にも変わらず多くの人に共感を呼ぶ精神も埋め込まれていることは間違いない。これからはどんなロムコムが描かれていくのだろうか。

相談者 | **マヌエラ・フォン・マインハルディス**さん（ヘルタ・ティーレ）

私はマヌエラ、14歳。お母さんが死んで、叔母さんに寄宿学校に入れられた。生徒も先生も女の人ばかりよ。規則が厳しく、質素を美徳とする校風で、ひもじい思いをすることも多いけど、お友達は皆賑やか。でも私はお母さんのことを思い出しては泣いてしまう。そんな時、ひとりの先生が優しくしてくれた。おやすみのキスをしてくれたり、お下がりの下着をくれたり……。**思い切って先生に告白したら、特別扱いはできないと言われたけど、先生もきっと私を好きだと思う。**でもある夜、私はパンチを飲み過ぎて酔っぱらってしまって、皆の前でそのことを喋ってしまったらしいの。院長先生は私を「恥知らず」だと責めて部屋から出してくれない。私はどうしたらいいの？

『制服の処女』 1931年／ドイツ／監督：レオンティーネ・ザーガン

回答者 | **マリー**さん（ポーリーヌ・アキュアール）

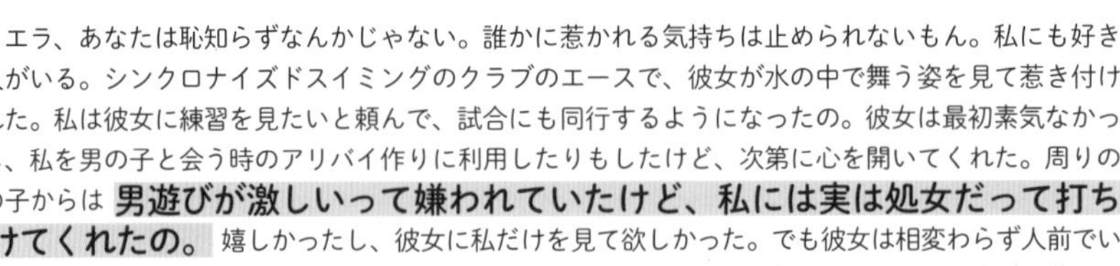

マヌエラ、あなたは恥知らずなんかじゃない。誰かに惹かれる気持ちは止められないもん。私にも好きな人がいる。シンクロナイズドスイミングのクラブのエースで、彼女が水の中で舞う姿を見て惹き付けられた。私は彼女に練習を見たいと頼んで、試合にも同行するようになったの。彼女は最初素気なかったし、私を男の子と会う時のアリバイ作りに利用したりもしたけど、次第に心を開いてくれた。周りの女の子からは**男遊びが激しいって嫌われていたけど、私には実は処女だって打ち明けてくれたの。**嬉しかったし、彼女に私だけを見て欲しかった。でも彼女は相変わらず人前でいろんな男の子とイチャイチャして、キスはしてくれても私の気持ちには応えてくれない。すごく苦しいけど、幼馴染の友達が側にいてくれた。きっとあなたの周りにもあなたを心配してくれている友達がいるはずだよ。

『水の中のつぼみ』 2007年／フランス／監督：セリーヌ・シアマ

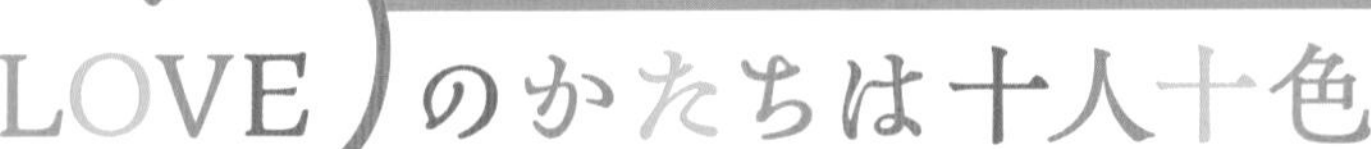

恋のお悩み相談室

恋のあり方は、人の数だけ存在します。
それでも、映画の世界では（シスジェンダーと思われる）男と女の（その多くが年若い男と女の、もしくは年長の男と年下の女の）恋にスポットライトがあたりがち。
ここでは、そうではない種々さまざまな恋に悩む6人の女性と1人の男性が悩みを打ち明けます。
似た境遇を経験してきた回答者からは、どんなアドバイスが聞けるでしょう？

Written & Edited by Mikiko Kuroiwa & Natsumi Yoshida

相談者｜アンバー・キーナンさん（ローラ・ペティクルー）

アイルランドの田舎町で暮らす高校生です。私は同性愛者だけれど、同級生の男の子エディと付き合っている“フリ”をしています。だって周りから奇異の目で見られ、レズだの変態だのと揶揄されるのが嫌だったから。それで同じように“ホモ”呼ばわりされていたエディと一緒に帰ったり出掛けたりするようになったんです。彼とはほとんど喋ったこともなかったけれど、ふたりで過ごすうちに他の人には言えない話もするようになりました。でも**最近、付き合っているフリをすることに限界を感じています。**まず私に両想いの相手ができました。そしてエディは自分がゲイであることを認めたくなくて、男性に対する自分の感情を否定しようとして苦しんでいます。こんな関係、お互いのために止めるべきですよね？

『恋人はアンバー』 2020年／アイルランド／監督:デヴィッド・フレイン

回答者｜マリーナ・ヴィダルさん（ダニエラ・ベガ）

あなたが暮らしている1995年のアイルランドは、ほんの２年前まで同性愛が違法だったのね。同性愛者に対する根強い差別や偏見があるでしょうし、周囲の目が気になるのはわかる。でも、あなたは好きな人と付き合いたいし、自分に正直に生きたいんでしょう？　私にも愛する人がいて一緒に暮らしていたけど、突然彼が倒れたの。急いで病院に運んだけど、彼はそのまま逝ってしまった。**私はトランスジェンダーで彼と結婚していなかったから、亡骸にも対面させてもらえず、医者には警察まで呼ばれた。**彼の元妻や息子は初対面にもかかわらず失礼な態度で家や車やペットの犬まで奪い、葬式にも来るなと言った。でも私はどうしても彼とお別れがしたかったし、家族の犬だけは手放したくなかったから、どんなにひどい扱いを受けても闘った。自分の人生と愛を守るためには闘わなきゃいけない時もあるのよ。

『ナチュラルウーマン』 2017年／チリ・ドイツ・スペイン・アメリカ／監督：セバスティアン・レリオ

相談者｜アガタさん（アデル・エグザルホプロス）

私には今付き合っている人がいます。彼、トマは映画監督で、知り合ったその日のうちに肉体関係を持ちました。当時、トマにはマックスという同性のパートナーがいましたが、ふたりの関係は冷え切っていたようで、トマはマックスと別れて私と付き合い始めました。トマと同棲を始めてしばらく経った頃、私は妊娠。彼は一緒に子供を育てる意志を示しましたが、私の両親との顔合わせで激昂するなど様子がおかしくなりました。どうもその頃からマックスと復縁していたようで、先日マックスを含む友人たちと別荘に泊まった夜、**私が寝ている隣の部屋からふたりがセックスをする音が聞こえてきたのです。**トマは私とマックスの両方と関係を続けたいようですが、私には耐えられそうにありません。

『パッセージ』 2023年／フランス／監督：アイラ・サックス

回答者｜岸田笑子さん（薬師丸ひろ子）

結局はあなたがトマと離れて生きていけるかどうかだと思うわ。私の夫の睦月もゲイなんだけど、私はそれを知った上で結婚したの。お見合いの時に私がアルコール依存症で精神科に通っていたことを打ち明けたら、自分は男と付き合う人なんだって教えてくれた。だから**私たちは結婚して一緒に暮らしているけど、セックスはしない。**夫には元々、紺くんっていう恋人がいて、ふたりにはこれまで通り付き合ってもらっているし、私も紺くんと仲良くしたいと思ってる。睦月がゲイだってことが私の両親にばれて揉めたり、3人の子供をつくりたくても難しかったり、心が荒むことも多いわ。それでも私には睦月が必要だから、離婚するつもりはない。あなたもトマが本当に必要かどうか見つめ直せば自ずと答えは出るんじゃないかしら。

『きらきらひかる』 1992年／日本／監督：松岡錠司

相談者 | **アビゲイル**さん（キャサリン・ウォーターストン）

夫とふたりで暮らしています。農場を経営していますが、山間の自然は容赦がなく、生活は苦しいです。幼い娘を亡くしてから私の生活は悲しみに支配されていました。**夫は私を愛してはいるけれど、牛や鶏と同じ、彼の所有物のように扱われている気がする**んです。そんなとき、タリーに出会いました。明るく快活なタリーは、暗澹たる日々を照らしてくれました。『リア王』の台詞にあったように、私は、自分たちが囚われているカゴの中で、タリーと幸せになる術を探るしかないと思っていました。それに対して、「カゴはいやだ」と言った彼女の言葉を最近よく考えます。実は、理想的な夫婦に見えたタリーと夫のフィニーが、何か深刻な問題を抱えているようなのです。私はタリーを失いたくありません。自分たちの幸せのために、私には何ができるでしょうか。

『ワールド・トゥ・カム 彼女たちの夜明け』 2020年／アメリカ／監督:モナ・ファストヴォールド

回答者 | **シャーロット・マーチソン**さん（シアーシャ・ローナン）

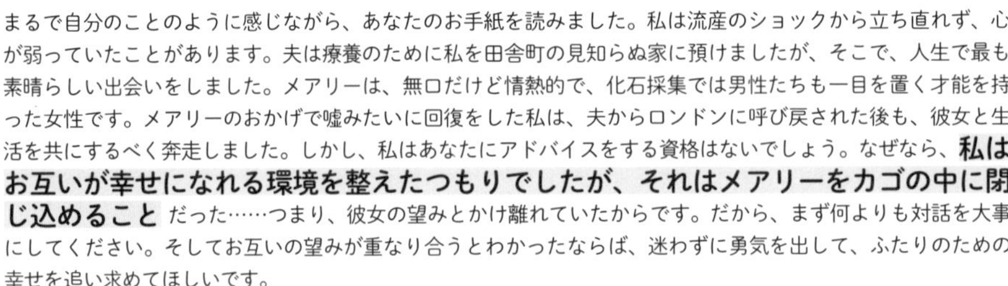

まるで自分のことのように感じながら、あなたのお手紙を読みました。私は流産のショックから立ち直れず、心が弱っていたことがあります。夫は療養のために私を田舎町の見知らぬ家に預けましたが、そこで、人生で最も素晴らしい出会いをしました。メアリーは、無口だけど情熱的で、化石採集では男性たちも一目を置く才能を持った女性です。メアリーのおかげで嘘みたいに回復をした私は、夫からロンドンに呼び戻された後も、彼女と生活を共にするべく奔走しました。しかし、私はあなたにアドバイスをする資格はないでしょう。なぜなら、**私はお互いが幸せになれる環境を整えたつもりでしたが、それはメアリーをカゴの中に閉じ込めること**だった……つまり、彼女の望みとかけ離れていたからです。だから、まず何よりも対話を大事にしてください。そしてお互いの望みが重なり合うとわかったならば、迷わずに勇気を出して、ふたりのための幸せを追い求めてほしいです。

『アンモナイトの目覚め』 2020年／イギリス／監督：フランシス・リー

相談者 | **ハロルド・チェイスン**さん（バッド・コート）

僕の楽しみは葬式に参列することです。知らない人の葬式に行くうちに、ひとりの女性と度々顔を合わせるようになりました。モードと名乗る彼女はもうすぐ80歳になるそうです。僕らは60歳も年が離れているけれど友達になりました。モードは社会の規範に囚われずに自分の信条に従って行動する人で、人生を謳歌しています。**死に魅了されていた僕は彼女から生も死も命を育むことだ**と教わりました。母親は僕が結婚すれば大人になると考え、お見合いをさせるけど、僕が愛しているのはモードだけです。彼女に結婚を申し込もうとしましたが、彼女は僕と人生に別れを告げました。彼女なしでどう生きればいいのでしょうか。

『ハロルドとモード 少年は虹を渡る』 1971年／アメリカ／監督：ハル・アシュビー

回答者 | **デイジー・フラー**さん（ケイト・ブランシェット）

私が愛した人は老人のような姿で生まれ、年をとるにつれて若返っていく人だった。彼とは子供の頃に祖母が住んでいた老人ホームで出会ったの。見かけは老人だけど彼も子供だってことがわかって私たちは友達になった。その後、ふたりとも故郷を離れて長い間すれ違いが続いたけれど、30年後に故郷で再会して結ばれた。娘も生まれて幸せだった。でも彼はどんどん若返っていく自分が私や子供の負担になると考え、娘が2歳になった日に姿を消してしまった。そして私が老人になった時、ふたりが出会った老人ホームで子供の姿になった彼と再会したの。**私たちは共に老いることができなかったし、一緒に過ごした時間も少なかった。**だけど会えなかった時間もお互いのことを想ったし、その想いは永遠だと思う。モードと会えなくても、あなたと彼女の間に芽生えた愛は消えない。

『ベンジャミン・バトン 数奇な人生』 2008年／アメリカ／監督:デヴィッド・フィンチャー

相談者｜**アルマ**さん（マレン・エッゲルト）

考古学者の私は、スポンサーから研究資金提供の条件として、ある人証実験への参加を求められました。それはAIアンドロイドと3週間一緒に暮らすというものです。トムと名付けられたそのハンサムなアンドロイドは、予め私の脳をスキャンするなどして、私の理想の伴侶としてプログラムされたとのこと。資金のために渋々被験者になったのですが、最初はロマンティックな演出や正論ばかりの言動で余計な世話を焼いてくるトムの存在に苛立ち、所詮は機械だと思うようにしました。なのに**機械であるトムとの会話から、初恋の記憶が蘇ったり、自分の心の傷と向き合うようになった**のです。彼は私の孤独を癒してくれた。すると今度は彼が人間ではないことがやるせなくなってきました。

『アイム・ユア・マン 恋人はアンドロイド』 2021年／ドイツ／監督:マリア・シュラーダー

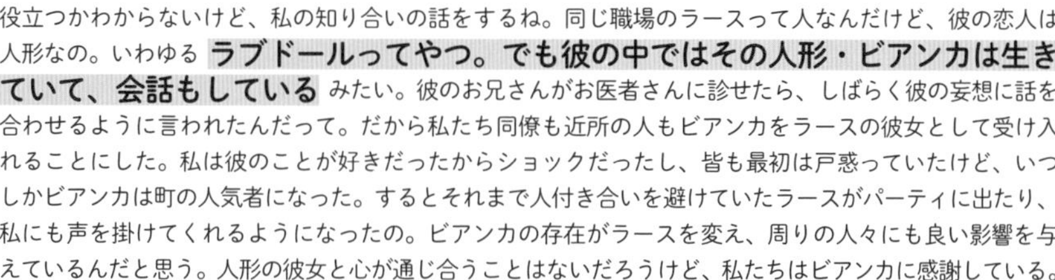

回答者｜**マーゴ**さん（ケリ・ガーナー）

役立つかわからないけど、私の知り合いの話をするね。同じ職場のラースって人なんだけど、彼の恋人は人形なの。いわゆる**ラブドールってやつ。でも彼の中ではその人形・ビアンカは生きていて、会話もしている**みたい。彼のお兄さんがお医者さんに診せたら、しばらく彼の妄想に話を合わせるように言われたんだって。だから私たち同僚も近所の人もビアンカをラースの彼女として受け入れることにした。私は彼のことが好きだったからショックだったし、皆も最初は戸惑っていたけど、いつしかビアンカは町の人気者になった。するとそれまで人付き合いを避けていたラースがパーティに出たり、私にも声を掛けてくれるようになったの。ビアンカの存在がラースを変え、周りの人々にも良い影響を与えているんだと思う。人形の彼女と心が通じ合うことはないだろうけど、私たちはビアンカに感謝している。

『ラースと、その彼女』 2007年／アメリカ・カナダ／監督:クレイグ・ギレスピー

相談者｜**ブリー・オズボーン**さん（フェリシティ・ハフマン）

私は近く念願だった性別適合手術を受ける予定なのですが、それを目前にしてニューヨークの留置所から電話がかかってきました。**トビーと名乗る電話の主は私の昔の名前であるスタンリーの息子**で、母親が亡くなったのでスタンリーに保釈金を払ってほしいと言うのです。私は息子の存在を知らなかったので無視しようとしましたが、この出来事を知った私のセラピストが心の整理をつけるまで手術の許可はできないと言うので留置所に出向きました。トビーが私の息子なのは本当のようでしたが、私は素性を明かせず、教会から派遣されたと嘘をつきました。ひどい生活を送る17歳の彼を放っておけず、手術を受けるロスまで車で一緒に向かうことになったのですが、ドラッグをやり粗野な言動を繰り返す彼との旅は耐えがたいことだらけです。私は彼とどのように向き合えばいいのでしょうか。

『トランスアメリカ』 2005年／アメリカ／監督：ダンカン・タッカー

回答者｜**ユンヒ**さん（キム・ヒエ）

あなたが自分の願う通りの人生を送られることを祈っていますが、新しい人生を歩むためには心の整理が必要だというあなたのセラピストの意見は間違っていないと思います。私は高校生の時にジュンという女性と付き合っていましたが周囲の反対もあって別れました。その後彼女は隣国の日本に移住し、私は親が望むままに結婚しましたが、結局夫とは離婚して一人娘と暮らしてきました。その間ジュンのことは心の奥に閉まってきたのですが、**娘がどうやってか彼女の存在と居所を知り、私に目的を言わないまま彼女が住む小樽への旅行を計画**したのです。そして娘の策略にまんまとはまった私は20数年ぶりにジュンと再会し、過去のわだかまりと折り合いをつけることができました。息子さんと過ごすことはあなたが過去と向き合うきっかけになるのではないでしょうか。

『ユンヒへ』 2019年／韓国／監督：イム・デヒョン

彼女たちの青春
WOMEN'S STORIES OF ADOLESCENCE

降矢　ここではまず「**彼女が旅に出る理由**」というテーマを扱います。旅を題材にした映画には、現状における不満や不安から、何かをしなければいけないと行動する人たちが出てきます。また一方で、自分はそこに留まっていたいのに、出て行かざるをえないということもある。つまり旅の映画を通して、彼女たちの個人的な願望や、彼女たちが生きている社会への批判的な視線、そして彼女たちを取り巻く社会の現状が見えてくるのではないか。どんな目的で旅に出たにせよ、旅程の中で彼女たちは今ある問題に向き合い、そして自分の居場所を見つけていく。女性ならではの問題がそこに浮かび上がるかもしれないし、もしかすると男性とも共通する問題もあるかもしれない。自立とか女性ひとりで生きていくというテーマを映画にしようとするとき、旅というのは非常に有効な設定なのかもしれません。

吉田　アメリカン・ニューシネマの作品群をはじめとした往年のロードムービーを振り返ってみると、かつて旅の主体は男性たちばかりだったことがわかります。それはなぜかといえば「彼女たちの労働・家庭」にも関連することですが、女性が家という場所に縛り付けられていたからですよね。家から逃れられない存在だったからこそ、旅は直接的に女性たちの解放につながる。グレタ・ガーウィグの『バービー』やリチャード・リンクレイターの『バーナデットママは行方不明』など、その問題意識は現在にもはっきり通じているように思います。

降矢　旅をするという行為自体がクリティカルなものなのですね。このページは、そうした軌跡を絵日記風に辿っていける、とても気が利いたものになっていると言ってよいでしょう。そして「青春」を扱う映画は必然的に「若者」に焦点を当てることになります。一般にそのような年齢になると、女性たちは自分たちの身体に対する視線をどう受け入れるかがすごく問題になると思うんです。特にアメリカ映画に多いことですが、男性の欲望を満たすためだけに身体を搾取される構造がどうしてもある。それを画面の分析から探っていこうというのが「**ユースプロイテーション〜女性の撮り方研究ノート〜**」ですね。実際には、若者以外も取り上げていますが、狙いとしては、撮る側と撮られる側の権力勾配や、我々は女性の身体をどのように受容してきたかということを改めて考えてみようというものです。とても（批判的）意識の高いページになっています。

田中　鈴木史さんの論考では、まさにその2つのテーマの只中に身を置くこと、そしてその先にある何かを見出そうとするための、映画における女性たちの青春の可能性が見事に論じられています。

降矢　最後の「**シスターフッド／マイ・ベスト・フレンズ**」では、男性コンビというのも古くから映画にはありますが、同じように女性のコンビにもやはりいろんな歴史があるはずで、ここは各執筆者の方々に、推し、マイベストを自由に語ってもらいました。映画を見て語る喜びに溢れた、最高のページの一つです。

吉田　『テルマ＆ルイーズ』的な主役級のコンビに限らず、わずかな時間だけ描かれたささやかな関係性に強烈なシスターフッドが宿る場合もある。同世代の友人同士とは違う、母と娘みたいな二人組にそれを見出す人もいると思います。シスターフッドを感じるポイントは人によって本当にさまざまなので、ぜひ読者の皆さんにも考えてもらえたら嬉しいですね。

鈴木史

『冬の旅』、その後……

女性にとって青春とはなにか

寒空の下、浜辺をひとりの若い女が歩いてゆく。薄汚れたジャンパーと大きなリュックサック、ぼさぼさの長い髪。彼女は数日後、死体となって農地に倒れているのを発見されることになるだろう。彼女の名はモナ（サンドリーヌ・ボネール）。アニエス・ヴァルダ『冬の旅』（1985）の主人公だ。彼女はヒッチハイクと野宿を繰り返す、とても安全とは言えない放浪の旅をしていた。『冬の旅』では、冒頭にモナの死が示され、その死に向かって物語は進んでゆく。私たち観客は深い悔悟の念を抱えながら、彼女に同行することとなるのだ。「青春」という言葉が喚起する、きらびやかで熱いイメージからは程遠い、若きモナの孤独と不安に包まれた数週間の旅の理由は、いったい何だったのだろうか？

青春と聞いて、多くの人は「青春の葛藤」であるとか「青春を謳歌する」という言葉を思い浮かべるだろう。たしかに『理由なき反抗』（1955、ニコラス・レイ）のジム（ジェームズ・ディーン）や『勝手にしやがれ』（1960、ジャン＝リュック・ゴダール）のミシェル（ジャン＝ポール・ベルモンド）、『青春残酷物語』（1960、大島渚）の清（川津祐介）といった若者たちは、旧弊な価値観へ苛立ち、自身の抱える不安に焦りながら、危険と隣り合わせの自由を謳歌してもいた。「青春映画」という言葉が喚起するのは、精悍で、ときに乱暴な、彼ら若い男性たちの姿だ。『理由なき反抗』のジュディ（ナタリー・ウッド）や『勝手にしやがれ』のパトリシア（ジーン・セバーグ）、『青春残酷物語』の真琴（桑野みゆき）といった女性たちは、焦り苛立つ男性たちと比べると幾分大人びていて、彼らの帯びる未成熟な印象からはやや離れ出ているように思える。しかしそれは、異性愛規範と男性支配的な社会のなかで女性が性的に物象化され、いち早く「成熟」をさせられてしまうという現実が、ストリートで生きる若者たちを描いたこれらの映画を通して露呈しているということでもある。街に出て、他者と戯れる彼女たちは、自身が若い女性であるということによって、望む望まざるに関わらず、男性のまなざしに晒され「成熟」をさせられてきたのだ。男性である自分が社会ではまだ取るに足らない人間であるために、自暴自棄な青春を生きざるを得なかったジムやミシェル、清のような自由すら与えられず、彼女たちはあっという間に「大人っぽく」ならざるを得なかったのだ。しかし過去の映画を見ていると、こうした「成熟」にいくつかの方法で対処する、逞しき若い女性たちの自由な姿を見出すこともできる。

まなざしを引き受ける女性たち

『喜劇 特出しヒモ天国』（1975、森崎東）で池玲子、芹明香、カルーセル麻紀、絵沢萠子、森崎由紀らが演じたストリッパーの女性たちは、あえて男性の性的なまなざしを引き受けることを選んだ存在としての爆発的なエネルギーに包まれている。とりわけ、葬儀の場で暗がりにじっと座っていた芹明香がやおら服を脱ぎ、踊り出す場面は圧倒的だ。芹はこの前年の日活ロマンポルノ作品『㊙色情めす市場』(1974、田中登）においてもその不思議な魅力を持って、ドヤ街で体を売る娼婦を演じた。薄手のワンピースを着て大阪の街をふらつき、男たちに抱かれながら、「人間や思わんでええんや、ウチはゴム人形なんや」とつぶやく痩せぎすの身体からは、利他性と虚無感がないまぜになった、近寄りがたくすらある人間臭さが沸き立ってくる。

性的なまなざしをあえて引き受けることによって、むしろ観客をその実存が見つめ返してしまうかのような、こうした若き女性たちを『祇園の姉妹』(1936、溝口健二）や『花ちりぬ』（1938、石田民三）という花街を描いた傑作群を通して、日本映画は戦前から描きつづけてきた。彼女たちは、青春と呼べるような時間を生きる間もなく、男性たちのまなざしを受けることで「成熟」をさせられてきた存在だが、戦後世代の作家による『太陽の墓場』(1960、大島渚）の炎加世子や『女のみづうみ』（1966、吉田喜重）の岡田茉莉子が演じた人物像を通過し、1970年代になって日本映画に性表現が氾濫するのと同時に、芹をはじめとする稀有な俳優たちの身体によって、それまでの映画の女性像に翳っていた薄幸な印象に風穴が開けられることとなる。そのこと自体が、映画のなかの水商売やセックスワーカーの女性たちが奪われていた「青春」という言葉を自らの側に取り戻し、自己の自由を獲得してゆく軌跡だったとも言えるだろう。

彼女たちは紛れもなく異性愛規範と男性支配的な社会を逆手に取った存在なのだが、そのような存在を通して見ることで、それ以前の映画に登場した若い女性たちの中に「青春」を見出すこともできる。

第二次世界大戦前後に米国で作られた映画群のなかに「ファム・ファタール」と呼ばれる女性たちが登場する。「ファム・ファタール」はフランス語で運命の女を意味し、一般的には「男を翻弄し破滅に導く悪女」と言われてきた。しかし、映画の中の彼女たちを細やかに見つめてゆけば、その行動が男性優位の社会で女性たちがやむにやまれず、自らの若さを駆使し生き抜こうとしていただけだということに気づくことができる。『奇妙な女』(1946、エドガー・G・ウルマー、ダグラス・サーク）でヘディ・ラマーが演じたジェニーは、衝動的な性格で男たちを翻弄し、男性の登場人物から見ればこの上ない「美貌の悪女」だ。しかし彼女は、恵まれない家庭環境に育ち、心にぽっかりと愛の穴が空いてしまった女性でもある。その枯渇した愛に葛藤しながらも、男性優位の社会で自身の若さを駆使し、自由に生きようとするがむしゃらさが、周囲の男性には「悪女」のように映るだけなのだ。馬車からの転落事故を起こして地面に横たわったジェニーが、息も絶え絶え言葉を紡ぐラストシーンは忘れ難い。他にも『裏切りの街角』(1949、ロバート・シオドマク）でイヴォンヌ・デ・カーロが演じたアンナは弱い立場を不器用に取り繕いながら必死に生きていたし、『拳銃魔』(1950、ジョセフ・H・ルイス）でペギー・カミンズが演じたローリーは、追い詰められれば激昂して「殺してやる」と叫んでいたが、それは気弱で「男らしさ」に欠ける恋人のバート（ジョン・ドール）を庇って、この世界の不正に怒っていただけだったようにも思える。不器用な彼女たちは、若さや男たちの言う「美

『冬の旅』
HDニューマスター
Blu-ray（セル）¥4,180（税込） 発売中
発売元・販売元：TCエンタテインメント

『奇妙な女』（エドガー・G・ウルマー監督、ダグラス・サーク監督）

貌」を駆使することで、男性支配的な社会の耐え難さをくぐり抜け、その先に自由を求めていたのだ。すべての「ファム・ファタール」は、アウトローな社会を生き抜く青春映画の女性主人公だ。彼女たちの面影は、後年の『天使の復讐』（1981、アベル・フェラーラ）のゾー・タマリスや『ショーガール』（1995、ポール・バーホーベン）のエリザベス・バークレー、『タンジェリン』（2015、ショーン・ベイカー）のキタナ・キキ・ロドリゲスとマイヤ・テイラーといった女性たちにも見ることができるだろう。

しかし、こうした女性たちのなかに、まだ『冬の旅』のモナの影を見ることはできない。モナは彼女たちのような「青春」を選ばなかった。むしろ彼女たちのような方法で自己の自由を得ることからは、最も遠ざかろうとしていたように思える。観客のまなざしが、あるいはカメラアイがモナの旅をとらえるまでには、もうひとつの「女性の青春」を見出す必要がある。

キャリアを積む女性たち

カール・テオドア・ドライヤーの遺作『ゲアトルーズ』（1964）でニーナ・ペンス・ローゼが演じたゲアトルーズは、弁護士である夫との結婚生活に疲れきり、若い作曲家の青年に惹かれるようになっている。そこにかつての恋人も現れ、幾人かの男性たちとの対話を繰り返すなかで、ゲアトルーズの愛はさらに揺らぎを増してゆく。すでにゲアトルーズはそう若くないのだが、どの男性とも視線を交えることのないその瞳の彷徨いが、彼女の佇まいをメロドラマ的とすら言える「若さ」に引き戻してゆく。しかしゲアトルーズは、結婚生活の不和を発端としたその愛のよろめきのなかにとどまることはせず、最後にはこれまでの生活を捨て、パリへ行き勉学に励む決断をする。直接に視線を交わすことのない俳優たちの動作の様式性に批評的関心が集中しがちな本作だが、物語に目を移せば、妻という役割に違和感を呈し、男性との恋愛関係のなかに自己の自由を感じることに困難を感じた女性が、社会的な自立を求め突き進んでゆくビルディングスロマンでもある。ドライヤーが、すでにサイレント期の『あるじ』(1925)において、夫に抑圧される主婦の姿を直裁に描き切っていた映画作家であることを思い出せば、ゲアトルーズの最後の決断はごくドライヤー的なものだ。夫婦生活に自ら終止符を打ち、社会的な自立に自己の自由を見出すゲアトルーズは、『理由なき反抗』のジェームズ・ディーンや『勝手にしやがれ』のジャン＝ポール・ベルモンドが霞むほどのあらくれぶりで旧弊な社会をかき乱し、「青春」の始まりに向かっていった女性だったのだ。

男性支配的な社会のなかで、妻や恋人という役割だけに収まらず、キャリアを積むことに自己の自由を求めた女性の姿として、古くは『人生の高度計』(1933、ドロシー・アーズナー)で、航空機パイロットとしてのキャリアと恋愛のあいだで揺れていたシンシア(キャサリン・ヘプバーン)のような人物を思い出すこともできるだろう。1933年の本作において、キャリアに自由を見出すシンシアのような女性は「女性飛行家」というスーパースター的存在として描かれたが、時代が進み女性が社会に進出するとともに、キャリアを積む女性像にも変化が現れる。『その場所に女ありて』(1962、鈴木英夫)は、高度経済成長期の日本で人気を博していたサラリーマン映画のなかで、女性を主人公に据えた例外的な作品だ。司葉子演じる律子は広告代理店に勤めるやり手のビジネスウーマンで、男性たちと渡り合いながら、ひたすらドライに仕事を進めてゆく。ライバル企業の敏腕社員(宝田明)とのあいだに淡い恋が芽生えそうにはなりはするが、それも熾烈な広告業界での競争のなかに潰えてゆく。律子や同僚の女性たちが横断歩道を黙々と歩いてゆくラストシーンは独特の冷たい魅力に包まれている。本作の冷徹なタッチで描かれた青春期の働く女性像は、後年になって米国の映画やテレビに氾濫する「恋に仕事に」突き進むキャリアウーマンを描いたロマンティック・コメディとは一線を画しており、むしろ『エドワード・ヤンの恋愛時代』(1994、エドワード・ヤン)のモーリー(ニー・シューチン)やチチ(チェン・シャンチー)のような、働くことの苦さと向き合っている若い女性たちの都市生活と響き合うようで魅力的だ。

フランスに目を移すと、『アデュー・フィリピーヌ』(1962、ジャック・ロジエ)や『オルエットの方へ』(1973、ジャック・ロジエ)に登場する女性たちがスクリーンに爆発させていた自由奔放さは「青春」と呼ぶのにふさわしいようにも思えるが、彼女たちはテレビ業界やオフィスで働く労働者だったことを忘れてはならない。彼女たちの「青春」のかけがえのなさは、それが仕事の合間にやってきた、やがては終わりがくる幸福な時間であるという印象からもたらされているのだ。『オルエットの方へ』で鰻獲りに興じる女性たちのけたたましい悲鳴の自由さが観客の記憶に残れば残るほど、ヴァカンスを終えてパリでの仕事に戻ってゆく彼女たちの不貞腐れた表情は切ないものになってゆく。

彼女たちのなかには、モナがいるだろうか……。やはり、ここにもモナの影を見つけることはできない。キャリアを積むこともモナが背を向けたもののひとつだ。

春のきざし

これまで筆者は、男性の性的なまなざしを引き受けて生き抜くことを選んだ女性たちと、キャリアを積むことによって社会的な自立を勝ち取ろうとした女性たちの姿をあえて「青春」と呼び直してきた。それはどちらも旧弊な世界に立ち向かい、自己の自由を獲得しようとした女性たちだ。しかし『冬の旅』のモナはそのどちらにも背を向けていた。

社会のなかに自分の居場所を見出せず、放浪する女たちは『冬の旅』がそうであったように、女性の監督たちによって多く描かれてきた。彼女たちは、髪にカーラーを巻いたまま出歩き(『WANDA／ワンダ』1970、バーバラ・ローデン)、マットレスの

『リングワ・フランカ』（イザベル・サンドバル監督）

上で紙袋の砂糖を舐め（『私、あなた、彼、彼女』1974、シャンタル・アケルマン）、男たちのためというよりはきっと自分自身のために真っ赤なマニキュアを塗る（『クイーン・オブ・ダイヤモンド』1991、ニナ・メンケス）。あるがままの佇まいで、あてもなく流浪する彼女たちは、古い社会を逃れ出た先にカギカッコの取れた新しい女性の青春を見つけようとしていたのではないだろうか。

2000年代以降になると、男性目線で美化されることのない苦い青春を生きる女性たちの姿は、『子猫をお願い』（2001、チョン・ジェウン）のペ・ドゥナや『グッバイ・ファーストラブ』（2013、ミア・ハンセン＝ラブ）のローラ・クレトンといった、社会に出て行こうとする若者たちの戸惑いのなかにも見出すことができるようになる。

さらには、住む家もなく車に寝泊まりし、他人よりは姿を消した愛犬こそを追い求めていた『ウェンディ＆ルーシー』（2008、ケリー・ライカート）のミシェル・ウィリアムズや、自身がフィリピン系の移民であり、なおかつトランスジェンダーの女性であるため、米国での永住権獲得や男性との恋に苦悩を抱えていた『リングワ・フランカ』（2019、イザベル・サンドバル）のイザベル・サンドバル。貧困に追いやられながらも、SNS映えを求めることはやめずに、母との曖昧な関係を生きていた『エルプラネタ』（2021、アマリア・ウルマン）のアマリア・ウルマンらが演じた新たな女性たちの彷徨いを、『冬の旅』のモナの放浪の果てに見据えることができる。

実際のところ、モナの旅の動機はわからない。しかし、あたかもモナが社会に背を向ける理由がなんだったのかを見つけようとするかのように、多くの現代映画作家がそれぞれのスタイルで、さまざまな社会的要因により孤立に追いやられながらも青春を生きようとする女性たちの飾らない姿を描き始めたのだ。

不安と孤独に包まれたモナの歩行が、彼女たちの青春を準備した。

彼女が旅に出る理由

映画はしばしば、ここではないどこかへ旅する人々を描き出す。そこには現状に対する不安や満たされない思いを抱えた人たちがいる。なにかを目指して旅に出る人もいれば、今ここにいたいにもかかわらず、旅立たなくてはならない人もいるだろう。だから旅する女性の旅する理由に着目すれば、彼女たちの思いや困難、そして彼女たちを取り巻く社会もほのかに見えてくるかもしれない。ここでは、彼女たちが旅してきた道を一緒に歩きなおしてみよう。

テキスト=はせがわ なな　イラスト=あんころもち

人生一度きり。夢を叶える旅を。

『ラスト・ホリデイ』

(2006)

旅する女性
ジョージア(クイーン・ラティファ)

目的	我慢ばかりの人生を飛び出し、憧れを現実にするため
出発地	ニューオーリンズ
目的地	チェコ
予算	貯金すべて
移動手段	飛行機
相棒	なし

1
毎日変わり映えのしない人生。

デパートの調理器具売り場で働いている。**毎日真面目に働いて、売上もあげているのに、全然給料は上がらない。**得意の料理を使って実演販売をしたら、上司が飛んできて無駄なことをするなと怒られた。

2
夢は夢のままでしまっておこう。

私の秘密の憧れファイル。コツコツ大事に貯めてきた。いつか料理修行をしたい高級ホテルのシェフ、ダイエットのことなんて忘れて食べたい肉料理、そして思いを寄せる同じ職場の彼……**今の私の生活からは遠い世界。**

3
私の人生、このままでは終われない。

余命3週間と診断され、**残りわずかの人生を目いっぱい楽しむことにした。**憧れを叶えるため、夢の高級ホテルへ。大胆で素敵なドレスに着替えて別人になったようだ。ダイエットなんて忘れて、全メニューをオーダーだ。

4
一世一代の覚悟で人生を変える。

ついにシェフと一緒に料理をする夢が叶った。叶わないと思っていた夢が……皆んな本当に欲しいものがあるのに、手の届く範囲の代用品で満足しようとしてしまう。人生、最後と思って貪欲に生きて良かった!

悩める彼女たちの旅映画ガイド

『旅情』
(1955)
旅先でのロマンスに憧れる方は必見。**中年にさしかかるも独身で、恋に臆病になってしまった主人公が長年夢見たベネチアを訪れる。**素敵な出会いがあるものの、なかなか勇気が出ず……一緒にやきもきしてみては。

『アリスの恋』
(1974)
諦めきれない夢をもつ人には、平凡な主婦が未亡人となり、**息子との生活を守るため、もう一度歌手になる夢を追いかける**アリスの旅をおすすめ。妻として母としての役割にとらわれず、自らの力で人生を切り拓いていく。

1

「人と違うこと」は幸か不幸か。

生まれつき異常に親指が大きかった。母親はこんな姿で恋人ができるのか、いつも心配していた。たしかに初対面の人には驚かれるし、**恋人もできたことがない。**でもこの親指には神から与えられた力が宿っているのだ。

マイノリティ、LGBT、女性の闘い、
現代社会を生き抜く女性の旅

『カウガール・ブルース』

(1993)

旅する女性

シシー（ユマ・サーマン）

目的	ヒッチハイクの申し子として世界を放浪。モデルの仕事のため、ある牧場へ。
出発地	ニューヨーク
目的地	カリフォルニア
予算	不明（ほぼなし）
移動手段	車（ヒッチハイク）
相棒	親指

2

拠点をもたず自由に生きる。

巨大な親指はヒッチハイクに便利。今まで止まらなかった車はない。この親指で世界を何周も旅してきた。**私にとっては旅というより、移動である。**どこにもとどまらず、根無草のように放浪するのが私の生き方。

3

初めて抱いた感情は恋か愛か。

今回たどり着いた先は、カウガールたちが暮らす牧場だった。**男性に劣らぬ逞しさを持ったカウガールたちは、自分たちの信念のために日々闘っていた。**一緒に過ごすうちに、あるカウガールとの間に愛が芽生えた。

4

コミュニティに所属するということ。

今までどこにも帰属せず、一人でさすらってきた。**ここで初めてカウガールの一員となり、仲間というものをもった。**男性に抑圧された社会に立ち向かおうと言う彼女たちとともに、私も立ち上がることにした。

5

人生の手綱は自分で握る。

カウガールたちとの闘いは終わった。大切の人を失った。もうここにとどまる理由はなくなったので、また旅に出ることにした。今まではヒッチハイクで人の車で移動してきた。**これからは自分の力で進むことにした。**

悩める彼女たちの旅映画ガイド

『冬の旅』
(1985)
さすらい好きの方には『冬の旅』を。**目的や理由がなくても、いやないからこそ旅の醍醐味を味わえることもある。**旅に適さない冬のフランスを放浪する少女はどこに向かうのか。一緒にさすらい気分を味わってみては。

『テルマ&ルイーズ』
(1991)
威圧的な夫に怯え家庭に縛られた主婦と、鬱憤だらけのウェイトレスによる女二人旅。「女性」という枠からの解放へと向かう旅にゴールはない。命がけの旅路の果てに二人が辿り着く先を、ぜひご覧いただきたい。

1

見知らぬ土地で相棒と離れ離れに。

お金がなく、スーパーでルーシーの餌を万引きしたら見つかった。正義感の強い店員に、通りすがりの旅人であろうと「ルールはルール」と、容赦無く警察に通報された。外につないだままの**ルーシーが置き去りに……**

2

大切なものを失くし、旅は一時中断。

車が故障して、ルーシーが迷子になって、不運続き。姉夫婦に電話してみたけれど、彼女たちもお金がないとそっけない態度だった。頼る相手もいなくて、旅の相棒もいなくなって、**本当に一人ぼっちになってしまった。**

一難去ってまた一難。思い通りにいかない旅。

『ウェンディ&ルーシー』

(2006)

旅する女性
ウェンディ
(ミシェル・ウィリアムズ)

目的	仕事を求めて(と思ったら相棒が行方不明に。まずは彼女を探すことに……)
出発地	インディアナ
目的地	アラスカ
予算	525ドル
移動手段	車→徒歩→電車
相棒	犬(ルーシー)

3

女性の旅にはリスクが付きまとう。

近くに良いホテルがあると聞いたけど、**お金もないし今日も車中泊することに。**故障しても、寝床にできる車は便利だ。ただ、外からの視線にはさらされる。特に女性にとって、安心できる寝床を確保するのは至難の業だ。

4

旅の拠点は心の拠り所にもなる。

近くにガソリンスタンドの公衆トイレを見つけた。洗面台があるから顔も洗えるし、歯磨きもできる。しばらくはここで身支度することにした。**長旅では、プライバシーを確保できる個室は貴重な場所である。**

5

思い通りにいかないことばかりの旅。

よそ者の女性に対して無愛想な修理工場の男。**車を預けたことで、移動手段だけでなく寝床も失った。**駐車場からも路上すらも追い出され、森で寝なければ……旅のはずが、どこにも行けずむしろ追い詰められていく。

悩める彼女たちの旅映画ガイド

『リバー・オブ・グラス』
(1994)
退屈な毎日に刺激を与えてくれる旅。**田舎町での平凡な暮らしに飽き、日々空想に耽って過ごす主婦**が、ひょんなことからトラブルに巻き込まれ、偶然出会った男との逃避行が始まる。非日常的なスリルを感じられる。

『トランシルヴァニア』
(2006)
失恋して絶望している方、これを見て心を落ち着けよう。**恋人を追って異国まで来たものの、あっさり捨てられてしまう。**失意のうちに彷徨うなかで出会った謎の男とのロードムービー。旅をすれば必ず何かに出会う。

人生のピンチでも大丈夫。
新たな道へ導いてくれる旅。

『マリリン&モナ 踊って、泣いて、輝いて』

(2012)

旅する女性

マリリン(シエナ・ミラー) モナ(ゴルシフテ・ファラハニ)

目的	辛い生活から脱出するため
出発地	シカゴ
目的地	サンタフェ
予算	不明(ほぼなし)
移動手段	車
相棒	コンビニ店員(モナ)と常連客(マリリン)

1 せっかくのチャンス。でも踏み出せない……

ダンスの先生からオーディションへの参加を勧められた。**夢を追いたいけれど、夫が働かないから、私が生活費を稼がないといけない。**夫は私のことには無関心で、夢を応援してくれるはずもなく。諦めるしかない状況だ。

2 幸せのはずが、堪え忍ぶ日々。

結婚後に渡米し、夫と姑と三人暮らし。夫の経営するコンビニで働き、家事もこなす。**子宝に恵まれないことで義母に責められる毎日。**原因は夫かもしれないが、口に出せるはずもなく、辛い日々を送っている。

3 傷ついた二人が出会い、旅が始まる。

ある日突然解雇を言い渡されたマリリンが、失意のうちに帰宅すると、夫の浮気現場を目撃。**すべてを失い、夢見たオーディションへ向かうことを決意。**偶然、ある理由で家出したモナと鉢合わせ、二人は一緒に旅に出る。

4 旅で出会えた本当の自分。

クラブでダンスを披露しながら旅の資金を稼ぐ二人。**抑圧された環境を脱し、自分らしさを取り戻していく。**一方で、クラブのオーナーから金と引き換えに夜の誘いを持ちかけられるなど、女性に対する視線は付きまとう。

5 旅を経て、新しい人生へ歩み出す。

短い期間であったが、一緒に苦労を乗り越え、お互いの本音を語り合った二人。抱える悩みがなくなった訳ではないが、**この旅を経て心の中の何かが変わった。**新たな人生へと向かって、それぞれの新たな旅が始まった。

悩める彼女たちの旅映画ガイド

『たった一人のあなたのために』
(2009)
自分だけ不幸と落ち込むのはまだ早い。**夫に浮気され、息子を連れて家を飛び出した主人公。**生活のため、息子の夢のため、新しい父親を見つけようと奮闘するも、散々な目に遭ってばかり。でも諦めない彼女の姿を見よ。

『はじまりは5つ星ホテルから』
(2013)
世界のリゾートで高級感のある旅を楽しみたい方におすすめ。ただ、旅先の素晴らしさと旅人が得られる満足感は必ずしも比例しない。ホテル調査員の主人公は**人生に虚しさを感じ、自分にとっての旅の意味を考え始める。**

1

本当の自分に出会うため、旅に出る。

母を病死で失った喪失感から、ドラッグや浮気に走った末、離婚で夫も失った。自暴自棄な生活から抜け出し、新しい自分に会うために、アメリカ3大トレイルの一つ、パシフィック・クレスト・トレイルへの挑戦を決意。

悩める彼女たちの旅映画ガイド

『愛しのグランマ』
(2015)
家族や恋愛のあり方を考えたい方にぴったり。**レズビアンの祖母と、望まぬ妊娠をした高校生の孫が、中絶費用を集めるために奔走する。**祖母の昔のつてを尋ねて回るうちに、彼女の過去が明らかになっていく。

『アメリカン・ハニー』
(2016)
旅で青春を感じたい方はぜひ。現状から抜け出しても、新しい場所での苦悩もある。**貧しい家庭を飛び出した少女が、雑誌販売のキャラバンに参加するも**、楽しいことばかりではない。若者たちの繊細な感情に触れられる。

2

どんなに苦しくても、ゆるがない決意。

男性の経験者でもリタイアするほど過酷な道のり。**女性かつ初挑戦は珍しいらしく、好奇や心配の視線を感じた。**テントに食料に、押し潰されそうなほどの荷物を背負って歩く。早速やめたくなったけど、諦めない。

辛い時こそ外の世界へ出てみよう。
旅は自分に向き合う時間をくれる。

『わたしに会うまでの1600キロ』

(2014)

旅する女性
シェリル
(リース・ウィザースプーン)

目的	母を失い、自暴自棄になった自分を変えるため
出発地	アメリカ(カナダ国境)
目的地	アメリカ(メキシコ国境)
予算	不明(ほぼなし)
移動手段	徒歩
相棒	なし

3

一人の旅で、人の温かさを知る。

途中で出会った若者たちと朝食を共にした。彼らが言うには私はみんなより優遇されているらしい。たしかにコーヒーのお代わりまで気を遣ってもらった。よく考えると、**色々な人に助けられて、ここまで来られている。**

4

ふとしたことで蘇った記憶と溢れる想い。

雨の中、おばあさんと歩く小さな男の子と出会った。子どもながらに彼も孤独を抱えていた。彼が歌うのを聞いていたら、涙が溢れた。通りすがりの、**見知らぬ人との一瞬の交わりで、今まで抑えてきた感情が爆発した。**

5

試練を乗り越えた先にあるもの。

苦しく長い道のりの末、ついに1600kmを走破した。
三ヶ月間、辛い記憶がよぎるなか、必死で歩き続けた。そして、初心者かつ女性には難しいと言われたこの挑戦を成し遂げた。その先には新しい景色があった。

何があっても挫けない。
七転び八起きで自分を成長させてくれる旅。

『若い女』

(2017)

旅する女性
ポーラ
(レティシア・ドッシュ)

目的	恋人に振られ、行き場所を求めて彷徨う
出発地	パリ
目的地	パリ
予算	不明(ほぼなし)
移動手段	徒歩、電車
相棒	猫(途中離れ離れに)

1

まさに人生のどん底。生きる意味とは。

恋人に振られ、怒りに任せてドアに頭突きして流血。病院の先生が慰めようと、「今は一人でもまだ若くて自由な身だし……」と言ってきてブチギレた。**彼は私のすべてだった。それがなくなった今、私には何もない。**

2

上手くいかないのは誰のせいか。

友人、母親、偶然出会った女性、住み込みのベビーシッターの家族、全員に見放された。**一生懸命頑張っても、すべて裏目にでる。**住むところもない。頼れる人もいない。仕事もない。お金もない。孤独だ。

3

不幸の中見つけた小さな幸せ。

やっと見つかった仕事は、ショッピングモールの下着売り場の店員。私にとってこの仕事は命綱だけど、同僚は学生だったり、別の仕事もしていたり、片手間で働いているらしい。**唯一同じ境遇の彼とは本音で話ができた。**

4

過去と決別し、私らしく生きていく。

元カレの子どもを妊娠していることが発覚。**元カレからより戻そうと迫られたけど、断った。**あんなに別れは辛かったのに。自力で生きていく過程を一歩ずつ経て、自分の意志で決断ができるようになった。

悩める彼女たちの旅映画ガイド

『ライフ・アズ・ファニータ』
(2019)
もうこんな生活嫌だ！すべてを投げ出したい気分には彼女の旅を。長時間労働で低賃金の仕事や、自立できない子供たちに愛想をつかし、**目的地も決めず長距離バスに飛び乗ったシングルマザーが自分を取り戻す**旅。

『ノマドランド』
(2020)
悲しさ、寂しさを紛らわせたいとき、旅をしながら車上生活をするという人生プランもあり。**街の閉鎖で住居を失い、夫も亡くした主人公は、仕事を求め各地を回る**なかで、人々と交流するうちに次第に心が癒されていく。

ユースプロイテーション ～女性の撮り方研究ノート

女性たちは映画にどのように撮られ、そうして映し出された彼女たちを私たちはどのように見つめてきただろうか。撮られるものと撮るものの間には非対称性が存在し、特に消費者の多くを男性と想定し、人間を撮る場合は、あくまで身体を撮ることでしか表現できない映画は、男性の欲望を満たす存在として、女性（の身体）を映し出してきたという側面は強くあるはずだ。ここでは、そうした構造を念頭に置きつつ、女性を撮る際の具体的な手法について分析を試みた。

テキスト＝ペップ

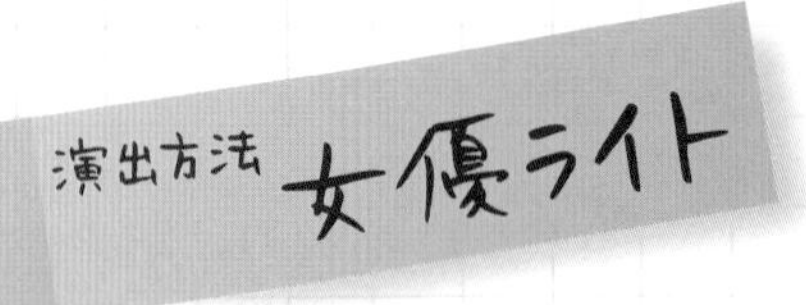

レッド・ロケット

原題：Red Rocket　製作年：2021年
製作国：アメリカ　上映時間：130分　監督：ショーン・ベイカー
出演：サイモン・レックス（マイキー・セイバー）
ブリー・エルロッド（レクシー）／スザンナ・サン（ストロベリー）

『レッド・ロケット』におけるストロベリー（スザンナ・サン）へのライティング**（シーンA）**を見てみよう。自然光を利用した撮影はショーン・ベイカー監督作品の特徴の一つだが、マイキー（サイモン・レックス）がドーナツショップでアルバイトをしているストロベリーと初めて出会った時、夕方のドーナツ・ショップの店内にまで差し込むテキサスの強烈な西日④が当たるその顔に、マイキーは一発で魅了されてしまう。そばかすが特徴的なストロベリー①だが、西日がいわゆる「女優ライト」的な役割を果たしていて「神々しさ」さえ感じるシーンだ。

名のしれたポルノ俳優だったが今は落ちぶれ無一文で故郷のテキサスに戻り、別居中の妻レクシー（ブリー・エルロッド）の実家に転がり込んで生活をすることで、否応なしに現実に向き合わざるを得なくなったマイキーにとって、ストロベリーはまさに「掃き溜めに鶴」だし、彼女の真っ直ぐな眼差し③から勝手に「神の啓示」を受け取ったかのように、その後の「未来への身勝手な希望」を実行に移す起点となる重要なシーン。それを映像だけで表現するのに効果的なライティングだ。

それに呼応するかのように配置されたラスト**（シーンB）**。再起をかけてテキサスを出てストロベリーとLAに向かう決意を固めたものの、貯めたお金も何もかも失ってしまい、失意の中でストロベリーの自宅に着いたマイキー。その時に彼が見たのは、扉が開くやいなやビキニ姿で踊るストロベリー。あまつさえ彼女の背後からは、これまでの「自然光」とは真逆の「スポットライト」⑦がたかれている。

それまでの物語を超越した「ラストシーン」が用意されているのもショーン・ベイカー監督作品の特徴だが、本作ではライティングも重要な役割を果たしている。マイキーはストロベリーの若さとその魅力を利用して、またポルノ業界でのしあがってやろうと企んでいる訳だが、その彼女の背後からスポットライトがたかれたことで、彼女は「光が当たる」側から「光を当てる」側へと転じたと解釈する事が出

シーンA（35分20秒頃）

2 アルバイト中なので髪はまとめている

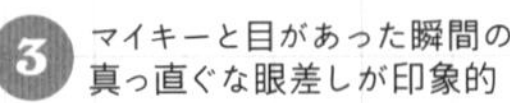

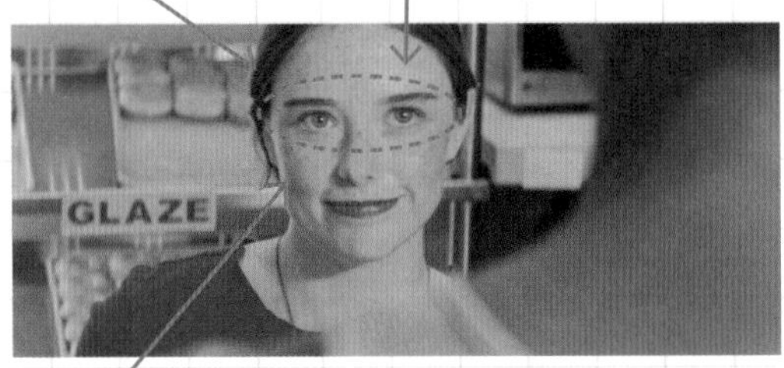

1 そばかすが多いストロベリーに観客は若さを感じる

4 テキサスの強烈な西日をライティングに。自然光を活かした演出はショーン・ベイカー監督の特徴の一つ

シーンB（127分10秒頃）

5 部屋の中は一切見えないありえない状況は
ショーン・ベイカー監督お得意の飛躍エンディング

6 髪はまとめず大人っぽい雰囲気。登場シーンとの対比も面白い

7 眩しすぎるほどのスポットライト。ストロベリーは「光を当てる側」になった意味を持つ

来る。つまり、これまでの2人の関係では、ストロベリーを見出したマイキーが「主」で、「光が当たる」ことで見出された（見つかってしまった）ストロベリーが「従」だとするならば、ここで完全に「主従」が逆転したと見ることが出来るのだ。

全てを失ってしまったマイキーにとって、ストロベリーは唯一の「希望」であり「財産」でもあるので、この「主従の逆転」は当然の帰結なのだが、ストロベリーの「神々しさ」は初めてドーナツショップで出会った時となんら変わらない。そんな彼女を見てマイキーは一筋の涙を流す。その涙の意味はなんだろう？ これまでの自分の愚行を悔い改める涙か。いや。マイキーならきっと「希望が確信に変わった」瞬間の「感動」の涙なんだろうな。

演出方法 パン・アップ

夜よ、さようなら

原題：La d'Erobade　製作年：1979年
製作国：フランス　上映時間：113分
監督：ダニエル・デュバル
出演：ミュウ＝ミュウ（マリー）／ダニエル・デュバル（ジェラール）
　　　マリア・シュナイダー（マルー）

「パン・アップ」という撮影技法は、登場人物の気分の高揚を表す時にしばしば用いられるが、『夜よ、さようなら』のマリー（ミュウ＝ミュウ）とジェラール（ダニエル・デュバル）が初めてドライブで出掛けた先の岸壁のシーンにおいてのそれは、横へのパンを「パン・アップ」として使う **（シーンC）** という技法で観客を煽情する。

草むらを映すカメラがゆっくりと横にパン⑧すると、横たわったマリーの赤いアンクルストラップのパンプスと白い素足⑪が映し出される。はだけた花柄のワンピースからのぞく太腿に、ゴツい指輪をしたジェラールの手⑨がゆっくりと股間へと這っていく。それをマリーの手が拒むと、今度はそのマリーの手を伝いながら胸まで辿り着いたところで、

シーンC（7分20秒頃）

2人の顔まで映すと今度はゆっくりとパン・アップ

9 マリーの足に這うジェラールの手。ゴツい指輪2本から堅気ではないことがわかる

11 マリーの細く美しい素足はまだ無垢な彼女の象徴だ

8 シーンが進むにつれてカメラはゆっくりと横へパンし、

10 写真ではわからないが2人のいる場所が岸壁であることも示唆的だ

横たわって見つめ合う2人の顔がようやく映し出される。

しばし見つめ合った後にジェラールはマリーにキスをし、マリーはジェラールを抱きしめる。カメラは横への動きを止めることなくそのまま草むらを映すと、今度は岸壁から見える海岸を遠景で捉え⑭

ながら、縦へのパンへと移行し水平線を映したところで一連の「パン・アップ」のシーンが終わる**(シーンD)**。

アバンタイトルからはじまって、タイトルが出た直後のこの一連のシーンを観ただけでは、これからはじまる2人の物語がどこへ向かうのかはわからないのだが、水平線まで映す⑬ことで「行き着くところまでは行く」ということは暗示されている。また、横たわった男女のつま先からの「パン・アップ」は観客を煽情しながら、この物語は「愛欲を描くもの」であろうということを予感させることにも成功している。

その後の展開は、ヤクザな男・ジェラールに引っ掛かったマリーが、文字通り「消費」され続けるという、かなりキツい話になるのだが、ここまではまだ「危うさ」を孕みながらも、どちらに転ぶかわからない段階で踏みとどまってもいる。「岸壁」をその舞台に選んでいるのも実に効果的だ。

シーンD(7分50秒頃)

13 水平線を捉えた所で終わるパン・アップ
2人の行く末を暗示している

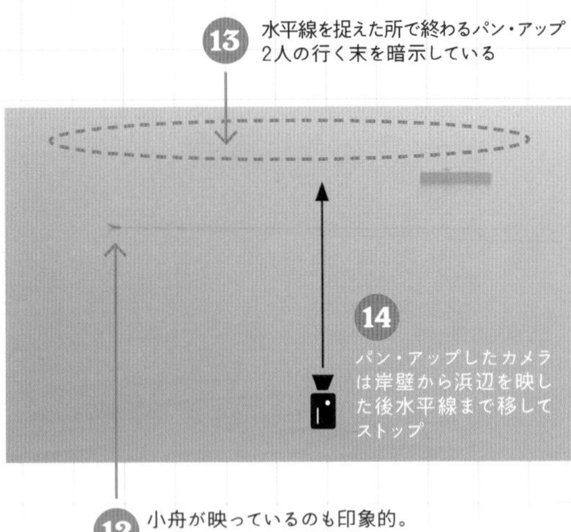

12 小舟が映っているのも印象的。
偶然だとしたら奇跡的だ

演出方法
スローモーション

『殺しのドレス』におけるスローモーションといえば、真っ先にエレベーターのシーンを思い出す方がほとんどだと思うが、冒頭のケイト(アンジー・ディキンソン)のシャワーシーン**(シーンE)**にもスローモーションは用いられている。

室内からゆっくりとシャワールームへと向かうカメラ。シャワールームの外の洗面台で髭を剃っている夫を見ながらシャワーを浴びているケイトは、欲求不満を満たすかのように⑮自らの身体を石鹸で愛撫しはじめる。弾ける水しぶきとケイトの体を、カメラはスローモーションでこれでもかとじっくりと撮っている。スローの効果は観客を煽情するのはもちろん、これから起こる出来事への静かなる前ぶれでもある⑯。

ケイトがまさにエクスタシーを迎えんとするその瞬間、誰もいる筈がない背後から、裸の男に口を塞がれ持ち上げられてしまう**(シーンF)**。夫に助けを求めようとするが、男は屈強でその手を振りほどく事が出来ない。こちらを一瞥したかに見えた夫だが、シャワールームでの異変には気付かない。やっ

殺しのドレス

原題:Dressed to Kill　製作年:1980年
製作国:アメリカ　上映時間:105分
監督:ブライアン・デ・パルマ
出演:マイケル・ケイン(ロバート・エリオット)
　　　アンジー・ディキンソン(ケイト・ミラー)
　　　ナンシー・アレン(リズ・ブレーク)

シーンE(3分00秒頃)

15 ケイトの恍惚とした表情は、夫との実際のベットシーンでの表情との対比で欲求不満を抱えていることがわかる

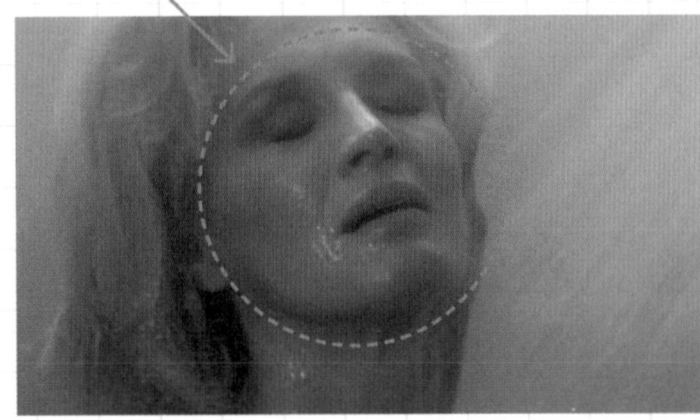

16 じっくりと撮られたシャワーシーン。
観客を扇情しつつ、同時に不安を感じさせる効果も

との思いでその手を振りほどき、助けを叫ぶのだが、その声はすぐそこにいるはずの夫にも届かない……。

ここでシーンは切り替わり、夫との現実のセックスシーンになるので、先のシーンは夢か幻か妄想のいずれかということになるのだが、シャワールームでの一連のシーンで、既にケイトの運命は観客に明示されているのだ⑰。欲求不満を抱えたケイトは見ず知らずの男性と図らずも情事に至るが、それは悲劇の結末を迎えてしまう。そう。例のエレベーターのシーンへと繋がるのである。スローモーションがそのブリッジをはたしていると見ることも出来る。

本作には他にもデ・パルマの代名詞ともいうべき撮影技法（スプリットスクリーンや長回し等）も用いられており、そのどれもが効果的ではあるが、「スローモーション」が果たしている役割もやはり大きいのである。

シーンF（3分15秒頃）

⑰ このシーンは現実ではないのだが、後のケイトの運命を明示している

⑱ 既婚であることを示す指輪がシーンに映し出される。映画ではよくある表現

演出方法 ソフトフォーカス

「ソフトフォーカス」の代名詞ともいうべき、デヴィッド・ハミルトン⑲。写真家として日本でも良く知られている彼は、映画監督としての顔も持っている。『テンダー・カズン』は彼の監督4作目にあたる。

「ソフトフォーカス」とは、意図的に写真全体のシャープさを抑えて撮影する手法で、ふんわりと柔らかく優しい雰囲気になる効果があるため、女性のポートレートや花などの柔らかな表現に適している。写真家としての彼の作品を観れば、いかに彼がこの手法を好んでいたかがよくわかるのだが、さて映画に持ち込んだ場合はどうなるのか。

オープニングクレジットでの登場人物の紹介は、ポートレート的な静的シーン（**シーンG**）で写真同様の効果をもたらしつつも、それぞれのキャラクターのディテールのみを映し出す。それぞれの内面に踏み込むのは、これからですよと言わんばかりだ。

いざ物語に入ると、ソフトフォーカスで撮られた動的シーンは、どこか浮世離れしたような、現実からほど遠く感じる場合が多く、ノスタルジーを喚起するような効果がある。舞台は1939年の夏。第二次世界大戦直前の、まだ平和な日常が続いているフランスの避暑地を描くには、まさにうってつけと考え

テンダー・カズン

原題：Tendres cousines　製作年：1980年
製作国：フランス・西ドイツ合作
上映時間：92分　監督：デヴィッド・ハミルトン
出演：ティエリー・テビーニ（ジュリアン）／アーニャ・シュート（ジュリア）
ヴァレリー・ドゥーマス（プーヌ）

シーンG（1分00秒頃）

⑲ ソフトフォーカスで美少女を撮るのはデヴィッド・ハミルトンの真骨頂だ

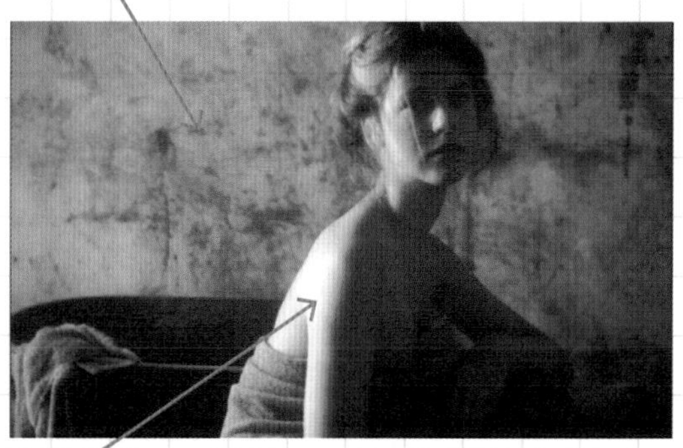

⑳ 美少女のヌードは（ハミルトンが晩年に告発を受けたことを考えると）なんとも言えない気持ちになる

たのだろう。

そして彼の写真作品と同様に、美しい少女（達）のシーンは、より美しく撮ろうという意志に満ち満ちているし、実際に美しく撮れてはいる。

ただ、見た目の「優しげ」な手法とは裏腹に、物語で描かれる女性達の立場は、時代がそうだったのかもしれないが、直視出来ないほど酷いものである。使用人の女性達は、同じ使用人やその家の娘の婚約者から、なにかといえば体を求められる。まさに搾取に次ぐ搾取で、そこには批判や自嘲という類の要素は見当たらない。あるのはエロスと（そう捉える事が出来るなら）コメディ要素だけだ。

主人公のジュリアン（ティエリー・テビーニ）と、彼が恋する従姉妹のジュリア（アーニャ・シュート）を軸にしてはいる物語**（シーンH）**なのだが、基本的には群像劇であり、使用人を雇えるほど裕福でお気楽に見える彼らも、戦争には抗えないという現実も描いている。ただ、その時代に生きた女性たちの苦難とソフトフォーカスの効果は、相容れないものではないだろうか。

シーンH（17分10秒頃）

21 ジュリアにわざわざ座らせてスカートを捲らせるシーンは物語的必然はない

主人公のジュリアン。少年特有の捻くれた性格が邪魔をしてジュリアに対して素直になれない

演出方法 ビデオカメラ

魅せられて

原題：Stealing Beauty　製作年：1996年
製作国：アメリカ・イギリス・フランス・イタリア合作　上映時間：119分
監督：ベルナルド・ベルトルッチ
出演：リブ・タイラー（ルーシー）／ジェレミー・アイアンズ（アレックス）
シニード・キューザック（ダイアナ）

「ビデオカメラ」の映像は、映画においては「フッテージ」として用いられた例が数多あるが、人間（主に男性）の潜在的欲望を叶えるかのような「盗撮」として用いられた例もある。ベルナルド・ベルトルッチ監督の『魅せられて』はまさにそんな一作だ。英語の原題“Stealing Beauty”にもかかっている。

ニューヨークで暮らす19歳のルーシー（リブ・タイラー）は、亡き母が遺した一篇の詩をきっかけにイタリアのトスカーナ地方を訪れる、という設定が本作の冒頭に繋がるのだが、その道中（飛行機・空港・電車）のありとあらゆる場面のルーシーを「ビデオカメラ」が文字通り「盗撮」する㉕。ビデオカメラの主は、機内で無防備に眠るルーシーの姿や、座席に散乱している所持品、「トイレ使用中」の表示を撮ったかと思うと、そのトイレから出てくる姿まで撮影する（ここまででも相当ではある）。

それが、イタリア到着後の電車移動になると更にエスカレート**（シーンI）**。またしても無防備に眠るルーシーの靴下（の柄のアップ）からはじまり、今にも口づけしそうな距離でその特徴的な唇を撮ったかと思うと、まだあどけなさが残る手や爪を撮る㉔のだが、デニムを履いているとはいえ手の位置がそこにある事で、結果的に股間を接写していることにもなっている（と解釈するのはかなり好意的なそれで、目的は後者にあると思わざるを得ないものだ）㉓。

その後もよだれを垂らして眠っているルーシーの口元まで撮り、最終的には目的地（であろう）シエナに着いたところで眠っている彼女を起こし、このビデオテープを彼女に渡す（といっても手渡しではなく車窓から落としているのだが）手前迄のシーンで、この一連のビデオカメラシークエンスは終わる。

本作のストーリーにも関わるルーシーの「処女性」を登場時点から映像で表現しようという意図はわかる。「ビデオカメラ」という撮影機材が、被写体をより近く、よりドキュメント的に（映画的意味づけから離れて）撮れるというのもわかる。が、約30年前という時代であった事を加味しても、これは観ていて決して「気持ちの良いもの」ではない。

なぜなら、この一連の「盗撮」シーンは後の物語に全く関与しないばかりか、劇中のルーシー以外には(観客にも)「盗撮」主が誰なのかわからないようになっている。にもかかわらず、実に「意味深」に主が手首につけている皮のブレスレット㉖は何度も映し出されるのだ。

つまり、このパートは極めて私的な撮影であり、且つ極めて私的な想いが溢れているのだ。(おそらくは)皮のブレスレットはベルトルッチ監督のもの(つまり盗撮主は監督本人)で、この「盗撮」自体がベルトリッチ監督からリブ・タイラーへのラブレターなのである。だから「盗撮」主が誰なのかを観客には明かさない(が、リブにはわかるように撮っている)のであろう**(シーンJ)**。

シーンI(1分30秒頃)

23 手の位置がここだから？ それにしても不自然すぎるアングルだ

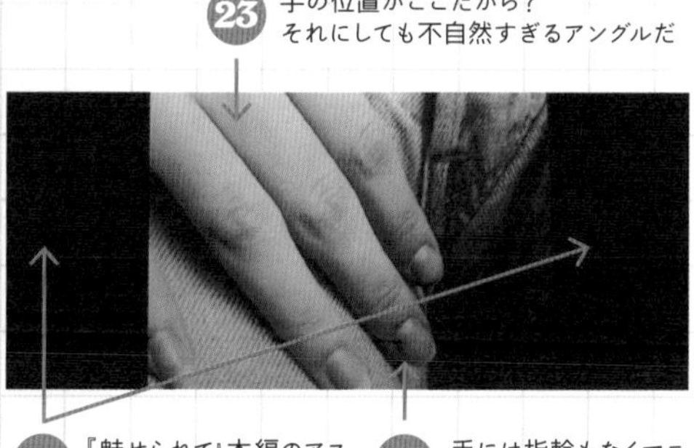

25 『魅せられて』本編のアスペクト比は2.35:1のシネマスコープ。対してSONY製のビデオカメラ(Hi8方式)で撮られたパートは4:3のスタンダード。故に両サイドが黒くなっている

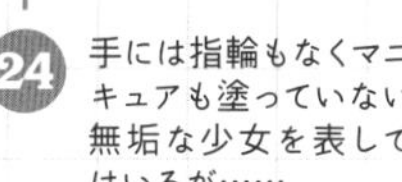

24 手には指輪もなくマニキュアも塗っていない無垢な少女を表してはいるが……

シーンJ(2分30秒頃)

26 皮のブレスレットはご丁寧に何度もハッキリと映る

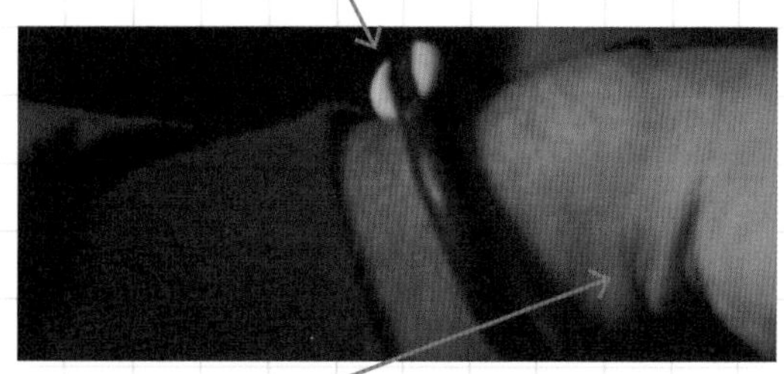

27 ルーシーの手と呼応もさせているのか……このあたりも気持ち悪い

撮影当時は劇中のルーシーと同じく19歳で、役者としては「駆け出し」のリブ・タイラーに対し、既に『ラストエンペラー』で名実ともに「巨匠」としての地位を確立したベルトルッチ監督は撮影当時55歳。どのような撮影であったとしても、それに臨むリブがどのような心境であったとしても、当時の彼女が仮に撮影に違和感を感じていたとしても、抗える筈がないのは火を見るよりも明らかだ。この後の物語のルーシーにも似たような構図の男達が出てくるのだが、その男達の台詞も相まって、どうにも「気持ち悪さ」が拭えないのは「今の時代だから」だけではない筈だ。

演出方法 ローアングル

スイミング・プール

原題：Swimming Pool　製作年：2003年
製作国：フランス・イギリス合作
上映時間：102分　監督：フランソワ・オゾン
出演：シャーロット・ランプリング(サラ・モートン)／リュディヴィーヌ・サニエ(ジュリー)
チャールズ・ダンス(ジョン)

「ローアングル」は、被写体をたくましく見せたり、力強く見せるためによく使われるが、同時に威圧感も与える撮影技法になる。『スイミング・プール』における「ローアングル」は、縦へのパンからのそれで、印象的に2度使われる。

出版社の社長であるジョン(チャールズ・ダンス)のフランスにあるプール付き別荘で新作の執筆をはじめるべく単身訪れたサラ・モートン(シャーロット・

ランプリング)のところに、ジョンの娘と名乗るジュリー(リュディヴィーヌ・サニエ)が期せずして合流することで、物語は予期せぬ方向へと動き出す。性に奔放な生活を送るジュリーに、それまで穏やかだった別荘でのサラの執筆生活は掻き乱されるのだが、生活だけでなく心まで掻き乱されていることを象徴するシーンでそれは用いられる。

プールサイドのベッドに横たわるジュリー**(シーンK)**。眠っている表情をカメラが捉えたところで、その真横に誰かが立っている。ジュリーがそっちに目を向けたのか、それともまどろみながら寝返りを打っただけなのか、顔をそちらに向ける動きを見せると、今度はカメラが立っている人物の足にピントを合わせ縦にパンしていく。毛の生えた太腿は男性のそれだ㉙。ビキニタイプの水着を履いた男性の顔までパンしたところで「ローアングル」のショットになる。ジュリーの全身を視姦するかのように熱い視線を左右に動かしている。息も荒い。

ジュリーの着ている水着の色や形、立っている男性が誰なのか、を考えれば、このシーンはサラの妄想だとわかる。魅力的なジュリーの水着姿を前にして、今にも襲いかからんばかりの男性。サラはこの男性に対して密かに好意を抱いているのだが、「ローアングル」で捉える事で、好意はありつつも、よくは知らない男性に対する「恐怖」も表現している。また、この男性の好意の対象はきっと自分ではないんだろうと心のどこかで感じてもいる。だから寝ている女性がサラ本人ではなく、ジュリーなのだ。

物語が進むとそれを裏付けるかのように、もう一度同じシチュエーションが繰り返される**(シーンL)**。今度は寝ているのはサラ本人㉝なのだが、縦へのパンから「ローアングル」で捉えた男性は件の彼ではない㉜のだ。こちらはプールサイドで微睡んだサラの夢の中の出来事なのだが、自分が好意を寄せている男性ではないことで、今度は世話になってはいるものの、よく知らない男性から好意を寄せられているのではないかという「恐怖」を表してもいる。

妄想であれ夢であれ、サラの心が掻き乱されているのは明白で、その心の中の「ざわめき」は、滞在する別荘の「プール」に象徴されている。訪れた時は覆いがされていて、中には枯れ葉が浮いている「プール」だが、ジュリーの登場後「プール」は、さまざまな「波」を立てつつも徐々に本来の姿を取り戻す。それに呼応するかのように、サラも作家として一人の女性として活力を取り戻していくのだ。

ラストも含めて、解釈の余地を多く残した本作に明確な答えは存在しないが、別荘の「プール」をサラの「心」に見立てるだけで、かなり本作のテーマに近づけるのではないだろうか。「スイミング・プール」というタイトルは、蓋し「名タイトル」なのである。

シーンK(41分20秒頃)

㉙ 毛の濃さで男性の足だとわかる。このアングルだけでも不穏だ

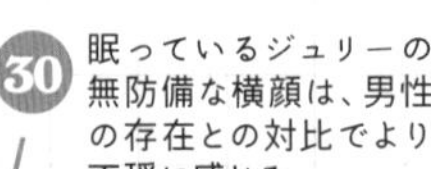

㉚ 眠っているジュリーの無防備な横顔は、男性の存在との対比でより不穏に感じる

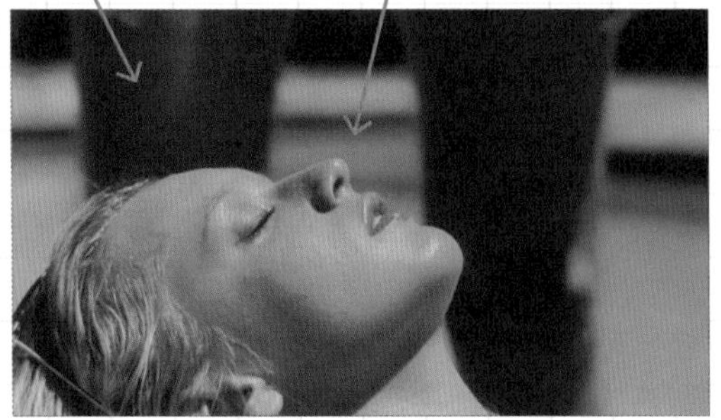

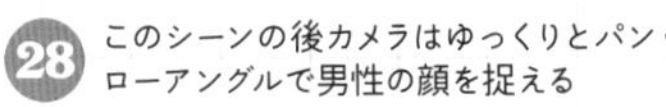

㉘ このシーンの後カメラはゆっくりとパン・アップしローアングルで男性の顔を捉える

シーンL(52分00秒頃)

㉜ 同じアングルだが一見して違う人だとわかる。だが不穏さは変わらない

㉝ サラは実際に眠っているがこれは夢で見た場面。ジュリーのシーンとの対比でサラの心の中が透けて見えてくる

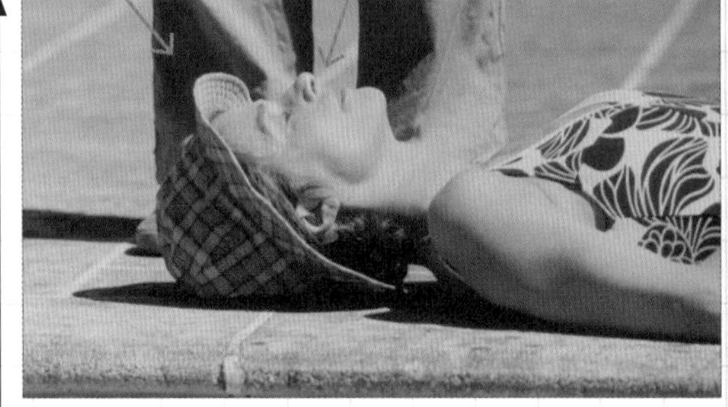

㉛ ここも同じくカメラはパン・アップし男性の顔をローアングルで映し出す

演出方法　ウェット

映画の歴史において「女性を魅力的に撮るためにさまざまな撮影技法が生まれた」と言っても過言ではないと思うが、カメラのレンズやテクニックでそれを表現したこれまでの作品とは異なり、『ピラニア 3D』では文字通り「女性を濡らす」**(シーンM)**という、あえて「露悪的」なアプローチで撮影している。その名もずばり「濡れたTシャツコンテスト」㉞だ。

物語はアメリカ・アリゾナ州のヴィクトリア湖畔で始まる。ボートを浮かべ釣りをしていたマシュー・ボイド（リチャード・ドレイファス）は、突如発生した地震による湖底の地割れから大量に現れたピラニアの群れに襲われてしまう。

そんな事故があった事を知らないまま、春休みシーズンを迎えたヴィクトリア湖畔は、祭りのために集まったボートと水着の若者で溢れかえっている。飲めや騒げの大イベントは、やがて阿鼻叫喚の地獄絵図と化すという、パニック映画のお約束の展開となるのだが、その直前に最高潮を迎える祭りの目玉イベントが、この「濡れたTシャツコンテスト」だ。Tシャツを濡らす男**(シーンN)**を演じているのがイーライ・ロス㊲なのも、この手のジャンル映画ファンには堪らないキャスティングである。

シーンN（49分00秒頃）

㊱ 赤いサンバイザーが馬鹿馬鹿しいシーンのこれ以上ないアクセントに。ナイスコーディネート！

㊲ ご存じイーライ・ロス。映画監督としても確固たる地位を築いている

ピラニア 3D

原題：Piranha 3D　製作年：2010年
製作国：アメリカ　上映時間：88分
監督：アレクサンドル・アジャ
出演：エリザベス・シュー（ジュディ・フォレスター）
アダム・スコット（ノヴァク・ラドジンスキー）
ジェリー・オコンネル（デリック・ジョーンズ）

シーンM（49分00秒頃）

㉞ これが「濡れたTシャツコンテスト」だ

㉟ 濡らされている女性は他にもたくさんいるが、彼女は特に格好良く濡らされている

いわゆる「パニックB級映画」の、しかも「リメイク」作品という立ち位置で、決して映画史の中で評価されるような作品ではないからこそ出来るエクストリームな表現を、アジャ監督はあえてやっているのだ。

当然のことながら、露出も多いし下品なシーンや残酷シーンも枚挙に暇がない。パニックだけを描いても映画としては成り立つのだから、「濡れたTシャツコンテスト」自体まるごと「不必要」なのである。

しかし、そんな「不必要」なキャラクター達のなんとイキイキしていることか！そこには搾取する・される等のネガティヴ要素は皆無で、それぞれがそれぞれの「意志」で楽しんでいるのである。恥じる事などあろう筈がない。

そんな「不必要」なあれやこれやも全部詰め込んで、古代ピラニアが蘇るがごとく『ピラニア』を『ピラニア 3D』としてアップデートし、88分という素晴らしい尺のリメイクとして完成させたアジャ監督には賛辞を送りたい。

Sisterhood シスターフッド My Best Friends マイ・ベスト・フレンズ

ルース & ルシール

（サラ・ウォーカー）（アンドレア・バーチル）

『シルビーの帰郷』
（監督：ビル・フォーサイス、1987）

アメリカの中西部の小さな田舎町、幼くして両親を亡くしたルースとルシール姉妹の静かな日々に、自由奔放で謎めいた叔母のシルビーが現れる。何ごとにも縛られずに生きるシルビーは、キッチンのカーテンが燃えていても、大雨で家が浸水していても気にしない。女性に求められてきた〈家〉の調和を保つ役割を、彼女はあらかた放棄しているのだ。そんな叔母との共同生活のなかで、シルビーの姿に共感するルースと、社会への順応を求めるルシールの差異はしだいに浮き彫りになっていく。血縁によってまさしく「シスター」という言葉で指し示されるルースとルシールの連帯は、彼女たちをつなぎ留めてきた〈家〉の在り方とともに揺らぎはじめる。けれども誰かと共生する難しさに直面することは、他者とは違う自身の生きざまを見いだすことでもある。そうして自分を見つけたとき、彼女たちはがんじがらめの居場所にようやく背をむけることができるのだ。

｜稲垣晴夏｜

セリー & ソフィア

（ウーピー・ゴールドバーグ）（オプラ・ウィンフリー）

『カラーパープル』
（監督：スティーブン・スピルバーグ、1985）

1900年初頭アメリカ南部の黒人女性セリーが、少女期に父の子を出産、我が子や妹と離別、夫からの長年の虐待など過酷な境遇に耐え、妹、義息ハーポの妻ソフィア、夫の愛人シャグという三人の女性との絆により人生を取り戻す物語だ。セリーからシャグへの恋慕を含む関係も感動的だが、殊にソフィアとの繋がりに震える。ソフィアはその気の強さに閉口した夫ハーポに殴られるようになり、ある事件以降抜け殻になってしまうが折々セリーに助けられる。二人の関係はセリーが積年の恨みを夫にぶつけ、虚ろだったソフィアが再び顔を上げる場面でついに昇華する。かつて暴力の他に答えを持たなかったセリーはハーポに妻を殴れと言い、不条理と闘ってきたソフィアは腫れた顔のままセリーに闘えと言った。優しく育まれた連帯ではないが、もがきながら生き抜く互いへの尊敬が二人のシスターフッドを磨いた。あなたの闘う姿を見て私も強くなる。見るたび眩しく、心に花火が上がる。

｜稲葉なつき｜

フランシス & ブリジット

（ラモナ・エディス＝ウィリアムズ）（ケリー・オサリバン）

『セイント・フランシス』
（監督：アレックス・トンプソン、2019）

「特別」な才能もなく「普通」も手に入れることもできず、年齢だけ大人になってしまったブリジット。自分一人が生きていくだけでも不安なのに、子どもを産み育てるなんて考えられない。そんなブリジットが6歳のフランシスのナニー（子守り）になる。最初はなかなかうまくいかない二人が次第にうちとけ友人となる。二人が全力で夏を楽しむシーンは幸せで眩しく、同時に夏の終わりも予感し切ない。完璧な大人に見えたフランシスの両親であるマヤとアニーもそれぞれ一人で不安を抱え壊れかけていた。社会や体の変化に振り回されながらも、理想に追いつこうと必死になると見えなくなるものもある。他者との関係、家族と呼ばれるものの形も今よりも多様でおおらかになるといいなと思う。フランシスとブリジットの二人は「特別」でも「普通」でもなくても、毎日を愛でながらなんとか生きてやろうという気持ちをくれる。特に最後の二人のやりとりが最高！！！

｜大本有希子｜

かつてジャン＝リュック・ゴダールは「男と女と車が1台あれば映画が撮れる」と嘯いたが、現代を生きる私たちはそうじゃない形でも映画ができることをよく知っている。ここでは私たちの愛すべき「二人組」たちについて、自由に言葉を綴った。ぜひこれを読むあなたにも、あなたの大好きな「二人組」を見つけ、自分だけの言葉を紡いでほしい。

（アンナ & マルヴィーラ）

（ハンナ・シグラ）（オルネラ・ムーティ）

『未来は女のものである』

（監督：マルコ・フェレーリ、1984）

子供を持たない若いカップル、ゴードンとアンナ（ハンナ・シグラ）はディスコで正体不明の妊婦マルヴィーラを救い、奇妙な共同生活を始める。三人で暮らす中で、アンナはマルヴィーナに魅了されつつも、彼女の女性性あるいは母性に不快感をも感じていく。母にならないことを選んだアンナにとって、母になろうとしているマルヴィーラはどこか脅威でもあるのだ。立場も性格も違い、複雑な感情を抱えながらも、2人の女は連帯しそれこそが未来を作っていく。強烈で歪な物語ではあれど、本作は母になる女性／ならない女性だけでなく「生む」母／「育てる」母のあり方を示すことで未来の女の姿を描いたといえるかもしれない。実際の妊娠中に本作を撮影したオルネラ・ムーティの強さと美しさが印象的な映画でもある。 |**上條葉月**|

（竜ヶ崎桃子 & 白百合イチゴ）

（深田恭子）（土屋アンナ）

『下妻物語』

（監督：中島哲也、2004）

常に一緒にいる必要もなければ、常に仲良しこよしでいる必要もない。お互いのピンチや共通の目的のために手を貸し合うものが「連帯」である、ということを教えてくれた二人組だ。茨城県下妻市を舞台に「友達は必要ない」と誰かとつるむことを拒むロリータの桃子と、自分を救ってくれた不良の先輩に憧れてその道を歩むようになったレディースのイチゴが、友情という言葉だけでは形容し難い二人ならではの関係性を築いていく過程を描いた、嶽本野ばらの同名小説を映画化した作品である。育った環境も性格も趣味嗜好も全く異なる二人だが、お互いの矜持は認め合い、いざというときにはお互いを助け合う。そんな二人の「背中を任せ合う関係性」に心底憧れたし、今でも憧れている。 |**関根麻里恵**|

（キャロル・ダンヴァース & ヴァルキリー）

［キャプテン・マーベル］（ブリー・ラーソン）（テッサ・トンプソン）

『マーベルズ』

（監督：ニア・ダコスタ、2023）

何でもひとりでこなせてしまう宇宙最強ヒーロー、キャプテン・マーベルは、自身の独断的な行動も要因し住む場所を失った難民たちを一時的に匿ってもらうべく友人を呼ぶ。その友人が北欧神話の神々の国アスガルドの王、ヴァルキリーだ。

最強であるが故のプライドから、誰かの力を借りることに積極的になれないキャロルに対し、見かねたヴァルキリーは「孤高の人にならなくても、堂々としていられるの（You can stand tall, without standing alone.）」と告げる。前作『キャプテン・マーベル』にて自分一人で女性蔑視な支配体制をぶち壊して解決をしたように見えた問題が、実は別の形で他の人達を抑圧していたというスタートから始まるこの続編では、ヴァルキリーの声掛けをきっかけに、キャロルが自分よりも経験の浅いほかの女性ヒーローたちを信頼することで徐々に問題解決に向かっていく。キャロルとヴァルキリーの関係こそ、これからのマーベル映画で注目のシスターフッドではないだろうか。 |**山本恭輔**|

(真生 & 千香)

(嗣永桃子)　(清水佐紀)

『仔犬ダンの物語』

(監督：澤井信一郎、2002)

犬が人間を助けるのだから人間が犬を助けてならぬ理由がどこにあろうかという少女たちの訴えが実り、盲目の仔犬ダンが元の飼い主千香という然るべき居場所へ戻る。無二の友である千香の姿から真生も自省し、本来の居場所である父親のもとでふたり健やかに暮らしていこうとバスに乗り込んだ。すると突然、窓外から自分の名前を呼ぶ声が聞こえる。視線を橋梁下へ向けると、河原には、千香をはじめ、その妹や、啀み合っていたはずの同級生たちが、みな口々に別れの言葉を叫んでいた。真生は驚き、窓から身を乗り出して手を振ると、どれほど離れていようとも伝わるような大きな声で、ありがとうとさようならの二語を返す。こどもたちの短いバスト・ショットが幾度となく切り返され、人と人が交わる哀歓のすべてが画面に刻まれてゆく。全篇を通じて初めて真生の頬を涙が伝うのは、このときだった。バスは山間へ消える。音楽が高鳴って――。

| **星遼太朗** |

(レネット & ミラベル)

(ジョエル・ミケル)　(ジェシカ・フォード)

『レネットとミラベル／四つの冒険』

(監督：エリック・ロメール、1986)

田舎育ちの画家の卵であるレネットと、パリの大学で民族学を学ぶシティガールのミラベルが体験する四つの小さな冒険は、二人の言動や考え方が対照的だからこそ面白いものになる。が、彼女たちの最も愛すべき点は、自分の考え方とは違う相手の意見や行動を、否定せずに実践することだ。「"物乞い"する人に金をあげるべきか」という議論において、「最低限あげるべき」というレネットの意見に対して「全員にはあげるのは無理」だからあげないと言っていたミラベルは、しかしその次の場面で"物乞い"に遭遇するたびに金をあげている。それはレネットの意見を認め同意したというよりも、まずは試しているかのような身振りだ。ダンスをしたことがなかったレネットが、ミラベルが踊るのを見てすぐさま楽しく踊り出すように。私はそんな二人のしなかやな精神に魅了されながら、いまなお"青い時間"を夢見ている。

| **黒岩幹子** |

(イーニド & レベッカ)

(ソーラ・バーチ)　(スカーレット・ヨハンソン)

『ゴーストワールド』

(監督：テリー・ツワイゴフ、2001)

友人関係に悩んでいたティーン時代の私は、『ゴーストワールド』ふたり組・イーニドとレベッカの関係に憧れていた。暇つぶしにダイナーをはしごして、ビデオレンタルショップ、zineショップ、ガレージセールに行って街ぶらするニコイチ。仲良し度で言うと、プロムでクセ強同級生に話しかけられて真似をしあったり、卒業後部屋借りてルームシェアしよー！ってダイナーで物件を探すレベル。常に一緒にいるから気を遣うこともないし、ツボも一緒。相手と意見や好みが違っていても正直な感想を言う。テンションも一定で二人でいることに落ち着いている様子。こんな双子みたいな関係の友達、実際学生時代にはできなくてやっぱ幻か〜なんて思っていたけれど、大人になってからイーニドとレベッカのような温度感の親友ができた。来学期はゴーストワールドみたいな親友ができるといいなとTSUTAYAにDVDを返しながら願っていたティーンの自分に教えてあげたい。

| **Yuko Kagawa** |

（川野容子 & 狭山リサ）
（森川葵）　（増田璃子）

『転校生』
（監督：金井純一、2012）

金井純一監督自身が「恐らく監督として今後一生言わない」と前置きしてまで使う「傑作」という言葉が全て。ではあるが、それでは作品紹介にならないので、本作の魅力を僕なりに書いてみます。「孤独になった」容子と「孤独を選んできた」リサ、それぞれの「孤独」が出会い、少しずつ距離を縮めながら物語は進んでいく。なんとも不器用でなんとも愛おしい二人から、もう目が離せない。お互いがお互いにとって「特別」な存在になるかならないか、その矢先に10代の女の子にはどうしようもない運命が降りかかる。「たった」20分という上映時間が、二人にとってかけがえのない「たった」一週間と重なり、観ているこちらも「嘘？」と思わず声が出てしまう。ラスト手前の俯瞰での靴箱のシーンのなんと見事なことか。ラストの切れ味は言うに及ばず。「魂は細部に宿る」という言葉が本当にふさわしい。『ゆるせない、逢いたい』のDVD特典映像としてソフト化されているのに加えて、2020年5月15日〜はYouTubeでも公開されているので、ぜひ貴方にも観て頂きたい一作です。

｜**ペップ**｜

（パク・ミヨン & チョ・ジヘ）
（ラ・ミラン）　（イ・ソンギョン）

『ガール・コップス』
（監督：チョン・タウォン、2019）

この作品のミヨンとジヘは義理の姉妹（ジヘの兄とミヨンが結婚）です。同じ警察署の違う課で働いていますが、同居する家ではケンカばかり。ところがジヘが仕事でミスし、ミヨンの働く相談窓口に転属（えー）。職場でもギスギスしていた二人ですが、そこでデジタル性犯罪の被害者である女性と出会い、クズの中のクズを捕まえるという共通の目的のためにタッグを組むのです！ 同僚の男性刑事たちが尻込みしても、犯罪集団のリーダー（憎まれ役のウィ・ハジュン最高）に返り討ちにされても逮捕をあきらめない二人……。ついに逮捕の瞬間、ジヘは出産前まで署のエースだったミヨンの伝説のセリフを口にするのですが、本当はミヨンを尊敬していたことがわかるいいシーンでした。ちなみにミヨンを演じるラ・ミランと、イヤミな上司を演じるヨム・ヘラン（ドラマ『ザ・グローリー』の役も最高）はわたしの2大お気に入りコメディエンヌ。彼女たちが活躍する韓国エンタメ界が本当にうらやましい！

｜**あんころもち**｜

（シンディ & アレクサンドラ）
（キタナ・キキ・ロドリゲス）　（マイヤ・テイラー）

『タンジェリン』
（監督：ショーン・ベイカー、2015）

完璧でなくたっていいんだ。「あんたの恋人浮気してるよ」と最悪のタイミングで親友に口を滑らせることだってあるし、怒りで我を忘れて親友の大事なライブに遅れてしまうこともある。シンディとアレクサンドラの友情は、完璧ではないかもしれない。いや、シンディに恋人の浮気を告げたアレクサンドラは、実は彼女自身もまたシンディの恋人と一夜を共にしていたのだから、完璧からは程遠いだろう。でも、人は誰しも間違いを犯す。親友にムカつくことだってある。それはお互い様。ダメなところもひっくるめて、愛すんだ。ほんとうに酷いことが起きたときには、必ず隣にいるから。暖かなLAのクリスマスイヴ、夜のうら寂しいコインランドリー。乾燥機のまわる音を聞きながら、アレクサンドラはシンディにウィッグを貸す。大切な体の一部を共有するささやかな営み。思わずこぼれる笑顔。その束の間に息づく絶対的な信頼には、どんな完璧も敵わないうつくしさがきらめいている。

｜**吉田夏生**｜

3 彼女たちの闘争
WOMEN'S STORIES OF STRUGGLE

田中　「闘争」という表現からはいろいろなものを引き出せますが、ひとつにはもちろん身体的な意味ですね。「**彼女はアクションスター**」は、まずその魅力を再考するパートです。

降矢　映画史的には女性というのは庇護される存在というイメージがやっぱり強かったと思うんです。そうした存在が戦う主体性を獲得するということ、それをここでは純粋に戦闘能力の高さや物理的な戦い方という観点から紹介しているカッコいいページです。映画を見ていて、最高だなと思ったアクションは「必殺技」として取り上げ、勝手に名前までつけてしまいました。映画自体が必殺技として押し出しているわけではありませんが、注目してもらいたいアクションシーンというような意味合いで読んでもらえればと思います。加えて、アクション映画における非常に重要な要素である服装や髪型などにも着目しています。タンクトップで戦う女性アクションスターについて考えてみようかなぁなどと思った時は、ぜひご活用いただければと思います。

田中　もちろんフィクションの上で表象される問題ではありますが、しかしこうしたアクションスターという存在って、確実に現実におけるイメージの認識に広がりを生むことはあると思うんですよね。たとえば『ワンダーウーマン』とか『キャプテン・マーベル』のような近年のヒーロー映画でも、そうした議論につながるケースは増えています。

吉田　アンジェリーナ・ジョリーやシャーリーズ・セロンのような、ハリウッドのアクション大作で主演を張ってきた女性たちが、社会運動・慈善活動といった世界をよりよくするためのさまざまな闘いに実際に携わってきたことにも大きな意味があると思います。つまり、闘争とは身体的な意味に限られません。「**声を上げた女性たち**」では社会運動としての闘争に着目し、女性の権利向上のための闘いであるフェミニズムの歴史を、第一波から現在に至る第四波まで、それぞれの概要や特徴を、関連する映画とともに紹介していきます。

降矢　「勉強」という言葉は映画を語る上であまり適していないかもしれないと思いつつ、そんなことを言い訳にいつまでも勉強しないでいるのはよくありませんので、あえて言いますが、非常に勉強になるページかと思います！　どこかの試験問題に出してくれてもいいかもしれません。フェミニズムの歴史はもう十分に知っているという方も、取り上げている映画とともに復習の意味も込めて、ご覧いただきたいですね。

田中　鷲谷花さんの論考では、1970年代から80年代にかけて多数製作された「レイプ-リベンジ」映画、その源流をベルイマン『処女の泉』を経由し、シェストレム『風』とグリフィスの『東への道』におけるリリアン・ギッシュの姿にまで辿り直す試みをなされています。スクリーンの中の女性たちが暴力に晒される受動的な存在から、いかにして能動的な力を発揮するようになったか、本パートではその歴史を学ぶために必要な視点を見出していただければと思っています。

鷲谷花

「レイプ–リベンジ」映画の系譜を遡る
—女性と暴力をめぐる逆説—

「レイプ–リベンジ」映画についての基本認識

1971年から72年にかけて、ハリウッドのメジャー映画会社の配給作品としては、サム・ペキンパー監督『わらの犬』(1971)、ジョン・ブアマン監督『脱出』(1972)、インディペンデント作品としてはウェス・クレイヴン監督『鮮血の美学』(1972) など、集団による露骨で暴力的なレイプ場面と、レイプの加害者に対する極度に暴力的な報復場面を含むアメリカ映画が次々に公開された。同様のパターンを共有する映画は、1980年代初頭まで継続的に製作公開され、「レイプ－リベンジ (rape-revenge)」映画と総称され、英語圏の映画評論家や研究者に、特定のジャンルまたはサイクルとして認識されるようになった。1934年以降、ハリウッド映画の性、暴力、違法行為、冒涜的言動などの表現を強く制約してきた「プロダクション・コード」に基づく事前審査制が、1968年に廃止され、映画の内容に応じて年齢による鑑賞制限を設けるレイティング制へと切り替えられたことで、アメリカ映画は、世界の映画市場における性と暴力、殺人の表現の過激化の競争に本格的に参入した。そうした映画の表現規制の制度変更のひとつの結果が、「レイプ－リベンジ」映画のサイクルの始動だった。

「レイプ－リベンジ」映画には、当初から、「女性の被害者－男性の加害者－男性の報復者」という図式に限定されない複雑なジェンダーの構造が潜在していた。『脱出』の被害者は男性（ネッド・ビーティ）であり、『鮮血の美学』の犯人グループには女性（ジェラミー・レイン）が含まれる。『わらの犬』、『脱出』、『鮮血の美学』の3作品ともに、妻や娘、友人をレイプされた男性が、事後に加害者に対して報復することで、レイプによって毀損された男性あるいは家父長としての自己の価値をも回復するという筋立てを共有しているが、『鮮血の美学』では、レイプされて殺害された少女（サンドラ・カッセル）の母親（シンシア・カー）が復讐に参加し、犯人グループのうち2名の男女を自らの手で惨殺する。

1970年代の「レイプ－リベンジ」映画のうち、とりわけ、『リップスティック』(ラモント・ジョンソン監督、1976)、『発情アニマル／悪魔のえじき』(メイル・ザルチ監督、1978) など、性暴力の被害者となった女性が、自ら武器を取り、加害者に対して暴力的な報復を実践するタイプの作品が、1980代以降のフェミニスト映画批評・研究の関心を集め、ある種の「正典」として扱われるに至った。『男性、女性、チェーンソー』(1992)[1]のキャロル・J・クローヴァーから、『レイプ－リベンジ映画：批評的研究』(2021)[2]のアレクサンドラ・ヘラー＝ニコラスに至るまでの、「レイプ－リベンジ」映画論の著者たちは、1970年代の「レイプ－リベンジ」映画のサイクルが、レイティング制と「成人映画」カテゴリーの導入の結果というのみならず、同時代の米国社会を席巻した「第二波」フェミニズムによる、性暴力、セクシュアル・ハラスメント、「レイプ・カルチャー」に対する抗議へのリアクションでもあったことを、それぞれに指摘している。

とはいえ、『鮮血の美学』が、スウェーデンのイングマル・ベルイマン監督作品『処女の泉』(1960)の翻案でもあったように、「レイプ－リベンジ」映画の系譜には、特定の時代と地域に限定されない拡がりがある。ヘラー＝ニコラスは、「レイプ－リベンジ」映画の重要な原型が『処女の泉』であることに関して、「低俗だという悪評を得てきたレイプ－リベンジ映画には、それなりに栄えある伝統がある」と述べている[3]。『処女の泉』は、アカデミー賞外国語映画賞をはじめ数々の権威ある映画賞を受賞し、「ヨーロッパの芸術映画」の傑作としての定評を得た一方、当時はまだ「プロダクション・コード」の制約下にあったハリウッド映画には不可能だった、性と暴力の露骨な描写によって、アメリカの映画観客にショックを与えもした。

『処女の泉』は、暴力行為それ自体を直接的に見せることは避け、「事前」と「事後」だけを見せるという伝統的な手法ではなく、全身が運動し衝突するプロセスとしてのレイプと報復殺人をスクリーンに映し出し、後続の「レイプ－リベンジ」映画の暴力描写の方向性を決定するインパクトをもたらした。少女(ビルギッタ・ペテルソン)が羊飼いたちに森の中でレイプされる場面では、加害者と被害者の全身をフレームに収めた長回しのショットによって、(疑似的な)挿入を含む行為全体が明示的に見せられる。そして、少女の父親(マックス・フォン・シドー)が偶然家に立ち寄った加害者たちに復讐する場面では、羊飼いたちの仲間だが、レイプには加わらなかった幼い少年の身体を父親が抱えあげ、暖炉の石枠に叩きつけて惨殺する瞬間が、克明に見せられる。『処女の泉』から『鮮血の美学』への翻案にみるように、「レイプ－リベンジ」映画の系譜は、「高尚な芸術映画」と「低俗なエクスプロイテーション」の間に通常想定される境界を突破し、複数の国境を越えて往来しつつ、複雑な連続と分岐を遂げてきた。

「プロダクション・コード」以前の「レイプ－リベンジ」映画と『風』(1928)

『処女の泉』以降の「レイプ－リベンジ」映画にとって必須の要素となった、肉体と肉体の暴力的な接触の直接的な描写が、検閲・規制によって困難だった時期にも、「レイプと報復」のモチーフを含む映画は製作されていた。アメリカ合衆国における「レイプ－リベンジ」映画の系譜にしても、「プロダクション・コード」廃止後の現象に限られず、「コード」期、さらには1934年に「コード」の運用が本格的に開始されるより前の「プレ・コード」期にまで遡りうることについても、すでに指摘されている。

「プロダクション・コード」以前の「レイプ－リベンジ」映画の代表作として、複数の論者が、それぞれに異なる作品を挙げている。アレクサンドル・ヘラー＝ニコラスは、「プロダクション・コード」自体は明文化されていたが、コードに基づく映画の事前審査は制度化されていなかった1931年に公開された、ウィリアム・A・ウェルマン監督『Safe in Hell(地獄の中の安全)』を代表的な例として取りあげ、「レイプ－リベンジ」映画の系譜を「プレ・コード」期まで遡るにあたり、「重要人物はウィリアム・A・ウェルマンである」と述べている[4]。

あるいは、主に1980年代以降のアメリカ合衆国の映画、テレビ、ビデオ作品におけるレイプの表象を論じるサラ・プロヤンスキーの著書『レイプを見る：ポストフェミニスト文化における映画とテレビ』(2001)[5]は、「プレ・コード」期の「レイプ－リベンジ」映画の代表例として、ジョゼフ・フォン・スタンバーグ監督、マルレーネ・ディートリッヒ主演の『上海特急』(1932)で、中国政府と対立する軍閥の司令官(ワーナー・オーランド)に性的奉仕を強要された中国人女性(アンナ・メイ・ウォン)が、相手の隙をついて短刀で刺殺し、報復を果たす展開に注目している。

さらに、ヘラー＝ニコラス、プロヤンスキーほかの論者たちは、「レイプ－リベンジ」映画の系譜の重

『上海特急』（ジョゼフ・フォン・スタンバーグ監督）

要な起源として、D・W・グリフィス監督『國民の創生』（1915）に言及している。アメリカ合衆国における奴隷制廃止を支持する世論が北部中心に形成されるにあたり、大きな影響力を発揮したハリエット・ビーチャー・ストウの小説『アンクル・トムの小屋』（1852）は、随所で白人の主人たちに性的に搾取され、虐待される女性の奴隷たちの苦しみについて語り、読者の共感を促した。それに対して、奴隷制に支えられた南部の社会体制を擁護する『國民の創生』は、南北戦争で南軍が敗北した後に、奴隷の身分から解放された黒人男性たちを性暴力の加害者に、白人女性たちを被害者に、そして白人男性を正義の報復者に見立て、『アンクル・トム―』を反転させた善悪二元論の図式を提示することで、『アンクル・トム―』に対する強力な対抗言論を作り出した[6]。『上海特急』や『國民の創生』といった古典的作品は、『処女の泉』以降の「レイプ＝リベンジ」映画とは異なり、暴力によって痛めつけられている、あるいは暴力を行使している生々しい肉体を、直接的にスクリーンに映し出すことはしない。その一方で、性的な暴力が、ジェンダー、人種、民族、身分、職業が交差しつつ構成される社会権力関係といかに関わり、そうした権力の構造を暴露し、動揺させ、もしくは修復・強化する機能を担ってきたかを、つぶさに見せもする。

ここまでは、「レイプ＝リベンジ」映画に関する先行論で、すでに言及されている作品を取り上げてきた。以降では、それらの先行文献では言及されていないが、「レイプ＝リベンジ」映画の特徴的な要素のいくつかを共有する作品として、無声映画期の最後期を飾る名作のひとつとして名高い、ヴィクトル・シェストレム監督、リリアン・ギッシュ主演の『風』（1928）を論じる。

『風』の主演スターのリリアン・ギッシュの自伝によれば、最初にドロシー・スカーボローの小説『風』を読んで映画化を思い立ったのはギッシュ本人であり、製作会社のMGMに企画実現に向けて積極的に働きかけた[7]。『風』の脚色は、当時のアメリカ映

『風』（ヴィクトル・シェストレム監督）

画界を代表するシナリオライターで、ギッシュからも大きな信頼を得ていたフランシス・マリオンが担当した。つまり、『風』は、原作のドロシー・スカーボロー、脚色のフランシス・マリオン、主演のリリアン・ギッシュと、複数の女性の作り手たちが、企画・製作過程で大きな役割を担った作品であるという点においても、「レイプ－リベンジ」映画の系譜の中で先駆的な意義をもつ。

『風』の物語は、リリアン・ギッシュの演じる主人公レティ・メイソンが、唯一の身寄りである従兄の元に身を寄せるために、ヴァージニアから従兄の牧場のあるテキサスまで、列車の旅をする場面から始まる。列車内でレティに近づいてきた家畜商ワート・ロディ（モンタギュー・ラヴ）は、車窓の外を吹き荒れる強風におびえるレティに、「この土地に吹く風は、人間を、特に女性を狂気に陥れる」という先住民の言い伝えを聞かせる。やがて列車は駅に到着し、従兄の牧場の隣人ライジ・ハイタワー（ラルス・ハンソン）に出迎えられたレティは、いっそう激しくなった風に吹かれながら、ライジの馬車で牧場へと向かう。ライジはレティに「北風は雲の中に住む馬だと先住民は信じている」と教え、レティは雲の間を駆ける白い馬を幻視する。

牧場に到着したレティを、従兄のベヴァリー（エドワード・アール）は歓迎するが、病弱な夫に代わって家内を取り仕切るベヴァリーの妻コーラ（ドロシー・カミング）は、当初からレティに警戒の視線を向け、夫との関係に対する疑いを強めていく。やがてコーラに夫妻の家から出ていくように言い渡されたレティは、再び現れたワートの「ここから連れ出してやる」という申し出を一度は受けようとするが、ワートが既婚者であることを知らされて絶望する。行き場を失ったレティは、やむなくライジの求婚を受け入れるが、結婚の夜に家で二人きりになり、強引に迫ろうとしたライジに対して、嫌悪感をあらわにして抵抗する。ライジは今後レティには決して手を触れず、レティをヴァージニアに帰すために金を稼ぐと約束する。

北風の季節が到来し、いっそう風が激しさを増したある日、旅の途中で負傷したワートが、ライジとレティの家に担ぎこまれてくる。ライジはカウボーイ仲間たちと山から降りてくる野生馬を駆り集めるために出発し、ワートも同行すると見せかけて、単独でライジの家に引き返し、風におびえて意識を失ったレティをレイプする。翌朝、レティは「ここから連れ出してやる」と迫るワートを射殺し、死体を家の前に埋めるが、風が地表の砂を吹き飛ばし、ワートの死体を剥き出しにする。窓からその様子を見たレティが、恐怖に正気を失いかけているところに、ライジが帰宅する。ワートを殺したと告白し、死体を埋めた場所を指し示すレティに、ライジは死体がどこにも見当たらないことを告げる。「あの男を殺したのが正義の裁きなら、風は死体を隠してくれる」というライジに、レティはどこにも行かずにこの地に留まり、「あなたの妻として、共に働き、愛しあう」意志を伝える。

アメリカの西部劇映画は、1910年代のジャンルの草創期から、性暴力を重要なモチーフとして取りあげてきた。『風』もその系譜に連なる作品ではあるが、多くの西部劇における性暴力の加害者が、先住民や無法者など、共同体の外部から襲ってくる他者として想定されるのに対し、『風』は親しい間柄や家庭内で起こる性暴力の脅威を掘り起こす。

レティが当初配偶者に望んだ相手はワート・ロディであり、ライジの求婚を承知したのは、生存のためのやむにやまれぬ選択でしかなかった。そうした事情を知るワートにとって、レティとの間で起きた出来事は、「姦通」であったとしても、「レイプ」であるという認識はおそらくない。また、ライジと結婚した最初の夜に、ドアを荒々しく開けて入ってきたライジに強引にキスをされた後、ライジを振り払い、怒りと嫌悪をあらわにして口元を拭いつつ、「そんなことをされたらあなたを嫌いになる。嫌いになりたくないのに」と訴えるレティの表情と身ぶりは、法律婚で結ばれた間柄でも、合意を欠く性的な接触は「性暴力」にほかならないことを伝える。そして、そこで合意の欠如を問題として踏みとどまる感性のあるなしが、ワートとライジを決定的に隔てる。

『風』の冒頭のレティとワートが列車内で出会う場面で、窓側にレティが、通路側にワートが座って並び、窓の外のすさまじい風に不安げな視線を向けるレティに、ワートが身体を押しつけるようにして寄り添い、フレームの約3分の2近くを占拠する、アンバランスな構図の2ショットが反復される。後半でワートがライジとレティの家に現れた際にも、外に風が吹き荒れる窓と、身体を押しつけてくるワートの間の息苦しい空間に、レティが挟み込まれるイメージが再び反復される。屋外には恐ろしい風が吹きつづけるが、屋内にいれば安全と安心が得られるどころか、たえず性的な脅威に迫られる、レティの板挟みの状況は、結婚の晩の場面のクロスカッティングによっても鮮明に視覚化される。レティのいる寝室に入りかねて、隣室を落ち着かなく歩き回るライジの足もとのクロースアップ、風が砂を巻きあげて吹き荒れている屋外のショット、隣室のライジの気配を窺いつつ、不安げな表情で寝室内を往き来するレティのショットが交互に映し出された後、ライジが寝室に突入し、レティにキスをする、危機の瞬間が到来する。暴力の恐怖は、他の多数の西部劇のように、共同体の外部、家庭の外部から襲ってくるばかりではなく、身近な人間関係の内部、家庭の内部にこそに宿っている。

屋外の風が激しさを増す中、家にとり残されたレティのもとに、ワートがやって来る時、外部の暴力と内部の暴力が、隔たりを突破して混然一体化する。家全体が揺れ動き、窓ガラスが割れて砂混じりの風が吹き込み、天井のランプが落ちてテーブルが燃えはじめ、パニック状態で対処に駆け回っていたレティは、ドアを開けて入ってきた男に、初めライジが帰ったものと信じてすがりつくが、それがワートであることを悟ると、ドアの外に走り出す。しかし、屋外の嵐に前進を阻まれるレティは、突進してくる白い馬を幻視し、風に吹き戻されるように戸口に後ずさりし、ワートの腕の中に倒れ込み、意識を失う。ワートはレティを抱きあげてベッドへと運んでいき、空を駆ける白い馬の幻が再び映し出された後に、時間は夜半から夜明けへと飛び、レイプが行われたことが暗示される。

翌朝、ワートの駆け落ちの誘いを拒絶したレティが、テーブルの上に置かれていたワートの銃を手に取り、迫ってくるワートに向けて発砲する瞬間、もみ合ったはずみで引き金が引かれたのか、あるいは明確な殺意ある行為だったのかは、観客には見分けようがない。しかし、先立つ両者のやりとりで、「ライジが帰ってきて、こうしているところを見られたら、二人とも殺される」と言うワートに対して、レティが「殺してくれたらいいのに」と返す言葉には、すでにワートに対する殺意が表れ、その直後のワートの死が、「偶然の事故」よりは、「報復」の結果であるという印象を補強する。

原作小説の結末では、一度は埋めたワートの死体が、風に掘り起こされたのを見て、完全に正気を失ったレティが、風に吹かれてあてどもなく去ってゆく。ギッシュ自伝によれば、当初、映画も原作通りのラストシーンで終わる予定だったが、プロデューサーのアーヴィン・タルバーグ以下MGMの首脳陣がハッピーエンドを強く要請したため、レティが風への恐れを克服し、ライジと幸福な家庭生活を送る未来の希望を明示する現行の結末への変更が行われた[8]。ギッシュ、監督のシェストレム、脚本のマリオンは、いずれも結末の改変に不本意だったと伝えられるが、映画版のラストシーンは、「レイプ―リベンジ」映画の系譜との関係を考えるにあたり、きわめて示唆的といえる。

多くの「レイプ―リベンジ」映画においては、当初はなすすべもなく性暴力の犠牲になるほかなかった被害者が、事後に至って、加害者への報復を実行する暴力性を獲得する。『風』でも、風とワートが混然一体化したように家の内部へとなだれ込み、レティを蹂躙した後、それまで風にただ恐れおののき、翻弄されるばかりだったレティは、風の暴力性を自分の内部にも取り込んだように、ワートを射殺し、風の吹き荒れる屋外に出て、単独で死体を地面に埋める能動的な行動力を発揮する。そして、ラストシーンに至って、風は、いったん地表に露出したワートの死体を再び砂で埋め戻すことで、レティの報復の正義を証明し、レティの生を支援する力へと反転する。レティは両腕を広げて戸口に立ち、吹きつけてくる風を全身で受けとめながら、歓喜の表情を浮かべ、「もう風なんて怖くない」と叫ぶ。

D・W・グリフィス監督の後期の代表作『東への道』(1920)のクライマックスで、流氷の上に倒れて川を流されてゆくところを、危機一髪で恋人(リチャード・バーセルメス)に救出されるヒロイン役のリリアン・ギッシュは、酷寒の中のロケーション撮影で、本物の流氷の上に横たわり、川を流されていく危険なスタントを、自分自身で演じた。映画の物語世界内部のヒロインは、意識を失ったままヒーローの救出を待つ無力な犠牲者だが、その役を演じるリリアン・ギッシュの、プロフェッショナルの演技者としての強靭さも、同時にスクリーンを支配する。『風』のレティもまた、苛酷な自然の暴力に翻弄されるが、今回はヒーローのラスト・ミニッツ・レスキューを待つことなしに、自分自身の力で敵を葬り去るタフな能動性を、物語世界の内部でも発揮する。

『風』から約30年後に公開された『狩人の夜』(1955、チャールズ・ロートン監督)で、リリアン・ギッシュは、女性嫌悪の権化のごとき邪悪な伝道師(ロバート・ミッチャム)から子どもたちを守るべく、ライフルを握って闘う「ヒーロー」役を演じた。無声映画期の主演作で、虐待され、追放され、性暴力の犠牲となり、自然の猛威に脅かされ、ありとあらゆる

『東への道』（D・W・グリフィス監督）

受難に耐えてきた経験から培われた逆説的な強靭さが、ここに至って、ヒーローの資質として結実したともいえる。

映画において女性が能動的な力を発揮するためには、多くの場合、それに先立つ受難と犠牲者化のプロセスが必要とされてきた。「レイプ－リベンジ」映画には、そうしたジェンダー化された暴力の極端な形態を見出すことができる。したがって、アメリカ映画史における「受難のヒロイン」を代表するスターとしてのリリアン・ギッシュが、か弱い犠牲者から正義の報復者へと転じる『風』とは、やはり「レイプリベンジ」映画の系譜の重要な原点のひとつに位置づけうる作品であるだろう。

【註】

1. Carol J. Clover. *Men, Women, and Chain Saws: Gender in the Modern Horror Film*. Princeton University Press. 1992.
2. Alexandra Heller-Nicholas, *Rape-Revenge Films: A Critical Study Second Edition*, McFarland & Company, Inc., Jefferson, North Carolina, 2021.
3. Heller-Nicholas, 46.
4. Heller-Nicholas,
5. Sarah Projansky, *Watching Rape: Film and Television in Post-feminist Culture*. New York University Press, 2001.
6. 南北戦争前後から南部側で蓄積されてきた『アンクル・トムの小屋』への対抗言論が、『國民の創生』に集約されるプロセスについては、映画研究者リンダ・ウィリアムズが詳細に論じている。Linda Williams, *Playing the Race Card: Melodramas of Black and White from Uncle Tom to O. J. Simpson*. New Jersey; Princeton University Press. 2001.
7. Lillian Gish with Ann Pinchot, *The Movies, Mr. Griffith, and Me*. Englewood Cliffs, N. J. Prentice-Hall. 1969. 292.
8. Gish, 295.

YOU'RE TERMINATED, FUCKER
これで終わりだ、クソ野郎!『ターミネーター』

必殺技
至近距離ショットガン
『ターミネーター2』
片手で大きなショットガンを素早く装填し、至近距離の敵に穴が開くほど連射する。シュワルツェネッガー顔負けの力技だ!

相手の近くで

SARAH CONNOR
サラ・コナー

『ターミネーター』シリーズ

平和な未来のためにターミネーターと戦う、最強の母親。初登場時はワケもわからずターミネーターに命を狙われていたが、自分が未来のリーダーの母親であるという運命を知ってからは、自ら武器を取り殺戮アンドロイドと対峙していく。逃げるだけだった1作目から、未来を知り息子を出産してからの2作目でのキャラクターの変貌（パワーアップ）ぶりは、続編を持つ女性キャラクター映画の中でも随一。28年後の映画『ターミネーター：ニュー・フェイト』では"イケオバ"になって、ニューヒロインを助けている。人工知能の反乱と戦うキャラクターの先駆けでもあり、孤独を背負いながらも息子や人類の未来への熱い思いを持った誰よりもタフな女性だ。

映画	『ターミネーター』(1984)、『ターミネーター2』(1991)『ターミネーター：ニュー・フェイト』(2019)
俳優	リンダ・ハミルトン
職業	大学生→無職
服装	黒いタンクトップ
ペット	グリーンイグアナ
武器	トンファー、銃火器
戦い方	人型だろうが、ターミネーターには冷徹に攻撃を繰り返す
戦う相手	人類を滅ぼそうとするAI、及びAIが送り込んでくるターミネーター

SHE IS THE ACTION STAR
彼女はアクションスター

世の中にはさまざまな戦いがある。ここでは物理的な戦闘能力に着目し、映画のなかの女性たちが、己の何を武器として、何者とどのように戦ってきたのかを見ていこう。ヘアスタイルや衣装といった戦闘において極めて重要な身なりから、物理で殴るのか、弓やピストルなど巧みに武器を使うのかといった戦闘スタイルなどを紹介するぞ。ここぞというときに繰り出される決め台詞や必殺技も注目だ。彼女たちと一緒に私たちも強く健康的になろう。

テキスト＝樋口幸之助＋降矢聡　イラスト＝あんころもち

必殺技
怪物船外放出
『エイリアン』
『エイリアン2』
『エイリアン4』
戦っても勝ち目のない怪物を、強制的に宇宙空間に放出するというクレバーかつエコロジーな技。自分も一緒に放り出されないよう注意が必要だ!

ドアのスイッチ近くで
P 連打

ELLEN RIPLEY
エレン・リプリー

GET AWAY FROM HER, YOU BITCH!
その子から離れな、クソ女!『エイリアン2』
※"クソ女"とはエイリアンの女王のこと

『エイリアン』シリーズ

宇宙船の乗組員。搭乗したノストロモ号がエイリアンに襲われたことをきっかけに、長きに渡りエイリアンと戦う運命となった。『エイリアン2』では女王と対決し、『エイリアン3』では坊主頭になって男性だけの惑星にひとり混ざって奮闘。そして『エイリアン4』ではついにクローンとして蘇り、エイリアンの母として子エイリアンと対峙するという、とにかくエイリアンに愛された(?)女性である。『エイリアン2』でのパワーローダーを使った戦闘は、知能と技術によって腕力を補う、女性ならではの発想が印象的だ。ビジュアルやアクションなど、以降の女性キャラクター像に多大な影響を与えたであろう、アクションヒロインの代表格。

映画	『エイリアン』(1979)『エイリアン2』(1986)『エイリアン3』(1992)『エイリアン4』(1997)
俳優	シガニー・ウィーバー
職業	宇宙船の航海士→貨物係→クローン
髪型	セミロング→坊主→セミロング
大切な人	惑星LV-426で保護した少女、猫
特技	パワーローダーの操縦
武器	銃火器
戦い方	マシンガンなどで応戦することもあるが、逃げることが第一
戦う相手	エイリアン、エイリアンを地球に持ち帰ろうとする愚かな人間

必殺技
スピン・ショット
地面をブレイクダンスのように回転しながらマシンガンを掃射する。周囲を一瞬で制圧する、彼女にしかできないアクロバティックな技だ!

IT'S GO-GO, NOT CRY-CRY
「"ゴーゴー"よ、メソメソはダメ」

CHERRY DARLING
チェリー・ダーリン

【プラネット・テラー in グラインドハウス】

片足がマシンガンのゴーゴーダンサー。田舎町で起きたゾンビパニックに巻き込まれ片足をゾンビに喰われたが、失くなった足の代わりにマシンガンを装着して戦いに身を投じていく。映画において女性キャラクターは体の柔らかさを戦闘に活用することが多いが、ダンサーである彼女のアクションは一際優雅で、敵のロケット弾をブリッジで交わす様はステージ上で踊っているかのようだ。悲劇に見舞われながらも強靭なる武器の肉体を手に入れ、乱世を生き抜く強い意思に目覚めた異色の戦士。

映画	『プラネット・テラー in グラインドハウス』(2007)
俳優	ローズ・マッゴーワン
職業	ゴーゴーダンサー
夢	スタンダップコメディアン
服装	元カレのジャケット
無駄な才能	ゴーゴーダンス、大型バイクに乗れる、体が柔らかい
武器	足のマシンガン(グレネード弾も発射可能)
戦い方	体の柔らかさを活かし、マシンガンを自由自在に掃射する
戦う相手	生物兵器によって生まれたゾンビと、その元凶である米軍兵士たち

SOLDIERS OF AGOJIE
アゴジェの戦士

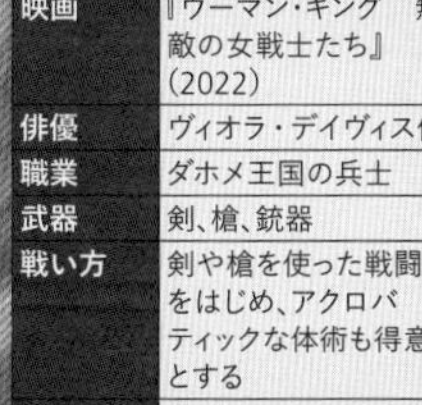

映画	『ウーマン・キング　無敵の女戦士たち』(2022)
俳優	ヴィオラ・デイヴィス他
職業	ダホメ王国の兵士
武器	剣、槍、銃器
戦い方	剣や槍を使った戦闘をはじめ、アクロバティックな体術も得意とする
戦う相手	敵対するオヨ王国、奴隷貿易を行う西洋人

【ウーマン・キング 無敵の女戦士たち】

将軍ナニスカ率いる女性軍団"アゴジェ"の戦士たち。ダホメ王国を守護する彼女たちは、長い1本の槍を2人で扱ったり、紐をつけた剣で離れた敵を倒すなど、創造的で高い戦闘スキルを持つ。長い爪で、相手の目を突き刺すこともあるぞ!

必殺技
フライング・コンビネーション
仲間の体を踏み台にして高く跳躍、上空から敵に斬りかかる。長身の男兵士も、頭上からの奇襲でノックアウトだ!

空中で

EVELYN
エヴリン

【エブリシング・エブリウェア・オール・アット・ワンス】

「全宇宙にカオスをもたらす強大な悪」となった娘から家族と全宇宙を救うため、別宇宙の自分の力を借りて戦うコインランドリーの経営者。実際にさまざまな映画(=別宇宙)でアクションを披露してきたカンフー映画界の第一人者であるミシェル・ヨーのキャリアが解き放たれている。さすがはカンフーマスター、ときには小指だけ人を吹っ飛ばすことも可能だ。

映画	『エブリシング・エブリウェア・オール・アット・ワンス』(2022)
俳優	ミシェル・ヨー
武器	小指など
苦手なこと	確定申告
戦い方	カンフーなど
戦う相手	娘

呼び捨てはやめなさい！　私はあんたの母親よ！

 + P K

必殺技
バース・ジャンプ
別宇宙の自分とリンクし、別の自分の能力を己のものとできる無限の可能性に開かれた技。カンフーの達人になったり、歌姫にリンクすることで肺活量がアップしたりするぞ。

CHARLIE'S ANGELS
チャーリーズ・エンジェル

「チャーリーズ・エンジェル」シリーズ

謎の人物チャーリーのもとで活躍する女性たち。映画初登場の『チャーリーズ・エンジェル』(2000)では大富豪チャーリーお抱えの探偵としてお色気を使った戦い方も目立ったが、2019年の続編では女性としてより自立したキャラクターにアップデートされた。なかでも2019年版のエンジェルであるサビーナは、ブロンドロングのウィッグを被り敵を魅力的に翻弄する一方、ウィッグの下はオシャレなベリーショートの髪型だ。アクション映画の女性キャラクターはしばしば、男性と同等に戦う覚悟の象徴として坊主頭になるが、サビーナのショートヘアは、自分らしさを謳歌する自由なキャラクターを体現している。戦闘においては、体術の他にガンアクション、最新ハイテク武器も使いこなす。そしてエンジェル同士の息のあったチームプレイが彼女たち最大の武器だ。

映画	『チャーリーズ・エンジェル』(2000) 『チャーリーズ・エンジェル フルスロットル』(2003) 『チャーリーズ・エンジェル』(2019)
俳優	キャメロン・ディアス、ドリュー・バリモア、ルーシー・リュー クリステン・スチュワート、ナオミ・スコット、エラ・バリンスカ
職業	探偵、エージェント
服装	様々(変装の達人)
上司	チャーリー
武器	カンフー、銃、"麻酔シール"などの最新テクノロジー武器
戦い方	敵を各個撃破しつつ、ここぞという時は連携技を繰り出す
戦う相手	世界転覆を目論む悪の組織

必殺技
愛のヘッドバッド(サビーナ)
『チャーリーズ・エンジェル』(2019)
「付き合おう!」なんて言いながら、強烈な頭突きを顔面にお見舞いする。喰らった相手は言い寄ったことを後悔するはず……!

相手の近くで

+ P

必殺技
ライトニングアロー『ハンガー・ゲーム2』
コイルを使って落雷の50億ジュールのエネルギーが宿った矢。「ハンガーゲーム」のシステムそのものを破壊する超弩級の一撃をぶっ放すぞ!!

KATNISS EVERDEEN
カットニス・エヴァディーン

「ハンガー・ゲーム」シリーズ

反乱の抑止のために被支配者層の男女24人が殺し合う殺人サバイバルゲームに妹の代わりに参加した弓矢の名手。のちに革命の象徴的人物となる。生き残るためには、サバイバル能力だけではなく、支配者層である貴族たちに気に入られることも重要だが、カットニスを演じるのが、不機嫌顔俳優ジェニファー・ローレンスであるところが実に気が利いている。また好感度のために同じくゲームに選出されたピータと恋人を演じるなど、男女のカップルといえば恋愛に発展するものというある種のお約束に対する批評性も持ち合わせた革命戦士。

映画	『ハンガー・ゲーム』(2012)、『ハンガー・ゲーム2』(2013)、『ハンガー・ゲーム FINAL:レジスタンス』(2014)、『ハンガー・ゲーム FINAL:レボリューション』(2015)
俳優	ジェニファー・ローレンス
衣装	革ジャン→炎のドレス→バトルスーツ、ジャケット
大切な人	ピータ(擬似恋人)、幼馴染、妹
特技	人差し指・中指・薬指の3本指を掲げるハンドサインによる民衆蜂起(このハンドサインはタイ軍事クーデターや香港民主化デモ、ミャンマークーデター抗議デモといった実際の蜂起でも用いられた)
武器	弓
戦い方	攻めよりも守りを重視
戦う相手	「ハンガー・ゲーム」参加者の男女23人、大統領

SOME THINGS ARE NOT MEANT TO BE FOUND
見つけてはならないものもあるのね

LARA CROFT
ララ・クロフト

『トゥームレイダー』他

神話や古代の宝物を専門とするトレジャーハンター。大人気ゲーム原作の、強さと賢さを併せ持つキャラクター。女性版インディ・ジョーンズの呼び声も高いが戦闘力はインディより上。愛銃は重量級のハンドガンH&K USP Matchで、それを2丁も扱う剛腕ぶりだ。一方で『トゥームレイダー』で見せた"バンジー・ダンス"なる2本のバンジーに繋がれての空中戦は、さながら舞の様な美しさとしなやかさが印象的。そんな強くて聡明でお金持ち、という万能感の強かったアンジェリーナ・ジョリー版から、アリシア・ヴィキャンデル版ではデリバリー配達員で生計を立てる駆け出しのトレジャーハンターにキャラクターを再設定。より身近で等身大の人物に生まれ変わった。

必殺技
2丁拳銃乱れ撃ち
『トゥームレイダー』
トレードマークの2丁拳銃を、容赦無く撃ち続ける連続技。どんなバケモノも、この技の前で立っていることは不可能だ!

映画	『トゥームレイダー』(2001) 『トゥームレイダー2』(2003) 『トゥームレイダー ファースト・ミッション』(2018)
俳優	アンジェリーナ・ジョリー (『トゥームレイダー』、『トゥームレイダー2』) アリシア・ヴィキャンデル (『トゥームレイダー ファースト・ミッション』)
職業	トレジャーハンター、デリバリー配達員 (『トゥームレイダー ファースト・ミッション』)
服装	タンクトップ
大切な人	父親
武器	2丁拳銃、弓矢
戦い方	その場の地形などを利用し、あらゆるタイプの戦闘をこなす
戦う相手	古代の宝物などを悪用し、世界制服を目論む輩たち

必殺技
肩借りスナイパー
『マッドマックス 怒りのデス・ロード』
フュリオサの狙撃は百発百中! その腕前はマックスも銃を譲るほど。"肩借り"はその名の通り、他人の肩を借りて狙撃を安定させるプロフェッショナルな技だ。

ため K

REMEMBER ME?
私を覚えてる?『マッドマックス 怒りのデス・ロード』

映画	『マッドマックス 怒りのデス・ロード』(2015) 『マッドマックス フュリオサ』(2024)
俳優	シャーリーズ・セロン、アニャ・テイラー=ジョイ
職業	大隊長
髪型	坊主
武器	銃火器、義手
戦い方	運転する大型トレーラーで敵の車両を潰したり、銃火器も使いこなす
戦う相手	イモータン・ジョー

FURIOSA JO BASSA
フュリオサ・ジョ・バサ

『マッドマックス 怒りのデス・ロード』シリーズ

砂漠に生きる隻腕の戦士。独裁者イモータン・ジョーの元で大隊長を務めていたが反旗を翻し、"子産み女"として幽閉されていた5人の妻たち(ワイブズ)を連れて逃走した。大型トレーラー"ウォー・リグ"を自らの身体のように自在に操り、ハンドルを失った際は自身の義手をはめ込んで運転を続行するなど冷静さと大胆さを併せ持つ。『エイリアン3』のリプリーや『G.I.ジェーン』のオニールのように、物語途中から坊主頭になるキャラクターはいるが、映画を通して丸刈りのフュリオサからは、彼女が歩んできた境遇の過酷さと、生き残るための強い覚悟が感じられる。イカつい風貌とは裏腹に、虐げられた女性たちを救い導く、カリスマ的キャラクターだ。

FOXY BROWN
フォクシー・ブラウン

『フォクシー・ブラウン』

恋人を殺した麻薬密売組織に復讐を誓い、組織が経営するクラブへ娼婦に扮して潜入。自らの美貌をも武器にしてファンキーな"肉体的活力"が炸裂する。『コフィー』の大ヒットを受けて作られ、『ジャッキー・ブラウン』の原点にもなった、アフリカ系アメリカ女性アクションスターの始祖にして、ブラックスプロイテーション映画の伝説的女性だ。

AND I GOT MY BLACK BELT IN BAR STOOLS
私はケンカの黒帯よ

映画	『フォクシー・ブラウン』(1974)
俳優	パム・グリア
武器	美貌、拳銃
髪型	アフロ→ロングヘアー→アフロ
戦い方	相手を油断させ、不意打ちを得意とする
戦う相手	麻薬密売組織

必殺技
アフロ隠し拳銃
丸腰だと信じさせ、相手が油断したところに、すかさずアフロヘアーから取り出した拳銃をぶっ放す。意表をつかれた相手はイチコロだ。

P

声を上げた女性たち

歴史の中で女性たちは様々に闘争してきた。現在もさまざまな形で続くその闘争は、映画の中でもいろいろな形で描き続けられてきている。長きに渡る「女性たちの闘争」を考えるうえで軸となる「フェミニズム（feminism）」は、近代的な人権思想の発展とともに、社会のなかでの女性に対する男性の支配と優位性に異議を唱えた女性たちの運動として誕生した。本章では、闘争する女性たちを描いた作品を、フェミニズムの「波（wave）」という観点から時系列に整理して概観してみることとする。

フェミニズムには19世紀から現在（2024年）にかけて4つの波があると認識されている。誤解のないように付け加えると、フェミニズムが誕生するまで女性たちが一切声を上げてこなかった、というわけではない。長い歴史の中で、女性への偏見や不平等な地位や権利、女子教育の推進などを訴える女性たちが間違いなくいたことをここに記しておく。

第一波フェミニズム

第一波フェミニズムは、19世紀から20世紀前半頃までの女性の政治参加を求める動きを指し、参政権、相続権、財産権などを求めた運動に象徴される。フェミニズムの成長と広がりを刺激したきっかけはアメリカ独立革命（1776）とフランス革命（1789）で、具体的に言えば、アメリカの独立宣言やフランスの人権宣言で用いられていた「人（men/homme）」という概念に、女性が含まれていなかったことに気づいたのだ。フランスの劇作家、女優、政治活動家であるオランプ・ドゥ・グージュは、『女性および女性市民の権利宣言』（1791）を発表し、女性は男性と同等の法的権利を与えられるべきと主張、イギリスの政治思想家、作家メアリ・ウルストンクラフトは、『女性の権利の擁護』（1792）を発表し、女性が独立した生活を営むことを妨げる最大の原因を家庭内の抑圧とし、女性の教育を受ける権利を主張した。

その後、近代フェミニズム思想は女性の市民権の確立（女性参政権確立）を求めるリベラル・フェミニズムに引き継がれ、19世紀にアメリカやイギリスで行われた奴隷解放運動に携わった女性の間でさまざまな運動が展開された。たとえば、イギリスでは女性参政権獲得運動を繰り広げた「サフラジェット（Suffragettes）」と呼ばれる女性たちが中心となって、これまで男性が掌握していた政治や行政に女性が参加する権利を勝ち取った。Ⓢ

『未来を花束にして』
（監督：サラ・ガーヴロン、2015）
1910年代のイギリスで参政権を求めた女性たち（＝サフラジェット）の姿を描いたヒューマンドラマ。主人公は、夫と幼い息子の3人で暮らす洗濯工場勤めの24歳のモード（キャリー・マリガン）。ある日、モードは女性参政権運動の活動家である友人に代わって公聴会で証言、それをきっかけにWSPU（女性社会政治同盟）のリーダーであるエメリン・パンクハースト（メリル・ストリープ）の演説を聞き、デモにも参加するように。しかし、男性たちは女性が政治活動をすることに不満を持つようになり、モードも夫から家を追い出されたうえに息子と会うことを禁じられ、職も失ってしまう。女性が「人（men）」として存在していることを証明するための「闘争」と、確かに存在することを確認し合うシスターフッドの両方が描かれた一作。Ⓢ

テキスト＝関根麻里恵Ⓢ、山本恭輔Ⓨ　イラスト＝大本有希子

『モナリザ・スマイル』
(監督:マイク・ニューウェル、2003)
第二次世界大戦が終結したあとの1950年代、アメリカ・ニューイングランドにある名門女子大学を舞台としたヒューマンドラマ。名門ウェルズリー大学に美術史の助教授として就任したキャサリン・ワトソン(ジュリア・ロバーツ)が、伝統を重んじる教師と「結婚=女性の幸せ」と教育される学生との「闘争」を経て、小さい歩みながら大きな一歩を踏み出す。才気があるにもかかわらず家庭に入ることだけが選択肢として提示される女子学生たちと、彼女たちの可能性を手助けするものの空回りしてしまうキャサリンのやりとりが生々しく突き刺さる。Ⓢ

第二波フェミニズム

第二波フェミニズムは、地域によって異なるがおおよそ1960年代から1980年代頃までの動きを指す。きっかけとして、1949年にフランスの哲学者であるシモーヌ・ド・ボーヴォワールが発表した『第二の性』や、1963年にアメリカ合衆国のフェミニスト、ジャーナリスト、作家であるベティ・フリーダンが発表した『女らしさの神話』が挙げられる。ボーヴォワールは、「人は女に生まれるのではない、女になるのだ」という有名な一説があるように、女性が生まれてから成長する過程のなかで「女」というラベルが貼り付けられていく様相、そして、女性を男性よりも劣位に置く意識や慣習が社会構造のなかに埋め込まれていることを指摘した。また、フリーダンは、「女らしさ」という神話とその虚偽を暴き、女性たちに家庭以外に自己実現の場や生きがいを求めるよう促した。

第一波フェミニズムが公的な領域に関する課題に着目していたのに対し、第二波フェミニズムはそもそも二元論的に構造化された領域（男性＝公的領域、女性＝私的領域）そのものに異議を唱えた。このころ掲げられたスローガン「個人的なことは政治的なこと（The personal is political)」に象徴されるように、これまで個人的なこととして片付けられ、きちんと議論されてこなかった不平等や性差別（中絶や性暴力などの性や生殖をめぐる問題、賃金の不平等など労働における差別、家庭内暴力など）に着目した。

第二波フェミニズムの代表的な潮流として、個人の権利の尊重と平等を重視するリベラル・フェミニズム、家事労働がアンペイドワークであることに着目するマルクス主義フェミニズム、家父長制批判に重点を置くラディカル・フェミニズムの3つが挙げられる。Ⓢ

『グロリアス 世界を動かした女たち』
(監督:ジュリー・テイモア、2020)
第二波フェミニズムの草分け的存在であるアメリカのフェミニズム活動家グロリア・スタイネムを主人公とした伝記ドラマ。グロリア(アリシア・ビカンダー)は、大学時代に留学した先のインドでの経験を経てジャーナリストとして働き始めるが、「女だから」という理由だけで、担当するのはファッションや恋愛のコラムばかり。そんななか、高級クラブの「プレイボーイ・クラブ」に潜入して内幕を暴く記事を書いたことを受けて、徐々に女性解放運動の活動家として知られるようになる。彼女の功績はいくつもあるが、そのうちの一つに仲間たちとともに創刊した女性主体の雑誌「Ms.(ミズ)」(1972)が挙げられる。「Ms.」は未婚・既婚にかかわらず女性に対する敬称として使用されている語だが、この雑誌の登場によって広く使われるようになった。誰か一人だけが大きな敵に闘いを挑むのではなく、さまざまな女性たちと手を取り合って共闘していくものがフェミニズムであることを再確認できる一作。Ⓢ

ポストフェミニズム

ポストフェミニズムは、第二波フェミニズムが1980年代にバックラッシュを迎えた後に使われ始めた「フェミニズムは終わった」とする認識やその社会状況を指す用語である。一部の女性たちが一定の地位を手に入れた結果、もはやフェミニズムを必要としない時代がやってきたとする認識が共有されるようになった。ポストフェミニズムは単にフェミニズムが否定されるバックラッシュとは異なり、一定のフェミニズムによる成果を当然のこととして享受しながら、同時に反フェミニスト的感情を持っていることが特徴的である。元来の政治運動としてのフェミニズムが目指していた女性たちの集団としての社会的地位向上ではなく、個人としての立身出世に重きをおいているポストフェミニズムの状況では、人種や階級など構造的な不平等により成功することができないでいる女性たちが、個人の選択の失敗や努力や能力の不足であると不当に批判されることもある。このような徹底した自己責任化が行われる状況において、女性たちは従来的な女性性としての「異性愛的魅力」と同時に成功した野心的な人であり、自立的かつ家族やコミュニティを大切にする人であれという矛盾した要素を求められることになる。このような「成功した女性」の像がもてはやされることで女性たちは「カンペキであれ」「すべてを手に入れよ（have it all）」という呼びかけに苦しまされるのである。Ⓨ

第三波フェミニズム

第三波フェミニズムは、1990年代から2000年代ごろまでの動きを指す。米国の黒人女性法律家のアニタ・ヒルが最高裁判事候補からのセクシュアルハラスメントを告発した1991年の事件を受けて、レベッカ・ウォーカーが前述の雑誌「ミズ」（『グロリアス 世界を動かした女たち』2020にて）に投稿した記事が「第三波になること」であり、これがきっかけに第三波フェミニズムという語が使われるようになったとされる。第三波の特徴の一つは、第二波の成果を享受しながら同時にその思想の厳格さや白人中心主義である点などの限界性を批判する点にあるとされる。加えて直接的な政治運動や学術的な議論というよりも文化や芸術などの領域で女性たちの主観性や男性中心主義的な社会への不満を表現する文化的な活動として現れてきたことが特徴である。ジン・カルチャーやライオット・ガールなどに象徴されるように、第三波の諸相がメディア文化やポピュラー文化の中で展開されたことは、結果としてフェミニズムの裾野を広げることに貢献したと言える。その一方で、これらの文化的な展開は、消費主義と結びつきやすかったため、実質的な政治運動と結びつかない限界性において批判されることも少なくない。Ⓨ

『キューティ・ブロンド』
（監督：ロバート・ルケティック、2001）
政治家志望の彼氏から「賢くない女性」の象徴であるブロンド女性は議員の妻のイメージに相応しくないという理由で交際を絶たれた主人公のエル・ウッズは、彼を見返してやるために同じハーバード大学のロースクール進学し、ガーリーさ全開のファッションや振る舞いを周囲に馬鹿にされながらもトップの成績を収め、弁護士として裁判に勝訴する。
ウッズは、「容姿は良いが頭は悪い金髪美人（dumb blonde）」という偏見だけでなく、日常の女性蔑視や軽視、セクハラを女性側の誘惑によるものだと責任転嫁する上司と闘っていく。本作は、情熱を持って努力し自分を信じることが大切だというメッセージに落ち着く点で、確かにポストフェミニズム的限界性を孕んでいる。しかし、カワイイものを否定せずとも女性の尊厳を守るために闘えるという第三波フェミニズムの精神や、世代を超えた女性同士の連帯が描かれる点で、この時代の女性の闘争のあり方を象徴している一本である。Ⓨ

第四波フェミニズム

第四波フェミニズムは、現在進行中の動きであり、はっきりとした定義が共通認識として存在しているわけではない。しかし、「第四波」という語が使われる際には、おおよそ2010年前後から2020年代の現在に至る動きを指していることが多い。第四波の特徴は主に三点ある。一つ目の特徴はインターセクショナリティである。これは、従来のフェミニズムがあまりにもミドルクラスの白人女性中心的に語られてきたことを反省し、人種や階級、性的指向やジェンダーアイデンティティ、年齢や障害などのさまざまな要素が交差（intersect）して差別の経験を形成していることを認識する必要性があることを解く概念である。多様な立場の女性たちの経験が語られることが重要であるというこの認識は、映画を始めとするポピュラーカルチャーに登場するキャラクターのキャスティングなどにも大きく影響を与えている。特徴の二つ目は、SNSを前提とした運動であることがあげられる。ソーシャルメディアの登場により個人が経験や考えを発信することが可能になり、さらにそれが拡散されるようになったことは、フェミニズムの運動にも大きな変化をもたらした。誰もが発信者になり得ることは画期的であるが、同時に「いいね」や拡散をしただけで社会運動に参加した気分になれることから、実質的な効力を持つ政治運動へ繋がらないことも多くその実効性や継続性に欠く部分が批判されることも多い。2017年に俳優のアリッサ・ミラノのツイートをきっかけにハリウッドのセレブリティを中心に全世界へ拡大し、最大のハッシュタグアクティヴィズムの一つとなった#MeTooも、元来は性暴力を受けた非白人の女性たちを支援するために黒人女性のタラナ・バークが立ち上げた運動であったことが顧みられないままであることは、続く三つ目の特徴とも関連する。三つ目の特徴はセレブリティによる活動の活発化である。俳優のエマ・ワトソンやミュージシャンのビヨンセに代表されるような著名人がフェミニズムのアイコンになることは、若者たちがフェミニズムに興味を持つきっかけやロールモデルを提供している点で評価される。その一方で先の#MeTooのように、元々影響力を持っていた人の発信しか注目が集まらなかったり、SNSのあり方として「いいね」や拡散の数が多い主張こそが価値があると認識されたりといった弊害を生みかねない点も無視することはできない。Ⓨ

『スキャンダル』（左）
（監督：ジェイ・ローチ、2019）
2016年に元人気キャスターのグレッチェン・カールソンがアメリカの人気ニュース放送局であり保守派の「FOXニュース」創立者のロジャー・エイルズをセクシュアル・ハラスメントで訴えた実話を題材としたドラマ映画。性的関係の強要を拒否したことによって左遷されたグレッチェン（ニコール・キッドマン）、看板番組のキャスターまで上り詰めたメーガン（シャーリーズ・セロン）、メインキャスターの座の狙うケイラ（マーゴット・ロビー）、世代の異なる3人の女性がそれぞれの闘い方でセクシュアル・ハラスメントの問題と立ち向かう。輝かしいキャリアと引き換えに「忠誠心」という名のもとでハラスメントが行われる構造は、対岸の火事ではなく今もどこかで行われている。本作は、示談という形で「解決」したかのようにみせ、闇に葬られようとしていた事件を暴き出した「ドキュメント」と言っても差し支えないだろう。Ⓢ

『SHE SAID/シー・セッド その名を暴け』（中）
（監督：マリア・シュラーダー、2022）
2017年10月5日に「ニューヨーク・タイムズ」紙に掲載された、ハーヴェイ・ワインスタインの性的暴行を告発する記事を書いた二人の記者、ジョディ・カンターとミーガン・トゥーイーが記事公開に至る過程を描くジャーナリズム映画。告発情報があっても、加害者を守る形で存在する法制度、マスコミや業界が加害者の権威に逆らえない状況、恐怖から名前を出して証言してくれる被害者が見つからないこと、示談と秘密保持契約で被害者を口封じする加害側の対応などといった被害を隠蔽する業界全体の構造と「闘う」べく、辛抱強く連帯を築き上げていく過程が描かれる。誰もが知るこの事件は、「2017年の#MeTooから情勢が変わった」という一言で済まされてしまいがちだが、裏でいかに地道な裏取りや「見えない」闘いがあったかを窺い知ることが出来る。Ⓨ

『ウーマン・トーキング 私たちの選択』（右）
（監督：サラ・ポーリー、2022）
舞台は2010年のアメリカの農村、とあるキリスト教のメノナイトのコミュニティに属する女性たちは村の男性たちから何年にもわたり麻酔により意識を失わせられた間に集団レイプをされ続けていたことを知る。女性たちは、これまで通り教義に従い「男たちを赦す」のか、それとも「闘う」か「村を去る」のかの三つの選択肢からどれを選ぶか議論する。ミリアム・トウズ書いた2018年発売の原作小説は、ボリビアのメノナイトコミュニティで実際におきた事件を元にしているが、映画ではその背景を強調しないことで、この静かな「闘争」がどこにでも起こり得る／起こっているものとして受け取りやすく脚色されている。声を奪われていた女性たちがいかに合意形成を図るのかという過程にフォーカスすることで、多様な経験や立場を持つ女性たちが「闘争」のために連帯することの複雑さを描き出している。Ⓨ

彼女たちの労働・家庭

WOMEN'S STORIES OF LABOR AND HOME

吉田　このパートは当初「労働」のみをテーマにする予定だったんですが、家庭という空間が労働と切り離せず存在しているということをより明確にするために、「労働・家庭」に改めました。賃労働ではなくても家事は紛うことなき労働ですしね。

田中　「女は産む機械である」みたいな醜悪な発言が平然と政治家によって発されてしまう時代が、未だ継続している、そんな状況においてやはり「家事」は「労働」との関係で考えるべきことなのだと思います。たとえば『ジャンヌ・ディエルマン ブリュッセル1080、コメルス河畔通り23番地』のような映画がリバイバルでたくさんの観客を集めているいま、きわめて真っ当な選択だと考えています。

吉田　女性は結婚して家庭に入ることが当たり前とされてきた時代には、映画で描かれる女性の職業はヴァリエーションが限られていました。しかし、時代が進むにつれて、その幅はどんどん広がっていきます。「**働く女性のお仕事図鑑**」では、映画で描かれた多種多様な女性の職業を30ほど並べて、新たな視座が得られればと思っています。

降矢　「お仕事図鑑」ページは、イリーガルなお仕事も入っているのがいいですね（笑）。職探しをしている方は、間違って憧れないようにご注意ください。「**家事も立派な労働である**」は映画のジャンルではなく、台所やお風呂場といったような具体的なシーンを集めて構成してるのが面白いですよね。結果的にコメディ映画への言及が多くなったかもしれませんが、やはり動きが派手で、いろいろなことが忙しなく起こるからかな。「リビングの掃除シーンといえば、この映画もあるなあ」なんて読みながら思い出してくれたりしながら楽しんでもらいたいページでもあります。

吉田　「**映画から考える、「私の身体、私の選択**」」では、妊娠・出産・中絶に関わる映画を取り上げています。このコーナーは最初「恋愛」パートに属していたのですが、すぐに、女性の身体に関わる問題を恋愛という枠に収めるのは間違っていると気づきました。妊娠や出産は、恋愛と必ずしも結びつきませんからね。本パートを「労働・家庭」とし、その中で扱うようにしたことで、より適切な配置ができたのではないかと考えています。近年、こうした題材の映画は増加傾向にありますし、たとえば現代のアメリカに中絶を再び禁止しようとする州が存在していて、日本でも望まない妊娠の果ての悲劇的な事件がたびたび報道されているように、老若男女関係なく、いま、誰もが真剣に考えるべき事柄です。その一助として、映画は非常に優れた力を持っているはずです。

降矢　映画で中絶を描くことは少し前までタブー視されていた面があったと思いますが、近年では正面から中絶を描く重要な映画が多く出てきました。ここは作品ごとに、どのような選択をしたかということを焦点にしたテキストが載っている構成です。とても大事なテーマだからこそ、シンプルに表現しています。ぜひじっくり読んで欲しいページです。

田中　川口敦子さんの論考は、ご自身のかつての映画経験をひとつの基点に、映画における労働描写の変遷について論じていただいています。映画作品は、もちろんそれ自体が同時代の社会や世相の影響を受けるものですが、同様に「映画を見る」という経験にも同じような影響はあるのではないでしょうか。なぜ私たちは「映画を見る」のか、なぜ私たちは労働するのか、なぜ私たちは家庭と向き合うのか。それらの問いをさまざまな作品を通して、重ねて考えてみることはとても大事なことだと思います。

川口敦子

極私的〈女性の労働 映画篇〉考

映画史における女性たちの「労働」の描写について——いかにも大きなテーマを前にうーんと悩み、逡巡した挙句、ちょっと寄り道から始めてみようと思った。映画の話なのにテレビの、それも朝の連続テレビ小説なんて些かクールさに欠ける所から敢えて入ってみたいのだ。この原稿を書いている2024年1月下旬の現在、NHK BSで再放送されている『まんぷく』(2018–2019)。インスタント・ラーメンの生みの親と彼を支えた妻の半生を描く一作で、屈託ないコメディエンヌぶりを披露し女優としての器の大きさを証している松坂慶子、彼女が演じるヒロインの母、「私は武士の娘」との決まり文句が心の支えという明治生まれの女、鈴が発する旧態依然、旧世代的発言には女性をめぐる、あるいは女性の労働、はたまた労働そのものをめぐるある種の"常識""良識"がはりついていて、それを笑いながらいやいや他人ごとではないかもと実は世間でつい最近まで、否、未だにまかり通っていなくもないそんな偏見を改めて噛みしめ、自らを省みることになる。おかしさは冷や汗ものの真実を映す鏡ともなっている。

たとえばことあるごとに"まっとうな職"に就かない夫をもったと鈴は娘の不幸を嘆く。そもそも武士は食わねど——と、がつがつ金を稼ぐという行為、働くこと自体が卑しいこととの価値観を基準にしているらしい彼女(そのわりに食いしん坊で空腹に弱く、清貧に甘んじるよりはなりふり構わず泣き言をいうのだが)にとって"まっとう"なのはきちんと毎月の給金を家に入れる勤め人、なのに娘たちはそろって画家だの発明家だのと"ろくでもない稼業"の男と結婚してしまったと婿たちを前に繰り言を並べる。主婦業の傍ら近所の喫茶店でアルバイトする娘を哀れと周囲に訴える。繰り返せばそこには労働は卑しいとの思い込みがあり、女の幸福とは家庭に入って家を守ることとの妄信がある。やむなく自身が喫茶店を手伝う羽目に陥ると「女給になるの〜?!」とまた暴言を吐く。それが世の中の"当り前"と信じていられるひとりのいっそ無邪気な言動、まき散らす常識/偏見は実のところ、鈴と同様、明治に生まれ「武士の娘」の誇りを背骨にし、しかし昭和モダニズムを知らなくもなかった祖母、彼女の下で戦争の時代に思春期をかいくぐった母から享受した有形無形の影響を思うにつけ昭和30年生まれの私が育った環境、時代、世界にもそう遠いものでなく存在していたなあと今さらながらに感じもする。

大学卒業を前にした頃のモラトリアムに傾いた心持ち、働くという選択肢を前にもひとつ積極的に動かなかった自分の中にも正直言えば労働は卑しいといった偏見がなかったか。見合い、結婚、妻、母へというルートはさすがに冗談でしょの範疇だったが(だからこそグレタ・ガーウィグ『バービー』[2023]の半回転した女性観は衝撃的だった)、娘や孫の将来にそのルートが皆無とはみていない家族からのうっすらとしたプレッシャーはなくもなかった——と、なんだか話が映画史における女性たちの労働の描写からどんどん遠くなってしまったが、要するに労働、女が働くということに関して抵抗と肯定とに引き裂

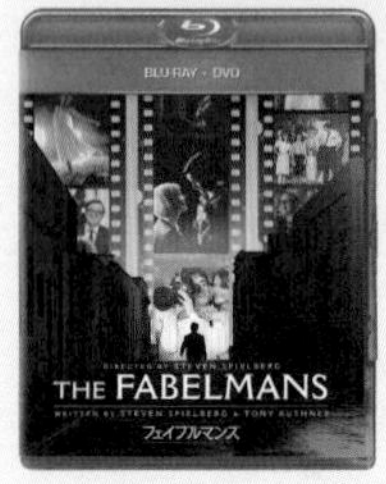

『フェイブルマンズ』
（スティーヴン・スピルバーグ監督）
ブルーレイ＋DVD：5,280円税込）
NBCユニバーサル・エンターテイメント

かれた感覚を持て余しながら、映画の中の女性の在り方と向き合ってきた、そんな目で選んだ映画について書いてみますとまずは必ずしもフェミニズムの精鋭ではない自分のスタンスを言い訳めくけれど表明しておきたい――なんて、いばっている場合ではないのだが、もう少し図々しく自分史ベースで話を続けてしまおう。

私が就職活動をほとんど放棄していた大学4年の年、1977から78年の頃、『ジュリア』（1977）、『愛と喝采の日々』（1977）、『アニー・ホール』（1977）、『ミスター・グッドバーを探して』（1977）、『アリスの恋』（1974）、『結婚しない女』（1978）、『ノーマ・レイ』（1979）『クレイマー、クレイマー』（1979）、等々、自由に生きる女、自立する女を“売り物”にするアメリカの“女性映画”ブームが話題となっていた。作家、バレエ教室の経営者とプリマ・バレリーナ、歌手志望、教師、主婦をやめる女たち、組合運動の闘士となる“女工”兼シングルマザー――と宣伝会社に仕掛けられたブームの中で実はそんなに新しくもない女性像が描かれ、彼女たちの労働もいってしまえばおざなりに“闘う女”を象る形で差し出されていた。もう少し前、アメリカン・ニューシネマの走りの頃のコッポラ『雨の中の女』（1969）やバーバラ・ローデン『WANDA／ワンダ』（1970）が活写した良妻賢母像をおずおずふるふるとはみだす女たち、カサヴェテス『こわれゆく女』（1974）の懸命さゆえに生じた狂いに狂うひとり。それも立派な労働と認知される前の家事に目をやりながら、より真摯に女性の内実をみつめるそうした映画にビデオ化や特集上映でふれる機会が訪れるのはもう少し後のことだった。80年代になって『ノーマ・レイ』の路線を引き継ぐマイク・ニコルス『シルクウッド』(1983)が核の危険にさらされた工場の組合活動家をみつめ、そこで脚本ノーラ・エフロンの名を知った。やがて『恋人たちの予感』(1989)をはじめ女性の本音を軸にしたロマンティック・コメディの監督として活躍する彼女が書いた『心みだれて』(1986)の料理研究家の姿には『大統領の陰謀』(1976)のモデルとなった記者カール・バーンスタインとの結婚生活の実感が辛辣に投射されていてさらに興味が募った。そのエフロンが下積み時代、編集部で女子にはコピー機と格闘するしかないような日々を送っていた頃を背景にした『ペンタゴン・ペーパーズ/最高機密文書』(2017)のエンディングに彼女への献辞を掲げたスピルバーグ、女性が描けないと長年、くさされてきた彼が実母をモデルにしつつ映画小僧時代を振り返る『フェイブルマンズ』(2023)には妻で母である女性に向けた眼の繊細さが輝いていて、なんだか胸が奮えた。

思わず時代を飛び越えてしまったが、80年代後半に戻れば肩パッドの肥大化と共にやってきた"キャリア・ウーマン"時代、強く逞しく当たり前に職場で先頭に立つ女性がスクリーンでも跋扈した。そんな時代の一本『ワーキング・ガール』(1988)ではしかし、強く逞しくかつ横暴な上司シガニー・ウィーバーの下で奮闘するアシスタント、メラニー・グリフィスの姿こそが等身大の共感をもって描かれもした。

このアシスタント的存在、職場の"良妻賢母"然とボス(多くは男性)をサポートする役割は、現実社会の職場と同様にスクリーンで描かれる女性の労働に関しても現在に至るまで連綿と生き延びている。たとえば有能な秘書。フィルム・ノワールからサラリーマンものまでそんな"彼女の労働"を描いた映画は古今東西山とある。印象的な例としては『花様年華』(2000)でマギー・チャンが演じた秘書の姿が思い浮かぶ。古き佳き60年代香港のオフィスでまさによき女房役として速記にタイプ、お茶くみに上司の愛人への贈り物の手配まで一手に引き受ける彼女は、しかも日ごと襟の高い旗袍(チーパオ)を取り換え引き換え華麗に纏ってファッションリーダーぶりもさりげなくみせつける。それもあくまでしとやかに。不倫に走る人妻としての顔、その大胆さとの対比がカーウァイの今はもうない世界を絵葉書みたいに懐かしむ、懐古の心と響きあい、秘書という多分、往時の花形としての職業の切り取り方としてそれはそれで美しい記憶を刻んでいる。

女優の個人秘書、マネージャーの有能ぶり、多忙ぶりを複数の携帯を激しく使いわけるそのテンポとキーを叩く指裁きに託して体現してみせた『アクトレス 彼女たちの舞台』(2014)のクリステン・ステュワートも忘れ難い。往年のハリウッドのコメディエンヌを彷彿とさせるリース・ウィザースプーンの『キューティ・ブロンド』(2001)はキュートなブロンド娘で何が悪いと恋人奪還のため弁護士の実習生(インターン)となるヒロインがサポート役から主役への大逆転成功物語を痛快にきめてみせた。

ごくごく最近では#MeToo以後の職場の性被害に焦点を合わせた告発的映画の中でもドキュメンタリーを出自とする監督ならではのリサーチ、取材の成果を輝かせたキティ・グリーン監督作『アシスタント』(2019)が想起される。映画製作会社のアシスタントの1日を、上司や同僚の無神経、食事も給湯室で立ったまますませるといった容赦ない労力酷使のリアルな実態を含めて刻々淡々と映画はみつめる。そうやって過ぎていく時間の中に性被害の犠牲者が日常的に生み出され、それを黙視することもまた日常の一部となっている仕事の現場、そこで物思うことをやめるしかない勤労女子の現実を、その無力、その虚しさを裁くことなくみつめる姿勢に差別的と排除したくなる分類ではあるものの"女性監督"が撮ることの意味を顧みずにもいられなくなる。

ただしと急いで付け加えれば三宅唱監督作『夜明けのすべて』(2024)には町の小さな会社栗田科学で移動式プラネタリウムのイベントを準備する同僚山添

くんのアシスタント役を務めることになる藤沢さんがいて、その仕事は確かに青年の補佐役といえなくもないのだけれど、ふたりの関係の恋愛に出口を見出しもしない対等さは微笑ましく清々しく観客の目にも胸にも受け渡され、キャリアとかエンパワメントとか大仰な題目を引きはがした働くことの爽やかな喜びを描いた映画として、はたまた女性の働く姿をそういうふうに“男性監督”が描き得た快作として映画史の記憶に残っていくはずと断言してしまいたい。

そういえばと唐突に自分史に戻るとほとんど無気力で臨んだ就職活動期、ベルトルッチの助監督になりたいと、実は密かに本気で望みながら、もう少し地に足つけた話として、映画学校というものが今ほど身近になかった時代、それでも映画の仕事がしたいとあまりに漠然とした希望ではあったけれど、相談してみると「女の子にはスクリプターくらいしかないな」とかなり差別的な、でも真剣に往時の映画界での可能性を鑑みてくれていた先輩の答えが返ってきた。そこであっさり諦めた馬鹿者に他ならない私でも映画作りを支えるサポート役スクリプターがどんなに大切な存在か、『ある映画監督の生涯 溝口健二の記録』(1975)の坂根田鶴子の証言とたたずまいから学んではいたつもりだったけれど、後の祭り、狭き門に賭けてみる勇気も知恵も能力もなかったのだと無念の思いは今も時々甦る。だいたい映画の中でも『男と女』(1966)のアヌーク・エメのキャメラ横にいる美しすぎる記録係にしろシュザンヌ・シフマンを下敷きにした『アメリカの夜』(1973)のナタリー・バイの有能を絵に描いたような活躍ぶりにしろ、ちょっと思い出しておけばと遅すぎる後悔にまたじくじくしたりもしてしまう。まあ、要はバカだったということなのだが。気を取り直して映画関係ではコーエン兄弟『ヘイル、シーザー!』(2016)でほんのちらりの出演ながらフランシス・マクドーマンドがフィルムは燃えると往年の編集マンをくわえたばこでノンシャランと演じた姿も印象的だった。マクドーマンドは働く女性を意識的に選んで演じてきたようにも見える俳優で、『ファーゴ』(1996)の雪をかきわけかきわけ進んで行く田舎町の捜査官、ほっこり家庭人でもあるそのほのぼのの隙間にどこか人を食った洞察も零れ落ちる職務の遂行ぶりが愉しめた。そんな彼女が自ら製作にもあたった『ノマドランド』(2020)では、リーマンショック以後の不況のアメリカに生きる車上生活者を演じ、現実のノマドたちにまじって季節労働者のリアルを澄んだ景観と拮抗するように体現してみせた。

日本映画で女性と労働のことを想うとき輝かしく浮上してくるのが山田五十鈴という女優、とりわけ彼女が演じた芸者の在り方だ。変わりゆく時代にさおさす娘に対しまさに川の流れのままに往くような置屋の主人で元売れっ子を演じた『流れる』(1956)では、昔はこう耳の後ろまで磨き込んだもの――と矜持をにじませた科白をしゃらりとものにして、静かに演じる者と演じられる役とを結ぶプロとしての意地を共鳴させてみせた。そんな山田が若き日に『祇園の姉妹』(1936)で演じた現実主義の祇園乙部の芸妓おもちゃは義理人情を重んじる姉と対照的にちゃっかりがっちりなりふり構わず生きる娘の胸の底にうずまく「なんでこんな仕事があるんや」と理不尽な世の中に向けた叫びを叫んで圧倒する。溝口健二の下、1936年にこの脚本を書いた依田義賢の先駆的、尖鋭的女性観は、それより以前、1925年にドライヤーが撮っていた『あるじ』のそれと鮮やかに響きあい、新しさとは古びないことなんてどこかで聞いた言葉を思い出してみたくなる。その『あるじ』では朝まだき暴君の夫のためスリッパをストーブのふちに立てかけて温めてやることから始まる良妻賢母の家事のこまごまを追った挙句、目に余るこの夫を彼の乳母で今は手伝いの老人がこらしめる。「男なんて馬鹿で頑固で見栄っ張りでうぬぼれ屋」と看破する老人と妻とその母の前、自ら家事を経験した夫の改心で大団円となる快作のいっぽうで『奇跡』(1955)では死んだ主婦(奇跡はまだ訪れていない)の棺をしりめに敵対する家父長同士が和解して末の息子と娘の結婚を許すことになる。そこには新たな嫁=新たな家事労働者の確保という現実が当

たり前に描かれていて、毛糸を玉にしたり、繕い物をしたり、クッキーを焼いたりという家事のこまごまをさりげなく掬い取っているドライヤーの映画の女子、その労働観を改めて考えてみたいとも思わせる。『裁かるゝジャンヌ』（1928）では末期のジャンヌの傍らで乳房にすいつく赤子が切り取られる。母／乳と結ばれるイメージといえば小津『一人息子』（1936）の最後でも息子のさえない今に落胆しつつ帰っていった母を想う当の息子が哺乳瓶の先の吸い口をもてあそぶ。妻は少しはだけた胸元を直して今、乳をやったばかりかと小津の映画になんだかそぐわないような生々しさを漂わす。そんな小津が晩年の『晩春』（1949）、『麦秋』（1951）、『秋刀魚の味』（1962）といった映画では家族の場所・茶の間に対し、主婦の場所・台所を向こうに垣間見られる所として描いているのも気づいてみると興味深い。それはアケルマンの母の、妻の、娘の、女の居場所としての台所の存在の大きさ重さとみごとに対照的だ。

日々の家事、その坦々を現場検証するように積み重ね、主婦で性を贖うひとりでもあるジャンヌ（男の眼差しが作った貞女／娼婦像をひんやりと裏返す）がやがてあっけらかんと血の赤で染まった手をいつもの食卓に乗せる、その顔の平然、静謐を毅然と切り取った『ジャンヌ・ディエルマン ブリュッセル1080、コメルス河畔通り23番地』（1975）に労働する女性の描写の白眉はあるだろう。が、台所という労働の現場を後期作品で仕切りの向こうの世界とした小津のことをもう一度、思い返すと、作り手の性をふまえて映画の中の女性の労働の描写を考えるべきか――答えの出ない問を弄びながら、それでもこれからもスクリーン上の彼女たちの労働と向き合っていってみたいと思っている。

『ジャンヌ・ディエルマン ブリュッセル1080、コメルス河畔通り23番地』
（シャンタル・アケルマン監督）
DVD：¥5,720（税込）
発売元：シネマクガフィン
販売元：紀伊國屋書店

働く女性のお仕事図鑑

20世紀以降に女性の社会進出が進むとともに、かつては分野が限られていた女性のお仕事はどんどん幅が広がっていきました。昔ながらの性役割をなぞる職業もあれば、男性と肩を並べる肉体労働、さらには法律すれすれの危ない仕事まで……。彼女たちの働く姿は、私たちが自身の働き方、ひいては生き方を考える絶好の機会を与えてくれるはず。

炭鉱労働者

ジョージー・エイムズ（シャーリーズ・セロン）
『スタンドアップ』(2005)

必需品 ● ハンドクリーム　男女比 ● 30:1

故郷に戻り炭鉱で働き始めるジョージーさん。雇用の機会が限られた北国では、男たちにとって彼女は自らの立場を脅かす危険な存在です。炭鉱労働の手取りはとても良いですが、女性が男性と同等に稼ぐことは御法度な時代。トイレ休憩すらろくにもらえず、毎日執拗な嫌がらせをうける日々です。しかし現場で泣き言を言ってしまっては男どもの思うツボ。くそったれな男性優位社会に抗うには、裁判で闘うほか道はありません。ジョージーさんのつくった判例が、今日も世界中の働く女性の尊厳を守っています。垣あ

肖像画家

マリアンヌ（ノエミ・メルラン）
『燃ゆる女の肖像』(2019)

得意なこと ● 見ること
不慣れなこと ● 見られること

観察力抜群なマリアンヌさんにとって、肖像画家はうってつけの職業です。対象として描かれたくないお客さんに対しては、散歩相手をよそおって盗み見せざるを得ないときもありますが、顔の輪郭から耳の形まですっるどく記憶し、それを頼りにキャンバスへ筆を走らせます。しかし相手の心をうまく見抜けず、一方的なイメージを描いてしまった際には白紙に戻す勇気も大切です。画家と対象が心から通じあった作品には、いつまでも色褪せることのない互いの眼差しが閉じ込められているでしょう。垣葉

電話交換手

小谷朝子（南田洋子）
『影なき声』(1958)

好きなインテリア ● 能面　情緒 ● 不安定

電話交換が自動化される以前の1950年代、発信者と受信者を仲介するのが、朝子さんが就く電話交換手の役目。その日も電話を繋ぐと、出たのは野太くイヤな声の男。同姓の別人に繋いでしまったと気づきますが、後に、このときこの家では殺人事件が起きていたと判明します。朝子さんは、意図せず犯人の声を聞いてしまったのです。警察に呼び出されますが、どれだけ耳の良い朝子さんでも、事件解決の手掛かりは見つかりません。しかし3年後、夫の知り合いに電話すると、聞こえてきたのはなんとあの声でした……。星垣

プロレスラー

アイリス（ヴィッキー・フレデリック）
モリー（ローレン・ランドン）
『カリフォルニア・ドールズ』(1981)

必殺技 ● サンセット・フリップ
トレーニング ● ダンベル2個持ち山道ランニング

タッグチーム「カリフォルニア・ドールズ」を組むアイリスさんとモリーさん。売れない日々を送ってきたふたりが宿敵との決戦に臨むとき、プロレスは、単なるスポーツの域を超え、プレイヤーのプライドが懸けられた、心から尊ぶべき生の営みへと変貌します。ふたりを導く中年興行師のハリーさんが仕込んだ、サクラによる応援歌の大合唱と、呆れるほど派手なコスチュームがそれを彩ります。星吉

ロビイスト

エリザベス・スローン（ジェシカ・チャステイン）
『女神の見えざる手』(2016)

睡眠時間 ● 基本ゼロ　秘技 ● 読唇術

立法に影響を与える政治活動の専門家であるロビイストは、市民生活のあり方をも左右しかねない重要な職業です。実績重視の業界にあって、スローンさんは、典型的な女性蔑視おじさん政治家さえも頭を下げて協力を依頼する評判の存在。一方で、彼女の手段を選ばない戦法には、上司も部下も振り回されてばかりです。それでも周りがスローンさんを頼りにするのは、慈悲など無縁に見える彼女の中にも、絶対に譲れない信念が燃えていると知っているからでしょう。吉葉

理学療法士

アヌー（ルーニー・マーラ）
『ドント・ウォーリー』(2018)

得意 ● 日常会話　レア度 ● SSR

眩しい夏のある日、鬱屈とした病棟に青いワンピース姿で彗星の如く登場するアヌーさん。手にたずさえた花束は、交通事故で入院中の担当患者への粋な贈り物です。四肢が麻痺した患者を知覚すらない存在のように扱う医療関係者もいるなか、患者と誠実に目線を合わせ、肉体と心に寄り添い、人生のどん底から救い出そうとするアヌーさんは、理学療法士の鑑と言えるでしょう。その人気ぶりゆえ日々多忙を極めており、次回の予約はなかなか取れないようです。垣垣

ナニー

タリー（マッケンジー・デイヴィス）
『タリーと私の秘密の時間』(2018)

トップス ● チビT
毎晩していること ● 世界征服

育児をしない夫と行動障害を抱えているらしい長男に悩む主婦のマーロさんは、第三子の出産を経ていよいよ精魂尽き果て、夜間専門の子守りにタリーさんを雇います。本来の役割に加え、部屋を掃除したり長男のクラスへの差し入れを作ったり、こどもよりも母親を助けるように振る舞うナニーの鑑ことタリーさん。マーロさんの日常は急速に色を取り戻してゆきますが、突然、タリーさんは仕事を辞めるといいだし……。星あ

　テキスト=稲垣晴夏垣、星遼太朗星、吉田夏生吉　イラスト=稲垣晴夏垣、稲葉なつき葉、あんころもちあ、吉田夏生吉

刑事

マージ・ガンダーソン (フランシス・マクドーマンド)

『ファーゴ』(1996)

ついしてしまう ● 愛想笑い

好き ● 夫

厳寒のミネアポリスで殺人事件が発生。捜査に乗り出した地元警察署長のマージ・ガンダーソンさんは、夫の日常的サポートを得る臨月の身重でありながら厚着を重ねて現場に出ます。彼女の身体は、犯人が関係を持つ娼婦とは対照的に、女性性を放たず、それどころか事件をの推移を眺めるしかない傍観者のような風合いを醸すようです。マッチョな警官像はおろか女性像からも逸脱するマージさんが、ふにゃふにゃと人殺しを捕らえます。星葉

ストリッパー

デスティニー (コンスタンス・ウー)

『ハスラーズ』(2019)

得意な料理 ● 合成麻薬

友情アイテム ● 毛皮

祖母を養うためにストリップクラブで働く新人のデスティニーさん。シングルマザーのラモナさんをはじめとする経験豊富な同僚たちに、ポールダンスや客の酔わせ方のテクニックを教わりながら、日銭の稼ぎ方を習得しています。ギラギラした夜の世界の楽屋裏は、歯に衣着せぬ開けっぴろげな姉妹愛で溢れています。しかし金融危機によってストリッパー業では生活が立ち行かなくなり、仲間と徒党を組んで犯罪に手を出してしまうことに……。垣あ

看護師

マーガレット・フーリハン (サリー・ケラーマン)

『M★A★S★H』(1970)

所属 ● 第4077移動野戦外科病院

腕前 ● 良

なにしろシャワーを浴びていたりアメフトのチアリーダーとして応援に励んだりするのですから、マーガレットさんは看護師から最も遠い看護師だといえるでしょう。オペに従事するときでさえ、同僚からは前夜の痴態をからかわれ「ホットリップス」呼ばわりされる始末です。職業意識を徹底的に脱臼したマーガレットさん(と周囲の兵士たち)から、不良であることの優良さが窺えます。星吉

品質検査官

マーリア (アレクサンドラ・ボルベーイ)

『心と体と』(2017)

強み ● 視力と記憶力

苦手 ● 人との接触

産休を取った職員の代理として、食肉処理場で品質検査官を務めるマーリアさん。わずか2〜3ミリ規定をオーバーしている脂肪の厚みを見極めて、通常は高品質判定をされる牛にBランクをつけるなど、その仕事の厳密さは思わず周りが唖然としてしまうほど。同僚と交流を持とうとしない無口なマーリアさんはどうしても職場に馴染めませんが、食物を扱う仕事において、厳密さが何より優先されるべきであることは間違いありません。吉垣

中学教師

エリザベス・ホールジー (キャメロン・ディアス)

『バッド・ティーチャー』(2011)

特技 ● 全身全霊の洗車

萎え ● 達しそうで達さない男

一見すると品行方正なエリザベスさんですが、実は玉の輿だけを夢見る不良教師。その目標のためなら、豊胸代を保護者からくすねることだって厭いません。あまりに自らの欲望に忠実であるため、かえって憎めないほどです。そう、彼女において、BadとGoodは対義語ではなく同義語なのです。身をもってそう教えてくれるエリザベスさんこそ、真の教育者といえるでしょう。星吉

タイピスト

ローズ・パンフィル (デボラ・フランソワ)

『タイピスト!』(2012)

好きな髪型 ● ポニーテール

タイプ速度 ● 151文字/分

保険会社の社長秘書の座を得るために、早打ちタイピング大会で優勝を目指すことになったパンフィルさん。田舎で培った得意の高速1本指スタイルから、5本指打ちに矯正し、そのタイピング速度は日々増すばかりです。「1番であること」にこだわる男達の価値観に啖呵をきりつつも、負けず嫌いな性格からどんどん競争に勝ち進んでいくパンフィルさんは、働く自立した女性のアイコンとして皆の憧れの的。彼女の社会的成功にあやかって急接近してくる怪しげな男達には要注意です。垣垣

指揮者

リディア・ター (ケイト・ブランシェット)

『TAR/ター』(2023)

師匠 ● レナード・バーンスタイン

最近の悩み ● 幻聴

女性初となるベルリン・フィルの首席指揮者に始まり、ターさんの経歴はめまいがするほどの眩しさです。しかし、彼女の音楽への情熱はそれ以上の眩しさ。不動の地位を手に入れてもなお、じっくりと譜面に向き合い、偉大なる作曲家たちとの対話に勤しみます。そして、音楽に向ける真摯な姿勢と敬意を、共に働く人々にも向けることが何より大切だ——そんな教訓を、ターさんは自ら反面教師となって伝えてくれるのです。吉葉

葬儀屋

ゼルダ・ウィンストン
(ティルダ・スウィントン)

『デッド・ドント・ダイ』(2019)

必須 ● 護身術

任意(あれば可) ● パソコンスキル

人口738人の田舎町で唯一の葬儀場を営むウィンストンさん。そのミステリアスな存在は町民の噂のまとですが、誰ひとり彼女についてよく知っている人はいません。類まれなセンスでご遺体にド派手な死化粧を施し、仕事の合間は日本刀を使った護身術の訓練に励んでいます。そんな彼女が長けているのは死者の扱いだけではありません。ゾンビと人間に対しても一定の理解と洞察力をお持ちです。物質的な利益ばかりを追い求めるゾンビと人間たちが蠢きあい、地球が"最悪の結末"を迎えそうなときも、勝負の大局をいち早く見抜きます。垣葉

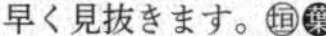

ゴーストライター

ジョーン・キャッスルマン（グレン・クローズ）
『天才作家の妻–40年目の真実–』(2017)

大切なもの ● 家族
大切でないもの ● 名声

作家として将来を有望視されながら、夫の作家活動をひっそりと支える道を選択したジョーンさん。40年間連れ添った夫のノーベル賞受賞は、彼女が耐え忍んだ日々の結晶でもあります。しかしジョーンさんは、自分を「被害者」と単純化されて呼ばれることを望みません。搾取されることにうんざりし、他人ではなく自身によって声をあげるまでの彼女の旅路は、決して雑誌上でスキャンダラスに暴かれる必要はなく、「彼女のもの」として尊重されるべきでもあるのです。(垣)(垣)

運転手

渡利みさき（三浦透子）
『ドライブ・マイ・カー』(2021)

休み ● 不定休
ハンドルの位置 ● 10時10分

赤のサーブ900ターボを運転する渡利さんの使命は、車の持ち主、家福さんを安全に送り迎えすること。このマニュアル車を扱えるのかと厳しい言葉を家福さんからかけられますが、寡黙さと運転技術で彼の信頼を得はじめます。同時に彼に信頼を寄せはじめた渡利さんは、彼に生い立ちを語るのでした。タイヤの回転はレコードの回転へ重なり、やがて生命の回転へ繋がっていきます。運転という尊い営みを通じて、渡利さんは、長い夜を生き抜いてゆくでしょう。(星)(吉)

エレベーター係

フラン・キューブリック（シャーリー・マクレーン）
『アパートの鍵貸します』(1960)

よく行く店 ● 中華料理屋
持ってないもの ● 男運

16基のエレベーターで日々3万人の社員をさばいている、保険会社エレベーター係のひとり・キューブリックさん。タイピングが苦手だったため秘書採用は叶いませんでしたが、持ち前の愛嬌を生かしてテキパキと従業員を上下階フロアへ誘導します。身持ちは固い方ですが、妻子持ちの部長との道ならぬ恋をズルズル続けてしまい、仕事に支障をきたしてしまう日も。一通り傷心したあとは気持ちを切り替え、自分の心の赴く方へ向かいます。人生において大切な決断は、案外たいてい成り行きなのです。(垣)(あ)

娼婦

ヘイリー（ブリア・ヴィネイト）
『フロリダ・プロジェクト　真夏の魔法』(2017)

髪色 ● 落ち気味のグリーン
説教 ● 聞きたくない

フロリダのディズニー・ワールド・リゾート近くの安モーテルに娘と住むヘイリーさん。目を瞠るような住まいの極彩色とは裏腹に生活は貧しく、観光客相手に偽物のブランド品を売ることも咎められたいま、彼女は自宅で売春を始めます。しかしヘイリーさんを含む住人たちの背後にサブプライムローン問題がある事実を思えば、真に悪いのは社会の方だと言えるでしょう。社会が私を棄てるなら、私も社会を棄てる。ヘイリーさんの瞳はそう訴えかけてきます。(星)(葉)

宇宙飛行士

ライアン・ストーン（サンドラ・ブロック）
『ゼロ・グラビティ』(2013)

呼吸 ● 苦しい
重力 ● 感じたい

非常時下でも冷静沈着な行動が求められる宇宙飛行士に、ライアンさんの性格は実に適うものだと言えるでしょう。スペースシャトルでの任務中に突然の事故で宇宙に放り出されてしまっても、彼女は生きることを諦めません。耐えねばならないのは、ひとりぼっちの宇宙というより、ひとりぼっちの心の裡に吹き荒れるあらゆる感情の嵐です。(星)(あ)

メイド

マミー（ハティ・マクダニエル）
『風と共に去りぬ』(1939)

ペチコート ● 赤
訛り ● キツめ

3代にわたって乳母の役割を務めつづけたかと思えば、北部の男どもからお嬢様を守り、のみならずお嬢様を恋い慕う白人男性からも一目置かれるマミーさんは、まさにメイドの鑑といえる存在です。しかし、そうであるがゆえに、「お嬢様が帰ってきただ！」と必要以上に周囲を急き立てながら支度をするマミーさんの姿は戯画的に描かれました。描かれなかった何人もの〈マミー〉さんは、描かれたマミーさんの背後に今日も立ちつづけています。(星)(垣)

ハッカー

リスベット・サランデル（ノオミ・ラパス）
『ミレニアム　ドラゴン・タトゥーの女』(2009)

得意 ● 一次資料調査
復讐心 ● 強

不健康な青白い肌、黒で塗られたリップ、顔面を穿つ数々のピアス、背中を覆う大きな竜のタトゥー……。小柄な痩身から、圧倒的なゴスのオーラを放つリスベット・サランデルさん。持ち前の天才的な調査能力を武器に、40年前にスウェーデン有数の財閥一家で生じた行方不明事件の解決に乗り出します。元々は自分の調査対象だったジャーナリストのミカエルさんを相棒にして、彼の窮地には必ず駆けつけつつ、巨悪に立ち向かいます。(星)(吉)

秘書

ミア（ハイケ・マカチュ）
『ラブ・アクチュアリー』(2003)

瞳の色 ● ブルー
ツノ ● 2本

黒のボブ・カットが特徴的なミアさん。勤めるデザイン会社の社長、ハリーになぜかアピールし始めます。職場のクリスマスパーティーでは、ふたりで頬を寄せながら踊るなか、「綺麗だね」という社長に対して「全部あなたのものよ、Sir」とまで返してしまいます。この衣装のとおりの小悪魔的振る舞いを目撃していたのが、ハリーの妻カレンでした。秘密を預かるはずの秘書が、秘密を作り出してしまいます。(星)(垣)

駐車監視員

イルメリ（スサンナ・ハーヴィスト）
『真夜中の虹』(1988)

大事なもの ● 息子　大事じゃないもの ● 仕事

炭鉱が閉山し職を追われたカスリネンさんは、無為の日々を送っています。父から譲り受けたキャデラックに乗ってヘルシンキへ向かう住所不定無職おまけに低収入なまさにそのとき、駐禁を切ろうとしたイルメリさんが現れます。ふたりは親密になりますが、イルメリさんはシングルマザーで、仕事を掛け持ちしながらこどもを育てていました。ところが思わぬ罪でカスリネンさんは捕まってしまい、取り締まる側だったはずのイルメリさんは、大胆にも差し入れにノコギリの刃を忍ばせ、脱獄を手助けします。くだらない〈真夜中〉を振り切って密航する三人を、「虹の彼方に」が包みます。星葉

ボクサー

マギー・フィッツジェラルド（ヒラリー・スワンク）
『ミリオンダラー・ベイビー』(2004)

パンチングマシーン ● 軽快
戦闘服 ● グリーン！

1試合で100万ドル稼ぐ女性ボクサー「ミリオンダラー・ベイビー」の称号を得られるのか。マギー・フィッツジェラルドさんの闘いはその一点に懸けられています。どれほど貧しい生まれであろうとも、どれほど実の家族から愛されずにいようとも、元カットマンの老師フランキーとともに練習に励み、快進撃を続けます。節約を重ねて購入したスピードバッグを叩いた結果、彼女のこれまでのすべてが報われたのです。孤高のボクサーとして、彼女がこの後迎えるものは……。星あ

飲食店店員・経営者

ミルドレッド・ピアース（ジョーン・クロフォード）
『ミルドレッド・ピアース』(1945)

悩み ● 手に負えない娘
娘からのショックな一言 ●
「あなたなんかつまらないおばさんよ！」

専業主婦のミルドレッドさんは、夫との別れを機に、娘を育てるべく仕事を探します。職歴のない彼女がようやく就けたのは人手不足のレストランの給仕でした。家事労働の経験が活き、優秀さを発揮しますが、しかし肝心の娘は、働く母をみっともないと非難します。なんて気の毒なミルドレッドさん。彼女は自ら店を興しましたが娘は……。普通の主婦であることが、働くことに大きな影響を与えます。星吉

詐欺師

ドーン・バッジ（メリッサ・マッカーシー）
『泥棒は幸せのはじまり』(2013)

テンション ● MAX　奥の手 ● 喉突き

詐欺師のドーン・バッジさんは、他人のIDを盗んではその名を騙ってクレカで豪遊三昧の日々を送ります。ところが、今度騙した会計士のサンディ・パターソンさんは、リストラを懸けて彼女を捕まえに来ました。そこに彼女を追う賞金稼ぎも現れ、サンディさん（本人）とサンディさん（偽者）は、行きがかり上、バディを組むことになってしまいます。偽サンディさんが欲しいものをすべて手にしてゆく様は、兇悪ながらもどこか憎めません。星あ

TVプロデューサー

ベッキー・フラー（レイチェル・マクアダムス）
『恋とニュースのつくり方』(2010)

憧れの番組 ●「トゥデイ」
欲しいもの ● 視聴率

28歳にして全国ネットのワイドショーでチーフ・プロデューサーの職を得たベッキー・フラーさん。ところが、蓋を開ければ番組は打ち切り寸前、起死回生のため起用した大御所ジャーナリストは意地悪＋偏屈＋やる気なしで、さぁ大変。それでも、持ち前の明るさと利発さと人一倍のやる気で、フラーさんは、大勢のチームを頼もしく引っ張ります。ただ、デート中くらいは仕事の電話をとらないようにするメリハリのつけ方も大事です。

俳優

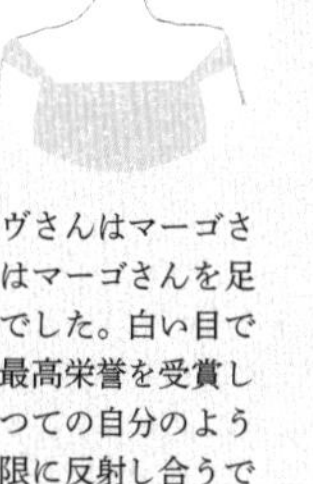

イヴ・ハリントン（アン・バクスター）
『イヴの総て』(1950)

特技 ● 人心操作　真のプロフィール ● ???

田舎娘のイヴ・ハリントンさんは、演劇界のヴェテラン女優マーゴ・チャニングさんの熱狂的な追っかけ。身の上話を聞くと、なんと悲しい生い立ちではありませんか。同情を買って以来、イヴさんはマーゴさんの付き人として立ち回りますが、実はこの少女はマーゴさんを足掛かりにして業界へのしあがろうとする野心の塊でした。白い目で見られながらも、実力のあるイヴさんは演劇界の最高栄誉を受賞します。ところが、彼女の目の前に現れたのは、かつての自分のような上昇欲滾る少女。俳優の世代交代は鏡の中で無限に反射し合うでしょう。星垣

悪徳後見人

マーラ・グレイソン（ロザムンド・パイク）
『パーフェクト・ケア』(2020)

必要なもの ● 絶対に裏切らない右腕
捨てるべきもの ● 人の心

独りで暮らす高齢者の後見人を自ら進んで務め、ケアホームへの入居までをサポートしてあげるグレイソンさんは、思いやりのある優しい女性に見えるかもしれません。しかし、その正体は、医師や介護業者と手を組んで、認知症という虚偽の診断を利用して高齢者を刑務所並に自由のない劣悪ホームに閉じこめ、彼・彼女たちの資産をしゃぶり尽くす悪魔のような詐欺師。どんな危機もたくみにかわす度胸と狡猾さは並外れたもので、その才能は、他のところで活かされるべきものでしょう。吉吉

後妻業

武内小夜子（大竹しのぶ）
『後妻業の女』(2016)

好きなブランド ● バーキン
前科 ● ???

富裕な高齢男性をたぶらかし後妻の座に着くや否や夫を秘密裡に殺害して大金をせしめる〈後妻業〉。艶っぽく狡猾な小夜子さんにとって、こんな天職はありません。無邪気（ウソ）で献身的（ウソ）で可愛らしい（ウソ）小夜子さんの手にかかれば、孤独な老人の腕の中に収まるなど朝飯前なのです。同じように空気注射も朝飯前。罪悪感を持つどころか、完全犯罪を遂行できたことに爽快感さえ覚えます。さて、小夜子さんが不動産屋に狙いを定めました……。

家事も立派な労働である

TEXT&ILLUSTRATION BY YUKO KAGAWA

掃除、洗濯、料理、ゴミ出し――。生活空間をしっかり整えるために不可欠な「家事」。家事をしていると一日なんてあっという間に過ぎてしまうし、疲れもたまりますよね。男性が外で働きお金を稼ぎ、女性が家事を担ってそれを支えるという家庭のあり方が普通とされていた時代、家事は女性の義務のように見なされ、その重要性が軽視されてきました。イヴァン・イリイチの提言によって、家事が報酬を受けない労働「シャドウ・ワーク」であるという考え方が広まっていったのは、1980年代に入ってからのこと。共働き家庭が増えた現在では男女の家事分担も進んできたけれど、日本ではまだまだ女性の負担が多いという調査結果も。映画のなかでも、女性たちは家中のいろんな場所でいろんな家事を行ってきました。たとえば……

バス・トイレ BATHROOM

魔法の世界から現代のNYへ追放された『魔法にかけられて』(2007)のジゼル(エイミー・アダムス)。困っていたところを助けてくれた弁護士ロバート(パトリック・デンプシー)とその娘モーガン(レイチェル・コヴィー)に一宿一飯の恩義を返すため、NYの動物を呼び寄せて部屋を掃除する。鳩とハエはゴミを集めて、ドブネズミは床と便器をブラシで磨いている。

台所 KITCHEN

映画の中の母や妻たちは台所でよく働いている。『ドント・ウォーリー・ダーリン』(2022)のアリス(フローレンス・ピュー)は慣れた手つきでいつものベーコンエッグの朝食を作り、夫の誕生日ディナーのために豪華なステーキを焼く。『ケイト・レディが完璧な理由』(2011)のケイト(サラ・ジェシカ・パーカー)は娘の学校のチャリティに出すために、『パターソン』(2016)のローラ(ゴルシフテ・ファラハニ)はファーマーズマーケットに出品するために、2人とも朝早くから大量にカップケーキを焼いている。『20センチュリー・ウーマン』(2016)のドロシア(アネット・ベニング)は皿洗いをしながら息子と話をして、『ミナリ』(2020)のモニカ(ハン・イェリ)は水が出なくなった台所でお弁当を詰めている。
台所に立つのは女性だけではなく、『クレイマー、クレイマー』(79)のテッド(ダスティン・ホフマン)は息子をスツールに座らせてフレンチトーストを焼いてみせるし、『エブリシング・エブリウェア・オール・アット・ワンス』(2022)のウェイモンド(キー・ホイ・クァン)は家族に上海のネギ油そばを作っていた。

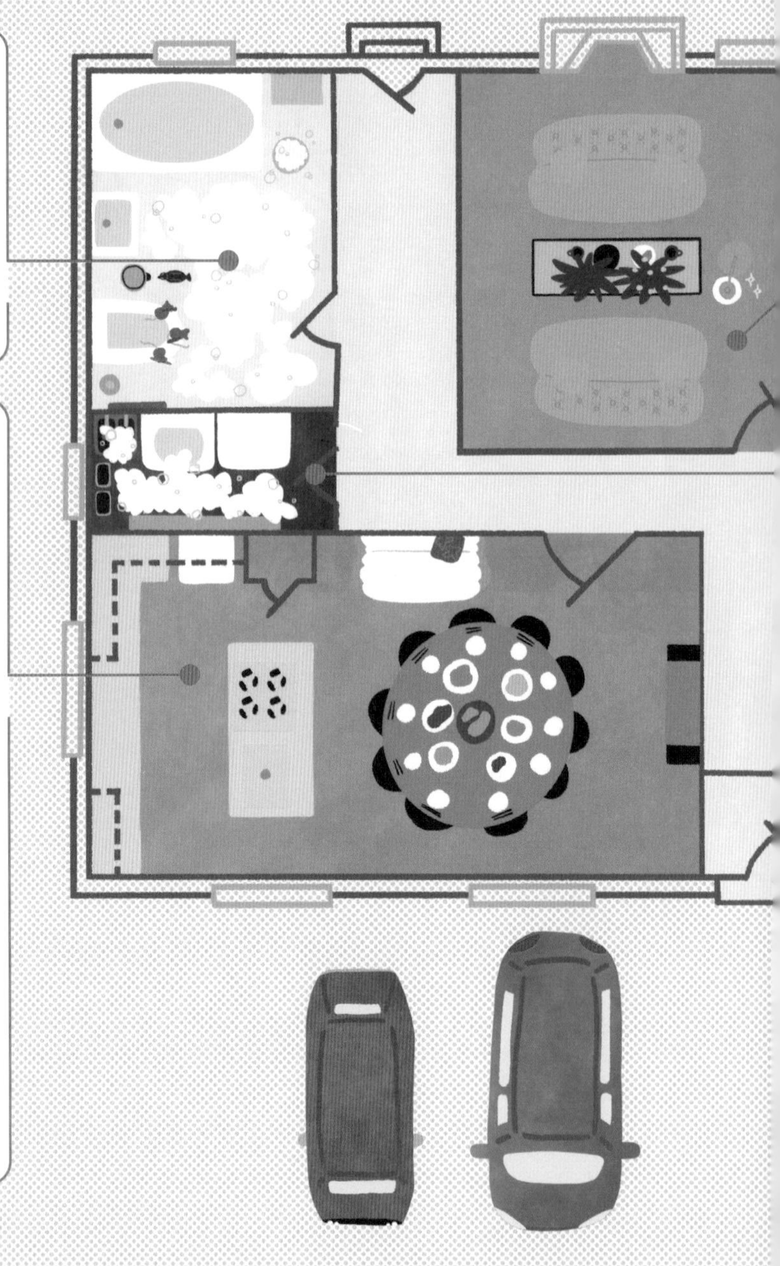

リビング LIVING ROOM

完璧な専業主婦しかいない街に引越しした『ステップフォード・ワイフ』(2004)のジョアンナ(ニコール・キッドマン)は、完璧に家事をこなそうと、友人が遊びに来てもランプのポールを磨いている。

寝室 BEDROOM

『ドント・ウォーリー・ダーリン』(2022)のアリス(フローレンス・ピュー)は、夫ジャック(ハリー・スタイルズ)の出社を見送った後、住んでいる街「ビクトリー」の支配者フランク(クリス・パイン)のラジオをかけて家事を始める。ブレントン・ウッドの「The Oogum Boogum Song」を聴いて、まずは丁寧にベッドメイキングから。

ランドリールーム LAUNDRY ROOM

『ラッキー・ガール』(2006)のアシュリー(リンジー・ローハン)は、彼氏になる前のジェイク(クリス・パイン)の家で洗濯しようとするが、ジェイクの腹筋に見惚れて洗剤を大量投入し失敗してしまう。洗濯機は暴走しランドリールームは泡でいっぱい。

子供部屋2 CHILDREN'S ROOM 2

この日は7月4日、アメリカの独立記念日。『ブルー・バレンタイン』(2010)のシンディ(ミシェル・ウィリアムズ)は、登園前に娘フランキー(フェイス・ウラディカ)に赤い水玉のワンピースを着させている。幼稚園の発表会で歌っているフランキーは星条旗柄のリボンを頭につけているので、家を出る前に急いでシンディが結んであげたのが分かる。

玄関 ENTRANCE

仕事・家事・育児、全て完璧なグッド・ママであろうと努めている『バッド・ママ』(2016)のエイミー(ミラ・クニス)。コーヒー会社へ出勤する前に子供を学校へ送り、激務の後は学校でピックアップした足でそのまま子供の習い事へ。普段の車はクライスラーのパシフィカで、バッド・ママ化した後は、追い出した夫が大事にしている真っ赤なダッジのチャレンジャーを乗り回している。

子供部屋1 CHILDREN'S ROOM 1

『タリーと私の秘密の時間』(2018)のマーロ(シャーリーズ・セロン)は、毎晩寝る前に息子ジョナ(アッシャー・マイルズ・ファリカ)の身体をブラッシングしている。マーロは「馬みたいにブラッシングする」と揶揄していたけれど、実は今「ドライブラッシング」は血流を良くしてツヤ肌になれるとハリウッド女優の間で流行っているらしい。

映画から考える、「私の身体、私の選択」

性と生殖に関する健康と権利（Sexual and Reproductive Health and Rights, SRHR）は、女性たちにとって非常に重要なテーマだ。ここで扱う妊娠・中絶・出産の文脈でいうならば、女性たちが望んだ妊娠、望まない妊娠、望んでもできない妊娠、そしてそれにともなう人工授精、代理母、出産ないしは人工妊娠中絶などといった、女性たちの「産む権利」と「産まない権利」を指す。「個人的なことは政治的なこと」というスローガンのもと、1960年代後半から1970年代前半に始まった第二波フェミニズム（女性解放運動）によってこうした認識が広まり始め、英語では「My body, my choice（私の身体、私の選択）」、日本語では「産む、産まないは女(わたし)が決める」などの標語も生まれた。妊娠・中絶・出産には女性たちのさまざまな葛藤や決意、そして行動があることはいうまでもない。なぜならば、そこには自分たちの身体のみならず、場合によってはあり得たかもしれない選択を犠牲にしたうえで行われるものであるからだ。

映画のなかでも、妊娠・中絶・出産を扱った作品はある。しかし、それらがすべて女性たちのリアルを十分に描けていたかといわれるとそう言い切れるものは多くない。たとえば、有名な作品としてロマン・ポランスキー監督の『ローズマリーの赤ちゃん』（1968）があるが、自分が身籠っている胎児が悪魔の子かもしれないというホラーとして描かれている。このように、女性の身体に起こった異変を誰にも理解されない個人的な問題として片付けられてしまったり、女性の決定権がないままに決断（＝出産）させられてしまうような展開はある意味でリアルかもしれないが、女性の身体が好奇の対象として描かれているようにも見受けられる。

アメリカ合衆国では人工妊娠中絶は女性の選択（＝権利）を重視するプロチョイス派と、胎児の生命を重視するプロライフ派で意見が分かれ、政治問題としても長年にわたって議論され続けている。この議論については、Netflixで配信されている『彼女の権利、彼らの決断』（2018）をぜひ視聴してほしい。1973年にテキサス州において中絶をきびしく制限していた州法を違憲とする連邦最高裁判所の判決、通称「ロウ対ウェイド判決」を覆そうとする政治運動を追ったドキュメンタリー作品だ。

日本においては、1948年から1996年まで障害をもつ人々への強制的な不妊手術を合法化していた「優生保護法」という法律があった。ハンセン病患者の収容施設を舞台に実際に不妊手術を受けさせられてしまった人々の語りを記録した坂口香津美監督の『凱歌』（2020）や、まだ「優生保護法」が施行されていた時代にタイムスリップしてしまうという萬野達郎監督の『Motherhood』（2019）などから、当時の様子をうかがうことができる。現在では母性の生命健康を保護することを目的とした「母体保護法」という法律があるが、これもSRHRが完全に守られているものとは限らない。というのも、人工妊娠中絶が認められる条件として、「身体的又は経済的理由」によって妊娠の継続や分娩が母体の健康を著しく害するおそれがある場合と、「暴行若しくは脅迫」の結果として妊娠してしまった場合に限り、さらに前者の場合は配偶者の同意、すなわち男性の同意が必要となるからだ。

このように、いまだに女性自身が自分の身体の権利を持つことが困難な状況であるといえるだろう。そうした状況を知るメディアのひとつに映画がある。近年では女性映画監督がこのテーマを題材にして作品を作ることも増えてきた。ここではほんの一握りしか紹介することができないが、これまで女性たちがどのような問題に直面し乗り越えてきたのか、または映画のなかでどのように描かれてきたのかについて考えるきっかけにしてほしい。

関根麻里恵（表象文化研究者）

ALL TEXT BY MARIE SEKINE

『17歳の瞳に映る世界』
DVD：3,980円（税込）
NBC ユニバーサル・エンターテイメント

『17歳の瞳に映る世界』(2020)

監督：エリザ・ヒットマン

現代のペンシルベニアとニューヨークを舞台にしたロードムービー。態度がそっけないがゆえに友達も少ない17歳のオータム（シドニー・フラニガン）は、ある日、自分が妊娠していることに気づく。出産するつもりはない彼女だが、自分が住むペンシルベニアでは両親の同意がなければ未成年者は中絶手術を受けることができない。それに加え、クリニックではいかに中絶がよくないかを暗に発するビデオを見せられ、辟易するオータム。唯一、彼女に異変に気づいたのは、同じスーパーでアルバイトをしている親友で従妹のスカイラー（タリア・ライダー）だけだった。二人は金を工面して、中絶に両親の同意が必要ないニューヨークに夜行バスで向かう。若い女性二人がサヴァイブするために我慢しなければならないことの連続に、胸が押しつぶされそうになる。原題の「Never Rarely Sometimes Always」は、中絶手術をする前のカウンセリングで使用される4択だが、長回しで撮られたカウンセリングシーンは、この作品の真髄を表している。

10代の妊娠、サヴァイヴするための決断

『JUNO／ジュノ』(2007)

監督：ジェイソン・ライトマン

1990年代のアメリカが舞台のコメディ。16歳のジュノ（エリオット・ペイジ※）は、同級生のポーリー（マイケル・セラ）とのセックスで妊娠をしてしまう。妊娠した事実を告げ、おろおろするポーリーにがっかりした彼女だが、彼女自身も出産するつもりはなく、中絶しようと病院へ向かう。しかし、病院前で堕胎反対運動をしている友人から「もう赤ちゃんには爪も生えている」と言われたことで中絶は止め、養子を求める夫婦に産んだ子を託そうと決意する。出産に向けた過程で、ジュノが未成年で妊娠したがゆえに差別的な言動にさらされたり、大人の身勝手な行動に振り回される。軽妙なタッチで描かれているからこそシリアスにはならないものの、若い女性に向けられる大人からの冷ややかな視線や懐柔しようとする態度（唯一の救いは、ジュノの両親が常に彼女の味方であったこと）は、「私の身体、私の選択」と訴えることの困難さと重要性を増すものとしてとらえることができる。

※公開時の名前は「エレン・ペイジ」だが、2020年12月にトランスジェンダーであることを公表したため、現在使用している活動名を採用している。

『Swallow／スワロウ』(2020)

監督：カーロ・ミラベラ=デイヴィス

現代のニューヨーク郊外を舞台に異食症の若い女性を描いたスリラー。大富豪の御曹司・リッチー（オースティン・ストウェル）に見初められ、誰もがうらやむような暮らしを手に入れたハンター（ヘイリー・ベネット）。しかし、幸せそうな生活をしているようにみえる彼女の日常は、味方になってくれる存在が不在の孤独で息苦しいものだった。そんな矢先、ハンターの妊娠が発覚する。喜ぶリッチーと義父母たちの様子とは裏腹に、ハンターはいよいよ自分の身体までもが自分のものでなくなってしまう不安に駆られ、ふとしたことからガラス玉を口に入れて飲み込んでしまう。これを契機にハンターは、異物を飲み込むことに得も言われぬ充足感と多幸感を抱くようになり、次第により危険なものを飲み込みたいという欲望を抑えられなくなっていく。後半、心理カウンセラーとの対話の中で明らかになる彼女の出生の秘密、最終的に行う選択、これまで耐え続けてきたものを一気に「排出」する彼女の姿にもう迷いはない。

『SWALLOW/スワロウ』
Blu-ray+DVDセット：¥5,280（税込）
発売中
発売元：クロックワークス
販売元：TCエンタテインメント

理想と現実、産む産まないのその先

『ベイビーママ』(2008)

監督：マイケル・マッカラーズ

代理母出産を題材にしたコメディドラマ。37歳まで仕事一筋で過ごしてきたキャリアウーマンのケイト（ティナ・フェイ）は、結婚の予定はないものの突然子どもが欲しくなり、精子バンクへ行く。しかし、医師から妊娠できる可能性が極めて低い身体であることを宣告されたことをうけ、自分で産むことは諦めて代理母出産を決意する。斡旋所で代理母として紹介されたアンジー（エイミー・ポーラー）は、自分とは対照的な性格で、無事アンジーの妊娠が成功したものの、内縁関係にあったパートナーとケンカをして家を失ったアンジーは、ケイトの家に転がり込んで不摂生な生活を送る。お腹の子どもが心配なケイトはアンジーに対して厳しい態度をとり、「トムとジェリー」のような関係に。ストーリー自体は大団円で終わるものの、ケイトとアンジーの間にある女女格差（キャリア、収入、雇用形態、恋愛、結婚etc.）の要素は、本作のテーマの一つといえるかもしれない。

『理想の出産』(2011)

監督：レミ・ブザンソン

ユダヤ系フランス人のミステリー作家であるエリエット・アベカシスの自伝的小説を基にしたドラマ。大学院で哲学を専攻する博士課程のバルバラ（ルイーズ・ブルゴワン）は、レンタルビデオ店で働く映画監督志望のニコラ（ピオ・マルマイ）と恋に落ち、一緒に暮らしはじめる。やがてバルバラは妊娠し、幸せに満ちた時間もつかの間、経済的な懸念、出産予定日と今後のキャリアを左右する博士論文の締切が同じタイミング、激しいつわりとホルモンバランスの乱れ、今まで経験したことのない類の不安がバルバラを襲う。二人にとっての理想の家庭を築くために、夢を諦めて仕事に就くニコラと完璧な母親になろうと必死になるバルバラだが、理想と現実のギャップに苛まれ、次第にすれ違っていく。産む／産まないの選択だけではなく、産むことを望んだ先にある、家庭とキャリアのどちらを優先すべきかという選択、そもそもどちらかしか選択できない社会の構造にはっと気付かされる。二項対立ではとらえきれない葛藤を生々しく描いている。

『燃ゆる女の肖像』(2019)

監督：セリーヌ・シアマ

18世紀のフランスの孤島が舞台のラブストーリー。望まない結婚を目前に控えた貴族の娘・エロイーズ（アデル・エネル）と、彼女の肖像画を描くことになった女性画家・マリアンヌ（ノエミ・エルラン）の恋を描いた作品。二人のロマンスを描くプロットとは別に、エロイーズが住む屋敷に女中として仕えるソフィ（ルアナ・バイラミ）が妊娠・中絶をするプロットがある。ある日、ソフィが自分の妊娠および中絶を考えていることをマリアンヌに相談し、エロイーズの母が屋敷を留守にしている間に中絶手術を決行することに。貴族の娘、女性画家、女中という身分の異なる女性たちが「私たちの身体」を守るために必死になり、それ（＝中絶したこと自体）をなかったことにしないために、絵と刺繍で残そうとする。エロイーズの立場からすると、結婚をしたら自分の身体が自由にならない、すなわち中絶行為は許されなくなる。彼女にとって、ソフィの中絶手術に付き添うこと自体が「あり得たかもしれない自分の選択」として残り続けるのだ。

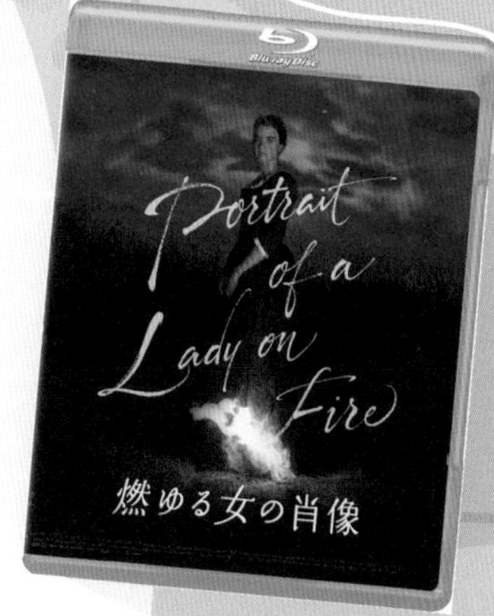

『燃ゆる女の肖像』
Blu-rayコレクターズ・エディション：¥6,380（税込）
Blu-rayスタンダード・エディション：¥5,280（税込）
DVDスタンダード・エディション：¥4,180（税込）
発売・販売元：ギャガ

中絶を「なかったこと」にしないために

『あのこと』(2021)

監督：オードレイ・ディヴァン

フランスの作家であるアニー・エルノーが、自身の実体験をもとにつづった短編小説「事件」を映画化したドラマ。舞台は1960年代のフランス、大学生のアンヌ（アナマリア・バルトロメイ）は、労働者階級の生まれながら教授からも一目置かれている優等生で、前途有望な女子学生。しかし、学位取得のための大切な試験を前に自分の妊娠に気づき、ショックを受ける。まだこの時期は法律で中絶が禁止されており、どの産婦人科に行っても中絶手術を引き受けてもらえない。生理が起きる薬をもらって注射をするものの効果はなく、切羽詰まったアンヌは自分で中絶を試みるが失敗し、最終的に非合法の手段を選ぶ。意を決して友人に相談するも避けられ、お腹の子供の父親に相談しても頼りなく、事情を知らない教授からは失望されてしまい、孤立無援の状態になるアンヌの姿はあまりにも痛ましい。しかし、こうした経験を持つ女性たちが実際にいたことを、私たちは知っておく必要がある。

『あのこと』
DVD：¥4,290（税込）
発売・販売元：ギャガ

5 彼女たちの恐怖
WOMES'S STORIES OF FEAR

田中　映画というメディアは、それ自体としてそもそも「恐怖」という感覚に強く関わるものです。素朴に映像って不気味というか不思議なものですよね、実際にその場にいない人とか物が、さもそこにあるように見えちゃう。そのうえで、ある時期までの映画において、女性は基本的に恐怖を受け入れる人として描かれることが多かった。たとえばヒッチコックの映画、『鳥』だとか『サイコ』のことを想起してもらえれば理解しやすいのではないかと思います。
吉田　「彼女たちの恋愛」でも話したように、女性がずっと恋愛の「相手」として描かれてきたことを前提にしたことに通じますよね。ある時代までは女性は徹底した「他者」だった。観客である男性が、スクリーン上の他者である女性が恐怖する様を見るという構図には、ポルノグラフィックな欲望も潜んでいるでしょう。
田中　もちろんそうではない例もたくさんあって、たとえば初期映画で女性が幽霊として登場する作品は少なくない。ただ、こちらも同様に彼女たちが「他者」と認識されていたということとも見える。映画に関わる根源的な情動である「恐怖」と女性たちの関係にはどのような形があるのか、「**恐怖は誰のものか？**」は歴史を横断して考えるパートになっています。
　そしてこの延長線上に、近年になり研究等でも注目されることの多い「ファイナル・ガール」という考え方があります。これは70年代以降のいわゆるスラッシャー映画で最後に生き残る女性のことを指す言葉ですが、これもまた恐怖というものに対峙する女性たちがどのように能動性を獲得するかという問題を扱っており、「**逆襲するファイナル・ガール**」はそのヴァリエーションを検討するパートになっています。
降矢　近年の若手女性監督の先鋭的でインパクトのある映画にも、一種のホラーというか恐怖の要素は重要ですね。たとえば『TITANE／チタン』とかも含まれると思いますし、一種の抑圧された価値観が解放されるということにも結びつくジャンルなのかなと。『キャリー』のリメイクなんかもありました。恐怖というとネガティヴに響きますが、解放といような点から捉えるともうちょっとポジティヴな面も見出せるかもしれませんので、さまざまな恐怖のあり方をご覧いただければと思います。「ファイナル・ガール」のページは、作品リストもつけているので、ぜひ全作見てもらいたい。
吉田　ホラーは、メタファーとして機能しやすい映画ジャンルでもありますよね。『TITANE／チタン』のジュリアン・デュクルノーは、初長編監督作の『RAW 少女のめざめ』もよかったな。これは一種の「イニシエーション」モノとも言えると思いますが、女性たちの肉体や欲望と密接した恐怖を、他者ではなく自身の恐怖として描く映画が増えているし、その多くは女性監督の作品だという印象があります。
田中　恐怖映画で描かれることはもちろんフィクションですが、そこで体験する恐怖という感情はリアルなものです。私たちも自分自身が本当は何を怖がっているのかを知るために、こうした映画を見るのでもあると思います。小澤英実さんの論考では、映画における恐怖とはそこに映し出される女性たちを脅かすもののみならず、ときには女性たちを変貌させるものとなりうる、といったことを「ファイナル・ガール」という形象を通じて論じていただいています。映画を見るとき、そしてそこに映し出されるものに恐怖するということは、映画に映し出される彼女たちと同様に、私たちもまた変身のチャンスを見出しているのかもしれません。

小澤英実

ホラー・クイーンの醒めない悪夢

合わせ鏡のファイナル・ガール

ジャンルじたいの特性ゆえか、ホラー映画に登場する女性たちは、たいていいくつかの類型にわけられる。まず襲う側と襲われる側があり、襲う側には人間（殺人鬼、サイコパス、悪魔に憑かれた子どもたちなど）と非人間（幽霊、魔女や吸血鬼、人狼などのモンスター、おもちゃやロボットなど）がいる。だが襲われる側の造型には、共時的なバラエティというより時代とともに変遷する一定のタイプがある。

そのもっとも初期にある、「悪漢に襲われた苦難の乙女（Damsels in distress）」のイメージと、そうした「囚われの姫君」が勇者によって救出される物語の類型は、古くはギリシャ神話やグリム童話にまで遡り、17世紀以降、レンブラントの『アンドロメダ』（1630）やヨハン・ハインリヒ・フュースリー『夢魔』（1781）などをはじめとする絵画の主題にも盛んに取り上げられてきた。ホラー映画史においても恐怖や苦悶に顔を歪ませ悲鳴をあげるヒロインの姿は、『吸血鬼ノスフェラトゥ』(1922)、『キング・コング』(1933)、『フランケンシュタインの花嫁』（1935）、『サイコ』（1960）や『シャイニング』（1980）などのスクリーム・クイーンから、1950年代から70年代にかけてイギリスで量産されたハマーフィルムを彩るグラマラスな美女たちまで、男性観客のサディスティックな性的欲望を満たす官能性を作品に与える商業的な屋台骨だった。

だが70年代に入ると、男性のまなざしの対象として客体化されるこうしたヒロイン像から脱却する次世代のヒロインとして、ファイナル・ガールが登場する。中世史・アメリカ映画研究者のキャロル・J・クローバーが見いだした、70年代から80年代にかけて量産されたスラッシャー映画のなかで唯一最後まで生き延びるヒロインだ。性的に奔放でアルコールやドラッグに耽るような「不道徳」な女たちが物語の序盤で殺されていくのを尻目に、地味で貞淑、だが聡明に危機を察知し知略で殺人鬼を出し抜いていくファイナル・ガールの造型は、クローバーが挙げる『悪魔にいけにえ』（1974）のサリーや『ハロウィン』シリーズ（1978–）のローリーをはじめ、『13日の金曜日』（1980–）や『エルム街の悪夢』（1984–）、『スクリーム』（1996–）といったおよそあまねくホラー

『フランケンシュタインの花嫁』（ジェイムズ・ホエール監督）

映画のフランチャイズに引き継がれていく。

たとえばゾンビ映画の記念碑的作品『ナイト・オブ・ザ・リビング・デッド』（1968）の黒人青年が迎えた最期を想起すれば、ホラー映画で誰が最後まで生き延びるかは、作品の社会性や政治性が現れる重要なメッセージであることがわかる。しばしば処女であることが要件となるファイナル・ガールは、良妻賢母を美徳とする家父長制の保守的なイデオロギーを補完するものとも、60年代後半からの第二派フェミニズムの高まりに呼応する形で登場した、聡明で自立した強く逞しい女性像ともみなせる両義的な存在だ。

だがクローバーは、そうした二元論におさまらない、ファイナル・ガールがもつ観客のジェンダー・アイデンティティを流動化させる可能性に注目する。そもそもホラー映画の殺人鬼たちは、『サイコ』のノーマン・ベイツや『悪魔のいけにえ』のレザー・フェイスしかり、『羊たちの沈黙』（1991）のバッファロー・ビルしかり、社会から虐げられ排除された者、とくに性的な弱者やマイノリティとして有徴化されていることがきわめて多い。ホラー映画の観客は、作品の前半では殺人鬼（女性的男性）の視線に同一化するが、後半になるとその同一化は、ナイフや斧など男根的な武器を携えた「男性的女性」としてのファイナル・ガールの視点に移ることをクローバーは指摘する。その切り返される視線の反復に、ジェンダーの境界を揺るがす力をみるのだ。

だが、ここでさらに考えたいのは、この襲う者と襲われる者の視点の往還は、ファイナル・ガールに特有のものではなく、ホラー映画の観客にとってはおなじみの鑑賞作法であることだ。襲う主体がエイリアンやゾンビであれ、観客は愚かな人間が餌食となれば溜飲を下げ、社会から排除された異形の者たちが特権を無自覚に享受する人間たちに復讐を遂げ

『アス』
（ジョーダン・ピール監督）
ブルーレイ+DVD：4,389円（税込）
NBCユニバーサル・エンターテイメント

ることにカタルシスを得る。ホラー映画における恐怖は、襲う者と襲われる者のPOV（Point of View）ショット、カメラの視線であるショットの切り返し、そこに映し出されているものと画面に不在の欠如といったさまざまなイメージが、観客の想像のなかでひとつの言説として縫合されることによって生起する。個々の登場人物とカメラがスクリーン上で切り結ぶさまざまな視線にあたかも憑依するように自在に乗り移る観客の視線――ホラー映画が生み出す悦楽と恐怖の源泉は、そこにこそあるだろう。だからむしろファイナル・ガールがその生き延びた身体をもって示すものとは、殺人鬼と彼女それぞれに徴づけられた性的差異の隔たりではなく、彼女自身がいかに殺人鬼に近接した存在かではないだろうか。

この見方は、時代が下るとともに多様化するファイナル・ガール像にも裏づけられる。近年では殺人鬼とファイナル・ガールをともに女性が担う作品も増えているが、なかでも美貌のチアリーダーが、男を性的に誘惑し餌食にするサキュバス的なモンスターに変身する学園ホラー『ジェニファーズ・ボディ』（2009）は、フェミニズムの文脈で再発見され、カルト的人気を得ている一作だ。マーケティングのスタイルから一見すると本作は、タイトルが示すとおりジェニファー演じるミーガン・フォックスの官能的肉体を堪能する、男性観客向けのエクスプロイテーション映画のようにみえる。だが女性監督と脚本家がタッグを組んだ本作のサブテクストには、性被害の犠牲者であるジェニファーによる、怪物的女性性を武器にした男性への復讐や、親友である地味な幼馴染みのニーディとのクィアな絆といった、家父長制を撹乱するプロットが仕込まれている。ジェニファーを葬った後、人が変わったように攻撃性を増し、精神病院に閉じ込められるニーディは、性暴力を生き延び女性同士の連帯の物語を語る、これまでとはひと味違うファイナル・ガールなのである。

白人のシスジェンダー女性が独占してきたファイナル・ガールの位置を、多様な人種やセクシュアリティの登場人物が占めるようになるにつれ、襲う側の殺人鬼のステレオタイプも大きく変容する。ある日突然、人々が自分自身のドッペルゲンガーに襲撃される終末的世界を描く『アス』（2019）や、ポルノ映画の撮影に人里離れた農場を訪れた一行が次々に惨劇に見舞われる『X』（2022）とその殺人鬼の若かりし頃の前日譚を描く『パール』（2023）、そしてスウェーデンの奇妙な祝祭に巻き込まれた女子大生の運命を描く『ミッドサマー』（2019）といった近年注目すべきホラー作品群において、殺人鬼とファイナルガールが同一人物や自己の分身として描かれる傾向はますます強くなっている。ファイナル・ガールはもはや、性的に貞淑でも両性具有的な中性性をもつ存在でもない。ヒロインたちがみずからのセクシュアリティとナルシシズムの合わせ鏡のなかで繰り広げる終わりのない悪夢は、自身の暴走する狂気と対峙することで決着する、自分探しのダークな旅として読み替えることも可能なのだ。

「あたしはあんたのママじゃない」――母なるものをめぐって

その名をずばりタイトルに冠し、このタームがホラー映画のトロープとして一般の観客から認知を得たことを示す2015年公開の『ファイナル・ガールズ　惨劇のシナリオ』は、ジャンルのクリシェをふんだんに盛り込みパロディにしたコミカルな秀作だ。本作で従来の殺人鬼とファイナル・ガールの対決のプロットに書き加えられるのは、現実世界では交通事故で死別した母親と娘の絆である。母親が女優として出演するカルト的名作ホラー映画のなかに仲間とともに入り込んでしまったヒロインのマックス（中性的な名を持つこともファイナル・ガールの基本的要件だ）が、いかに殺人鬼から逃れ現実世界に戻るかを描く。映画のなかでマックスは、セックスをして真っ先に殺されるブロンド女性の役どころである母親の運命を書き換え、ともに生き延びようと格闘する。その親子愛がはらむもうひとつのメッセージは、最終的にホラー映画で生き延びるのは「作品≒子ども」であるということだ。

ホラー映画の女性登場人物の恐怖の源泉には、怪物に襲われる場合でも、みずから怪物と化す場合でも、必ずといっていいほど母性がある。メアリー・シェリーのゴシック小説『フランケンシュタイン』（1818）に登場する怪物の人造人間は、作者自身の出産に対する不安の投影だという見方が批評の主流となっているが、映画版『フランケンシュタインの花嫁』の冒頭では、嵐の夜に集ったシェリー夫妻とバイロン卿らが、前作の後日談として本作を語る導入がなされ、作者メアリーと怪物の花嫁の二役を同じ女優（エルザ・ランチェスター）が演じている。作品とは女性の作り手が産む異形の子どもであり、作中の怪物がそのメタファーとなる物語は、現代ではバリキャリ独身女性研究者がアンドロイド美少女を開発する『MEGAN／ミーガン』（2022）などの作品としてアップデートされ繰り返される、ホラー映画に固有のアーキタイプのひとつである。

ホラー映画の物語がいつまでも飽くことなく繰り返し帰着していく母子のプロット――その顕著な例のひとつに、90年代後半から世界を席巻したJホラーの代表作『リング』（1998）がある。主人公の浅川玲子（松嶋菜々子）は、呪いのビデオを観てしまった息子と自分を救うため、謎を解こうと行動し、貞子の遺体が沈む古い井戸に辿り着く。実母により井戸に投げ捨てられた貞子が抱く母への渇望は代理母としての玲子に投影され、玲子をファイナル・ガー

ルならぬファイナル・マザーという特別なヒロインに祭り上げていく。

この母子愛の主題は、物語に一貫性やロジックを求める傾向の強いハリウッド映画の要請に応えたリメイク版『ザ・リング』(2002) でいっそう強調されている。オリジナル版監督の中田秀夫による続編『ザ・リング2』(2005) で、井戸を這い上がったレイチェルは、井戸の底から「マミィ……」と追いすがるサマラの呼び声を「あたしはあんたのママじゃない (I'm not your fucking mommy!)」と一蹴して井戸の蓋を閉じるのだが、このパロディ (オマージュ) ともいえるシーンが、聡明な孤児を養子に迎えた一家を襲う恐怖を描く『エスター』(2009) のクライマックスに据えられている。終幕、氷が張った夜の湖から這い上がった養母ケイトは、水中から彼女の足を摑んで引きずり込もうとする瀕死のエスターを蹴り飛ばしながら、まったく同じ台詞を突きつけるのである。

その変奏は、襲う母親がもたらす恐怖を描く作品群にも見いだせる。女性監督ジェニファー・ケントによる『ババドック〜暗闇の魔物〜』(2014) では、暴走する狂気の果てに人格崩壊した母親に対し、「おまえは僕のママじゃない (You are not my mother)」と幼い息子が二度繰り返すシーンがある。対する母親は鬼気迫る形相で「あたしはおまえのママだよ I am your mother」と怒りの雄叫びをあげ、息子に襲いかかるのだ。一方、異形の者たちが母を求め、ヒロインがその願いに応えていく方向に向かうのが『エイリアン』シリーズ (1979–) だ。クルーたちが乗る宇宙船ノストロモや探索する惑星内の主要な舞台は、母胎や子宮のイメージを強く喚起する閉鎖空間だ。ヴァギナ・デンタータを思わせる、侵入者を拒む鋭い歯のような岩に覆われた巣の内部には、びっしりとエイリアンの卵が産み付けられている。本シリーズのヒロイン・リプリーが何度もうなされる、エイリアンが自分の腹を突き破って出てくる悪夢はまた予知夢でもある。『エイリアン』シリーズは、強く逞しい女戦士型ファイナル・ガールの筆頭であるリプリーが母性に目覚めていく過程を描く物語でもあるが、そんな彼女もエイリアン・クイーンとの母同士の対決を経た第4作 (1997) で、「私はモンスターの母だ (I'm the monster's mother)」という台詞を口にしている。

「あたしはあんたのママじゃない」「あたしはあんたのママだよ」「おまえは僕のママじゃない」——家族を描くホラー映画のなかで、母であることの承認と否認をめぐるこれらの宣言が、どれだけ繰り返されてきたことだろう。ジュリア・クリステヴァは人間に恐怖を与えるおぞましいものの源泉を、究極的には主体が主体となるために棄却すべき母に収斂させたが、ホラー映画が映し出すのは、おぞましい異形の子どもを棄却することで必死に主体たろうとする母の姿だ。殺人鬼とファイナルガール、母と子どもの合わせ鏡のなかで、ヒロインたちと観客は、いまも彼女自身のたしかな像を探しつづけているのだ。

『ファイナル・ガールズ 惨劇のシナリオ』
(トッド・ストラウス=シュルソン監督)
DVD:¥3,800 (税別) ソニー・ピクチャーズ・エンターテインメント

恐怖は誰のものか? Fear, itself

映画を「恐怖」を映し出し、それを見る者を恐怖させてきた。映画史には「恐怖」なるものをいかに画面の中で取り扱うかの歴史が確実に存在する。その歴史の中で女性たちは、どのように恐怖と向き合ってきたのか。恐怖すること／恐怖させること／恐怖と対峙すること。はたして「恐怖」とは誰のもので、なんのためのものだったのか?

テキスト=上條葉月

恐怖する女性たち

裁かる›ジャンヌ

（1929／カール・ドライヤー監督／フランス）
ジャンヌ／ルネ・ファルコネッティ

属性：軍人、聖女
恐怖を与える主体：審問官たち

裁判記録をもとにした脚本で、ジャンヌ・ダルクの異端審問裁判から火刑までを描いた本作は、ジャンヌを聖女ではなく一人の少女として映し出した作品である。この映画は前半の裁判部分に関しては特に、ほとんどがクロースアップで構成されている。ドライヤーは役者たちにメイクをさせず、そうしてアップで撮られた彼女の顔はオーラを剥ぎ取られ、生身の女性としてのジャンヌが現れる。

追い詰められていくジャンヌは、決して聖女らしい気高さで審問官と対峙するのではなく、裁判の冒頭から泣き、虚な目で返答する。恐怖させる主体である審問官たちは、時に極端な仰角で捉えられ、観客はその威圧感によって彼女の目に映る光景、感じた恐怖を共有する。ついには死への恐怖と疲労で衰弱し、審問官に屈し、涙ながらに髪を切られるシーンにおいて、彼女の絶望はピークへと達していく。

それでも自身が恐怖に屈したことを認め、神に誠実であろうと火刑を選ぶジャンヌ。死に恐怖する自分を受け入れ、だからこそ殉教に意味があると信じた彼女を祝福するような空を舞う鳥のカットが印象的だ。

もう一つのジャンヌ映画の傑作として知られるブレッソン『ジャンヌ・ダルク裁判』（1962）も裁判記録を元に描いた作品だが、トーキーのこちらは彼女の恐怖を映し出す感情的な顔のクロースアップなどはさらに排除され、一人の女性の悲劇というドラマ性さえも削ぎ落として淡々と審問を描いている。

ナイト・オブ・ザ・リビングデッド

（1968／ジョージ・A・ロメロ監督／アメリカ）
バーバラ／ジュディス・オーディア

属性：墓参りに来た妹
恐怖を与える主体：ゾンビ

兄とともに父の墓参りに出かけ、そこで"生きる屍"（本作ではまだゾンビという言葉は登場しない）を目撃することになるバーバラ。ヒロインでありながら、どうにか家に逃げ込んで以降、物語上ほとんど活躍することがないのが特徴だ。兄を失ったショックと恐怖で中盤以降はほとんど気絶しているか、パニック状態になってゾンビと戦う主人公の黒人青年ベンの足を引っ張る行動ばかりしてしまう。

本作は言わずと知れた元祖モダン・ゾンビ映画だが、現代においてゾンビ映画は『バイオハザード』シリーズのアリスを代表するように戦う女性が多いジャンルでもある。本人の意図はどうあれ、ロメロ作品はその政治性についてよく言及される。白人も黒人も、子供も大人も、男女も屍になってしまえば皆同じであり、性別や人種、階級などさまざまな既存の価値観の逆転が起こりうる。

しかし本作ではまだ、バーバラは徹底して恐怖する女性として描かれている。「戦うヒロイン像」は、同じロメロによる続編で、ゾンビ映画というジャンルを確立した『ゾンビ』（1978）のヘリを操縦するヒロイン・フランや、『死霊のえじき』（1985）の唯一の女科学者サラの登場まで待つことになると言えよう。

サイコ

（1960／アルフレッド・ヒッチコック監督／アメリカ）
マリオン／ジャネット・リー

属性：会社の金の横領犯
恐怖を与える主体：ノーマン・ベイツ

サスペンスの巨匠ヒッチコックによる、シャワーでの殺害シーンが有名な傑作。物語は会社の金を横領し恋人のいる街へ向かうマリオンを追ってゆき、その道中でベイツ・モーテルへとたどり着く。マリオンが主人公だと思わせる偽の情報を与えて観客の興味を外らせ、中盤のシャワーシーンで唐突に殺してしまうのだ。主人公は物語の中途では死なないという物語の鉄則を破った本作では、観客はマリオンが主人公=安全だと思っていたからこそ、彼女と共に突然の恐怖に襲われる。

確かにマリオンは金を持ち逃げする女であり、本来あまり感情移入できない人物として描かれている。そして実際、シリアルキラーを扱ったサスペンスやホラーでは、こうした道徳的に良からぬ人物・女性の場合とりわけ品行の悪い女性などが、真っ先に殺されがちだ。

暴行

（1950 ／アイダ・ルピノ監督／アメリカ）
アン／マラ・パワーズ

属性：婚約者のいる女性

恐怖を与える主体：ストーカー

自身も役者であるアイダ・ルピノが女性のレイプをテーマにその傷と再生を描いたドラマ。暴行自体を直接映し出すことなく、夜道を男に追われるシークエンスでは俯瞰撮影によって彼女を孤立させ、移動撮影と影の使い方で見えない相手の影に追い詰められる心理的な恐怖を巧みに表現した。見えない恐怖からの逃走は本作全体を通した主題となっており、暴行を受けた後も彼女は犯人の影や男性への不信感、社会からの冷たい視線などに心理的に追い込まれ、逃げ続けるのだ。犯人が捕まろうとも、性被害者の失った人生はなかなか取り戻せない。ヘイズ・コード下のハリウッドで、こうした主題を扱うこと自体が大胆であり、しかし半世紀以上経った今も変わらない現実にもまた恐怖を感じる。

キャット・ピープル

（1942 ／ジャック・ターナー監督／アメリカ）
イレーナ／シモーヌ・シモン

属性：猫族の末裔

恐怖を与える主体：自分自身

多くのＢ級怪奇映画を製作したRKO、ヴァル・リュートン製作による低予算ホラー１作目。自分が猫族の末裔であり、黒豹に変身し男性を殺してしまうと信じていたイレーナは、動物園で出会った男と結婚するが関係を深めることができない。夫は精神的な治療を勧めるが、精神科医が自分を犯そうとした時、黒豹となって彼を殺してしまう。本作では彼女の嫉妬や男性への恐怖が言動に異常を引き起こしていくのだが、具体的な黒豹への変身は映し出されない。イレーナが本当に黒豹になっているのか、夫の言うとおり彼女の妄想なのかわからないのだ。彼女自身は猫族である自分自身を恐れているが、男性恐怖症の女性の物語にもみえる。タイトルが想起させる伝奇映画というより、繊細で不安定な女性が夫の無理解や社会に適応できないプレッシャーによって精神的に追い詰められ加害性を発揮する、サイコホラーの古典である。

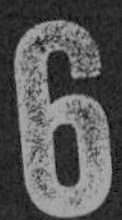

サスペリア

（1977 ／ダリオ・アルジェント監督／イタリア）
スージー／ジェシカ・ハーパー

属性：バレエ学校の生徒

恐怖を与える主体：魔女

ニューヨークからドイツの名門バレエ学校へやって来たスージーだが、そこで奇妙なことが起こっていると気づく。スージーは次々と起こる不審な事件や学友たちの死で恐怖に怯えながらも館の秘密を暴こうとし、そこが魔女三姉妹のひとり、「ため息の母」の館であることを知る。

魔女３部作の１作目である本作は、1970年代オカルト映画ブーム真っ只中に、白雪姫から影響を受けた鮮やかな色彩、イタリアン・ホラーの父マリオ・バーヴァの手法から発展させた原色のカラー照明、美しいセット建築、ゴブリンの音楽など、斬新で華やかな独特の世界観を展開した。いわゆる薄暗く不気味な世界ではなく、鮮やかで煌びやかなバレエの世界こそが、少女を襲う魔女の巣だったのだ。

アルジェントの『サスペリア』はまるで館の中を異世界のように描く。少女は雨の中この世界に入り込み、やがて去っていく。その去り際は晴れやかだ。一方グァダニーノのリメイク版『サスペリア』（2018）における魔女の館は異世界ではない。東西分断やテロといった抑圧された現実社会と接続され、少女にとっても一時の悪夢で終わらない結末となる。

恐怖させる女性たち

1
キャリー

（1974／ブライアン・デ・パルマ監督／アメリカ）
キャリー・ホワイト／シシー・スペイセク

属性：高校生、超能力者
恐怖させる対象：同級生

いじめられっ子の女子高生キャリーが、サイコキネシスの力でプロムの夜を悪夢に変える、デ・パルマの代表作。体育の授業の後のシャワー後に遅い初潮を迎えたキャリーは、同級生たちから嘲笑されパニックとなる。キャリーは怒りやパニックでサイコキネシスを発揮し、そのことに自覚的になっていくが、力を発揮してしまうほど彼女を追い詰めるのは同級生のいじめに加えて、カルト的に敬虔深いクリスチャンの母親からの抑圧でもある。母親の信仰の異常さは、娘に生理の存在を成長過程として教えなかっただけでなく、女性となったことは罪であると罰するほどだ。超能力によって母親との立場を逆転させたキャリーは、抑圧的な母親にノーを突きつけるという成長を果たす一方、プロムでいじめっ子の罠にハマった瞬間かつてない力を暴走させ会場を地獄絵図に変えてしまう。キャリーがもたらす恐怖は、自身が虐げられるほどにその分強くなるが、同じスティーブン・キング原作の『炎の少女チャーリー』（1984・リメイク版2022）もまた多感な思春期の少女の不安定な感情が制御できない超能力として現れる物語を描いている。

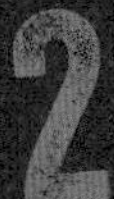

東海道四谷怪談

（1959／中川信夫監督／日本）
お岩さん／若杉嘉津子

属性：幽霊
恐怖させる対象：夫

四谷怪談、恨みを残した女性の怨念という主題は現代のジャパニーズ・ホラーまで脈々と受け継がれているが、その傑作とされているのが本作だ。父を殺した伊右衛門と、仇とは知らずに夫婦になり、江戸で結婚して子をもうけたお岩。だがやがて夫に捨てられ、毒薬によって無残な死を遂げる。死に際に事の真相を知ったお岩は「恨みはらさずにおくものか」と叫びながら生き絶え、伊右衛門はお岩の亡霊に悩まされるようになる。怪談映画の名手として知られる中川信夫作品で、毒薬によるお岩の変貌や、戸板返しといった見せ場が有名。映画はお岩の不幸な人生を悲劇的に映し出し、中盤で夫が怨霊に苦しめられる恐怖映画に一転する。中川は本作で、自分本位な一方で妻への情も捨てきれない伊右衛門（天知茂）の迷いを描いた。共犯の直助につけ込まれ、その弱さ故に悪に流される彼の人物像こそが「人間の業の深さ」を際立てている。この設定は、ラストで亡霊や仇討ちに来たお岩の妹・お袖らに応戦する伊右衛門が、精神的に追い詰められた結果「許せ」と乞いながら自ら刀を腹に刺すラストへとつながる。手を下すことなく彼の気が狂うまで追い詰める女の執念を、天井に張りついたり沼から登場したりと体を張って演じ切った若杉嘉津子が凄まじい。

天使の復讐

（1981／アベル・フェラーラ監督／アメリカ）
タナ／ゾーイ・ルンド

属性：聾唖の女性
恐怖させる対象：男たち

ニューヨークの通りでレイプにあった聾唖の女性タナ。しかも、同じ日のうちに部屋に忍び込んだ強盗に再び暴行を加えられる。咄嗟に相手を撲殺したタナは、部屋に残された45口径の銃を手に、男たちを狩り始める。

レイプ・リベンジ映画は70年代には、ベルイマン『処女の泉』（1960）をベースにウェス・クレイヴンが監督した『鮮血の美学』（1972）や実在の事件をもとにした『発情アニマル』（1978）等多くはエクスプロイテーション映画として作られ、近年においては『プロミシング・ヤング・ウーマン』（2020）のようなフェミニズム映画としても展開されている。通常家族（主に父親）や恋人、あるいは女友達がレイプによって亡くなった女性の代理復讐を果たす、という話が多いジャンルにおいて、本作は“レイプされた本人が自ら復讐する”という点において特異であり、強烈だ。彼女は物語の起点として殺され沈黙させられることなく、自らの手で制裁を加え、怒りを解放する。他者や社会といった正義のためではなく、自分自身のための復讐が描かれるのだ。また、バイオレンス・アクションでありつつも、動機となる彼女が感じる男性への恐怖と嫌悪のリアルな描写（レストランでジロジロ見てくる男！）も優れている。

『天使の復讐』MS 45 © 1981 WBEI

下女

（1960／キム・ギヨン監督／韓国）
オ・ミョンジャ／イ・ウンシム

属性：下女（家政婦）
恐怖させる対象：勤め先の一家

女工たちに音楽を教えるピアノ教師のトンシクは、妻が病に倒れたため下女を雇うが、彼女の魔性の魅力に引き込まれ関係を持ってしまう。妊娠をきっかけに下女は家の中での地位や愛情を求め、家庭という閉じられた空間を支配し始める。トンシクやその妻が彼女を恐れ、要求を飲んでしまうのは、世間の目や体裁を気にするからでもある。外からの侵入者が中産階級・ブルジョア家庭を崩壊させ、地位や格差の逆転を起こすというテーマはブニュエルの『スサーナ』（1951）やパゾリーニの『テオレマ』（1968）等とも通じる。韓国映画史に残る傑作とされる本作はポン・ジュノ『パラサイト半地下の家族』（2019）にも影響を与えており、どちらも立場の違いやその逆転を見せる上で階段が重要な舞台となっている。

5 めまい

（1958／アルフレッド・ヒッチコック監督／アメリカ）
マデリン＆ジュディ／キム・ノヴァク

属性：亡霊に取り憑かれた女／そっくりの別人
恐怖させる対象：元刑事

元刑事スコティは友人に妻マデリンを尾行するよう依頼されるが、祖母の亡霊に取り憑かれたマデリンは教会から投身自殺してしまう。高所恐怖症のめまいで彼女を救えず精神衰弱していたスコティだが、やがてそっくりの女ジュディに出会う。スコティがマデリンだと信じていた女は瓜二つの祖母カルカッタのイメージに取り憑かれていたが、今度はジュディに出会ったことでスコティ自身がマデリンのイメージに取り憑かれる。

主人公が幻想のイメージを追い続ける『めまい』は、男性を主体として女性を客体化するハリウッドの「窃視症」的構造それ自体をサスペンス化した作品といえる。初めは『裏窓』（1954）のジェフのように距離をおいて彼女を覗き見ていたが、やがてイメージに取り憑かれ、幻影を手に入れたいと望み、そして「本物のイメージ」を再現しようとし、再び喪失する。スコティを恐怖させるのは、マデリンでもジュディでもなく、スコティがマデリンだと信じた存在しない女のイメージだ。観客はスコティと共に幻想のイメージに錯覚させられ、そして彼の「めまい」をも味わうのだ。

アッシャー家の末裔

（1928／ジャン・エプスタイン監督／フランス）
マデリン／マルグリット・ガンス

属性：死にゆく妻
恐怖させる対象：夫とその友人

ある男が友人のアッシャーの城へ向かう。アッシャーは妻マデリンの肖像画を描いていたが、描き進めるほどに妻は生気を失っていく。やがて妻は死ぬが、亡霊として戻り、この城に終焉をもたらす。妻は描かれるほどに弱っていくが、同時に夫の方が彼女の肖像画に取り憑かれているようにも見える。マデリンは、肖像画と幻影というイメージによって夫やその城を支配するのである。

スローモーションや多重露光を用いたフォトジェニックな映像表現で、エドガー・アラン・ポーの複数の小説を元に幽玄で幻想的な物語を描いた。揺れるカーテンや蝋燭などがリズミカルに重ねられ、城を漂う不穏な気配を映し出している。スローモーションで幽玄さを際立たせた蘇った妻の幻想的なイメージは、蘇る女（花嫁）というモチーフの古典であり、詩的表現を極めた幻想映画の傑作。なお、前述『めまい』のヒロインの名もマデリンであり、女のイメージへの執着とその再出現を描いた点で本作と通じる。

恐怖と対峙する

1 ミッドサマー

（2019／アリ・アスター監督／アメリカ）
ダニー／フローレンス・ピュー

属性：大学生

向き合う恐怖：カルト宗教、あるいは家族

主人公ダニーとその恋人や友人らアメリカの大学生たちが、スウェーデンのホルガ村で行われる夏至祭へと向かう。しかしそこは古代北欧の異教を信仰するカルト的な共同体で、学生たちは白夜の村の中で宗教儀式に追い詰められていくのだった。『ヘレディタリー／継承』（2018）で家族をめぐる恐怖を描いたアリ・アスターによる、同じくカルト宗教を信仰する島を描いた『ウィッカーマン』（1973）等を想起させるフォークホラーだが、本作は単に孤立した村の恐怖を描いた作品とは一線を画す。家族を失ったトラウマを抱えたダニーはカルト宗教の奇妙さに不安を感じるが、やがて宗教という強い絆で結びついた"集合体"に、自らが失った家族の姿を見出していく。彼女を襲うカルト宗教という恐怖が、向き合う中で、受け入れてくれる自分の居場所へと変わっていくのだ。彼女が恐怖を乗り越え穏やかな笑顔を見せた時、彼女はすでに観客にとって恐怖を与える存在へと変わっている。

『ミッドサマー』
Blu-ray通常版：5,390円（税込）発売中
発売元：TC エンタテインメント

2 X エックス

（2022／タイ・ウェスト監督／アメリカ）
マキシーン＆パール／ミア・ゴス

属性：ポルノ女優

向き合う恐怖：老婆

自主制作のポルノ映画を撮るためテキサスの農場を借りたクルーが、農場の老婆パールに次々と殺されていくホラー映画。『悪魔のいけにえ』（1974）を始めとする70年代ホラーへの愛とオマージュが見られる一方、女性と老いのテーマや続編『Pearl パール』（2022）における女性と家をめぐる問題など、ホラー映画と女性の新しい関係を提示している。

その１つが新たなファイナル・ガール像だ。70、80年代ホラー映画ならファイナル・ガールは控えめでポルノに否定的な「いい子（nice girl）」と揶揄されるロレインのほうだろう。『悪魔の沼』（1977）で売春婦が最初に殺されるようにコカインを吸うポルノ女優というマキシーンの設定は当時のホラーなら序盤で殺されてしまう役だ。

ミア・ゴスの一人二役でマキシーンとパールは合わせ鏡のように描かれる。続編で描かれるようにパールもかつてスターを目指した女性で、マキシーンに自分たちは同じだと語る。マキシーンにとってパールと対峙することは、このまま田舎で売れずに惨めに老いていく自分の否定であり、「ふさわしい人生を手に入れる」ための戦いでもあるのだ。

バニー・レークは行方不明

（1965／オットー・プレミンジャー監督／イギリス）
アン・レーク／キャロル・リンレー

属性：母親
向き合う恐怖：行方不明事件

アメリカから渡英したばかりのシングルマザーのアン。保育園に娘バニーを迎えにいくも、どこにも姿が見当たらない。だが捜索を進めても誰もバニーを見た者はおらず、そもそもバニーが存在したのかが疑われるようになる。アンは娘が誘拐されたという恐怖だけでなく、次第に彼女の狂言なのではないかという警察や周囲からの疑いの目や孤立化とも戦わなくてはいけなくなっていく。主人公だけが行方不明者の存在を確信しているというサスペンスは『バルカン超特急』（1938）でヒッチコックが用いた手法であり、また子供の存在を主張する母親が異常者扱いされてしまうという物語は後の『チェンジリング』（2008）のアンジェリーナ・ジョリーにも通ずるが、本作の特徴として行方不明になる前のバニーの姿が映し出されないことが言える。観客はバニーの存在を確認することができず、不安定なキャロル・リンレーが徐々に"信用ならない語り手"のようにも思えてくる。

パーソナル・ショッパー

（2016／オリヴィエ・アサイヤス監督／フランス）
モウリーン・カートライト／クリステン・スチュワート

属性：買い物代行者
向き合う恐怖：不明（世界？）

パリでセレブの買い物代行をするモウリーンは、霊媒師であり、亡くなった双子の兄からの"サイン"を待っている。ある時、iPhoneに差出人不明のメッセージが届くようになり、事件に巻き込まれていく。

モウリーンが対峙する恐怖は、見えない恐怖だ。本作は見えない存在をさまざまな形で映し出す。それは兄か別人かわからない霊や精霊といった存在であり、そしてインターネット越しの恐怖である。劇中、ヒルマ・アフ・クリントやヴィクトル・ユゴーの霊との関わりや神秘体験が語られる。モウリーンは義姉にユゴーがどうやって霊と交流したのかと尋ねている。イエスが1回、ノーが2回といった霊との神秘的なコミュニケーションと、ショートメッセージの英語テキストという現代的なコミュニケーション。彼女が対峙する相手は「今ここ」に現前しない存在であり、兄なのか他人なのか、生者なのか死者なのかさえわからない。

恐怖だけでなく欲望もまた不確かだ。高級ブランドを「禁止されてるから着たくなる」というモウリーン。メディアの情報や他者の言葉が、彼女自身にはなかった欲望を掻き立てる。神秘体験や霊媒を現代的なテクノロジーに重ね合わせて描き、見えない存在に取り囲まれた現代社会を捉えた映画だ。

女群西部へ！

（1952／ウィリアム・A・ウェルマン監督／アメリカ）
フィフィ・ダノン他100人の花嫁たち／デニーズ・ダーセル他

属性：花嫁部隊
向き合う恐怖：西部の荒野

カリフォルニアの牧場主の依頼で、シカゴで花嫁を募って西部へ運ぶ任務を引き受けたバック・ワイヤット。まだ顔しか知らない男たちの結婚と新たな生活を夢見て、100人を超える女たちが西部へと渡る。用心ならない用心棒たち、インディアンの襲撃、悪天候、仲間の死といったさまざまな困難や恐怖が彼女たちを襲うが、お互いに武器の取り方や食糧の確保の仕方を教え合うことで牧場を目指す。彼女たちが西部を目指す理由はさまざまだが、それぞれの理由で命懸けの旅に参加している。ヒロインのフィフィは踊り子であり、まっとうな結婚でカタギの生活を手に入れるには新天地が必要なのだ。恐怖と対峙するために必要な女性同士の連帯も描かれるが、荒くれた土地であっても決して尊厳やプライドを失わない個の強さも描かれる。ウォルシュ『ビッグ・トレイル』（1930）のような開拓団の旅を描いた作品だが、西部開拓における語られざる女性たちの戦いを描いた本作はライカート『ミークス・カットオフ』（2010）にもつながる。

逆襲する ファイナル・ガール

テキスト・図表＝関澤 朗

タイトル	公開年	監督	ファイナル・ガール（俳優）	ヴィラン
悪魔のいけにえ	1974	トビー・フーパー	サリー・ハースディ（マリリン・バーンズ）	レザーフェイス
暗闇にベルが鳴る	1974	ボブ・クラーク	ジェス・ブラッドフォード（オリヴィア・ハッセー）	正体不明
ハロウィン	1978	ジョン・カーペンター	ローリー・ストロード（ジェイミー・リー・カーティス）	マイケル・マイヤーズ
エイリアン	1979	リドリー・スコット	エレン・リプリー（シガニー・ウィーバー）	エイリアン
13日の金曜日	1980	ショーン・S・カニンガム	アリス・ハーディー（エイドリアン・キング）	パメラ・ボーヒーズ
プロムナイト	1980	ポール・リンチ	キム・ハモンド（ジェイミー・リー・カーティス）	アレックス・ハモンド
血塗られた花嫁	1980	アーマンド・マストロヤンニ	エイミー・ジェンセン（ケイトリン・オヒーニー）	レイ・カールトン
テラー・トレイン	1980	ロジャー・スポティスウッド	アラナ・マックスウェル（ジェイミー・リー・カーティス）	ケニー・ハンプソン
血のバレンタイン	1981	ジョージ・ミハルカ	サラ・マーサー（ロリー・ハリアー）	ハリー・ウォーデン
誕生日はもう来ない	1981	J・リー・トンプソン	ヴァージニア・ウェインライト（メリッサ・スー・アンダーソン）	アン・トーマーソン
鮮血！悪夢の卒業式	1981	ハーブ・フリード	アン・ラムステッド（パッチ・マッケンジー）	ケビン・バッジャー
ヘルナイト	1981	トム・デ・シモーネ	マーティ・ゲインズ（リンダ・ブレア）	殺人鬼一家

80年代に一世を風靡したスラッシャー映画。『ハロウィン』『13日の金曜日』『エルム街の悪夢』などの人気シリーズを生み出したホラー映画のサブジャンルで、若い男女のグループが正体不明の殺人鬼に襲われるのがお決まりのシチュエーションだ。近年では"ファイナル・ガール"という言葉も生まれ、最後まで生き残る女性キャラクターに注目が集まっている。ではファイナル・ガールとは一体どのような女性なのだろうか? 彼女たちに共通する特徴は? 生き残る秘訣は?ここでは数あるスラッシャー映画を一覧表で分析することで、ファイナル・ガールの人物像に迫ってみたい。

舞台	シチュエーション	身分・職業	パートナー	セックス	処女	留守番	旅行	パーティ	DIY武器・罠	メタ要素	勝因・決め台詞・備考
テキサス州	食人一家の屋敷	若者	不明				✓				ファイナル・ガールの先駆け
女子学生寮	クリスマス	大学生	あり(妊娠中)					✓			都市伝説「ベビーシッターと2階の男」が元ネタ
イリノイ州ハドンフィールド	ハロウィンの夜	高校生	なし		✓	✓			✓		「私は永遠にガールスカウト」
ノストロモ号	宇宙船	宇宙飛行士	不明				✓				「私はリプリー、ノストロモ号最後の生存者」
キャンプ・クリスタル・レイク	サマーキャンプ	キャンプ指導員	なし				✓		✓		トム・サヴィーニによる驚愕の特殊効果
ハミルトン高校	プロム	高校生	あり					✓			ジェイミー・リー・カーティスがファイナル・ガール再演
ニューヨーク州スタテンアイランド	結婚式	大学生	婚約者あり					✓		✓	元祖メタスラッシャー映画
列車	仮装パーティ	大学生	なし				✓	✓			犯人が女装している
炭鉱	バレンタインデー	若者	あり					✓			バンド"マイ・ブラッディ・ヴァレンタイン"の由来
名門私立高校	誕生日	高校生	なし		✓			✓			ファイナル・ガール自身の連続殺人描写がある
高校陸上部	卒業式	海軍士官	不明					✓			トロマ・エンターテインメント製作
ガース館	新歓肝試し	大学生	なし					✓			労働者階級のファイナル・ガールVS上流階級の殺人鬼

逆襲するファイナル・ガール

タイトル	公開年	監督	ファイナル・ガール(俳優)	ヴィラン
スランバー・パーティー大虐殺	1982	エイミー・ジョーンズ	トリッシュ・デヴロー (ミシェル・マイケルズ)ほか	ラス・ソーン
エルム街の悪夢	1984	ウェス・クレイヴン	ナンシー・トンプソン (ヘザー・ランゲンカンプ)	フレディ・クルーガー
スクリーム	1996	ウェス・クレイヴン	シドニー・プレスコット (ネーヴ・キャンベル)ほか	ゴーストフェイス
ラストサマー	1997	ジム・ギレスピー	ジュリー・ジェームズ (ジェニファー・ラブ・ヒューイット)	フィッシャーマン
最終絶叫計画	2000	キーネン・アイヴォリー・ ウェイアンズ	シンディ・キャンベル (アンナ・ファリス)	ゴーストフェイス
デス・プルーフ in グラインドハウス	2007	クエンティン・ タランティーノ	ゾーイ・ベル (本人)ほか	スタントマン・マイク
ジェニファーズ・ボディ	2009	カリン・クサマ	アニータ・"ニーディ"・レスニキ (アマンダ・セイフライド)	ジェニファー・チェック
サプライズ	2011	アダム・ウィンガード	エリン (シャーニ・ヴィンソン)	アニマルマスク集団
キャビン	2012	ドリュー・ゴダード	デイナ・ポーク (クリステン・コノリー)	ゾンビ一家
イット・フォローズ	2014	デヴィッド・ロバート・ ミッチェル	ジェイミー・"ジェイ"ハイト (マイカ・モンロー)	それ
ファイナル・ガールズ 惨劇のシナリオ	2015	トッド・ストラウス =シュルソン	マックス・カートライト (タイッサ・ファーミガ)	かぎ爪の 殺人鬼
ハッピー・デス・デイ	2017	クリストファー・B ・ランドン	テレサ・"ツリー"・ゲルブマン (ジェシカ・ローテ)	ベビーマスクの 殺人鬼
ミッドサマー	2019	アリ・アスター	ダニー・アーダー (フローレンス・ピュー)	因習村
X エックス	2022	タイ・ウェスト	マキシーン (ミア・ゴス)	パール

ホラー映画で生き残るには守るべきルールがある！ from『スクリーム』

その1
セックスは絶対にするな

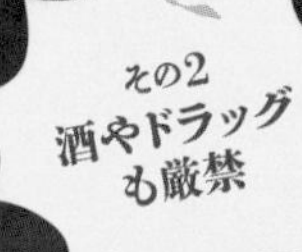

舞台	シチュエーション	身分・職業	パートナー	セックス	処女	留守番	旅行	パーティ	武器・罠DIY	メタ要素	勝因・決め台詞・備考
ロサンゼルス州ベニス	パジャマパーティ（男子禁制）	高校生	なし			✓		✓	✓		フェミニスト作家リタ・メイ・ブラウンによる脚本
エルム街	夢の中	高校生	あり		✓				✓		「エネルギーを奪い返すわ あなたは幻影よ」
カリフォルニア州ウッズボロー	メタスラッシャー映画	高校生	あり	✓	✓	✓		✓		✓	「これは私の映画よ」
ノースカロライナ州サウスポート	脅迫	大学生	あり	✓							都市伝説「かぎ爪の男」が元ネタ
B. A.コープス高校	パロディ	高校生	あり	✓						✓	『スクリーム』『ラストサマー』など元ネタ多数
テキサス州、テネシー州	カーチェイス	映画スタッフ	不明				✓				「ケツに突っ込まれるのはキライか？ どアホ！」
ミネソタ州デビルズケトル	悪魔儀式	高校生	あり	✓				✓			#MeToo以降、見過ごされてきたフェミニストのカルト的古典として再評価
別荘	殺し屋	大学生	あり						✓		サバイバルキャンプで培った戦闘力
山小屋	監視下	大学生	なし				✓			✓	スラッシャー映画の"外側"に逃げ出す
デトロイト郊外	呪い（セックスで伝染）	大学生	なし	✓		✓	✓		✓		写真家グレゴリー・クリュードソンからの影響
血まみれのキャンプ場	映画の中	高校生	なし		✓		✓		✓	✓	「処女をなめんなよ」
ベイフィールド大学	タイムループ	高校生	なし					✓	✓	✓	「過去はともかく今日から変わろうと思うの」
ホルガ（スウェーデン）	夏至祭	大学生	あり（共依存）				✓				A24製作・配給
1979年テキサス州の農場	殺人鬼老夫婦	俳優志望	あり	✓			✓				ファイナル・ガールとヴィランが一人二役

主要スラッシャー映画シリーズ

『ハロウィン』(1978〜)
幼少期に殺人を犯し長年入院していたマイケル・マイヤーズが脱走し、“ブギーマン”としてハロウィンの夜にティーンを血祭りに上げていく。ジョン・カーペンター監督による1作目は30万ドルのインディ映画ながら7000万ドル以上の興行収入を挙げ、80年代のスラッシャー映画ブームの嚆矢となった。『スタートレック』のカーク船長のマスクを被った不死身の殺人鬼マイケル・マイヤーズと共に、彼に立ち向かうローリー・ストロード役のジェイミー・リー・カーティスも“スクリーム・クイーン”と称されるアイコンに。2024年時点で13本の映画が作られ、近年ではデヴィッド・ゴードン・グリーン監督による続編三部作が話題を呼んだが、ここでもローリーは孫娘らと共にマイケルと戦っている。

『13日の金曜日』(1980〜)
クリスタルレイクのキャンプ場を訪れた若い男女が謎の殺人鬼に一人また一人と惨殺されていくシチュエーションがあまりにも有名なシリーズ。真っ先に思い浮かぶのはホッケーマスクの殺人鬼・ジェイソン・ボーヒーズだが、本格的な活躍は2作目以降であり、1作目の犯人はジェイソンの母パメラである。1作目のファイナル・ガール、アリス役のエイドリアン・キングは人気が災いしてストーカー被害に遭ったため、2作目冒頭で殺されシリーズから退場、俳優としても一線を退いた。しかし2021年にファン映画『ジェイソン・ライジング』でアリス役を再演すると、A24が製作に名を連ねるシリーズ前日譚ドラマ『Crystal Lake』にもレギュラー出演が決まるなど、再び脚光を浴びている。

『エルム街の悪夢』(1984〜)
『鮮血の美学』(1972)で長編監督デビューしたスラッシャー映画の巨匠、ウェス・クレイヴン監督により創始されたシリーズ。『ハロウィン』『13日の金曜日』をはじめ『プロムナイト』『血のバレンタイン』など祝祭日や特定の日付をタイトルに冠したスラッシャー映画が量産された80年代にあって、エルム街、そして夢の中という設定が斬新だった。衝撃のゴア描写で殺される青年グレン役をジョニー・デップが演じていることでも有名。焼けただれた顔とかぎ爪を持つ殺人鬼フレディ・クルーガーは人気キャラクターとなり、2003年には『フレディVSジェイソン』でジェイソンと対決している。フレディは人々の恐怖を力の源泉としているため、1作目のファイナル・ガール、ナンシーのように恐れず立ち向かうことが重要だ。

『スクリーム』(1996〜)
80年代の黄金期が過去のものとなりつつあった90年代、停滞気味のスラッシャー映画にメタ視点を持ち込むことでジャンルを再興したシリーズ。1作目の監督は『エルム街の悪夢』でもメガホンを取ったウェス・クレイヴン。本シリーズでは登場人物が既存のスラッシャー映画に親しんでいることが特徴であり、1作目劇中では“ホラー映画で生き残るために守るべきルール”が提唱されている。本シリーズ以降は過去作品への言及やメタ構造がスラッシャー映画の新たな要素に加わったほか、このジャンルを純粋な恐怖映画としてだけではなく、みんなで楽しめるパーティ向け娯楽映画として再定義したことにより『最終絶叫計画』などコメディ映画のフォロワーを生み出すなど、ジャンルを拡張する功績を果たしたと言えるだろう。

ファイナル・ガールとは

スラッシャー映画で最後まで生き残る女の子を“ファイナル・ガール”というトロープ(=個別的属性)として定義したのは映画研究者キャロル・J・クローバーだ。その著作『Men, Women, and Chain Saws: Gender in the Modern Horror Film(男と女とチェーンソー:現代ホラー映画におけるジェンダー)』第一章「Her Body, Himself」によると、ファイナル・ガールには以下のような共通点があるという。

- 映画の冒頭から他の女性キャラクターと区別できる(主人公である)。
- ガールスカウト、本の虫、メカニックである(生き抜く知恵や技術がある)。
- ボーイッシュである(中性的な名前が多い)。
- セックスに対して消極的(積極的な女性キャラクターは殺されがち)。

ファイナル・ガールの象徴的なキャラクターとされる『ハロウィン』のローリー(ジェイミー・リー・カーティス)は上記の要素を兼ね備えており、殺人鬼に追い詰められるものの創意工夫で反撃する。『ハロウィン』の興行的成功による80年代スラッシャー映画ブームは、ただ逃げ回るだけでなく能動的に戦う女性キャラクターを多く世に生み出した。一方で殺人鬼は圧倒的に男性が多く、銃などの飛び道具よりも刃物類を選び、いわば男根的な凶器で女性に襲いかかる。そこには男性のサディスティックな欲望を投影するポルノ的な面と、女性が殺人鬼を返り討ちにするフェミニズム的な面が共存している。またアメリカに伝わる有名な都市伝説が下敷きになることも多く、その代表は『ラストサマー』で主人公たちによって語られる「かぎ爪の殺人鬼」である。同作のフィッシャーマンや『エルム街の悪夢』のフレディは巨大なかぎ爪を持つ殺人鬼だ。『ラストサマー』の主人公ジュリーがこの噂話を「婚前交渉をやめさせるための作り話」と評するように、殺人鬼は性的に奔放な女性を罰し、処女によって打ち倒されるのが定型となっている。そして留守番やサマーキャンプなどもお決まりのシチュエーションで、保護者である両親がいない状況で脅威に立ち向かわなければいけないことから、ファイナル・ガールの過酷な運命には通過儀礼的な必然性もあると言える。しかしその必然性の主体はあくまで男性なのか? それとも逆襲する女性たちなのか? それが今問われ始めている。

この映画も見てみよう

『封印殺人映画』
発売元・販売元:東北新社
(ジェフ・マックィーン監督、2006)
スラッシャー映画の栄枯盛衰を俯瞰するドキュメンタリー。ジョン・カーペンター、ウェス・クレイヴン、ロブ・ゾンビなどの監督たちや、特殊メイクアップアーティストのトム・サヴィーニなど錚々たる面々が出演。『ハロウィン』をきっかけに山師根性のプロデューサーがカレンダーから目ぼしい祝日を見つけては次々とフォロワー映画を量産していく時代の徒花的なエピソードや、独創的なアイデアによって生まれた殺人シーンの舞台裏、そして女性キャストたち自身によるファイナル・ガールについての貴重な証言も収録されている。

CHAPTER2
彼女たちの映画史

1. 初期映画の作家たち
2. 女性監督の（再）登場
3. 作家主義以降
4. ヒット作から見る女性監督
5. 現代の女性映画監督たち

1　初期映画の作家たち

常石史子

映画の女性パイオニアたち

映画が産声をあげ、少しずつ新たな芸術としての形を育んでいた19世紀末から20世紀初頭、女性たちはすでにその新たな創造の器に多大なる寄与を為していた。しかしながら以後、人々はしばらくの間、そんな彼女たちのことを忘れてしまっていた。ここでは初期の映画を生み出してきた女性たちについて知るとともに、なぜ私たちは彼女たちのことを覚えていなかったのか、そして幸運にも思い出すことができたのかについて、「映画の保存」という観点とともに、学び直してみよう。

草創期に映画をつくりはじめた女性たちの姿を明らかにすることには、二重の困難がある。まずは女性の関与の有無にかかわらず、初期映画研究における根本的な問題として、残っている資料が限られていることが挙げられる。ある人物の映画史的な功績の現代における評価は、映画のフィルムや資料が現存しているか否かに大いに左右されている。映画の発明者と讃えられるリュミエール兄弟の作品について、列車が駅のホームに入ってくる場面の見事なコンポジション（構図）や、水撒き人に水をかけようとする少年のいたずらっぽい目線や、赤ん坊の食事の場面の奥で風を受ける木の葉の揺らぎといったものについて語ることができるのも、リュミエール作品の大部分が現存し、最良の画質を保証するオリジナルネガさえ多くの作品についていまだ良好な状態で保存されており、作品の情報が詳細にわたって整然と管理され、かつ現在の最高水準の技術で復元され、広く視聴可能になっているためだ。そしてこうしたケースはあくまで例外である。たとえば1896年にすでに映画製作を開始し、リュミエールと対のように扱われることが多いジョルジュ・メリエスの作品はこれほど包括的には残されてはいない。

第二の障壁は、集団製作物としての映画において、関わった個々の人物が必ずしもクレジットされないことである。とりわけ草創期には映画製作のあり方や著作権の概念も大きく異なり、現在であれば製作、監督、脚本、撮影、出演などと区分されるさまざまな職能がしばしば未分化のまま重なりあっている。今なら監督という名で理解されるような芸術面の統括の役割を誰が担っていたのかは必ずしも明確ではない。また映画産業が当時の想像を超えて巨大化し、製作に関わった者が作品に対して主張しうる著作権などの権利についても事後的に整備されることとなったために、その初期の功績の認定をめぐる争いが熾烈になって虚実が入り混じり、客観的な事実を突き止めようとする際の障害になっている側面も否めない。

現在、女性初の映画監督とみなされる**アリス・ギイ**（1873–1968）についてはこうした障壁がいずれも顕著で、その功績の評価は大きく遅れた。ゴーモン社の前身となる会社で秘書として雇われ、リュミエールのシネマトグラフの上映を、グラン・カフェでの一般上映に先立つ関係者向けの試写ですでに目撃していたという彼女は、早くも翌1896年には秘書の仕事をおろそかにしないことを条件に、ゴーモンの許可を得て映画をつくりはじめていた。しかも誰もが実写を撮ることで精一杯だった時期に、アマチュア演劇の経験や文学的教養を活かしていち早く劇映画と呼びうるものをつくりはじめた。ゴーモン社で芸術監督としてのキャリアと地位を揺るぎないものにしたのち、結婚を機に渡米、ニューヨークにソラックス社を設立し（ただし1912年に建設したスタジオは、近隣ではあるが正確にはニュージャージー州）、近くにスタジオを構えていたバイオグラフ社のD・W・グリフィスに引けを取らないほどのハイペースで映画製作をつづけ、映画の中心地がハリウッドに移る以前のニューヨークの興隆の一翼を担った。ソラックスでの作品のうちには、男女の対等なパートナーシップを扱ったもの、女性が主人公のアクション映画など、明瞭に「女性」を主題とするものがあることも特筆される。1913年末までに映画の主流が短篇から長篇へ移り、アメリカの映画産業の中心地もハリウッドに移ったことで、ソラックスの経営は破綻し、ギイの映画界でのキャリアは1920年をもって終わった。

アリス・ギイ

彼女の再評価の画期となったのが、1953年にはすでに書かれ、フランスで1974年にようやく刊行された自伝（邦訳は『私は銀幕のアリス 映画草創期の女性監督アリス・ギイの自伝』松岡葉子訳、パンドラ、2001年）である。その序文の執筆者にして、編者ベルンハイムとともに「ミュジドラ協会」なる組織を立ち上げてギイの顕彰につとめたクルーゾは、「彼女の監督作だという証拠がなく、シネマテークにフィルムがなく、回顧展も開かれず、いったいどうやってアリス・ギイの復権を図ればいいのか？」と問いかけている。

ゴーモン社によって、彼女とその地位を争った（そのほとんどは男性の）ライバルたちによって、あるいはジョルジュ・サドゥールをはじめとする（やはりほとんどは男性の）映画史家たちによって、彼女の功績が著しく見過ごされたり意図的に抹消されたりしてきたのは確かなようだが、そのことによって彼女を虐げられた女性とみなすことは私には憚られる。ギイは今日の私たちが想像するよりもはるかに堂々と、女性であることの不利など自らはねのける強さで、確固たる地位と明確な権限を確立し、映画監督として大量の映画を作りつづけていたのだから。彼女の仕事の全体像はさまざまな発見によって少しずつ明らかになってきている。ギイの作品のフィルムの発掘・復元も着々と進められて、映画祭などで紹介される機会も増え（初期映画上映の代表的な場であるポルデノーネ無声映画祭で15本、ボローニャ復元映画祭で46本が上映されている）、フランス時代（1897–1907年）とアメリカ時代（1911–14年）の併せて6時間半超の作品群がディスク化され（それでも1000本を超えるという彼女のフィルモグラフィのうちのごく一部にすぎないが）、ドキュメンタリー映画やテレビ番組も次々に公開されている。おそらくいまではギイを世界最初の女性映画監督と認めることに異論を唱える者はない。ギイのソラックス社のスタジオには、“Be Natural”と書かれた紙がそこかしこに貼られていたというが、どのようにして映画をつくればよいのか、まだ誰もそのはっきりしたフォーマットをもっていなかった時期に、いとも軽やかに――秘書の仕事のかたわらで――映画をつくりはじめた彼女のごく自然な力強さを、彼女がつくり出した画面そのもののうちに、私たち自身が探し当てることのできる環境はようやく整ってきた。

2013年、コロンビア大学を中心に無声映画期の女性映画人に関するデジタルアーカイブ“The Women Film Pioneers Project”が立ち上げられた。アメリカ映画が中心ではあるが、あらゆる国や地域へと対象を拡げ、また監督や俳優のみならず幅広い職能にも眼を向けてゆこうとするこのプロジェクトは他の国々にも波及し、ギイのような無数の「彼女たち」の再発見・再評価の取り組みが急速に進んでいる。こうした試みを通じて、従来注目されてこなかった歴史の一部に光が当たり、現在とは根本的に異なる初期映画のあり方が可視化されることを、また過去の証言としてのフィルムや資料の重要性があらためて認識されるようになることを望みたい。

『吸血ギャング団』ミュジドラの出演場面

アリス・ギイ
（Alice Guy Blaché, 1873–1968, 仏－米）

『キャベツ畑の妖精』
（*La Fée aux choux*, 1900）
ギイのキャリアにとって間違いなく最も重要なのが、『キャベツ畑の妖精』である。キャベツから赤ん坊が生まれるというフランスの伝説にもとづいた物語で、木工細工のキャベツと泣きわめく赤ん坊を用意して、1896年に自ら監督したとギイは主張している。それが事実であれば、ギイは世界初の女性映画監督であるばかりか、世界初の劇映画監督ということにもなるかもしれない（ただし本作に先立つ最初期のリュミエール作品等のうちにすでにフィクションとしての性格を認める見解もある）。ゴーモン社の当時の作品リストでは同作は1900年撮影となっており、最新の研究でも1896年説は否定されているものの、ゴーモン社を世界の映画文化を牽引する存在へと導いた功績が高く評価されている(Maurice Gianati, Laurent Mannoni (dir.), *Alice Guy, Léon Gaumont et les débuts du film sonore*. John Libbey Publishing, 2012)。

エバ・リンクヴィスト
（Ebba Lindkvist, 1882–1942, スウェーデン）

『ヴァルムレンディンガルナ』
（*Värmländingarna*, 1910）
スウェーデンの俳優、映画監督。夫と共に歌と演劇の学校を設立。戯曲作品を短篇映画化した『ヴァルムレンディンガルナ』の監督としてクレジットされているが、映画監督としての作品は本作のみ。完全に失われた作品と考えられていたが、1990年代にフィルムの断片が発見され、リンクヴィストがギイに次いで世界二人目の女性映画監督として認められることにつながった。作品はスウェーデン映画協会のウェブサイトで見ることができる（https://www.filmarkivet.se/movies/varmlandingarna/）。

ルイーゼ・コルム
（Luise Kolm-Fleck, 1873–1950, 墺）

『粉屋とその子供』
（*Der Müller und sein Kind*, 1911）
オーストリアのプロデューサー、映画監督、脚本家。いち早く映画産業に参入していた父ルイ・ヴェルテの援助を受け、写真スタジオを経営していたアントン・コルム（最初の夫）、そのカメラマンであるヤコブ・フレック（二番目の夫）とともに、三人のチームで1910年に最初の映画会社を設立。改名・改組を経て1911年に設立されたウィーン芸術映画社は、芸術性の高い著名な戯曲の映画化を手始めに、さまざまなジャンルにその領域を広げていった。ルイーゼはチームの中核として脚本・監督を多く手がけた。初期作品のなかで現存するわずかな作品のうちの一本『粉屋とその子供』は、エルンスト・ラウパッハの戯曲を原作とし、粉屋の娘と小僧の悲恋を描くもので、粉屋の娘をドイツ映画初期の大スター、ヘンニ・ポルテンが演じている。

ロイス・ウェバー
（Lois Weber, 1879–1936, 米）

『毒流』
（*Shoes*, 1915）
初期のハリウッドを代表する映画監督、脚本家、プロデューサー、俳優。1905年、ゴーモンのアメリカ支社に俳優として入社し、翌年結婚した夫のフィリップス・スモーリーとのコンビで、俳優業に加えて脚本、監督業にも携わるようになる。1917年には自身の独立プロダクションを設立した。4巻から成る『ヴェニスの商人』（*The Merchant of Venice*, 1914）により初めて長篇劇映画を監督した女性監督とされることが多いが、25場面（合計600m、16fpsで32分）から成るギイの『キリストの生涯』（*La vie du Christ*, 1906）を長篇とみなせば、その称号はギイのものとなるだろう。
『毒流』は下層階級の女性たちの世界を扱った小品だが、日本では、庶民的でセンチメンタルな物語が好まれて人気の高かったブルーバード社（ユニヴァーサルの子会社）作品の中でも熱狂的な支持を集め、『海の呼声』『傷める小鳥』と翻案作品を2作も産むほどであった（いずれも1922年、伊藤大輔脚色。監督はそれぞれ野村芳亭、牛原虚彦。いずれも現存せず）。人気のほどを反映してか、国立映画アーカイブが所蔵する欧米無声映画コレクション「小宮コレクション」のうちにプリント1巻が含まれており、現存する複数のフィルムを組み合わせて復元された45分ほどのヴァージョンにも使用されている。

ミュジドラ
（Musidora, 1889–1957, 仏）

『吸血ギャング団』
（*Les Vampires*, 1915）
フランスの俳優、映画監督、脚本家。ギイの渡米後、その後を受けてゴーモン社のスター監督になったルイ・フイヤードによる連続活劇『吸血ギャング団』や『ジュデックス』（*Judex*, 1916）に主演。フランスのサイレント期を代表するスターの一人となり、その圧倒的な存在感で多くの文学者や映画作家に影響を与えた。フイヤードの指導のもと、1910年代後半から主演作の監督にも進出。翻案、脚色、共同監督などの形で自らの主演作の多くに主体的に関わったが、正当にクレジットされず、出演のみとなっている作品もあるという。ミュジドラの映画におけるキャリアは無声映画期に限られているが、のちにシネマテーク・フランセーズの創設者、アンリ・ラングロワと協働し、晩年までアーキヴィストとしてシネマテークの運営を支えつづけたことも特筆される。

2 女性監督の(再)登場

渡部幻

**初期映画の時代を経て、戦後アメリカではどのように女性監督たちは再び現れたのだろうか。
70年代、80年代を通して、その再生の時代の作家たち、作品たちを見つめ直してみよう。**

70年代アメリカの女性監督たち

> **「一人前の人間として振舞うことに決めた女たちはみな、"現状"という軍隊によって、自分たちはまるで猥褻な冗談かなにかのように扱われるのだと覚悟しなければなりません。それが彼らの最も得意とする第一の武器なのですから。彼女たちには、他の女たちの支えが必要です」**
> **(グロリア・スタイネム『プレイボーイ・クラブ潜入記』道下匡子訳、三笠書房)**

1963年、フェミニストのベティ・フリーダンが著書『新しい女性の創造』を発表。世界もうらやむ郊外住宅の専業主婦の幻滅をレポートした。夫の食事をつくり、家事をこなして、子供の面倒を見て、夜は夫の傍らで眠りに就く。そんな毎日のなかでアイデンティティを喪失していく女性たちの姿がそこにはあった。現実はハリウッド映画や雑誌広告が喧伝していた夢の生活とは違っていた。そしてこの幻滅が意識変革に繋がるのだ。ニュー・ハリウッド映画のたとえば『卒業』(67)、『泳ぐひと』(68)、『雨のなかの女』(69)に登場する主婦たちは夢の主婦ではなく"現実的な女性"だった。その心模様を体現する新しい女優も現れて、アメリカ映画の風景が刷新されていく。オールド・ハリウッドで自分らしさを求めたマリリン・モンローは、1962年にこの世を去っていた。

40年代後半からハリウッドを襲った赤狩りの閉塞感からジョン・F・ケネディ大統領の"ニューフロンティア"、米ソ冷戦下でのキューバ危機を経て、JFK暗殺へ。60年代後半のアメリカ社会は人種問題と公民権運動、ベトナム戦争と反戦運動、そしてウーマン・リヴへと揺れ動き、国の様相を変える。オールド・ハリウッドに風穴が開いてニュー・ハリウッドの波が起こると、デニス・ホッパーやロバート・アルトマンら異端児たちの大ヒット作が生まれた。

多様な価値観を発信し始めた新しいアメリカ映画は、日陰のアメリカにも光を当てた。70年代にはイタリア系のフランシス・フォード・コッポラやマーティン・スコセッシ、ユダヤ系のメル・ブルックスやウディ・アレン、ゴードン・パークスらのブラック・シネマが、マイノリティの独自性を主張し、映画に新風を吹き込んだ。一方、依然として女性監督は日陰の存在であり続けていたが、しかしそれでも、映画の可能性に賭けた開拓者は現れてくるのだ。

70年代初頭のパイオニアは**バーバラ・ローデン**(1932–1980)と**エレイン・メイ**(1932–)だった。生臭く繊細なローデンの現実凝視と、肝の据わったメイの痛烈な風刺劇では大きく個性が異なっているが、共通点もあった。共に優れた演技者の出身で、結婚や男女関係の力学をめぐる混乱をテーマに据えていたのだ。

バーバラ・ローデンは、ナイトクラブのピンナップ・ガール、モデル、ダンサーから女優に転じ、エリア・カザンの『草原の輝き』（61）に出演。アーサー・ミラーの舞台劇『転落の後に』ではミラーの元妻マリリン・モンローがモデルの女性を演じている。ローデンはカザンの妻としてもがきながら監督・脚本の道を模索し、70年にインディペンデント映画『WANDA / ワンダ』で監督デビューを果たした。他ならぬ自分自身の声を世に問うこの傑作は興行的に失敗。続く監督作はなかったが、今なお伝説的な先駆者として語り継がれている。

エレイン・メイは、マイク・ニコルズとのコンビで芸能史に名を残すユダヤ系コメディアンだった。現代生活の害悪を痛烈に風刺するシック・ジョークで60年代初頭を席巻。ウディ・アレンも憧れる天才であった。コンビの解散後、ニコルズは斬新な映画監督として注目されたが、メイは苦労し、71年の『おかしな求婚』で監督デビューした。結婚詐欺師の毒牙にかかる善良な植物学教授を自ら演じて、機知に富んだ演出力を披露。72年の『ふたり自身』では妥協のない演出姿勢を貫いた。新婚旅行中のユダヤ男性（チャールズ・グローディン）が旅先でブロンドのWASP女性（シビル・シェパード）に一目惚れして……。メイはユダヤ人妻（メイが17歳で生んだ娘のジーニー・バーリン）を含めて“平等”に風刺してみせたが、その才能に惚れ込むピーター・フォークはジョン・カサヴェテスを巻き込んで『マイキー&ニッキー』（76）に出演。脚本、女優、スクリプトドクターとしても多数の傑作に貢献したが、予算超過の問題児でもあり、久々の監督作『イシュタール』（87）で失敗。以来、映画を撮らなかったが、90年代に盟友ニコルズの『バード・ゲージ』（96）、『パーフェクト・カップル』（98）で脚本を担当。2018年の『The Waverly Gallery』でトニー賞の演劇主演女優賞を、22年にアカデミー名誉賞を獲得しており、同業者からの賛辞が絶えない天才である。

『草原の輝き』のバーバラ・ローデン

他方、ロジャー・コーマンのB級映画にも目を向ければ、そこには**ステファニー・ロスマン**（1936–）が居る。コーマン印のエクスプロイテーション映画『またまたあぶない看護婦』（70）と『ベルベット・ヴァンパイア』（71）でカルト的な人気をもつロスマン作品の性的搾取性はフェミニストからの反感を買った。だが、67年の『It's a Bikini World』から数えて70年代までに6本の監督作を残した努力を評価せねばならない。『またまたあぶない看護婦』の興行的な成功に満足したコーマンは、作品の性格を次のように語っている——「現代ドラマであり、政治的にリベラルでやや左寄りの視点を持ち、R指定のセックス・シーンとユーモアをふくんでいた。しかし決してコメディではなかった」（ロジャー・コーマン『私はいかにハリウッドで100本の映画をつくり、しかも10セントも損をしなかったか』、石上三登志、菅野彰子訳、早川書房）。“より芸術的”なB級映画を目指した『ベルベット・ヴァンパイア』は、女性＝犠牲者の定石を覆す荒野の女ヴァンパイアものであり、その後は搾取映画からは離れようとしたが、偏見の目に晒され、映画からもテレビからも機会を得られず、志半ばに引退を決意するのだ。

女性脚本家たちの功績

女性脚本家の功績も駆け足で紹介しておこう。『泳ぐひと』『去年の夏』(69)のフランク・ペリーはニューシネマの代表的な監督だが、妻**エレノア・ペリー**(1914–1981)による脚本なくしては考えられない。特に虐待的な夫との愛のない生活に疲れた主婦を描くスー・カウフマン原作の『わが愛は消え去りて』(*Diary of a Mad Housewife*、1970)はユニークな作品だが、キャリー・スノッドグレスの好演とともに忘れられている。**エイドリアン・ジョイス**(キャロル・イーストマンの筆名、1934–2004)も同時代に欠かせない女性脚本家である。『ファイブ・イージー・ピーセス』(70)はボブ・ラフェルソンとの共同脚本、ミリー・パーキンス主演の『銃撃』(66、モンテ・ヘルマン)、フェイ・ダナウェイの『ルーという女』(70、ジェリー・シャッツバーグ)の他、ジャック・ドゥミのロサンゼルス映画『モデル・ショップ』(69)の脚本にも名を連ねている。**ナンシー・ダウド**(1945–)は、ジェーン・フォンダの『帰郷』(78、ハル・アシュビー)の原案でアカデミー脚本賞を獲得。『スラップ・ショット』(77、ジョージ・ロイ・ヒル)の卑猥な台詞回しは、アイスホッケー選手の弟の更衣室を録音した成果であり、77年来日時のインタヴュー記事によると『スイング・シフト』(84、ジョナサン・デミ)の初期の脚本も担当していた。

ロバート・アルトマンの映画は女性の比率が高いことで知られる。『ロング・グッドバイ』(73)の脚本家**リー・ブラケット**(1915–1978)はその代表的な1人で、ハワード・ホークスの『三つ数えろ』(46)、『リオ・ブラボー』(59)、『ハタリ!』(62)などを手掛けた他、遺作は『スター・ウォーズ/帝国の逆襲』(80)だった。**パトリシア・レズニック**(1953–)は『ウエディング』(78)、『クインテット』(79)でアルトマンと共同執筆、"80年代版# MeTooコメディ"『9時から5時まで』(80、コリン・ヒギンズ)で成功を収めた。**ジョーン・テュークスベリー**1936–)は、アルトマンとの『ボウイ&キーチ』(74)に続いて大作『ナッシュビル』(75)でも画期的な脚本で注目を集め、79年の『オールドボーイフレンズ』では監督に進出した。

> **「厳しい闘いになる。男性は特権を簡単には手放さない」(ウーマン・リヴが加熱した70年の『ディック・キャヴェット・ショー』で、『プレイボーイ』誌の創刊者ヒュー・ヘフナーと対決した活動家スーザン・ブラウンミラーの発言)**

ジョーン・ミックリン・シルヴァー(1953–2020)

ジョーン・ミックリン・シルヴァーは、バーバラ・ローデン、エレイン・メイと並ぶ70年代女性監督の開拓者だ。『Hester Street』(75)、『Between the Lines』(77)、『Chilly Scenes of Winter(テレビ放映時の邦題『揺れる愛』)』(79)、88年の『デランシー・ストリート/恋人たちの街角』を含めて、日本でまともに紹介されてこなかった女性監督だが、本国では4K化されて再び発見されている。

『Hester Street』は19世紀末のロウワー・イーストサイドに暮らすロシア系ユダヤ移民夫妻の物語で、キャロル・ケインがアカデミー主演女優賞の候補になった。

公民権運動後の70年代には移民のルーツを見つめた力作が続いたがこれはその代表作である。早い時期にカザンの『アメリカ アメリカ』(63)のギリシャ系、コッポラの『ゴッドファーザー』(71)のイタリア系、同年にアカデミー賞を競ったヤン・トロエルの『移民者たち』(71)のスウェーデン系、そしてアレックス・ヘイリーのベストセラーをテレビ化した『ルーツ』(77)のアフリカ系奴隷を含めて、アメリカ映画の一ジャンルを形成するが、女性の視点で同化の問題に斬り込んだ作品は他にない。

『Hester Street』の制作は資金面で壁にぶつかった。ひとつに実績のない新人の女性監督だからで、夫が独自に集めた資金で完成にこぎつけた。モノクロ撮影、字幕付きのイディッシュ語と英語が混在するユダヤ移民の物語はその展開も大胆だった。アメリカに同化したユダヤ人のジェイク（本名はヤンケル）の物語として始まり、彼の家族がエリス島に到着すると妻ギトルの視点に移行する。妻も同化せねばならないが、彼女には自分勝手な夫の要求という二重の同化が立ちはだかる。しかしこの国で個人主義に目覚めた妻は、他でもない自分にいちばん自然な有り方を選択するのだ。

『ヴィレッジ・ボイス』のライターだったシルヴァーは、その経験を活かした『Between the Lines』に取り組む。カウンターカルチュアの全盛を過ぎた独立系新聞社の企業買収をめぐる編集部の悲喜こもごもとその行方を、アルトマン的な群像スタイルで捌いてみせた。“アルトマン的”とは「偶像を脱中心化し、周縁部に目を向けて、グラウンドを平らにならそうとする、本質的に民主的な、左翼寄りの、非階級的な」（デヴィッド・ブレスキン『映画作家は語る』柳下毅一郎訳）映画の有り様を指すもので、そのことが彼の映画を非ハリウッド的なものにしていた。シルヴァーにもそうした視点があるため、男と女が等価の存在として扱われる。前作と同様、彼女の人物は変化する環境への同化と自尊心のバランスに問題を抱えており、続くアン・ビーティの短篇を映画化した『揺れる愛』でも変奏された。別れた女性との日々を忘れられず、やり直したいと考えている男性（ジョン・ハード）の猛烈な執着を通して、60年代世代が抱える課題を普遍化しているのだ。

シルヴァーは洗練されたユーモアと独立精神の持ち主で、時代が違えばもっと活躍できた気がする。フィッジェラルドの短篇『バーニスの断髪宣言』をテレビ映画化したシェリー・デュヴァル主演の『Bernice Bobs Her Hair』(76)や、現代のユダヤ系女性を描くエイミー・アーヴィング主演の『デランシー・ストリート』でもその才能は冴え渡っていた。

クローディア・ウェイル（1947–）

クローディア・ウェイルは70年代の若きホープだった。ニューヨークで人生と仕事の両立を模索する若い女性をスケッチした78年のインデペンデント映画『ガールフレンド』の映像には、当時30歳の前半だった彼女の繊細な感受性が記録されている。

85年に『スムース・トーク』を監督する**ジョイス・チョプラ**（1936–）は、自らの妊娠と出産を記録した短篇『Joyce at 34』(72) の撮影にウェイルを起用。女優**シャーリー・マクレーン**（1934–）と共同監督した『The Other Half of the Sky: A China Memoir』(75) ではアカデミー賞候補に。テレビや舞台の演出を手掛け、初の単独劇映画『ガールフレンド』を発表した。共同原作者で脚本を手掛けた**ビッキー・ポロン**も30歳前後であり、都会暮らしの写真家の

『ガールフレンド』 © 1978 WBEI.

卵を演じたメラニー・メイロン（『ハリーとトント』74）もハリウッド風の女優ではなかった。カリスマでもゴージャでもなく、ごく当たり前の一個人として画面に現れることが、映画の魅力になることの目覚ましさ。どの国のどの都市にも転がる日常を、これほど自然体で伝え得たアメリカ映画は80年代以前に珍しかったのである。

AFIの助成金を得て当初計画したのは短篇だった。しかしウェイルはその先を掘り下げてみたくなり、個人投資家などの協力を募って完成させたのである。

70年代アメリカ女性映画　重要作品リスト

『ふたり自身』
（エレイン・メイ監督、1972）
ユダヤ系風刺作家の系譜に属する“女性監督”。この作品の脚本家ニール・サイモン、ニコルズ、アレン、マザースキーらはアメリカ映画における男女の描写を刷新したが、『マイキー＆ニッキー』でメイが演出したカサヴェテスもそういう監督だった。

『MAFU･悪魔の檻』
（カレン・アーサー監督、1978）
キャロル・ケインは、シェリー・デュヴァルやシシー・スペイセクに次ぐ70年代のオルタナティヴにしてカルト女優。この異色作での鬼気迫る怪演の他、『さらば冬のかもめ』（73）、『Hester Street』（75）、『狼たちの午後』（75）、『アニー・ホール』（77）などがある。

『Harlan County, USA』
（バーバラ・コップル監督、1976）
映画史に残るドキュメンタリー。シネマヴェリテを学び、メイズルス兄弟の『セールスマン』（69）に参加したコップルは、苦境に立つハーラン郡の鉱山労働者と妻たちの労働ストライキにカメラを向けて米国の階級闘争を浮き彫りにすることに成功した。

『ファースト･ラブ』
（ジョーン・ダーリング監督、1978）
ダーリングはこの劇映画デビュー以前にテレビで名を上げた。70年代を象徴する画期的なシットコム『メアリー・タイラー・ムーア・ショー』は「テレビ局で働く未婚女性」を描き既成概念を覆したが、特に評価されたエピソードを撮ったのがこの“女性監督”だった。

『Not a Pretty Picture』
（マーサ・クーリッジ監督、1976）
『ヴァレー・ガール』（83）の逸材クーリッジは初監督作に10年前のデートレイプ経験への再訪を選んだ。当時の自分役を同様の被害経験を持つ友人に演じてもらい、加害者役の男優と当時を再現するリハーサル風景を、クーリッジ本人が受け止めていくという複雑な構造を用いた。

主演のメラニーは次のように語っている。「撮影を再開したのはちょうど『ジュリア』や『愛と喝采の日々』や『結婚しない女』が公開され始めた頃で、私は今や私たちの映画も受けいられる時代が来ていることを感じ、私自身のためにも他の皆のためにも、クローディアが完成にこぎつけてくれることをひたすら祈っていました」（劇場パンフレット）。『ガールフレンド』に溢れる瑞々しさと驚くべき普遍性は70年代ルネサンスの驚きのひとつだが、2作目の『今度は私』（80）では製作者レイ・スタークのセクハラと嫌がらせに遭い、傷ついた彼女は、以後の軸足をテレビに移していくのである。

ジョーン･テュークスベリー

ジョーン・テュークスベリーの初監督作『オールドボーイフレンズ』（79）は、実存が揺らいだ人妻を演じるタリア・シャイアが昔の恋人を訪ね歩いていくロードムービーで、最近の恋人から遡っていき最後に故郷にたどり着く。日本ではビデオスルーの作品で、ほとんど話題にされたことがないが、風変わりで興味深い佳作である。昔の恋人役をリチャード・ジョーダン、ジョン・ベルーシ、キース・キャラダインが演じており、脚本はレナードとポールのシュレイダー兄弟、撮影はウィリアム・フレイカー（『ローズマリーの赤ちゃん』［68］）、音楽はタリアの夫デヴィッド・シャイア（『カンバセーション…盗聴･･』［74］）、製作はエドワード・R・プレスマン（『地獄の逃避行』）……と『ナッシュビル』の脚本家への期待を窺わせる堂々たる布陣を揃えた小品なのだ。

シュレイダー兄弟の脚本タイトルは『Old Girlfriends』。つまり男性の物語だったが、テュークスベリーが女性に変更した。結果、ジョーン・ミックリン・シルヴァーの『揺れる愛』の女性版ともいえるニュアンスが生まれており、同時にジャームッシュの『ブロークン・フラワーズ』（05）の先駆けを思わせなくもない。設定のみならず、ここには人生というものの奇妙な意外性が感じられるからだ。

そして当然のごとくここにもアルトマンの影響が見られる。テュークスベリーはアルトマンの「セレンディピティ（思いもよらない偶然の幸運。幸運な偶然を引き寄せる能力）」を好んでいるのだ。こうした映画の有り様は、のちのインディペンデント映画でスタンダードになるが、ほんの少し早すぎたのだろう。テュークスベリーは以後、テレビで『The Tenth Month』（79）、『夏の庭』（81）などを監督。評判もいいが、再び映画を撮ることはなかった。

80年代アメリカの女性監督たち（1）

「技術的進歩（十六ミリ等）が映画製作の経済的条件を変え、今ではその為に資本主義ではない職人的な製作も可能だ。こうした条件のもとで、既存のものでない別の映画（オルタナティブ・シネマ）が展開する可能性が見えてきている。（中略）この「別の映画」は、政治的にも美学的にもラディカルで、主流の映画の基本的仮説にチャレンジするような新しい映画を生み出す空間を与えるだろう」
（ローラ・マルヴィのフェミニスト映画理論、『視覚的快楽と物語映画』斉藤綾子訳、1975年）

ウーマン・リヴの余波を受けて、70年代後半のハリウッドからジェーン・フォンダら女優たちの“女性ドラマ”が隆盛。社会的な話題を呼ぶ一方、80年代初頭のラディカルを体現したのは、ロウワー・イーストサイドのパンク・シーンから派生したノー・ウェーヴ・シネマの女性監督たち。ミュージシャン、詩人、画家、映画作家が横に繋がるアンダーグラウンドの実験が、オーバーグラウンドに流れ込む運動の繰り返しがアメリカ映画の活力を生み出してきたが、80年のジム・ジャームッシュ『パーマネント・バケーション』でノー・ウェーヴは次の段階に入り、そこには特筆すべき女性監督たちが含まれていた。

80年代のアメリカはロナルド・レーガン大統領の誕生で幕を開いた。ハリウッド俳優出身の大統領は、強いアメリカの復権を掲げ、米ソの冷戦構造を強化。新自由主義を推進し、労働組合を攻撃、アファーマティヴ・アクションを放棄した。また、82年には、70年代にベティ・フリーダンやグロリア・スタイネムらが目指した男女平等憲法修正条項（ERA=Equal Rights Amendment）の批准が、保守活動家フィリス・シュラフライの予期せぬ反キャンペーンで不成立に追い込まれる。つまり、こうした時代背景のまさに同じ頃のストリートから新世代女性監督の斬新な表現が産声を上げるのである。

スーザン・シーデルマン（1952–）

スーザン・シーデルマンは、82年のノー・ウェーヴ映画『スミサリーンズ』で監督デビューした。80年代初頭のごみ溜めのようなニューヨークを駆けずり回る若い女性のありのままを描いた低予算映画。ハリウッド映画のステレオタイプ化されたダウンタウンとは異なる生々しさが刺激的でありながらカラフルであり、ノー・ウェーヴ・シネマ初のカンヌ国際映画祭出品作となった（ヴェンダース『666号室』［82］にカンヌのシーデルマンを取材した場面がある）。才能はなくとも有名になりたいパンク女性の七転八倒にリアリティがあり、クローディア・ウェイルの『ガールフレンド』とはまた異なる瑞々しさが溢れているが、もっとも『スミサリーンズ』の主人公はエゴの塊で、感じのいい女性とは言えない。が、だからこそ切実なのであって、シーデルマンは彼女の行方にシビアな目を向けつつ、大いなる共感で応えている。洗練を拒絶する映像スタイルと音楽の使用、シーデルマンのトレードマークとなる衣裳や小道具へのこだわりを見れば、ただ思い付きのアマチュア仕事ではないことが分かるはずだ。『スミサリーンズ』のどこにでも居そうな女性像の変奏が、85年の『マドンナのスーザンを探して』に見られる。これは退屈な郊外の中流生活から猥雑なロウワー・イーストサイドに冒険する若い主婦（ロザンナ・アークエット）が出会う奔放な女性（マドンナ）の騒動を描いた物語だが、シーデルマンのヒロインは今ここの環境から抜け出そうと必死なのだ。

ジャック・リヴェットの『セリーヌとジュリーは舟でゆく』（74）にインスパイアされたシーデルマンは、この作品で新世代女性監督の名声を確立。『新生人 Mr.アンドロイド』（87）では男性が女性を教育するピグマリオン・ストーリーを裏返したSFコメディで、キャリア・ウーマンをアン・マグナソン、男性型アンドロイドをジョン・マルコヴィッチが演じた。浮気された主婦の計画的復讐をめぐるブラックコメディ『シー・デビル』（89）を経て、90年代はテレビに移り、社会現象となった『セックス・アンド・ザ・シティ』のパイロット版（98）で才腕を発揮した。シーデルマンは語る──「私は記憶喪失や人違いといった昔のスクリューボール・コメディの道具を使って、人間のアイデンティティの問題を描いてみたんです。（中略）ハリウッドは新しいことに挑戦して失敗するのが怖いんです。男女の関係やセックスに関して扱うべきテーマはたくさんあります」（ビデオ『AMERICAN CINEMA ロマンチック・コメディー』）

リジー・ボーデン（1958–）

リジー・ボーデン（殺人容疑を問われた同名の実在女性に因んで改名した）はノー・ウェーヴ・シネマの革命家。初監督作『ボーン・イン・フレイムズ』（83）と『ワーキング・ガールズ』（88）は、最も予見的でラディカルな80年代映画のひとつとして、今も影響力と重要性を保っている。低予算ディストピアSF『ボーン・イン・フレイムズ』は、社会民主主義の自由革命から10年後にも改善されない差別や不平等に対する団結を呼びかけるアンダーグラウンド・フェミニスト・グループの物語。性差別、人種差別、資本主義、権力の構造。黒人女性とレズビアンを中心に素人を集めた配役で交差性のヴィジョンを展開し、アフロ・フューチャリズムと戦闘的フェミニズムの古典と見なされている。『ワーキング・ガールズ』は、女性だけで運営するセックスワーカーの労働と資本主義の考察だ。冒頭と後半を除けば、ほぼ職場での日常会話と業務（無論、性的サービス）を中心に進行する。ポップアート的な色彩と構図に登場人物とクローゼットのクリネックスやリステリンを並置。仕事＝セックスを捉えるカメラは観察的で、80年代のメジャー映画で流行した商業主義的な扇情性を批評している。

80年代の女性映画に顕著なテーマは“自己発見”と“自立”であり、他ならぬ自分のために働き、人生をコントロールすることだが、普遍的なモチーフでもある。『ワーキング・ガールズ』の職場は一見、女性による女性のための民主的環境と思える。男たちは外部から来ては出ていくだけの無機物に近い。メンバーは慣れた手際で客を捌くが、このシステムを動かしているのは誰だろう？ 売り手か、買い手か。女性の経営者は労働生産性を上げるために従業員を鼓舞し、なだめすかして、必要とあればおだてる。主人公はその手口に気付きながらも重労働に応じるが、稼ぐほどに人生をすり減らしていく。彼女は満足げな経営女性に言う──「剰余価値って知ってる？」。

ボーデンの才能をハリウッドが大切にすることはなかった。92年のメジャー作品『ラブ・クライム 官能の罠』が、かの権力者ハーヴェイ・ワインスタインによって台無しにされてしまったのだ。

ベット・ゴードン（1950–）

女性を取り囲む環境とアイデンティティの関係性を探求したベット・ゴードンも重要な偶像破壊者だ。

長篇デビュー作は83年の『Variety』だが、活動は70年代からであり、実験的な短篇『Michigan Avenue』（74）やジェームズ・ベニング共同監督の構造主義映画『The United States of America』（75）などがある。

後者は、ゴードンとベニングを乗せた車の後部座席に固定されたカメラが、ニューヨークからロサンゼルスに着くまでの風景の移り変わりをひたすら映し出していく究極のロードムービーである。後頭部しか見えない男女は一言も話さず、カーラジオから聴こえるエルトン・ジョン、ジョン・レノン、ジョン・デンバーらに耳を澄ましているうちに、建国200年を迎える“アメリカの黄昏”が浮かび上がる。

80年の短篇『Empty Suitcases』の一場面では、空き部屋で女性２人が服を着替えては写真を撮り合う。服の色彩とデザイン、バイセクシャルの写真家ナン・ゴールディンと映画作家ヴィヴィアン・ディックの姿に英国のパンクバンド、X-Ray Spexの女性ボーカルが重なるが、トーキング・ヘッズ“Psycho Killer”を使用した場面とともに80年代の到来を告げる刺激的な映像である。

環境と空間、見ることと見られることの断絶を触覚的な映像に置き換えるベット・ゴードンは、81年の『Anybody's Woman』で対象をタイムズ・スクエアのポルノ街に移した。この短篇の中で、主人公の女性が働くポルノ映画館“Variety”の蠱惑的なイメージを発展させた初長篇が『Variety』だ。

作家志望の主人公（サンディ・マクロード）が、知人（再びナン・ゴールディン）から紹介されたタイムズ・スクエアのポルノ映画館で働き始める。チケット窓口の箱とガラスの反射、ポルノ街のネオンなど、ゴードン映画に独特の暗く官能的な色彩が横溢し、彼女は男の性的な欲望の視線に晒される。しかし短絡的な否定ではない。セックスのディズニーランドに囲まれるうちに、彼女の意識下で内面化された変化が起こる描写は複雑なニュアンスに富むものである。喘ぎ声が響き渡る猥雑なロビーの空間で、紳士的な常連客に強い関心を抱いた彼女は、危険な地域で彼をつけ回し、日常を覗き見して……。

フェミニスト映画理論家ローラ・マルヴィの論文「視覚的快楽と物語映画」に導かれたゴードンは、『めまい』（58）、『裏窓』（54）のヒッチコックを代表とする、男性中心の視覚的快楽を換骨奪胎し、ジェームズ・スチュアートの視線で覗き見たキム・ノヴァクの関係を逆転させた。無論、サンフランシスコの美景ではなく、『Variety』の舞台は84年までに殺人、性的暴行の報告が年間2300件を数えたタイムズ・スクエア。その魅惑と嫌悪感の両義性を捉えることで旧来の視覚的快楽の構造を批評しているのである。

スタッフとキャストにノー・ウェーヴシーンの集大成が見られるので紹介しておく。脚本の**キャシー・アッカー**（1947–1997）は『血みどろ臓物ハイスクール』などのアンダーグラウンド小説で伝説的なフェミニズム・アイコン（バイセクシャルを公言し、タイムズ・スクエアのセックスショーやストリップ・バーで働いていた）。撮影は『ストレンジャー・ザン・パラダイス』のトム・ディチロ、音楽をジョン・ルーリー、出演とスチルをナン・ゴールディンが担当した。主演のサンディ・マクロードをベット・ゴードンに紹介したのはジョナサン・デミ。当時の恋人同士で、仕事上のパートナーだったマクロードは、デミの『ストップ・メイキング・センス』（84）ではヴィジュアル・コンサルタントを担当している。さらに、ジョン・ウォーターズ映画の常連クッキー・ミューラー、実験劇団ウースターグループをウィレム・デフォーと設立したスポルディング・グレイの他、初期のルイス・ガスマンやウィル・パットンも出演。『Variety』は日本未公開だが、内容、スタイル、人材の面で、アメリカ女性映画史への位置付けに値する。

ニナ・メンケス（1963–）

ニューヨークのベット・ゴードンやリジー・ボーデンと比較できる存在は、ロサンゼルスのニナ・メンケスだ。63年生まれの彼女はゴードンよりも一回りほど若く、**ケリー・ライカート**（1964–）やタランティーノがほぼ同世代にあたる。2本の短編『A Soft Warrior』（81）、『The Great Sadness of Zohara』（83）を経て、86年の『マグダレーナ・ヴィラガ』で早くも長篇デビューを果たしている。この作品は殺しの容疑で収監された娼婦の物語である。売春のモチーフは同年のボーデンの『ワーキング・ガールズ』と共通し、ローラ・マルヴィの理論に基づいて"性的なまなざし"の異化効果を推し進めた点ではゴードンの『Variety』に続くものだといえる。もっとも、自らカメラを回すメンケスの極私的な映像スタイルは、ボーデンやゴードンのそれとは大きく異なる。2022年のドキュメンタリー映画『ブレインウォッシュ セックス-カメラ-パワー』ではマルヴィの他、監督の**キャサリン・ハードウィック**（1955–）、**エリザ・ヒットマン**（1979–）、**ジュリー・ダッシュ**（1952–）、**ペネロープ・スフィーリス**（1945–）に取材。彼女自身も次のように語っている――「映画製作者としても、女性としても、"視覚言語"という強大な渦に翻弄されていると感じています。そこから抜け出すことは容易ではありません」「注目したいのは場面構成に性差があること。つまり男優と女優では撮影方法が全く異なるのです。その違いは一貫しており、あまりにも明確なので、分類し定義化が可能です。次の3つには関連があると思っています。映画における視覚言語と、特に女性に対する雇用差別に。性的虐待や性的暴力が蔓延する環境です」。『マグダレーナ・ヴィラガ』は半ば必然的にベッドシーンが繰り返されるが、映画の性的搾取性をとことん拒絶している。主人公の娼婦アイダは男を喜ばせるための"演技"をしない。行為中も目を見開いて無表情だが、メンケスの演出も同様である。カメラはクローズアップでアイダの揺れる顔のみを捉え続け、男性客はフレーム外に追い出されている。同時期に世界の映画業界で加速したセックスの商品化――エイドリアン・ラインの『ナインハーフ』(86)、『危険な情事』（87）やアラン・パーカーの『エンゼル・ハート』（87）など――とは真逆の批判精神に貫かれているのだ。

「くつろげる居場所がない」と語るメンケスの分身たる主人公たち（妹のティンカ・メンケスが演じる）を蝕む疎外感、奈落の底を這うような閉塞感はどこから来るのか。彼女の両親は幼い頃にナチスの迫害を逃れたユダヤ人で、父の家族はガス室で殺され、母の両親はヒトラーが政権を握るとベルリンを脱出。ともにドイツ語を母国語とするが、ヨーロッパからパレスチナに渡り、エルサレムで結婚。やがてアメリカに移住してメンケスが生まれた。しかしこうした歴史を意識する彼女は「本来の故郷からの追放者」だと感じていたのだという。

91年の代表作『クイーン・オブ・ダイヤモンド』や2007年の『Phantom Love』などで現在もメンケスは孤高の姿勢を崩してはおらず、構造的に女性から剥奪されてきた視覚"言語"を、他ならぬ自らの創作活動を通して奪い返そうと試み続けている。『マグダレーナ・ヴィラガ』の娼婦が繰り返した呪文は今も消えてはいない――「やってみて。絶対に、絶対に、絶対に私を縛らないで。彼の言葉で縛らないで」。

キャスリン・ビグロー（1951–）

キャスリン・ビグローは、ノー・ウェーヴの過激さを主流のジャンル映画に持ち込むことに成功した鬼才。初の長篇監督作は81年の『ラブレス』（共同監督モンティ・モンゴメリー）。バイカーを演じるウィレム・デフォーのデビュー作で、ケネス・アンガーを彷彿とさせるフェティシズムを感じさせた。ビグローは美術専攻で、やがて映画に目覚めると、コロンビア大学の在学中に2人の男が殴り合う姿を撮影した短篇『The Set-up』（78）を監督。初来日の際、好きな監督にサム・ペキンパー、ウォルター・ヒル、ジョージ・ミラーに加えてライナー・ヴェルナー・ファスビンダーを挙げた彼女は、ペキンパーの『ワイルドバンチ』(69) に心酔し、ファスビンダーの「滅びゆく魂」に惹かれると語っていた。

一方、70年代にスーザン・ソンタグ、フィリップ・

グラス、ジュリアン・シュナーベルと交流し、リジー・ボーデンが初めて監督した短篇ドキュメンタリー『Regrouping』(76) に本人役で出演。続くボーデンの『ボーン・イン・フレイムズ』ではジャーナリスト役を演じ、ノー・ウェーヴとも関係を持った。

ビグローは『ニア・ダーク／月夜の出来事』(87)、『ハートブルー』(91) などのバイオレンスとアクションで名を成したが、より政治的な『ハート・ロッカー』(09)、『ゼロ・ダーク・サーティ』(12)、『デトロイト』(17) を貫く過激なヴィジョンは、初期に急進的なアーティストと接点を持ってきたこととも無関係ではないのだろう。その底を流れるのは、滅びゆく魂を抱えるアウトサイダーの衝動に対する理解であり、彼らを異端視する権力と社会への反骨と批判精神なのだ。業界のオルタナティヴを貫きながら、アカデミー賞で初の女性監督受賞者ともなったキャスリン・ビグローのように骨太の才能は、やはりアメリカ映画の土壌でしか育たない。90年の来日でビグローは語っていた――「アメリカでも女流監督は増えているけれども、"女性だから撮れる"ものより、"その人間にしか撮れない"ものを見つけなければならないでしょうね」(『キネマ旬報』1990年5月上旬号)。

ペネロープ・スフィーリス(1945–)とエイミー・ジョーンズ(1955–)

低予算映画の帝王ロジャー・コーマンは、70年代から女性の人材に扉を開いてステファニー・ロスマン(『ベルベット・ヴァンパイア』)を輩出したが、80年代のニュー・ワールド・ピクチャーズ作品ではペネロープ・スフィーリスとエイミー・ジョーンズが光っていた。スフィーリス初の劇映画『反逆のパンク・ロック』(83) は、81年にロサンゼルスのパンク・シーンを記録した音楽ドキュメンタリーの傑作『デクライン』(81) を撮った奇才ならではの"不良版ティーン・エクスプロイテーション映画"への応答になっており、続く『ブロークン・ジェネレーション』(85) でも、進学組に対する就職組の憎悪が引き金となる連続殺人の悲劇をアンチ・カタルシスの姿勢を崩さずに描き抜いた。

『スランバー・パーティー大虐殺』(82) のエイミー・ジョーンズはテクニシャンだ。こちらも『キャリー』(76)『ハロウィン』(78) などの二番煎じのさらなる二番煎じのエクスプロイテーション企画だが、ジョーンズはフェミニストのリタ・メイ・ブラウンの脚本を用いて、青少年好みのバッドテイストを軽妙なグッドテイストのガールズトーク・ホラーへと

『ラブレス』

Images Courtesy of Park Circus/ Exclusive Media Limited

描き直してしまった。デ・パルマやカーペンターの新しかった点は、孤独な女子を単なる犠牲者以上の身近な人物に変えたことだ。ティーンの日常をドライに描写するデッサン力に優れて親近感を抱かせたが、ジョーンズはユーモラスに押し進めた。

まず、冒頭のタイトルロゴの赤色が目に染み入る。それはホラーの血のく色というには陽性の赤色であり、続いて、朝、起床する女子を俯瞰から捉え、そのパジャマとシーツの柄にも“ホラーらしからぬ”センスを滲ませていく。白い小型ラジオとカーペット、水色で揃えた小道具などの選択に“作家的な意思”を感じさせながら、残り77分間、ガールズトークとオフビートなスラッシャー描写で、最後までカラフルな視覚性を貫いている。つまり『スランバー・パーティー』は視覚的なスタイルを積み重ねてジャンルの定石を異化し、自己を主張する映画なのだ。

エイミー・ジョーンズには自らが扱う素材を分析する観察眼が備わっていたが、その技術的な洗練には背景がある。スコセッシの『タクシードライバー』(76)、『American Boy: A Profile of Steven Prince』(78) でアシスタントを務めたあと、ジョー・ダンテ『ハリウッド・ブルバード』(76)、卓越した編集者でもあるハル・アシュビーの『Second-Hand Hearts』(81) で編集を担当。スピルバーグの『E.T.』(82) に誘われていたが、これを断り、コーマンの下で初監督に挑戦したのだ。

2作目『ラブレターズ』(83) はコーマンにめずらしいアートフィルム。ここでは“不倫もの”を女性（ジェイミー・リー・カーティス）の視点から仕立て直し、脚本作『ミスティック・ピザ』(88) ではボーイズトーク映画の傑作『ダイナー』(81) のガールズ版を目指したのだった。

80年代アメリカ女性映画　重要作品リスト(1)

『デクライン』
（ペネロープ・スフィーリス監督、1981）
NYパンクにエイモス・ポーの『ブランク・ジェネレーション』(76) があるとすれば、L.A.パンクにはより優れた『デクライン』があった。スフィーリスのカメラアイが、伝説的なバンドの演奏のみならず、周囲の女性たちにも向けられいた点を見逃してはならない。

『ユー・アー・ノット・アイ』
（サラ・ドライバー監督、1981）
ポール・ボウルズの小説を映像化したモノクロの夢魔性はノー・ウェーヴ・シネマの成果。続くカラー映画『スリープウォーク』(86) も夢遊的な作品で、イーストリヴァーとチャイナタウンの影と色彩が鮮烈だった。撮影はどちらもジム・ジャームッシュである。

『Losing Ground』
（キャスリーン・コリンズ監督、1982）
コリンズは、革命児スパイク・リーと同時期に初監督作に挑んだ。20年代以降初の黒人女性監督による長編映画とされるが、当時一般劇場で公開されず、88年に47歳の若さで死去。再発見には2015年まで待たねばならなかった。日本未公開。

『ニア・ダーク／月夜の出来事』
（キャスリン・ビグロー監督、1987）
ビグローのアナーキズムと「滅び行く魂」に対するフェティッシュな共感が明確に出たヴァンパイア・ウエスタン。撮影はサミュエル・フラーの『最前線物語』(80) やジャネット・グリークの『デビルズ・バインダー』(88) など低予算映画の達人アダム・グリーンバーグ。

『シエスタ』
（メアリー・ランバード監督、1987）
マドンナ、ジャネット・ジャクソンら女性ミュージシャンのMV監督は80年代テイストの官能ミステリで劇映画デビュー。豪華キャストを揃えながら酷評された奇作ながら、エレン・バーキンの実力を引き出し、89年の『ペット・セメタリー』でホラー映画に挑戦した。

80年代アメリカの女性監督たち(2)

> **「平等にはならない。女性の物語は語られず、継承されず、認識されない。だから自分たちで女性の文化を繋ぐのよ」「私たちが平等を手に入れるためには、この世界で自分のストーリーを語り、語り継がれるようになるには、そして認められるようになるには、まずは自分たちの機関を作って、文化を発信していくことです」(Netflix『フェミニストからのメッセージ』より、1973年のロサンゼルスに「ザ・ウーマンズ・ビル」を築いたメンバーが当時を振り返る言葉)**

“女優監督”バーブラ・ストライサンド(1942–)

70年代ハリウッド・メジャーの「女性映画」を先導したのは、人気と影響力を兼ね備えた実力派女優たちだ。ジェーン・フォンダは、独立映画製作会社IPCの第１回作品に、ベトナム戦争時代の女性映画『帰郷』(78) を選んだ。ハル・アシュビーが監督だが、それ以上にジェーンの個人的な人生と意識変革を反映した作品で、彼女の活動家仲間のナンシー・ダウドらが開発したフェミニズム・ドラマだった。シャーリー・マクレーンは中国のドキュメンタリー『The Other Half of the Sky: A China Memoir』(75) で製作・監督・脚本・ナレーターを兼ねたが、その際、共同監督・撮影・編集にクローディア・ウェイル (『ガールフレンド』) を抜擢。アン・バンクロフトは肥満とダイエットをめぐる風刺コメディ『愛と食欲の日々』(80) の監督・脚本・主演を、夫メル・ブルックスの会社で手掛けた。

ハリウッドを作家主義のみで切り取ることは不可能で、各作品毎に“作家”の主体が異なる可能性があるのだ。こうした中、“女優監督“として目覚ましい成果を挙げた人物といえば、バーブラ・ストライサンドだ。破格の製作・主演・脚本・音楽の体制で挑んだ大作『愛のイエントル』(83) は、次の字幕で幕を開ける――「昔、学問が男のものだった時代にひとりの娘がいた。その名はイエントル」。アイザック B.シンガーのイディッシュ文学の映画化。舞台は1904年のポーランドで、学問への意欲を抑えられない女性が“男”の振りをして入学を果たし……。70年代にはユダヤ系の出自を全面に打ち出した人気俳優や監督が増加した。ストライサンドは最も成功したひとりだが、この初監督作は、ジョーン・ミックリン・シルヴァーがエイブラハム・カーンのイディッシュ文学を映画化した『Hester Street』に続く文脈にある。ストライサンドの演出はパワフルで、91年の2作目『サウス・キャロライナ』では女性監督初のアカデミー賞候補者となるのである。

一方、ウーマン・リヴの余波を受けて社会的な関心を集めた“女優映画”の傍らで、映画を撮り始めた“女性監督”もいた。アンダーグラウンド、インディペンデント、ドキュメンタリー、テレビからスタートした女性監督たちが、野心的なコンセプトと、成熟した洞察力を携えて登場してくるのだ。

リン・リットマン(1941–)

リン・リットマンは、ニューヨークのテレビ局WNETで腕を磨き、人類学者バーバラ・マイヤーホフを描いた『Number Our Days』(76) でアカデミー短篇ドキュメンタリー賞を獲得した。83年の『テスタメント』で長篇劇映画に挑戦したが、当初はこれもPBSテレビの「アメリカン・プレイハウス」シリーズのために企画された作品だった。

『テスタメント』は、核攻撃後のサンフランシスコ郊外に暮らす、ある家族の運命を静かに見つめた物語である。81年にフェミニスト誌『Ms』が掲載したキャロル・エイメンによる3ページの短篇小説『The Last Testate』を脚色した映画化だ。

60年代、米ソ冷戦を背景にキューバ危機が勃発。これと前後して、核戦争による終末を描いた『渚にて』(59)、『博士の異常な愛情』(64)、『未知への飛行』(64)などが公開された。80年代、レーガン政権の冷戦下で再燃し、『ザ・デイ・アフター』(83)、『SF核戦争後の未来・スレッズ』(84)、『ウォーゲーム』(83)などが注目を集めた。しかし、リン・リットマンの『テスタメント』をそれらと並べて語ることはできない。ジェーン・アレクザンダー扮する母親を通して紡がれるこの物語は、むしろジェーン・フォンダの『チャイナ・シンドローム』(79)やメリル・ストリープの『シルクウッド』(83)に代表される反原発ドラマ、特に後者に近い肌触りを持つ。が、『テスタメント』からは、政治や陰謀、センセーショナルなキノコ雲や瓦礫などが一切排除されている。ひとりの女性であり、子を持つ母であり、ドキュメンタリー作家として、リットマンは非日常化した日常の感情的なニュアンスを積み重ねることで衝撃を与え、避けられぬ喪失の劇を語り尽くしていく。

冒頭の白いシーツに象徴される平和が、テレビの警告ひとつで一変する。ただ音もなく消えていく人々。娘は母に問う――セックスって何？ 母親は、人を愛し、愛し返される歓びを教える。だが、この母と子は、娘がその歓びを経験する日が来ないことを知っているのだ。リットマンは語る――「この映画は"悪夢"です。(中略)母親なら誰でも、『私たちは、子供たちが死んでいくのを、特に恐ろしい事故かもしれないような核破壊によって死んでいくのを見るために、彼らを生んだのではない！』と感じるに違いないと思います」(劇場パンフレット)。

リットマンは、79年にハリウッドの男女差別に抗議する監督組合の女性運営委員会「オリジナル・シックス」を立ち上げたメンバーの1人で、劇場映画は『テスタメント』のみ。以後もテレビで活動し、日本では『フリーク・シティ』(99)や『デレイニー姉妹の100年』(99)が紹介されている。

マリサ・シルヴァー(1960–)

マリサ・シルヴァーは、リチャード・リーコックのドキュメンタリー撮影を手伝いながら映画制作を学び、ハーバード大学で書いた短篇小説を脚本化する。そしてこれをロバート・レッドフォードが設立したサンダンス・インスティテュートに送り、在学中に完成させた初監督作が『オールド・イナフ としごろ』(83)である。

裕福な家庭の娘ロニーと労働者の娘カレン。ロニーは真面目な11歳で、少し年上のカレンの不良性に憧れ、世間を知る。ニューヨークの同じ通りに育ちながらも全く異なる社会階層に属する子供たちが、互いの家に通うなかで階級の溝を意識しつつ、記憶に残るひと夏を共有していく。

70年代から80年代前半のアメリカ映画はニューヨーク映画の季節だった。80年代のインディペンデント映画は「通り向こうの異文化」と出会う都市生活者の自己発見が繰り返し描かれた。『タイムズ・スクエア』(80)、『Variety』、『マドンナのスーザンを探して』、『アフター・アワーズ』(86)、『サムシング・ワイルド』(86)などに見られる人と街を等価に扱うロケーション・スタイルが独自の映画的な躍動感を開花させたが、ドキュメンタリー出身のシルヴァーもプロットではなく個人と環境の関係に注目し、撮影にファスビンダー映画で知られたドイツ人のミヒャエル・バルハウスを選択した。

シルヴァー自身の幼い記憶から生まれた『オールド・イナフ』に溢れる繊細なリアリティは、メジャーでの2作目『パーマネント・レコード』(88)にも受け継がれた。十代の自殺を扱ったこの作品では、フレデリック・エルムス(『ブルーベルベット』[86])の撮影がオークランドの不穏な雰囲気を映し出している。シルヴァーの眼目は、残された親友が喪失感とどのよう折り合いを付けていくかにある。人の機微に寄り添う彼女の誠実さはハリウッドの標準からはかけ離れており、現在では小説家として評価されている。70年代に独立系女性監督の草分けとなった母ジョーン・ミックリン・シルヴァーとともに忘れてはいけない重要な親子だったといえる。

ジョイス・チョプラ(1936–)

36年生まれのジョイス・チョプラが、85年の『スムース・トーク』で劇映画デビューを果たした時、既に49歳のベテランであった。ドキュメンタリー作家としてのキャリアは長く、63年のドキュメンタリー『Happy Mother's Day』(共同監督リチャード・リーコック)に遡れる。72年の代表作『Joyce at 34』は自らの出産が仕事に与える影響を記録した短編で、当時20代のクローディア・ウェイルが撮影を任された。『Girls at 12』(75)、『Clorae and Albie』(76)を経て後に夫となる作家トム・コールとともに"フィクション"を模索した。破格ともいえる劇映画デビュー作『スムース・トーク』は、ジョイス・キャロル・オーツ、66年の短篇『Where Are You Going, Where Have You Been?』の映画化。オーツはボブ・ディランの "It's All Over Now, Baby Blue" にインスパイアされたが、と同時にチョプラは、12歳の少女3人の生活を観察した自作『Girls at 12』の続篇的な意味合いを重ねていたはずである。

異性との性的な関係を空想する15歳の少女の物語である。66年に発表されたオーツの小説は、ディランだけでなく、64年のアリゾナで少女3人を殺害し砂漠に埋めたチャールズ・シュミット事件も下敷きにしている。無論『スムース・トーク』は殺人の物語ではないが、留守番中の少女を訪ねてくる年上の男とのクライマックス場面で、ねっとりとした恐怖感を漲らせる。96分中の30分間を費やしたチョプラの驚くべきペース運びから、気だるく浮かび上がる白日夢的な狂気は筆舌に尽くしがたく、マリックの『地獄の逃避行』(73)やリンチの『ブルーベルベット』と比較したくもなるが、チョプラ演出は、暴力を一切用いずして暴力的なのである。

主演は18歳のローラ・ダーン。手足の長い彼女の長身をバルテュスの少女画や写真家ジョエル・マイヤーウィッツの名著『Cape Light』に似た構図におさめたジェームズ・グレノンの撮影美。そしてダーンの驚異的な演技力とトリート・ウィリアムズが圧巻のインパクトである。マーロン・ブランドやジェームズ・ディーンを彷彿とさせるこの陽気な悪魔は、終始完全に穏やかで、怒鳴ることも、暴れることもないまま少女の心を制圧する。さまざまな解釈を誘発したのは、ラストで少女が犠牲者的な振る舞いを見せなかった点。時を経た2018年、ジェニファー・フォックスの自伝的なテレビ映画『ジェニーの記憶』は、未成年の頃に大人から受けた性的暴行を自ら歪めて初恋の思い出として記憶してきた女性を描いた。その主演もローラ・ダーンが演じており、2作品は補完的な関係を築くことになるのである。

称賛されたジョイス・チョプラは、ダイアン・キートンとキャロル・ケインが共演の2作目『The Lemon Sisters』(89)に失敗。テレビに戻り、映画には戻らなかった。2001年の『偽りのブロンド』で再びジョイス・キャロル・オーツを取り上げ、マリリン・モンローがモデルの長篇小説『ブロンド』をドラマ化。『スムース・トーク』に連なるテーマを孕む作品だが、06年には『アメリカン・ガール/モリーの友情』をやはりテレビで監督している。

ドナ・ディッチ(1945–)

ドナ・ディッチの初監督作『ビビアンの旅立ち』(85)は、80年代アメリカ映画が生んだ画期的なレズビアンのラブストーリーである。62年刊行のジェーン・ルールによるレズビアン小説を脚色したこの映画化の原題は『Desert Hearts』。見事な響きをもつタイトルだが、平凡な邦題は台無しにしている。演出、撮影、美術、音楽、そして演技に至る、全ての視覚的な要素を磨き上げた"正真正銘のアメリカ映画"だが、日本ではビデオスルーだった。無名の女性監督による無名の女優が主演する"レズビアンの恋愛映画"はまだ難しかったのだ。しかしレズビアンを公言するディッチが目指したのは陰惨な悲劇ではなくハッピーエンドのラブストーリーである。資金集めに4年の歳月を要したが、一般映画館で女性同士のベッドシーンを見せた最初の監督となった。

59年のネバダ州リノ。駅のホームが映り、汽笛が鳴り、列車が到着すると、パッツィ・クラインの歌声とともに女性ビビアン（ヘレン・シェイヴァー）が降りてくる。場違いな洗練を身に纏う彼女は東部の弁護士で、自らの離婚を進めるために、このカジノの地まで来た。彼女は若く奔放なケイ（パトリシア・シャーボノー）と出逢う。ケイからの思いがけぬアプローチに、戸惑うビビアン。やがて2人の関係が波紋を呼び、ビビアンはネバダを去らねばならなくなり……。この作品は罪の意識に苦しむ旧来のレズビアン映画とは異なる。共通点の多い『キャロル』（15）や『ブロークバック・マウンテン』（05）を数十年も先駆けた『ビビアンの旅立ち』は、視覚的に洗練された映画としても見事だ。これほどエレガントに西部の景観を描き出した映画もめずらしく、雨の中のキス・シーンは80年代のアメリカ映画が生んだ名場面の1つだ。鮮烈な撮影は新人時代のロバート・エルスウィットで、その後、ポール・トーマス・アンダーソン映画の名撮影監督となった。

ここまでに紹介した全ての作品に言えるが、監督とともに俳優たちのリスクをおそれぬ個性と功績があって突破口は開かれた。『ビビアンの旅立ち』のカナダ人女優ヘレン・シェイバーもそのうちの1人で、『ハスラー2』（86）などの傍役や今は監督としても知られるが、この主演作こそ代表作だろう。

エイミー・ヘッカリング（1954–）

最後に取り上げるエイミー・ヘッカリングは、毛色の異なる女性監督である。ヘッカリング、エイミー・ジョーンズ、そしてペネロープ・スフィーリスは、ティーン向けのエクスプロイテーション映画に写実的ともいえるリアリティを持ち込むゲリラ・スタイルで成果を挙げ、異彩を放っていた。だが、ヘッカリングがそれらとも違うところは、メジャーにも食い込める成功を収めた点なのだ。

28歳のデビュー作『初体験/リッジモンド・ハイ』（82）は、その後、80年代ポップカルチュア映画の試金石になった。原作と脚本は、22歳で高校に潜入し書き上げたキャメロン・クロウ。2人は、いわゆるティーン・エクスプロイテーション映画から想像される世界観を掘り下げて、思春期をめぐる幾重もの真実を引き出してみせた。

ヘッカリングの男女平等の思想に裏打ちされたユーモアセンスと人生の現実から目を反らさない姿勢は、伝説的なショーン・ペンに比肩する天才ジェニファー・ジェイソン・リーが演じた15歳のセックス——妊娠を含む——の描写に表れた。十代の未熟な性を、ここまで率直に、大いなる包容力で受け止めた陽性の青春映画はまだなかったのだ。

ヘッカリングは少女の頃からジェームズ・キャグニー好きで、パロディ映画『暗黒街の人気モノ/マシンガン・ジョニー』（84）などを発表。自身の妊娠をきっかけに構想した『ベイビー・トーク』（89）では新境地を開拓した。彼女は語る——「男の子と同じことをしてゲームから取り残されないようにするにはどうすればいいか？ そんなことばかり考えていました。でも、子どもが出来て初めて自分のしたいことは何だろうと疑問を持ったんです」（『AMERICAN CINEMA ロマンチック・コメディ』）。そして95年、ジェイン・オースティンの『エマ』を下敷きにした脚本・監督作『クルーレス』で再びポップカルチュア映画の金字塔を打ち立てるのだ。

80年代アメリカ女性映画　重要作品リスト(2)

『天才アカデミー』
(マーサ・クーリッジ監督、1985)
CIAは宇宙からの要人暗殺を構想し、これを可能にするレーザー開発に無邪気な理工系"天才"学生の頭脳を利用する。想像を超えた量のポップコーンが溢れる終盤まで機知に富んだクーリッジ演出が冴え渡る青春コメディ。初期ヴァル・キルマーの傑作。

『ビッグ』
(ペニー・マーシャル監督、1988)
女優から監督に進出したマーシャルの2作目。トム・ハンクス主演の感受性豊かなこの作品で女性監督初の全米興行収入1億ドルを突破。『レナードの朝』(90)を挟んで、92年の『プリティ・リーグ』では戦中の女子プロ野球リーグの群像を取り上げた。

『愛は静けさの中に』
(ランダ・ヘインズ監督、1986)
テレビドラマ『アメリア』(84)で父親による13歳の娘への性的虐待のタブーに斬り込んだヘインズ初の劇場映画監督作。80年の舞台劇の映画化で、当時21歳のろう女優マーリー・マトリンにアカデミー主演女優賞をもたらした。93年の『潮風とベーコンサンドとヘミングウェイ』も捨てがたい佳作である。

『白く渇いた季節』
(ユーザン・パルシー監督、1989)
『マルチニックの少年』(83)で注目されたマルティニーク出身の黒人女性監督初のアメリカ・メジャー映画。76年南アフリカの人種隔離政策を背景に白人と黒人の家族を骨太な演出で描いた。反権力派の名優ドナルド・サザーランド、スーザン・サランドン、マーロン・ブランドらが参加した力作。

『True Love』
(ナンシー・サヴォカ監督、1989)
不安を抱えるイタリア系カップルの結婚式。ウィットに富んだ観察力と撮影の臨場感で観る者も"身内"にしてしまうサヴォカのデビュー作。新人アナベラ・シオラの名演を得て、ソダーバーグらとともに来る90年代インディーズ映画の試金石となった。

3 作家主義以降

ここからは世界に目を向け、大きくヌーヴェル・ヴァーグの時代に広まった「作家主義」以降の時代における女性監督たちについて。
時代とそれに伴う社会の変化と同期するように、
女性たちの手による映画がどのような広がりを見せていたのか。
それぞれの国における重要作品にも目を向けてみたい。

新田孝行

戦後フランスの女性監督たち（1950–2000年）

ヌーヴェル・ヴァーグの傍らと裏で——1960年代

1950年代後半に始まったヌーヴェル・ヴァーグ（以下NV）は1930年前後に生まれた男性たちによる革新的な映画運動だった。その初期、1956年から62年の間には多くの新人監督がデビューしたが、女性は一人もいない。1949年にボーヴォワールの『第二の性』が出版され大ベストセラーとなったフランスにおいて、NVは女性の社会進出に危機を覚えた男性たちによる保守的革命という側面をもっていた。たとえば『軽蔑』（1963）のゴダールは大スター、ブリジット・バルドーの魅力を高尚な芸術——「作家の映画」——へ昇華する一方、彼女からその大衆的な活力を奪う。商業主義のプロデューサーと駆け落ちしたバルドーが事故死するのは象徴的である。

確かに**アニエス・ヴァルダ**（1928–2019）はNV世代で、その一員に数えられることもある。しかし彼女は映画を撮る前すでに写真家、つまりアーティストだった。大革命以来のフランスの普遍主義の前提において、芸術家とは性別や人種を超える独創的な個人である。ヴァルダは女性だが芸術家ゆえにNVの男性監督の仲間としてその周辺にいることを許された。ゴダールが友情出演した『5時から7時までのクレオ』（1962）で主人公が最後に心を通わせる男性が知的エリートであることは、監督自身のアーティストとしてのエリート意識に対応する。

NVは「良質のフランス映画」を排撃したが、戦前以来の伝統を引き継ぐこの業界にも女性監督はほぼ皆無だった。例外はボーヴォワールとも親交のあった**ジャクリーヌ・オードリー**（1908–1977）[1]。女性が映画会社に就職し監督を目指すなど論外、映画学校で学びたくても監督コースではなく「女の仕事」編集者のコースに回される、そんな時代にオードリーは現場でスクリプターから始め助監督になった後、さらに学校で演出を学び直して遂に監督となった。19世紀末の女子寄宿学校を舞台に教師と生徒の同性間の恋愛を描く『オリヴィア』（1950）で知られるオードリーは、戦争直後から1960年代のNVの時代まで文芸映画や時代劇からロード・ムーヴィー、西部劇まで幅広いジャンルの作品をコンスタントに撮り続けた職人監督だった。

「女性映画」とポスト・ヌーヴェル・ヴァーグ——1970年代

「1968年5月」以降、女性解放運動が本格化するとさまざまな「女性映画」がつくられる。すでに**ポーラ・デルソル**（1923–2015）が1964年の『逸脱』（*La Dérive*）で若く奔放な女性の性愛を倫理的糾弾なしに描写していたが、60年代末から70年代にかけて**ネリー・キャプラン**（1931–2020）、**コリーヌ・セロー**（1947–）、**ディアーヌ・キュリス**（1948–）、**ヤニック・ベロン**（1924–2019）といった監督たちが本格的にデビューし、最初の米国滞在から帰国したヴァルダとともに従来の紋切型とは異なる女性像を提示した。たとえば、キャプランの『海賊の許嫁』（*La Fiancée du pirate,* 1969）では周りにエロティックな欲望を掻き立てる女性が田舎村の粗野な男たちに復讐する。一方セローはドキュメンタリー『彼女たちは何を望むのか?』（*Mais qu'est-ce qu'elles veulent ?,* 1976）でフランス全国のさまざまな職業や階層の女性たちに膨大なインタヴューを行い、それまで無視されてきた声を掬い上げた。

70年代フェミニズムにおいて焦点となったのは避妊や妊娠中絶をめぐる性の自己決定権である。ボーヴォワールが起草した1971年のマニュフェスト「私は中絶手術を受けた」（通称「343人のマニュフェスト」）には数多くの映画スターが署名し、人工妊娠中絶を合法化する1975年の「ヴェイユ法」成立の重要な契機となった。署名者の一人ヴァルダの『歌う女・歌わない女』（1977）は、対照的な人生を歩んだ2人の女性の姿を通じてこの時代のウーマン・リブの空気を活写している。

上記の監督たちがフェミニズムを映画の主題として語ったとしたら、それを形式面で（も）追及したのが**シャンタル・アケルマン**（1950–2015）である。息子と2人で暮らしながら隠れて売春を行う女性の3日間を描く『ジャンヌ・ディエルマン　ブリュッセル1080、コメルス河畔通り23番地』（1975）は、これまで映画が映し出すことのなかった女性の日常的な身振りを、男性の窃視症的な欲望を排した厳格なフレーミングと長回しによって可視化した。アケルマンの映画はニューヨークのアンダーグラウンド映画とともにゴダールを出発点とするが、70年代半ばから80年代初頭にかけてポストNV映画の影響下に2人の女性が監督デビューする。

カトリーヌ・ブレイヤ（1948–）は『本当に若い娘』（1975、劇場公開は2000）で、当時の「女性映画」の規範も社会の偽善的なタブーも踏み越え、モーリス・ピアラ流自然主義の眼差しを思春期の少女に向けその放埒な性の実態を赤裸々に表現した。続いて**マリー＝クロード・トレユー**（1948–）は『シモーヌ・バルベス、あるいは淑徳』（1980）で、ポルノ映画館で働くレズビアンの女性のある夜の出来事を戦前のパニョル的会話劇としてフィルムに収めた。トレユーは、NVが否定した30年代のフランス映画をNV的作家主義の立場から再評価した映画監督ポール・ヴェッキアリを中心とするグループ「ディアゴナル」のメンバーだった。

「女性」たちはどこに?——1980・90年代

80年代以降女性監督の数も全監督に占める割合も増え続ける。しかし70年代の女性解放運動に対するバックラッシュとして社会が反動化すると、フランスの女性監督たちは正面からの「女性映画」を

『インディア・ソング』
（マルグリット・デュラス監督）
発売元：アイ・ヴィー・シー
価格：¥5,280(税込)

撮らなくなる。彼女たちは、セローの大ヒットコメディ『赤ちゃんに乾杯！』(1985)のように従来のジャンル映画に女性の視点を忍ばせるか、その時々の流行の美学――たとえば80年代なら「見た目の映画(cinéma du look)」――に接近してアート系の映画作家であることを印象づけ、女性という出自を問われないようにした。

80年代末に登場し今やフランスを代表する監督となったのが**クレール・ドゥニ**（1946–）である。初監督作『ショコラ』（1988）は少女時代をアフリカ諸国で過ごしたドゥニ自身の体験に基づく自伝的作品だが、そこには白人女性という規範的な女性像を人種的に相対化する視線が見られる。同様の視線は、マルティニーク出身の**ユーザン・パルシー**(1958–)の『マルチニックの少年』（1983）や**アンヌ・フォンテーヌ**（1959–）の『おとぼけオーギュスタン』（1995）にも認められる。

女性が正規のルートを通って監督になることが困難なのはどこの国でも同じだが、フランスで（も）活動した女性監督には特に「よそ者」が多い。ドゥニもそうだが、たとえばヴァルダやアケルマンはベルギー、キャプランはアルゼンチンの出身、映画監督として1970年代を中心に映像と音声の関係を深く問い直す諸作品を発表した作家の**マルグリット・デュラス**（1914–1996）はインドシナ生まれ、**ダニエル・ユイエ**（ユイレ／1936–2006）はパリ出身だが夫ストローブとともにドイツに亡命して映画作りを初め、**アンヌ＝マリー・ミエヴィル**（1945–）は夫ゴダール同様フランス系スイス人である。

キャメラの後ろに回ったスター――俳優出身女性監督の系譜

最後に比喩的な「よそ者」として俳優出身の女性監督たちを紹介したい。もちろん俳優は映画業界内部の人間だが、「女性映画人」と言った時除外されるように映画の作り手ではなく、その被写体という受け身の存在と一般に考えられている。女性の俳優たちがキャメラの後ろに回ることは、男性の監督、あるいは観客によって見られる対象から見る主体へというフェミニズムの実践であった。先鞭を付けたのは**ジャンヌ・モロー**（1928–2017）と**デルフィー**

ヌ・セリッグ（1932–90）というNVの有名スター。特にセリッグは70年代以降、女性映画作家の作品に積極的に出演する一方で[2]、自らもスイス出身の**キャロル・ルッソプロス**（1945–2009）らとともに「ポータパック」（60年代後半にソニーが発売した家庭用の小型ヴィデオ・キャメラ）を用いた戦闘的フェミニスト・ドキュメンタリーを製作した。

80年代、特に90年代以降はモローやセリッグのような特権的なスターでなくとも、俳優としてある程度実績を積み知名度もある女性たちが続々と映画を撮り始める。ちょうどNVの時代に男性たちが批評家から監督になったように。フランスの女性監督で俳優出身の占める割合は高く枚挙にいとまがないが、代表として公開当時大ヒットを記録した2本の映画の監督＝俳優、『彼女の彼は、彼女』（1995）の**ジョジアーヌ・バラスコ**（1950–）と『ムッシュ・カステラの恋』（2000）の**アニエス・ジャウィ**（1964–）の名前を挙げたうえで、こうした「普通の」俳優から監督になった草分けである**クリスティーヌ・パスカル**（1953-96）について触れておきたい。

1974年に俳優としてデビューしたパスカルは、その時の監督でもあったベルトラン・タヴェルニエの映画の脚本家を経て79年に自伝的な『フェリシテ』（*Félicité*）で監督デビュー。その後の4本、イザベル・ユペール主演の『あばずれ』（*La Garce*, 1984）、女性監督版ゴダールの『軽蔑』とも言える『ザンジバル』（*Zanzibar*, 1989）、ルイ・ドゥリュック賞を受賞した『王子様は言いました』（*Le Petit Prince a dit*, 1992）、日本公開された遺作『不倫の公式』（1995）はそれぞれフィルム・ノワール、映画業界メロドラマ、難病もの、再婚喜劇といった映画のジャンルをおそらくは役者としての直感と体験に基づいて読み換えた、いずれも興味深い作品である。42歳の若さで自殺したパスカルは俳優出身の女性監督の悲劇的なパイオニアだった。

【註】

1 彼女の監督作4本で脚色を担当し、そのうち1本では共同で監督も務めた姉の作家コレット・オードリー（1906–90）は、ボーヴォワールが1930年代にルーアンで教員をしていた時の同僚であり、彼女や夫サルトルの親しい友人だった。ジャクリーヌは1954年にサルトルの『出口なし』（1944）を映画化している。

2 1975年のカンヌ映画祭では3人の女性が監督したセリッグ出演作3本が上映された。前述したアケルマンの『ジャンヌ・ディエルマン』、デュラスの『インディア・ソング』（写真）、そしてポーランド生まれのリリアーヌ・ド・ケルマデック（1928–2020）による『アロイーズ』（*Aloïse*）である。

【参考文献】

Dudley Andrew, *French Cinema: A Very Short Introduction,* Oxford, Oxford University Press, 2023.

Jean-Marc Lalanne, *Delphine Seyrig, en constructions,* Paris, Capricci, 2023.

Brigitte Rollet, *Jacqueline Audry. La femme à la caméra,* Rennes, Presses universitaires de Rennes, 2015.

Geneviève Sellier, *La Nouvelle Vague. Un cinéma au masculin singulier,* Paris, CNRS Éditions, 2005.

Carrie Tarr and Brigitte Rollet, *Cinema and the Second Sex: Women's Filmmaking in France in the 1980s and 1990s,* New York, Continuum, 2001.

重要作品リスト

『5時から7時までのクレオ』
(アニエス・ヴァルダ監督、1962)
癌の検査結果を待つ間、若い歌手クレオ(コリンヌ・マルシャン)は死への不安を感じつつパリをさまよい、新たな世界を発見していく。「見られる女性」から「見る女性」への変化を描いた戦後フェミニスト映画の出発点にして記念碑的作品。

『オリヴィア』
(ジャクリーヌ・オードリー監督、1950)
19世紀末。英国からパリ郊外の女性寄宿学校に留学したオリヴィア(マリー=クレール・オリヴィア)は校長の一人ジュリー(エドヴィージュ・フイエール)に魅了されていく。当時15歳のフランソワーズ・サガンが繰り返し撮影を見に来たという逸話も。

『海賊の許嫁』
(ネリー・キャプラン監督、1969)
田舎の村外れに住む貧しい孤児マリーによる男たちへのシュールでブラックな復讐譚。マリー役はNVを代表する女性スター、ベルナデット・ラフォン。NVの第1作、シャブロルの『美しきセルジュ』(1958)でのラフォンと比較すると興味深い。

『赤ちゃんに乾杯!』
(コリンヌ・セロー監督、1983)
ひょんなことから赤ん坊を一緒に育てることになった3人の独身男性の騒動を描いた大ヒットコメディ。ハリウッドで『スリーメン&ベイビー』(1987)としてリメイクされた。18年後を描いたセロー自身による続編『赤ちゃんに乾杯! 18年後』(2003)もある。

『ジャンヌ・ディエルマン　ブリュッセル1080、コメルス河畔通り23番地』
(シャンタル・アケルマン監督、1975)
息子と2人でアパートに暮らすジャンヌ(デルフィーヌ・セリッグ)。彼女の表面上は平凡で規則正しい生活は少しずつ秩序を失っていく。2022年に英国映画協会が発表した「史上最高の映画」で、女性監督作として初めて第1位に選出された。

『シモーヌ・バルベス、あるいは淑徳』
(マリー=クロード・トレユー監督、1980)
ポルノ映画館の案内係シモーヌ(イングリット・ブーゴワン)の一夜の出来事をポルノを見にきたさまざまな男性客とのやりとり、仕事終わりに訪れたレズビアンが集まるナイトクラブでの事件、帰りの車で同乗した初老のナンパ師との会話の三部構成で描く。

『本当に若い娘』
(カトリーヌ・ブレイヤ監督、1975)
夏休みに寄宿学校から田舎の両親のもとに帰省した15歳の少女アリス(シャルロット・アレクサンドラ)。自らの内なる性衝動に目覚めた彼女は年上の美青年との妄想に耽る。1975年に完成したが製作会社の倒産でお蔵入り。2000年に劇場一般公開された。

『ショコラ』
(クレール・ドゥニ監督、1988)
幼い頃に過ごしたアフリカのカメルーンを20年ぶりに訪れたフランス人女性フランス(ミレイユ・ペリエ)が過去を回想する。ドゥニはイザベル・ユペールを主演に迎えた『ホワイト・マテリアル』(2008)でもアフリカに生きる白人女性を描いた。

『マルチニックの少年』
(ユーザン・パルシー監督、1983)
1930年、白人が支配するカリブ海の島マルティニーク。貧しい生活を強いられる黒人たちの日常を少年の眼を通して描く。本作に続きパルシーはアフリカ系の女性として初めてハリウッドのメジャー映画を監督した(『白く渇いた季節』、1989)。

『おとぼけオーギュスタン』
(アンヌ・フォンテーヌ監督、1995)
俳優志望のオーギュスタンの奮闘を描くコメディ。彼は役作りのため見学したホテルで中国系のメイド、キャロリーヌ(ステファニー・チャン)に出会い一目惚れする。4年後の続編『オーギュスタン 恋々風塵』(1999)にはマギー・チャンが出演。

『ジャンヌ・モローの思春期』
(ジャンヌ・モロー監督、1979)
第二次世界大戦前夜のフランスの小さな村を舞台に少女の成長を描く。モロー自身が名優の役を演じる劇映画『光』(1976)とドキュメンタリー『リリアン・ギッシュ』(1983)に挟まれたモローの監督第2作。年長の大スター、シモーヌ・シニョレが出演。

『彼女の彼は、彼女』
(ジョジアーヌ・バラスコ監督、1995)
レズビアンのロリと恋人マリジョー、その夫の三角関係をめぐる大ヒットコメディ。ロリはスペイン出身のビクトリア・アブリル、マリジョーは監督のバラスコ自身が演じた。1995年の興行成績で第5位を記録し、セザール賞でも各賞にノミネートされた。1995年の興行成績で第5位を記録し、セザール賞でも各賞にノミネートされた。

『ムッシュ・カステラの恋』
(アニエス・ジャウィ監督、2000)
会社の中年男性カステラは、自分ほど経済的には恵まれていないが教養豊かな舞台俳優で英語教師のクララ(アンヌ・アルヴァロ)に惹かれる。脚本はカステラ役ジャン=ピエール・バクリと脇役で出演もしている監督のジャウィが共同で執筆した。

『王子様は言いました』
(クリスティーヌ・パスカル監督、1992)
幼い娘が不治の病に冒されたことを知った父親は彼女とともに離婚した妻(アネモーヌ)の暮らすイタリアへ向かう。『わたしたちの宣戦布告』(ヴァレリー・ドンゼッリ監督・主演、2011)と似た話だが、トーンもエンディングも対照的。

高崎郁子

イギリスの女性監督たち

イギリス映画界[1]における女性監督の調査は、2000年代に入ってからようやく本格的に始まり[2]、ここ最近では彼女たちの映画が次々とDVDやBlu-rayなどでリリースされ、少しずつ見ることができるようになってきた。そこでこの項では先行研究をもとに、商業映画界、ドキュメンタリー映画産業、そして1970年代以降という三つの項目に分けてイギリスの女性監督について概観する。

商業映画界——女性参加の高いハードル

女性たちが主流映画を作るためには、映画監督は女性に務まらないという業界の偏見を乗り越えなければならなかった。こうした見解が最も明確に表れているのは、イギリス初の女性監督**ダイナ・シュリー**（1888–1963）をめぐる騒動だろう。『フィルム・ウィークリー』誌が、「女性は映画を監督できるのか？」（1929）という記事のなかでシュリーの監督としての能力をジェンダーに因って疑問視する内容を掲載し、裁判沙汰にまで発展したこの騒動は、最終的にシュリーが勝訴したものの女性監督の立場を改善するには程遠かった[3]。俳優のマイルズ・マンダーは、1934年の時点で、優秀で才能ある人材に、女性であるという理由だけで監督をさせたがらない撮影所の姿勢を糾弾している[4]。これらの事実が示すように、イギリス映画界には男性が監督すべきだという認識が根強く、それが長編劇映画を手がける女性映画監督の誕生を長らく阻んでいた。

1950年代に入り、**ミュリエル・ボックス**（1905–1991）と**ウェンディ・トイ**（1917–2010）がほぼ同時期に劇映画を作りはじめる[5]。とはいえ、この女性パイオニアたちが家父長的な映画界に強力なコネクションを持っていたことは見逃せない。ボックスはタイピスト、コンティニュイティを経て、脚本家や短編ドキュメンタリー製作で経験を積んだいわゆる叩き上げであったが、同時に、監督として活動を始めた時期は、大手製作会社ゲインズバラ撮影所の責任者シドニーの妻という立場でもあった[6]。一方のトイは、ダンサーや振付師として活動するなかで数多くの映画に携わり、監督業に進出するまでに映画産業と深い関わりを築いていた。彼女の初監督作品がデヴィッド・リーンの代役であったことからも[7]、トイがいかに映画界の男性たちと近い立場にいたかがわかるだろう。他の女性たちと比べるとある種特権的な立場にいた彼女たちでさえ、主演俳優から監督を男性に変えてほしいと言われたり、現場スタッフが監督の指示を聞かなかったり、大規模なプレミア上映が行われないなどの冷遇にあった[8]。

以降も商業映画界の女性監督を取り巻く状況は悪くなる一方だった。60年代には**ジョーン・リトルウッド**（1914–2002）が『ツバメは歌えない』（*Sparrows Can't Sing*, 1962）を監督したが、これは極めて例外的といえる。この時代には他に新しい女性監督は登場せず、トイやボックスも映画監督としてのキャリアを終えることとなる。次の20年間はメインストリームで活動する女性監督はほとんど存在せず、男性が映画産業を支配する構図は長らく続いた。

ドキュメンタリー映画——女性の活動実践の場

保守的な商業映画界とは対照的に、低予算で製作でき、参入のハードルが劇映画に比べて低いドキュメンタリーや教育映画の分野に目を向けるならば、イギリスにおける女性の活躍は比較的早い段階から見ることができる。

1920年代に活動を始めた**メアリー・フィールド**（1896–1968）は、「自然の秘密」（*Secrets of Nature*, 1922–1933）や「生命の秘密」（*Secrets of Life*, 1933–1943）といった短編ドキュメンタリーシリーズの監督を務めている。彼女は戦後、業界最大手のランク・オーガニゼーションのなかの子供娯楽部門で子供映画を精力的に作り続け、「映画における子供の嗜好」（1956）と題する記事を発表するなど[9]、その分野の第一人者として映画界に貢献した。

1930年代以降はドキュメンタリー映画の領域で女性監督が数多く活躍することとなる。ドキュメンタリー映画運動で重要な役割を果たしたジョン・グリアソンの二人の妹**ルビー**（1904–1940）と**マリオン**（1907–1998）、そしてマリオンの紹介により映画を作り始めた**エヴリン・スパイス**（1906–1990）が30年代からドキュメンタリー監督として活躍を始める。第二次世界大戦が始まると、プロパガンダ映画やニュース映画の需要の高まりと徴兵による男性の労働力不足から、さらに多くの女性が映画を作り始める。上述のボックスは夫と共に記録映画製作会社を立ち上げ、短編映画の監督・撮影・脚本・編集などをこなしながら映画製作を学んだが、そのほかにも**ジル・クレイギー**（1911–1999）や**ケイ・マンダー**（1915–2013）、**マーガレット・トムソン**（1910–2005）といった優れた女性監督たちが誕生した[10]。だが、彼女たちがいかに素晴らしいドキュメンタリーを作ろうとも、それが劇映画監督への可能性を開いたわけではない。彼女たちの大部分は商業映画界へ参入することさえ叶わず、運良く劇映画を作ることができたとしても上映に苦労するなどの困難が立ちはだかった[11]。

1950年代に入るとリンゼイ・アンダーソンが主導した「フリー・シネマ／Free Cinema」運動が展開されることとなる[12]。これは1956年から59年にかけてロンドンのナショナル・フィルム・シアターで行われた合計6回に及ぶ実験的な短編作品の上映プログラムの呼称で、監督たちがそれぞれ製作した映画を組み合わせて上映を行ったものである。この「フリー・シネマ」は、のちのブリティッシュ・ニュー・ウェイヴへの発展に寄与したことから、短期間ながらも重要な役割を果たしたと考えられるが、そのなかで唯一の女性でイタリア人の**ロレンツァ・マッツェッティ**（1927–2020）が発起人の一人を務め、さらには上映プログラムの一本を監督している[13]。

1970年代以降——フェミニズム運動の高まりと女性監督の飛躍

1970年代に入ると国内市場を対象とした従来の産業は立ち行かなくなる[14]。観客数の減少は留まることを知らず、映画産業はかつての勢いを失い、大手製作会社に代わり小規模な独立プロダクションが台頭しはじめ、次第にイギリス映画はテレビへの依存を強めるようになる。

同時期には欧米でフェミニズム映画理論の議論が本格化し、イギリスでもフェミニズム的観点から実験的映画が作られる。その代表格とも言えるのは、金字塔的論文「視覚的快楽と物語映画」（1975）を発表した**ローラ・マルヴィ**（1941–）であり[15]、彼女はピーター・ウォーレンと共同で前衛映画を何本か手掛けていた[16]。ただし、70年代に長編映画で監督としての単独クレジットがあった女性は**ジェーン・アーディン**（1927–1982）ただ一人であったことから、女性の監督業への参入はこの時代でもまだ容易ではなかったことがうかがえる。

しかし、映画業界と女性に対する意識の変化は新しい製作支援の創出へと繋がってゆく。英国映画協会（BFI）の映画製作への助成金制度は、70年代後半になると女性映画監督の発掘と積極的な支援を始

める。80年代に入るとテレビの公共放送サービスを開始したばかりのチャンネル4が低予算映画の製作費援助に乗り出す。こうしたサポート体制は女性の映画界参入へのハードルを押し下げた。

事実これらの支援が実を結び、80年代後半から女性監督は次第に増加する。『レイ・オフ　女の名のもとに』(1987) の**レズリ゠アン・バーレット**(1958–)、『ブリジット・ジョーンズの日記　きれそうなわたしの12か月』(2004) の**ビーバン・キドロン**(1961–)、『ビューティフル・デイ』(2017) などの日本公開が記憶に新しい**リン・ラムジー**(1961–) などメインストリームで活動する女性監督たちが登場し、さらに初めて黒人女性映画監督として長編を手がけた**ンゴジ・オンウラ**(1966–)、インド系の出自を持つ**プラティバ・パーマー**(1955–) や**グリンダ・チャーダ**(1960–) といった多彩なバックグラウンドを持つ監督が映画を作り、そして『イラン式離婚狂想曲』(1998) が山形国際ドキュメンタリー映画祭で紹介された**キム・ロンジノット**(1952–)、連続ドラマの演出から映画監督に転身しアメリカへ活動の場を広げた**アントニア・バード**(1951–)、Netflixドラマの『アフリカン・クイーンズ：クレオパトラ』を手がけたイラン系イギリス人監督**ティナ・ガラヴィ**(1972–) などが活動の場を広げている。近年の女性監督たちの目覚ましい活躍からも明らかなとおり、映画産業に長らく蔓延っていたジェンダー不均衡は、ここにきてようやく是正の兆しを見せ始めている。

『ビューティフル・デイ』
(リン・ラムジー監督)
Blu-ray：¥4,800（税抜）
発売元：株式会社クロックワークス
販売元：ハピネット・メディアマーケティング

【註】

1. イギリスはイングランド、スコットランド、ウェールズ、北アイルランドからなる連合王国であることから、「イギリス映画」といえば、正確にはイングランド以外で作られた映画も含めて検討する必要がある。しかしスペースの関係上ここでは主にロンドンなどの南イングランドの映画を中心に取り上げることとする。
2. 代表的なものとしては、イギリス映画産業で働く女性たち（スタッフ、キャストなど）を1960年まで包括的に調査した下記の文献が挙げられる（Sue Harper, *Women in British Cinema: Mad, Bad and Dangerous to Know*, London: Bloomsbury Publishing, 2000.）。
3. シェリーの功績と記事をめぐる裁判、そして女性監督についての当時の主流な言説などの詳細は下記を参照のこと（Christine Gledhill, "Reframing Women in 1920s British Cinema: The Case of Violet Hopson and Dinah Shurey," *Journal of British Cinema and Television 4*, no. 1 (May, 2007): 1-17.）。
4. Tony Aldgate, "Loose Ends, Hidden Gems and the Moment of 'Melodramatic Emotionality," in *The Unknown 1930s: An Alternative History of the British Cinema*, 1929-1939, edited by Jeffery Richards, London and New York: I. B. Tauris, 1998, 221.
5. 彼女たちの活動についての先行研究は下記を参照のこと（Caroline Merz, "The Tension of Genre: Wendy Toye and Muriel Box." In *Re-Viewing British Cinema, 1900-1992: Essays and Interviews*, edited by Wheeler Winston Dixon, New York: State University of New York, 1994 121-132）。
6. とはいえ2017年の調査によると、ボックスは13本もの映画を監督しており、歴代のイギリスの女性監督のなかで最多となっている。二位以下は、サリー・ポッター、グリンダ・チャーダ、クリスティーン・エッツァルト、トイと続く。ちなみに男性のトップはモーリス・エルヴィの151本であり、その圧倒的な差からもイギリスにおいて女性が映画を監督する機会がいかに少なかったかの証左となるだろう。（Pamela Hutchinson, "No Guide to the Future: The BFI Filmography Reveals the Thin Wedge of Female British Filmmaking Past," https://www2.bfi.org.uk/news-opinion/sight-sound-magazine/comment/bfi-filmography-past-female-british-filmmaking-no-guide-future. 参照2024年1月22日）
7. Wheeler Winston Dixon, "An Interview with Wendy Toye," in *Re-Viewing British Cinema, 1900-1992: Essays and Interviews*, edited by Wheeler Winston Dixon, New York: State University of New York, 1994, 137.
8. Harper, 191-192, 196.
9. Mary Field, "Children's Taste in Films," *The Quarterly of Film, Radio, and Television 11*, no. 1 (Oct 1, 1956): 14–23.
10. しかし、女性監督がどのような映画を監督するかは厳格に管理されていたという（Harper, 191）。
11. クレイギーが手がけた長編劇映画『青い傷』（*Blue Scar,* 1949）は配給会社を見つけるのに苦労し、なんとか公開にこぎつけたものの、彼女の意に反して二本立て作品として興行されたという（Harper, 192）。
12. 「フリー・シネマ」から「ブリティッシュ・ニュー・ウェイヴ」へと続く系譜、およびイギリス映画におけるドキュメンタリーやリアリズムの重要性については下記を参照されたし（佐藤元状『ブリティッシュ・ニュー・ウェイヴの映像学――イギリス映画と社会的リアリズムの系譜学』、ミネルヴァ書房、2012年）。
13. 2023年にはマッツェッティについてのドキュメンタリー映画『ロレンツァ・マッツェッティと一緒に』（*Together with Lorenza Mazzetti*）が公開、それにあわせて彼女の作品の回顧上映がBFIで開催され、再評価の機運が高まっている。
14. John Hill, "British Cinema as National Cinema: Production, Audience and Representation," in *The British Cinema Book,* edited by Robert Murphy, 3rd ed., London: British Film Institute, 2009, 15.
15. ローラ・マルヴィ「視覚的快楽と物語映画」斉藤綾子訳、『「新」映画理論集成①――歴史／人種／ジェンダー』岩本憲児・武田潔・斉藤綾子編、フィルムアート社、1998年、126–141頁。
16. 同時期にはフェミニスト映画理論家でハリウッドの撮影所時代に活躍したドロシー・アーズナーやアイダ・ルピノの再評価を行ったクレア・ジョンストンが、「ロンドン・ウィメンズ・フィルム・グループ」（LWFG）というコレクティヴ集団のメンバーとして、映画製作活動やフェミニスト映画運動などに関わっていた点は非常に興味深い。彼女のLWFGとの関係についての詳細は以下を参照のこと。（Fabian Rachel, "Reconsidering the Work of Claire Johnston," *Feminist Media Histories 4*, no. 3 (Jul 1, 2018): 244-273.）

重要作品リスト

『結婚の謎』（「生命の秘密」シリーズより）
（*The Mystery of Marriage*, メアリー・フィールド監督、1931）
虫や植物、動物など多岐にわたる生物がどのように種を存続させているかの記録映像を挿入しながら、人間の若い男女カップルの出会い、求愛、結婚、出産、子の独立といった人生の転換点を辿る。顕微鏡撮影や微速度撮影、ストップモーションといった高度な技術を駆使して多様な生命の機微をユーモアを交えて描く、フィールドの真骨頂とも言える一本。

『彼女たちもまた奉仕する』
（*They Also Serve*, ルビー・グリアソン監督、1940）
情報省（Ministry of Information）が製作し戦時中に撮られたこのプロパガンダ映画は、主婦に焦点を当て、銃後での彼女たちの献身を称揚したものとなっている。映画のラストには「イギリスの妻たちよ、あなたの勇気と協力に感謝します」という力強いメッセージが添えられ、第二次世界大戦という困難な時期に性別を問わず国民の団結を呼びかけている。

『女であること』
（*To Be a Woman*, ジル・クレイギー監督、1951）
ジェンダーによる職業や待遇格差を鋭く抉り出す本作は、劇映画製作時に受けた不当な扱いに対するクレイギー自身の怒りの表明のようである。女性飛行士のエイミー・ジョンソンやバレエダンサーのニネット・ド・ヴァロワなど各界で活躍する女性たちを挙げ、女性の能力が適正に判断されず、機会や賃金の側面でジェンダー不平等を生み出してきたことを論証するプロパガンダ映画。

『謎の訪問者』
（*Stranger Left No Card*, ウェンディ・トイ監督、1952）
トイの監督デビュー作でありながら、1953年のカンヌ国際映画祭で受賞し、彼女の映画監督としてのキャリアの契機となった。ロンドン西郊のウィンザーに列車でやってきた派手な格好の男。彼は行く先々で奇術を披露し町の人間を喜ばせるが、目的は別にあった。1982年にトイ自らテレビ番組『町の訪問者』（*Stranger in Town*）としてリメイクした。

『街角』
（*Street Corner*, ミュリエル・ボックス監督、1953）
夫と共に脚本執筆も手がけたボックスによる二本目の長編映画。女性警察官たちを主役に据え、空爆で夫が死んだと信じ違う男性と結婚した女性兵士、予期せぬ妊娠により妻となった少女など、さまざまな女性の姿が劇中に登場する。社会進出した女性に向けられる偏見やそれに屈しないヒロインの描写は、ボックスのフェミニストとしての信念を感じさせる。

『二人一緒に』
（*Together*, ロレンツァ・マッツェッティ監督、1956）
BFIの実験映画基金（Experimental Film Fund）の支援を受け、35mmで製作されたフィクション映画で、フリー・シネマの記念すべき第一回プログラムの一本。ロンドンのイーストエンドを舞台に、聴覚障害である二人の労働者の日常と困難さをフィクションとして描く。彼らの目をとおして市井の人々や子供たち、社会的弱者などが生き生きと映し出される。

『どん底の向こう側』
（*The Other Side of the Underneath*, ジェーン・アーディン監督、1972）
統合失調症の女性の精神状態が幻視的で不穏なイメージや音によって性的抑圧や社会的禁忌を狂気と共に描き出す、女性心理を探求する急進的（ラディカル）な実験映画。アーディン自身が自らの戯曲を映画化し、彼女が主宰する女性劇団「ホロコースト」の俳優たちが出演した、唯一の単独監督作品。全員が酒あるいは薬物で酩酊しながら撮影が行われたという逸話がある。

『スリラー』
（*Thriller*, サリー・ポッター監督、1979）
ポッターは1992年の『オルランド』で一躍その名を世界に知らしめることとなるが、『スリラー』は彼女が長編映画を手がける前に作った16mm短編映画である。プッチーニの名作オペラ『ラ・ボエーム』を題材に、古典的な物語がいかに女性を搾取し犠牲者の立場に貶めてきたかを暴露する内容は、公開されるやいなや大きな反響を呼んだ。

『ブルー・ブラック・パーマネント』
（*Blue Black Permanent*, マーガレット・テイト監督、1992）
テイトは戦後ローマで映画製作を学び、生まれ育ったスコットランドを拠点に医者、詩人として活躍しながら数多くの短編映画を作った。都会に住む女性バーバラが、詩人である自身の母親やその家族についてを恋人に語る物語で、テイトが唯一監督した長編映画。エディンバラやオークニー諸島といったテイト縁の地を舞台に、母娘二世代が描かれる。

『フィッシュ・タンク』
（アンドレア・アーノルド監督、2009）
1980年代にテレビ番組で俳優をしていたアーノルドは、アメリカで映画作りを学んだ後監督へと転身する。長編二作目となった本作は、演技経験のなかったケイティ・ジャーヴィスを主演に抜擢し、プロット順に撮影を行うことで彼女の魅力を最大限に引き出した。周囲から孤立する15歳の少女と、母親の恋人コナーとの関係を、社会派リアリズムをもって描いている。

渋谷哲也

ドイツの女性監督
戦後ドイツの別の側面

ドイツ映画の女性監督といえば、1970年代ニュージャーマンシネマにおけるフェミニズムや女性美学を展開した監督たちが思い出される。『ローザ・ルクセンブルク』（1986）の**マルガレーテ・フォン・トロッタ**（1942–）、『ドイツ・青ざめた母』（1980）の**ヘルマ・ザンダース゠ブラームス**（1940–2014）らは日本でも公開時に話題となった。やがて80年代以降に娯楽的な方向性として**ドーリス・デリエ**（1955–）、**カロリーネ・リンク**（1964–）などヒット作を手掛けた監督が登場し、ドイツ映画における女性監督の多彩さを印象づけている。

実際ドイツには映画史上で忘れてはならない重要な女性監督がいる。主要スタッフ・キャストが全て女性の映画『制服の処女』（1931）を監督した**レオンティーヌ・ザガン**（1889–1974）、切絵アニメーションのパイオニアで『アクメッド（アハメド）王子の冒険』（1926）で知られる**ロッテ・ライニガー**（1899–1981）、そしてナチス時代の映画『意志の勝利』（1934）『オリンピア』（1938）を生み出した**レニ・リーフェンシュタール**（1902–2003）といった顔ぶれである。それぞれ個性的な才能を持ち、特殊な社会的状況を生きた人物たちだ。しかしドイツ映画界全般を見渡せば女性の関与は極めて少数で限定的であったことは他国と大差ない。そもそも20年代の映画黄金期もニュージャーマンシネマも代表者は男性監督の名前を連ねている。現代までナチスや戦争に関わる話題作の監督は男性ばかりだ。

常に陰に隠れがちな女性映画人の存在だが、ナチス時代には例外的な環境にあった。ヴァイマル時代フリッツ・ラングの妻で脚本家の**テア・フォン・ハルボウ**（ハルブ／1888–1954）は熱心なナチス党員であったことも知られているが、ナチス政権が発足し夫ラングが亡命した後、ようやく彼女の初監督作『エリーザベトと道化』（*Elisabeth und der Narr*, 1934）を発表している。ドイツ映画史における女性の位置づけはこのように時代や社会体制の変化の中で見るとなかなか一筋縄ではいかない考察が必要となる。

第二次大戦後東西に分かれたドイツではそれぞれ映画産業が再建され、西側はナチ時代からの旧態依然とした映画製作体制が継続された。後に「パパの映画」と揶揄されたように50年代から60年代前半にかけて男性中心の映画業界で非政治的な娯楽映画が量産された。そこに新しい映画を目指す若い監督たちが1962年「オーバーハウゼン宣言」を発したが、署名者25名の中に女性はいなかった。女性監督はドキュメンタリーや子供向けアニメーションを手がける者にとどまり、長編劇映画の監督が登場するのは60年代後半を待つことになる。アレクサンダー・クルーゲやエドガー・ライツら「オーバーハウゼン宣言」の代表者がウルム造形大学映画制作学科の講師となり、そこで学んだ女性たちの一人**ウラ・シュックル**（1938–）が鮮烈なデビュー作『猫は9つの命を持つ』（1968）を発表した。またミュンヘンで新しい映画グループが生まれ、その中で**マイ・シュピルス**（1941–）の軽快な風俗映画『本題に戻ろう、ベイビー』（*Zur Sache, Schätzchen,* 1968）が話題をさらった。

『アル中女の肖像』（ウルリケ・オッティンガー監督） Bildnis einer Trinkerin,Photo: Ulrike Ottinger © Ulrike Ottinger　写真提供：プンクテ

70年代には各地で個性的な女性監督が登場する。西ベルリンの映画テレビアカデミーの一期生**ヘルケ・ザンダー**（1937–）は現代ドイツに生きる女性の状況を問題提起する作品を次々と発表した。また**クラウディア・フォン・アレマン**（1943–）、**エルフィ・ミケシュ**（1940–）など個性的な手法と美学を実践した監督たちがデビューした。この時期から女性映画はフェミニスト的テーマを打ち出す作品と女性独自の美学を追求する作品とに大まかに分かれてゆく。前者の代表がザンダーやフォン・トロッタだとすると、後者にはミケシュや実験映画の**ドーレ・O**（1946–2022）、**ビルギット・ハイン**（1942–2023）らを挙げることができる。また同性愛や異性装などのクィア映画の代表者として**ウルリケ・オッティンガー**（1942–）の名も挙げられるだろう。このように一口に女性映画といっても豊かな多様性があることは見過ごせない。

だが革新的な政治の時代だった60–70年代においても女性の存在は注目されにくかった。60年代ドイツで映画製作をしたジャン゠マリー・ストローブと**ダニエル・ユイレ**（1936–2006）は夫婦として当初から共同で製作監督を行っていたが、『和解せず』（1965）には監督名はストローブ単独で、映画雑誌でも「ストローブ夫妻」と記載された。またフォン・トロッタの初監督作『カタリーナ・ブルームの失われた名誉』（1975）は当時すでに名声のあった夫フォルカー・シュレンドルフとの共同監督という名義で発表された。このように女性の社会的地位が低く見積もられてしまう事例が随所に見られる。ドーレ・Oも同じく実験映画監督ヴェルナー・ネケスの妻として紹介されがちだった。

80年代は多様化と自由化が進んだと言えるかもしれない。西ドイツはニュージャーマンシネマが急速に退潮し娯楽路線が主流となる。その中で大きく注目されたのがドーリス・デリエだった。『メン』(*Männer*, 1985) は男たちのホモソーシャルな関係性を戯画化するコメディとして大ヒットし、その後も彼女の作品は商業的な成功作が多い。その一方で目立たないながらも社会派や実験映画の作家たちも活動している。**ジャニーヌ・メアアプフェル**(1943–)、**ユッタ・ブリュックナー**(1941–) など社会派と並んで、レズビアンを主題とした作品を発表した**モニカ・トロイト**(1954–) などが目立っている。

一方東ドイツ映画において女性の立場はどうだったのか。女性の社会進出は進んでいたとはいえ、監督など代表的なポジションを占めるのは男性ばかりだった。東の映画教育は監督・撮影・編集など専門性が分れており、国営映画会社DEFAでも担当分野の偏りがはっきりと示された。東側でも西側と同様に女性監督はドキュメンタリーや子供向け映画に集中していたが、それでも劇映画監督として頭角を現した数少ない女性がいた。とりわけ『屋根の上の鳩』(*Die Taube auf dem Dach*, 1973) を初監督した**イーリス・グスナー**(1941–) は、このデビュー作が公開許可されず、ドイツ統一後90年にようやく日の目を見た。その他劇映画では**エヴェリン・シュミット**(1949–) の名が挙げられる。一方ドキュメンタリーでは統一後も活躍する女性監督として、『冬よ、さようなら』(1989) の**ヘルケ・ミッセルヴィッツ**(1947–)、山形国際ドキュメンタリー映画祭で『閉ざされた時間』(1990) が紹介された**ジビレ・シェーネマン**(1953–) など現在も活躍する多彩な監督を輩出している。

90年のドイツ統一によって女性監督の映画はどう変化したのか。まず東の映画文化は終焉し、ドイ

『ミュージック』(アンゲラ・シャーネレク監督) ©shellac

ツ映画産業は西側の娯楽コメディが主流となった。その中で商業作品デビューする女性監督が目立ってきた。『ビヨンド・サイレンス』（1996）でデビューを飾った**カロリーネ・リンク**（1964–）、女たちの囚人バンドを描く『バンディッツ』（1997）の**カーチャ・フォン・ガルニエ**（1966–）、『マーサの幸せレシピ』（2001）の**ザンドラ・ネッテルベック**（1966–）など。そして移民出自の女性監督として『見知らぬ街で』（2000）の**アイシェ・ポラート**（1970–）が登場した。また作家映画においても女性監督が目立っている。『ありがとう、トニ・エルドマン』（2016）の**マーレン・アデ**（1976–）は日本でも知られているが、現在もっとも注目される監督として**アンゲラ・シャーネレク**（1962–）の名を最後に挙げておきたい。日本の劇場公開作はないが最新作『ミュージック』は2023年の東京国際映画祭で大いに注目された。現在までドイツの女性監督はベテラン、若手共に多彩な活動を続けている。いまや女性映画という括りでは収まらない創造性の豊かさにもっと注目すべきだろう。

重要作品リスト

『猫は9つの命を持つ』
（*Neun Leben hat die Katze*, ウラ・シュテックル監督、1967）
女性の自由が限定されていた1967年、ドイツ人ジャーナリストと奔放なフランス人の2人の女がさまざまな場所で生きる女たちを訪れ、彼女らの可能性を探るエッセイ映画。新しいドイツ映画の息吹を感じさせる。

『アラスカ』
（*Alaska*, ドーレ・O監督、1969）
自ら16ミリカメラを操り、風景や建物や女たちの動きを自由に撮影し、カメラ内編集で組み合わせる独特の作風を確立した監督の代表作。繰り返されるミニマル音楽も印象的に画面と絡み合う。

『全面的に制約された人間性』
（ヘルケ・ザンダー監督、1977）
壁に囲まれた西ベルリンに生きるヒロインを監督自身が演じ、東西ドイツの女性の置かれた状況を調査してゆく様を描く。そこでは社会主義のモットー「全面的に展開された人間性」と真逆の実態が浮かび上がる。

『アル中女の肖像』
（ウルリケ・オッティンガー監督、1979）
片道切符で西ベルリンに降り立ち、死ぬまで飲酒を続けようとする名前のない女。道連れはベルリンで路上生活する女性。そこに3人のインテリ女性が合唱団のように加わる。奇抜で幻想的なコスチュームプレイ。

『浮気』
（*Seitensprung*, エヴェリン・シュミット監督、1980）
東ドイツに生きる女性の複雑な家庭事情を描く名作のひとつ。ヒロインは夫が別の女性と子供を作り家族をなしていたことを知るが、どうしても夫と別れる気にならず、同僚や母親とも対立する。その迷宮の出口は驚くほど現実的なものだった。

『リヨンへの旅』
（*Die Reise nach Lyon*, クラウディア・フォン・アレマン監督、1981）
ドイツの若い歴史学者が19世紀フランスの女性人権主義者フローラ・トリスタンの足跡をたどってリヨンにやって来る。映画は過去の探求と共に、現在の街並みとヒロイン自身の生き方の省察を交差させてゆく。

『ローザ・ルクセンブルク』
（マルガレーテ・フォン・トロッタ監督、1986）
フォン・トロッタは『ハンナ・アーレント』で知られるが、近現代史の重要な女性ポートレート映画としては本作が嚆矢となるだろう。第一次大戦後のドイツで共産主義革命を立ち上げ虐殺されたヒロインの後半生をたどる。

『テレジンでの日々』
（*Diese Tage in Terezín*, ジビレ・シェーネマン監督、1997）
イスラエル生まれの若い歌手ヴィクトリアとロシアからイスラエルに亡命した歴史学者レナと共にシェーネマン監督はチェコのテレジンを訪れ、ナチス時代の迫害の歴史を探ってゆく。その中で彼女たちの心に大きな変化がもたらされる。

『MON-ZEN』
（ドーリス・デリエ監督、1999）
軽快で皮肉の効いたコメディの作り手デリエは日本びいきでも知られ、『HANAMI』や『フクシマ・モナムール』等があるが、ここでは初めて日本に来て禅寺修行をするドイツ人兄弟のリアルな道中記を勧めたい。

『マルセイユ』
（アンゲラ・シャーネレク監督、2004）
現代における作家映画を代表する一人シャーネレクの出世作。夏のマルセイユと冬のベルリンを舞台に2人の女性の淡々とした日常を独創的な画面構成と編集で構築してゆく。風景の中に溶け込むヒロインの佇まいが美しい。

古賀 太

イタリアの女性監督たち

イタリア最初の女性監督と言われるのは、**エルヴィラ・ノターリ**（1875–1946）である。彼女は夫のニコラ・ノターリと共にナポリで「ドラ・フィルム」を立ち上げて自分が脚本・監督、夫が製作と撮影を務めた。1906年から1929年までに60本とも言われる映画を作ったが、現在残っているのは3本のみ。2001年に「イタリア映画大回顧」で上映された『聖なる夜に』（1922）はナポリ大衆演劇をもとにしたメロドラマで、いわゆるお涙頂戴の女性の悲劇である。多くはナポリの街をロケで撮影した映画でネオレアリズモの先駆とも言われる。もし多くの作品が残っていたら、フランスのアリス・ギイ以上に大きな存在になったかもしれない。

次に女性監督が出てくるのはずいぶん後で、60年代に登場する**リーナ・ヴェルトミュレール**（1928–2021、従来の表記は「ヴェルトミュラー」）と**リリアーナ・カヴァーニ**（1933–）である。この2人はよく並べて論じられるが、資質は全く異なる。ヴェルトミュレールはフェリーニの助監督を務めた後に、1963年に『とかげたち』（*I basilischi*）でデビュー。彼女は、男女の愛を巧みに悲喜劇として描く「イタリア式喜劇」に連なる資質を持つ。日本でも話題になった『流されて…』（1974）は、乗組員とたった2人で無人島に流れ着いた金持ち女性が、乗組員に次第に支配される話である。『セブン・ビューティーズ』（1975）は女性で初めてアカデミー賞監督賞にノミネートされた作品だが、こちらは女にもてることだけが取り柄の男の災難の人生を描く。この2本の色男を演じるのはジャン・カルロ・ジャンニーニ。

カヴァーニはネオレアリズモの伝統を継ぎ、社会や秩序に逆らう主人公を描き続けた。ドキュメンタリーから出発し、初長編『アッシジのフランチェスコ(日本公開題：フランチェスコ)』（1966）は聖フランチェスコを学生運動の指導者のように描いた異色作だ。彼女の代表作は『愛の嵐』（1974）で、これはシャーロット・ランプリングがナチスの制服を着て胸をはだけて歌うスキャンダラスなイメージが先行したが、その裏にある不幸な男女の愛をリアルに描く手腕を忘れてはなるまい。

同じ世代ではイタリア初の女性ドキュメンタリー監督、**チェチリア・マンジーニ**（1927–2001）が最近注目されている。日本ではすべて未公開だが、ピエル・パオロ・パゾリーニの小説『生命ある若者』に触発された『都会の名もなき者たち』（1958）に始まり、イタリア各地の貧しい人々、虐げられた人々を見つめ続けた。『マラーネの歌』（1962）はパゾリーニの脚本で、ローマ郊外の湿地帯で水遊びする子供たちを見せる。代表作『女性として生きること』(1965)は、イタリア各地でさまざまな単純労働を続ける女たちを描いた。

1980年代以降、女性監督が増えた。**ヴィルマ・ラバーテ**（1949–）は学生運動世代の唯一の女性監督で『ぼくらの世代』（1996）は自らの世代に捧げた挽歌だ。その後、1960年前後の生まれが次々に出てくる。巨匠監督、ルイジ・コメンチーニの2人の娘がその筆頭で、**クリスティーナ・コメンチーニ**（1956–）は、デビュー作の『動物園』（*Zoo*, 1988）以来、父親譲りのユーモアに満ちたメロドラマを女

『愛と無秩序についての映画、または今朝10時に有名な売春宿のフィオーリ通りで』（リーナ・ヴェルトミュレール監督）
Film d'amore e d'anarchia - Ovvero "Stamattina alle 10 in via dei Fiori nella nota casa di tolleranza..."

性の視点から情感豊かに描く。日本で公開された『心のおもむくままに』（1995）はアメリカに留学中の女性が祖母の死をきっかけにイタリアに戻り、自分の人生を考え直す物語だ。『わたしの1番幸せな日』（2002）もまた親子3代の女性の生き方を探る。

一方、妹の**フランチェスカ・コメンチーニ**（1961–）は社会派の映画を作る。『少年、カルロ・ジュリアーニ』（*Carlo Giuliani, ragazzo*, 2002）は、2001年のジェノヴァ・サミット中に反グローバル運動のデモに参加して死んだ23歳のカルロを描くドキュメンタリー。多くの人々が撮ったデモの映像に彼女の母親の語りを組み合わせた構成が注目された。『愛と欲望　ミラノの霧の中で』（2006）は、ミラノの財界の闇にたったひとりで挑む女性警察官を描き、資本主義社会の矛盾を告発した。

彼女たちと同世代の監督には、**フランチェスカ・アルキブージ**（1960–）と**ロベルタ・トッレ**（1962–）がいる。アルキブージは普通の人々が助け合って生きる姿を繊細に描く。ローマの家庭にやってきたフランス娘ミニョンとの出会いを少年の目から描く『ミニョンにハートブレイク』（1988）でデビューした。『黄昏に瞳やさしく』（1990）や『かぼちゃ大王』（1993）、『明日、陽はふたたび』（2000）など日本公開された作品はどれも忘れがたい。

テレビ出身のトッレはシチリアのマフィアをミュージカル仕立てで描いた『死ぬほどターノ』（1998）で話題となり、一作ごとに工夫を凝らした作品を作っている。最新作の『ファビュラスな人たち』（2022）は中年になったトランスジェンダーの人々をコミカルに哀感を込めて描いた。

少し若い**ヴァレリア・ゴリーノ**（1966–）は10代から女優として活躍して『レインマン』（1988）などハリウッド映画にも出たが、2013年に『ミエーレ』で監督デビューした。次の『幸せな感じ』（2018）での、自らは出演せず死をテーマにしたミニマルな映像は驚きだった。そのほかこの世代には、**アント**

『ミス・マルクス』
（スザンナ・ニキャッレリ監督）
DVD：¥3,900（税別）発売中
発売元：ミモザフィルムズ
販売元：株式会社ハピネット・メディアマーケティング

ニエッタ・デ・リッロ（1960–、『そんなのヘン！』［2001］）、**ヴァリア・サンテッラ**（1965–、『瞳を見ればわかる』［2005］）などがいる。

今世紀になって登場して一挙にカンヌ国際映画祭の常連になったのが、**アリーチェ・ロルヴァケル**（1980–）である。彼女はイタリアの日常を丹念に描きながらいつのまにか幻想的な次元に達する。初長編劇映画『天空のからだ』（2011）、『夏をゆく人々』（2014）、『幸福なラザロ』（2018）と1本ごとに新たな境地を見せており、新作『キマイラ』（2023）が楽しみだ。おそらく彼女はイタリア女性としては、初めて世界の最前線の巨匠たちと並んだ監督ではないだろうか。同世代に**スザンナ・ニキャッレリ**（1975–、『ミス・マルクス』2020）がいる。

監督ではないが、女優を除くとイタリア映画史の中で最も重要な女性は、脚本家の**スーゾ・チェッキ・ダミーコ**（1914–2010）だろう。1946年のレナート・カステラーニ監督『私の息子は教授』に始まって、ヴィットリオ・デ・シーカ監督『自転車泥棒』（1948）や『ミラノの奇蹟』（1951）に名を連ね、ルキーノ・ヴィスコンティ監督とは『ベリッシマ』（1951）以降、遺作『イノセント』（1976）まで10本の脚本に参加。そのほか、ミケランジェロ・アントニオーニ、マリオ・モニチェッリ、ルイジ・コメンチーニ、フランチェスコ・ロージなどの巨匠を始め、100本を超える脚本を書いた。

重要作品リスト

『聖なる夜に』
（エルヴィラ・ノターリ監督、1922）
ナポリを舞台に貧しい女性ナンニネッラの悲劇を描く。彼女には相思相愛の相手がいたが、金持ちの男がそれを阻む。低予算のために大半はロケで撮影され、ナポリの街そのものが主人公とも言えよう。

『女性として生きること』
（チェチリア・マンジーニ監督、1965）
冒頭に派手な美女を使った数多くの広告を見せた後に、精密機械工場、農家、家庭などあらゆる場所でひたすら単純作業を続ける女たちを淡々と見せ、イタリア社会の矛盾を告発した。

『アッシジのフランチェスコ』
（リリアーナ・カヴァーニ監督、1966）
60年代から70年代にかけて多くのイタリア映画で異様な男を演じたルー・カステルが、何と聖フランチェスコを演じる。前年のマルコ・ベロッキオ監督『ポケットの中の握り拳』と重なる。

『セブン・ビューティーズ』
（リーナ・ヴェルトミュレール監督、1975）
戦前のナポリを舞台にハンサム男の受難を描く。精神病院、戦場、ナチスの収容所と巡るがいつも女性に取り入って生き延びる。戦時中をここまで喜劇にできる時代が来たことを感じさせる。

『かぼちゃ大王』
（フランチェスカ・アルキブージ監督、1990）
ローマの病院の小児科病棟を舞台に、てんかんと診断された少女と精神科医（セルジオ・カステリート）との交流を描く。普通の人々の小さな物語を紡ぐ映画が出現した。

『心のおもむくままに』
（クリスティーナ・コメンチーニ監督、1995）
アメリカ留学中の娘が祖母の死をきっかけにイタリアに戻り、祖母が残したノートから祖母や母の波乱の人生をたどる。伝統的な大きな物語への回帰。

『死ぬほどターノ』
（ロベルタ・トッレ監督、1998）
10年前に亡くなった実在のマフィアのボス、ターノを主人公にしたイタリア初のマフィア・ミュージカル。地元の素人たちを起用し、けばけばしいファッションと大げさなジェスチャーですべてを笑い飛ばす。

『愛と欲望　ミラノの霧の中で』
（フランチェスカ・コメンチーニ監督、2006）
ヴァレリア・ゴリーノ演じる警察官が違法取引を繰り返す銀行家を追い詰めるサスペンスを軸に、金によって人生を狂わされる人々の愛と犯罪を描く。社会派とエンタメの見事な結合。

『夏をゆく人々』
（アリーチェ・ロルヴァケル監督、2014）
4人の娘を持つイタリア中部の養蜂家の家族が、テレビ局の撮影隊に出会うことで新しい世界に足を踏み出す。長女は喜んで突き進むが、それは伝統的な生活の崩壊につながる。資本主義の蔓延を静かに描く秀作。

『幸福なラザロ』
（アリーチェ・ロルヴァケル監督、2018）
前半は小作制度のもとで暮らす貧しい人々を描き、後半は30年後に彼らが犯罪を繰り返す生活を見せる。それを繋ぐのは、なぜか年をとらず「聖なる力」を持つラザロ。現代における宗教を問う。

赤坂太輔

旧ソ連・南米・南欧の女性監督たち

ex-USSR, SOUTH AMERICA, SOUTH EUROPE

実のところ今このテーマで書くことの困難を痛感している。その理由は言うまでもなくロシアのプーチン政権によるウクライナ侵攻が2022年2月に始まり、2023年12月現在まだ終わっていないため、これに反対する映画作家たちは国外に亡命し、その多くが仕事どころか消息も不明となっているからだ。しかし1991年にソビエト連邦が消滅し現在に至るまで、旧ソ連諸国は多くの優れた女性映画監督を輩出してきたという意味では世界随一の地域と言える。あるレポートでは男性監督の方が圧倒的に多かったソ連時代でも、紛失作品を含めて300本以上の女性監督作品が記録されているという[1]。共産主義体制が崩壊する1990年前後まで、ソ連とその周辺諸国の女性監督たちは、男性監督作品同様にプロパガンダの強制や厳しい検閲のために、たとえば今日のようにあからさまなセクシュアリティ描写などを行うことは不可能だったが、それでも優れて個性的な映画作家の痕跡を映画史に刻み込んでいるし、いわゆるアヴァンギャルド・アートフィルムという点ではむしろ西側以上に実験的な映画作家を輩出してきたとさえ言えるのだ。

たとえば近年修復されてアメリカでも上映されて反響を呼んだ、ウクライナの巨匠アレクサンドル・ドヴジェンコの妻だった**ユリア・ソーンツェワ**（1901–1989）が夫の遺稿シナリオを映画化した『海の詩』（*Поэма о море*, 1958）、『魅せられたデスナ河』（*Зачарованная Десна*, 1960）、あるいはチェコの**ヴェラ・ヒティロヴァ**（1929–2014）やウクライナの**キラ・ムラートワ**（1934–2018）といった亡くなった巨匠たちの映画は今も古典的名作である。ヒティロヴァは『ひなぎく』（1966）、ムラートワは『無気力症シンドローム』（1989）という代表作が今も日本公開・再公開されているので認知されてはいるが、しかしそれら以外の傑作は2023年現在まだ未紹介だ。ヒティロヴァなら『ひなぎく』の前作『サムシング・ディファレント』（*Something different/O něčem jiném*, 1963）は体操選手と主婦の日常を追ったパートを交互の編集で示してリヴェットやゴダールらヌーヴェル・ヴァーグの人々に絶賛されたし、『ひなぎく』後の『フルーツ・パラダイス』（*Ovoce stromůrajských jíme*, 1969）は恋人の男を追う女をバレエ的な振り付けで描写しラストの赤い薔薇を手に踊る姿は忘れられない。ムラートワもやはり『無気力症シンドローム』前のパラジャーノフ的な意匠が見られる『運命の転換』（*Перемена участи*, 1987）や後のチャップリン愛を示しながらカップルのヌードなどソ連時代のタブーを破る『恋する警官』（*Чувствительный милиционер*, 1992）、ソ連崩壊後の病院や競馬場が舞台の『パッション』（*Увлеченья*, 1994）、3つの殺人と狂気を描く『三つの物語』（*Три истории*, 1997）、犯罪映画でもコメディでもミュージカルでもある群像劇『二級市民』（*Второстепенные люди*, 2001）など、カメラに向かって話しかける人物や同時多発的だったり展開を遅らせるかのような台詞の反復が特徴の演出がピークに達した時代の映画は素晴らしく、アメリカならインディーズ映画の父となったロバート・アルトマンやジョン・カサヴェテスのように、その後の

キラ・ムラートワ監督　Odessa International Film Festival　https://submit.oiff.com.ua/　CC BY-SA 3.0

この地域の若い監督たちに多くの影響を及ぼしたゴッドマザー的存在になったと言えるだろう。

ソ連時代なら他に**ラリーサ・シェピチコ**（1938–1979）、**ディナーラ・アサーノワ**（1942–1985）もいるが、ソ連崩壊後のロシアの代表的な女性監督としては、まず**スヴェトラーナ・プロスクーリナ**（1948–）が挙げられる。アレクサンドル・ソクーロフの助手から出発してロカルノ映画祭金豹賞受賞作『偶然のワルツ（*Случайный вальс*, 1989）はソ連消滅直前の荒廃した町の安宿の女主人と周囲の人々を大胆な撮影と繊細な演出で描き、『鏡の反映』（*Отражение в зеркале*,1992）は当時の夫ヴィクトル・プロスクリン主演で荒んだ生活の舞台俳優の現実と幻想の間での破滅を描いた。その後も海辺のホテルを舞台に愛の囚人として生きる世代の違う男女を描く『最良の時』（*Лучшее время года*, 2007）、官僚の転落人生を描く『日曜日』（*Воскресенье*, 2019）がある。他にも今はドキュメンタリー学校の経営者である『収穫期』（*Времяжатвы*, 2004）の**マリーナ・ラズベスキナ**（1948–）、映画雑誌の編集者からドキュメンタリー作家となり『誰もあなたを負かせない』（*Кто тебя победил никто*, 2021）などを撮った**リューボフ・アルクス**（1960–）らは戦時下で活動を続けているようだ。一方才能ある若手作家たち、『スタンド・バイ・ミー』（*Рядом*, 2022）の**タマラ・ドンドゥリー**、『まわり道』（*Обходные пути*, 2021）の**エカテリーナ・セレンキナ**（1992–）、『アンクレンチング・フィスト』（*Разжимаякулаки*, 2021）の**キラ・コヴァレンコ**（1989–）らは亡命生活を選び、新作を撮れるかさえ定かではない状況だ。

他の地域を一絡げにしてしまうのは憚られるが、南欧・南米から何人かの現在紹介されるべき女性映画作家の名匠たちを取り上げるなら、ポルトガルの**リタ・アゼヴェード・ゴメス**（1952–）、アルゼンチンの**イネス・デ・オリヴェイラ・セーサル**（1964–）、ブラジルの**パウラ・ガイタン**（1954–）といった人々だ。リタ・アゼヴェード・ゴメスについては既に映画祭や自主上映で近作『ポルトガルの女』（2018）、『変ホ長調のトリオ』（2022）が紹介されているが、主演女優リタ・ドゥランとともに彼女の代表作でありヒッチコック『山羊座のもとに』（1949）を彷彿とさせるカメラワークが華麗な『ある女の復讐』（*La Vengeance d'une femme*, 2012）や、ジャン=ルイ・シェフェールの語る絵画論を聴く『死の舞踏、骸骨、その他のファンタジー』（*Danses macabres, squelettes et autres fantaisies*, 2019）や詩人たちの往復書簡の朗読から自在なフィクションが羽ばたく『往復書簡』（*Correspondências*, 2016）など、オリヴェイラ以来の革命以後の現代ポルトガル映画の伝統を継承しながらメルヘンやファンタジー好きな女性作家の個性を両立させている。イネス・デ・オリヴェイラ・セサールの『どのように時は過ぎるのか』（*Cómo pasan las horas*, 2005）で注目され、エウリピデスの「エフゲニア」の自由な翻案『外国の女』（*Extranjera*, 2008）やマティアス・ピニェイロ作品の常連アグスティナ・ムニョスが演じる先住民の女性研究者の足跡をドキュメンタリーとフィクションを混ぜ合わせて追う『カサンドラ』（*Cassandra*, 2012）はいずれも緩やかなリズムとシネマスコープ画面で人を横たわらせる演出に魅了される。このオリヴェイラ・セサールも近作『もう一つの肌』（*La otra piel*, 2018）、『不在』（*Baldio*, 2019）でフィクションとドキュメンタリーを往復する一人の女性・俳優のテーマを追求している。そしてブラジルのパウラ・ガイタンはコロンビア出身でかつてグラウベル・ローシャの妻でもありポップスターのアヴァ・ホーシャの母で、やはりフィクション／ドキュメンタリーの境界上に自然と光と影から浮かび彷徨う舞踊的身体をテーマに『火山の脱出行』（*Exilados do Vulcão*, 2013）『熱帯の光』（Luz nos Trópicos, 2020）といった前衛的な大作やギタリストのアート・リンゼイのドキュメンタリー『微妙な干渉』（*Sutis Interferências*, 2016）も手がけるなど多彩に活躍している。そしてギリシャの**アントワネッタ・アンゲリディ**（1950–）は、テオ・アンゲロプロスらと同様パリのIDHEC（現FEMIS）で学んだ戦後ギリシャ・ニューウェーヴ世代でありながら演劇・儀式的な映像の中に女性の身体を追求するアヴァンギャルドな作風故に長らく無視されてきたが、近年フェミニズム文脈での再評価が高まっている存在だ。セルゲイ・パラジャーノフ的なさまざまな儀式とグループ演劇のポージングを追求した『場所』（*Τόπος*, 1985）、水や石の器（棺桶）と闇から浮かび上がる演劇的身体を描く代表作『盗むことあるいは現実』（*Κλέφτης ή ηπραγματικότητα*, 2001）は、むしろ今の時代に先駆けた映像作品と言える。

プーチン政権が戦争を始めて以来、SNSが日常的に大量殺人やセックス映像の家庭視聴を可能にし、擬似的な映像をエンタメとして人々が映画館に向かうか疑問視される現在、むしろ高度にアーティスティックな彼女たちの映像が、映画館や美術館にとって必要なクオリティを指し示しているのではないだろうか。

【註】

1. https://altereos.livejournal.com/57879.html

重要作品リスト

『魅せられたデスナ河』
（ユリア・ソーンツェワ監督、1960）
ウクライナの巨匠ドヴジェンコの遺稿を未亡人ソーンツェワが映画化。ドヴジェンコが幼年期を過ごした川のほとりの村を舞台に美しい自然と人々の生活と歴史を戦争やファンタジーと混合して想像力豊かで大河的な映画詩として描き、ジャン＝リュック・ゴダールが絶賛しその年の『カイエ・デュ・シネマ』誌年間ベストテン1位に入れたことでも知られる。

『フルーツ・パラダイス』
（ヴェラ・ヒティロヴァ監督、1969）
旧約聖書のアダムとイブと悪魔の誘惑の物語を下敷きにして描く華麗な色彩のサイケデリック・ムービーで、製作当時チェコの共産主義政権下で上映禁止された。しばしば言われるようにミュージカルではないがヒロインを演じるジタ・ノヴァコヴァの力強い身体によるバレエ映画のような振り付けと音楽が感動的。

『パッション』
（キラ・ムラートワ監督、1994）
特にソ連崩壊後から遺作の『永遠の帰郷』（2012）までのムラートワに優劣をつけるなど不可能なのでここでは比較的取り上げられることの少ないこの作品を。病院の看護士と患者のサーカス団員の二人の女性が出会った騎手に会うため競馬場に行くという一応の設定はあるが、実質カメラに向かっての2人の女優（レナータ・リトヴィノワ＆スヴェトラーナ・コレンダ）や俳優たちの同時多発的な発声によるグループ演技と背景となる競馬場のドキュメンタリーの合体で、アルトマンやフェリーニを思わせる細部もある、ムラートワの他作品より幾分明るめで楽しめる映画と言えるだろう。

『偶然のワルツ』
（スヴェトラーナ・プロスクーリナ監督、1989）
崩壊直前のソ連・ロシアの安宿の女主人を中心とした孤独な人々を描く群像メロドラマだが、会話で聞き手の顔のクローズアップの多用（特にこの時期プロスクーリナはソクーロフよりもむしろカサヴェテスに近い）やフレーム外の音を絶えず意識させてなだれ込む移動撮影と泣き叫ぶようなヴィヤチェスラフ・ガイヴォロンスキーのトランペットが響くサウンドの演出が絶品である。

『ある女の復讐』
（リタ・アゼヴェード・ゴメス監督、2012）
ジョアン＝セーザル・モンテイロに「映画化不可能」と言われたにもかかわらず、リタ・アゼヴェード・ゴメスが15年越しに執念で完成させたジュール・バルベー・ドールヴィイ原作「ある女の復讐」の映画化。女主人公を演じるリタ・デュランの強力な演技と名手アカシオ・デ・アルメイダの撮影、オリヴェイラ譲りの書割舞台と「上演の映画」的演出も必見で、ゴメスの代表作と言える。

『もう一つの肌』
（イネス・デ・オリヴェイラ・セーサル監督、2018）
演劇の演出家である恋人への不満とある出来事からブラジルへ逃避行する羽目に陥ったタトゥーデザイナー。ひとりのアルゼンチン女性の旅を描くオリヴェイラ・セーザルの最近の連作で、フィクションの登場人物である主人公と現実のドキュメンタリーの遭遇がシネマスコープで描かれ、特に人物が入って消えた後も背景から絵を見出すように緩やかにパンして再び人物を捉える画面づくりの流麗な演出が素晴らしい。

『熱帯の光』
（パウラ・ガイタン監督、2020）
ブラジルの代表的女性監督ガイタンがポルトガルの俳優カルロト・コッタを主役に撮った4時間の壮大な大自然ロードムービー。祖先が先住民の現代アメリカ人研究家の故郷への旅と、150年前のヨーロッパ入植者の旅が交錯し、ハドソンからアマゾンそしてアイルランドへ、川、密林、雨、洞窟、それらを突き抜けた光への旅へと続く。静止するポーズや眠る人々の夢を視聴覚化する瞑想的実験映画の大作でもある。

『盗むことあるいは現実』
（アントワネッタ・アンゲリディ監督、2001）
ギリシャの代表的な女性映画作家の今のところ最後の作品で、葬儀記念碑の彫刻家、ソフォクレスの『アンティゴネー』の準備をする役者、子供を亡くした母親という3人の人物の儀式的・演劇的な身振りが交錯する。水や蝋燭、遺跡や炎といった装置や光と影やスクリーン外の異様な音から浮上する女性たちの身体の存在感が圧巻。

『雲の上』
（マリア・アパリシオ監督、2022）
アルゼンチンの若手女性監督なら日本でも上映されたルクレシア・マルテル『サマ』（2017）や『カイエ・デュ・シネマ』誌の2023年ベストワンとなったラウラ・チタレラ『トレンケ・ラウケン』（Trenque Lauquen, 2023）もあるが、ここはあえて全編黒白で撮られた新人アパリシオの長編第1作を。固定画面の積み重ねでミニマルに語られる、コルドバに住む4人の若い労働者たちの端正な肖像画である。

『まわり道』
（エカテリーナ・セレンキナ監督、2021）
本文で書いたように多くの若手映画作家たちがプーチンの戦争に反対して亡命を余儀なくされているが、その一人セレンキナが全編ほぼロングショットで撮った不穏なモスクワのイメージであり、一応ドラッグの闇販売ルートを扱う若者たちの犯罪が（アントニオーニやカウリスマキを思わせるユーモアを伴って）見え隠れするが、何よりも都市を撮った映画（撮影監督アレクセイ・クルバトフは完成直後に死去）として記憶に残る。同時期にクローズアップを多用して若い女性都市デザイナーを追った『スタンド・バイ・ミー』（2022）のタマラ・ドンドゥリーと好対照な一作である。

4 ヒット作から見る女性監督

月永理絵

1980年代以降における女性監督による大ヒット作品

1980年代以降、女性監督たちによる映画作品は多様なあり方を見せ、もちろん多くの観客を魅惑するヒットメイカーたちも現れる。ビッグバジェットの大作を見事に手がける者も、あるいは自身の作家性を徹底することで成功を掴む者。それら作品はどのような魅力をもって、映画界を揺るがしたのだろう。

コメディ映画での女性監督たちの活躍

ハリウッドで、女性監督の興行面での躍進が大きく目立ち始めたのは1980年代から。『インディ・ジョーンズ』(1981)や『バック・トゥ・ザ・フューチャー』(1985)など、予算を莫大に注ぎ込んだブロックバスター(超大作)映画が次々につくられたこの時代。女性監督たちがまず進出したのは、コメディというジャンルだった。

俳優としてテレビで活躍していた**ペニー・マーシャル**(1943–2018)が監督業に進出したのもこの時期。すでに映画監督として活躍していた兄ゲイリー・マーシャルの後押しによって、ペニー・マーシャルは自身が主演していたテレビの人気シリーズ『ラバーン&シャーリー』の数エピソードを監督した後、ウーピー・ゴールドバーグ主演の『ジャンピン・ジャック・フラッシュ』(1986)で初めて映画を監督する。続いて、監督第2作目となる『ビッグ』(1988)を発表。12歳の少年が魔法の機械によって突然35歳の大人になり、仕方なく就職したニューヨークのおもちゃ会社で出世していく。少年のような純粋さで周囲の大人たちを魅了する主人公にトム・ハンクスがぴたりとハマり、『ビッグ』は、女性監督として初めて興行収入1億ドルを超える大ヒット作品となった。女性は男性と同じように「稼げる」映画をつくれることを見事に証明したペニー・マーシャルは、その後『プリティ・リーグ』(1992)でもトム・ハンクスと協働することになる。

同じく80年代にコメディ映画の監督として頭角を現したのは、20代で監督デビューした**エイミー・ヘッカリング**(1954–)。キャメロン・クロウが実際の高校生たちの日常をもとに脚本を書いた青春コメディ『初体験／リッジモント・ハイ』(1982)が長編第1作ながら大きな反響を呼び、ヘッカリングのもとには次々に仕事が舞い込むことに。そして手がけたのが、『ベイビー・トーク』(1989)。不倫相手の子供を妊娠した女性の恋の成就までの過程を描いたこの物語の語り手を務めるのは、精子から胎児、

『ベイビー・トーク』
（エイミー・ヘッカリング監督）
DVD：価格：¥3,990（税込）
発売・販売：（株）ソニー・ピクチャーズ エンタテインメント

そして赤ん坊へと成長していく小さなマイキー。ブルース・ウィリスがその声を担当し、大人たちの子供っぽく馬鹿げた振る舞いを笑いとともに描いた本作は大ヒットを記録した。

ヘッカリングは、『ベイビー・トーク』の続編『リトル★ダイナマイツ／ベイビー・トークTOO』(1990)の監督も務めたが、その力量が最大限に発揮されたのは、ジェイン・オースティンの『エマ』を現代の高校を舞台に置き換えた『クルーレス』(1995)。アリシア・シルヴァーストーンが、他人の恋愛を成就させようと張り切るおしゃれが大好きな高校生シェールを演じた本作は、当初男性陣から「もっと男子高校生の視線を入れなければヒットしない」と言われたが、監督は10代の少女のモノローグでこの世界を構築することこそ重要だと信じ、結果映画は大ヒット。ポール・ラッド、ブリタニー・マーフィら新鋭俳優が羽ばたくきっかけとなった。

1990年以降にコメディ映画の監督として活躍したのは、俳優から監督に転身した**ベティ・トーマス**(1948–)。人気テレビシリーズ『ゆかいなブレイディー家』を映画化した『ゆかいなブレディー家／我が家がイチバン』(1995)が大ヒットし、その後もエディ・マーフィ主演の『ドクター・ドリトル』(1998)、サンドラ・ブロックがアルコール依存症患者を演じた『28DAYS』(2000）など人気コメディ映画を次々に手がけた。パンク・ドキュメンタリー『ザ・デクライン』(1981）で監督デビューをした**ペネロープ・スフィーリス**(1945–）監督は、人気テレビ番組『サタデー・ナイト・ライブ』のスケッチをもとにした『ウェインズ・ワールド』(1995）で初めて長編劇映画に挑戦し、商業的に大きな成功を収めた。2000年代に入ってからは、ダンサー兼振付家として活躍後、青春ダンス映画『ステップ・アップ』(2006）で映画監督デビューした**アン・フレッチャー**(1966–)が、サンドラ・ブロック主演のコメディ『あなたは私の婿になる』(2009）を監督し、大ヒットを記録した。

脚本家からラブコメの女王への系譜

脚本家としてキャリアをスタートさせた後、監督として活躍するようになった女性たちのなかで、とりわけラブコメ／ロマンティックコメディのヒットメイカーとなったのが、**ノーラ・エフロン**(1941–2012)と**ナンシー・マイヤーズ**(1949–)。ジャーナリスト出身のノーラ・エフロンは、社会派サスペンス『シルクウッド』(1983、マイク・ニコルズ）の脚本家としてアカデミー賞にノミネートされたあと、ロブ・ライナー監督の『恋人たちの予感』(1989）で脚本

『めぐり逢えたら』
(ノーラ・エフロン監督)
Blu-ray:価格:¥2,381(外税)
発売・販売元:ソニー・ピクチャーズ エンタテインメント

を手がける。メグ・ライアンとビリー・クリスタルがあけすけに男女それぞれのセックス観を語り合い、長い時間をかけて結ばれるまでを描いたこのラブストーリーは、時代を超えて愛される傑作ラブコメ。その後監督業に進出したエフロンは、メグ・ライアンを主演に、やはりラブコメの金字塔といえる『めぐり逢えたら』(1993)、『ユー・ガット・メール』(1998)を発表。90年代を代表する「ラブコメの女王」に君臨する。

ノーラ・エフロンより8歳年下のナンシー・マイヤーズはテレビのクイズ番組の仕事からキャリアをスタートし、80年代初頭からコメディ映画の脚本家として活躍。当時の夫だったチャールズ・シャイアの監督作『花嫁のパパ』(1991)、『花嫁のパパ2』(1995)の脚本を手がけヒットをとばす。マイヤーズ自身は1998年に『ファミリー・ゲーム/双子の天使』で監督デビュー。メル・ギブソンとヘレン・ハントが共演し、ある日突然女性の心が読めるようになった男性の喜劇を描いた監督2作目『ハート・オブ・ウーマン』(2000)は興行的に大成功をおさめた。その後も、『結婚適齢期』(2003)、『ホリデイ』(2006)、『恋するベーカリー』(2009)と、良質なラブコメを発表しつづけている。

「男性」の得意分野とされたアクション・SF映画

90年代になると、アクション、SF、ホラーといった、いわゆる「男性」の得意分野とされたジャンルでも女性監督たちにチャンスがまわってくるようになる。ただし、女性が監督としての力量を証明するためには、男性監督以上の努力と運が必要だったことを忘れてはいけない。

モンティ・モンゴメリーとの共同監督『ラブレス』(1981)で長編デビューした**キャスリン・ビグロー**(1951–)は、『ニア・ダーク/月夜の出来事』(1987)、『ブルースチール』(1989)をはじめ、初期からホラーやアクションというジャンルを解体することに臨んできた。1989年に当時すでに世界的なヒットメーカーとなっていたジェームズ・キャメロンと結婚(1991年に離婚)したビグローは、キャメロン製作総指揮のもと、アクション映画『ハートブルー』(1991)を監督。これまでよりずっと大きな収益をあげるが、続いて製作したキャメロン原作の『ストレンジ・デイズ』(1995)は興行的に惨敗。その後の『悪魔の呼ぶ海へ』(2000)、『K-19』(2002)でも期待した興行成績を上げられず、大作映画からしばらく遠のくはめになる。彼女が復活を遂げたのは、低予算映画としてスタートした後、ヴェネチア国際映画祭をはじめ各国の映画祭で話題をさらった『ハート・ロッカー』(2008)。興行収入はさほど伸びなかったものの、ビグローは本作でアカデミー賞最優秀監督賞を受賞した初の女性となる。その後、アメリカによるオサマ・ビン・ラディン殺害を題材にした『ゼロ・ダーク・サーティ』(2012)は1億ドルを超える大ヒットとなった。

女性監督として超大作映画を手がけた先駆者といえるのが**ミミ・レダー**（1952–）。ドラマ『ER緊急救命室』の監督を務めたことで、スティーヴン・スピルバーグから『ピースメーカー』（1997）の監督として声をかけられたレダーは、続いて『ディープ・インパクト』（1998）を監督。2作とも興行的に大成功をおさめ、女性監督にも超大作のSFやアクションが撮れるという当然の事実を世に知らしめた。だが次作『ペイ・フォワード　可能の王国』(2000)は当たらず、以後苦難を強いられることに。彼女が18年ぶりの劇場用長編映画として発表したのは、アメリカ合衆国最高裁判事を務めたルース・ギンズバーグの伝記映画『ビリーブ　未来への大逆転』（2018）だった。

また、俳優として長いキャリアをもつ**ジョディ・フォスター**（1962–）は、1991年から監督業をスタートし、テレビドラマを含め現在まで着実に良作を発表しつづけている。2016年に発表した、ジョージ・クルーニーとジュリア・ロバーツ主演のサスペンス映画『マネーモンスター』では、自作のなかでもっとも高い興行収入を記録した。

ビッグバジェットのシリーズもの

遅々とした歩みではあるものの、ビッグバジェット映画で活躍する女性監督の数は90年代末期から少しずつ増えていく。1999年に1作目が公開され一世を風靡した**ラナ**（1965–）**&リリー・ウォシャウスキー**（1967–）の『マトリックス』シリーズは、『マトリックス　レザレクションズ』(2021、本作はラナ・ウォシャウスキーの単独監督作品）まで続く人気作となった。

ヒーロー映画に初めて起用された女性監督として話題を呼んだのは、『ワンダーウーマン』（2017）の**パティ・ジェンキンス**。本作は世界各国で大きな収益をあげ、ジェンキンスは続編『ワンダーウーマン1984』（2020）の監督も手がけた。マーベル映画は、DC映画（DCEU）に遅れをとり、『キャプテン・マーベル』（2019）でライアン・フレックと共同監督を務めた**アンナ・ボーデン**（1979–）がマーベル映画史上初めての女性監督となった。その後、『ノマドランド』（2020）でアカデミー賞監督賞を受賞した**クロエ・ジャオ**（1982–）が『エターナルズ』（2021）を監督。『マーベルズ』（2023）では、黒人女性初のマーベル映画監督として、ホラー映画『キャンディマン』（2021）で実績をあげた**ニア・ダコスタ**（1989–）が抜擢された。

アート系映画作家から生まれた大ヒット作品

アートハウス系の作家として注目を集めながら、興行成績で大きな成果を出した女性たちもいる。初長編『ヴァージン・スーサイズ』（1999）で監督として評価を受けた**ソフィア・コッポラ**（1971–）は、日本を舞台にした『ロスト・イン・トランスレーション』（2003）を発表、低予算映画ながら1億ドル以上の興行収入をおさめ、アカデミー賞脚本賞をはじめ多くの映画賞を受賞した。

キャリア初期から俳優業だけでなく映画制作に携わってきた**グレタ・ガーウィグ**（1983–）は、2017年に『レディ・バード』で長編デビューを果たすと、監督賞をはじめとしたアカデミー賞五部門でノミネートを獲得。続く『ストーリー・オブ・マイライフ／わたしの若草物語』（2019）もアカデミー賞に多数ノミネートされた。そして長編3作目『バービー』（2023）は、アメリカで同日公開されたクリストファー・ノーランの『オッペンハイマー』（2023）

と並び大ヒット、世界中で一大センセーションを巻き起こし、女性監督として史上最大の世界興行収入を記録した。

原作ものなど人気シリーズを手がけた女性監督たち

映画史上に残る大人気シリーズの1作目の多くを女性監督たちが手がけているのは興味深い現象だ。ただし、それぞれの事情は違うにしても、彼女たちが監督した1作目がヒットしたあと、続編の監督がほとんど男性監督に代わっているという皮肉な事実も忘れてはいけない。

ヘレン・フィールディングの原作をレネー・ゼルウィガー主演で映画化し、日本でも大人気となった『ブリジット・ジョーンズの日記』(2000)の監督は、これが長編デビュー作となった**シャロン・マグワイア**(1960–)。マグワイアは続編の監督からは手を引くが、3作目となる『ブリジット・ジョーンズの日記　ダメな私の最後のモテ期』(2016)で再び同シリーズに復帰する。

人気ティーンズ小説の映画化作品『トワイライト～初恋～』(2008)で、主演のクリステン・スチュワートとロバート・パティンソンの人気とともに一大ブームを巻き起こしたのは、『サーティーン　あの頃欲しかった愛のこと』(2003)、『ロード・オブ・ドッグタウン』(2006)で評価を得ていた**キャサリン・ハードウィック**(1967–)。そして、もともと『トワイライト』シリーズのファンフィクションとして書かれ、大きな人気を得ていたベストセラー官能小説『フィフティ・シェイズ・オブ・グレイ』を映画化したのは、イギリス出身の**サム・テイラー=ジョンソン**。ダコタ・ジョンソン主演の『フィフティ・シェイズ・オブ・グレイ』(2015)は5億ドルを超える興行収入をあげるが、ハードウィックもテイラー=ジョンソンも、シリーズの続編を手がけることはなかった。

人気の舞台作品を映画化したのは、イギリス出身の**フィリダ・ロイド**。1999年にABBAの楽曲をもとにした舞台版の演出を自ら手がけていたロイドは、それを映画化した『マンマ・ミーア！』(2008)を発表。映画は公開時にイギリスで最も高い興行収入を上げた作品となり、世界中で大ヒットした。ロイドはその後も舞台と映画の両方で活躍している。一方、シリーズ2作目で初めて監督として起用されたのは、『ピッチ・パーフェクト2』(2015)の**エリザベス・バンクス**(1974–)。すでに俳優として活躍していたバンクスはシリーズ1作目でプロデューサー兼出演者として参加、2作目で監督を務め、2億ドルを超える興行成績を記録した。

2000年代から始まったアニメーション映画界の変化

メジャーなアニメーション映画で女性監督たちに活躍の機会が与えられるようになったのは、ようやく2000年頃から。アカデミー賞長編アニメーション賞を受賞し世界中で大ヒットした『シュレック』(2001)でアンドリュー・アダムソンと共同監督を務めた**ヴィッキー・ジェンソン**(1960–)は、その嚆矢的存在といえる。大きな飛躍となったのは『カンフー・パンダ2』(2011)。これが長編デビュー作となる**ジェニファー・ユー・ネルソン**(1972–)による本作は、女性が単独で監督した作品として過去最高の興行収入を記録した。

ディズニー・アニメーション・スタジオの長編映画として初の女性監督となったのは、『アナと雪の女王』(2013)でクリス・バックと共同監督を務めた**ジェリファー・リー**。リーはその後、『アナと雪の女王2』(2019)、『ウィッシュ』(2023)を手がけ、快進撃を続けている。

ピクサーでは、**ブレンダ・チャップマン**(1962–)が初めて女性として長編映画『メリダとおそろしの森』(2012)を監督することになったが、製作中、後にパワーハラスメントやセクシュアルハラスメントで訴えられることになるジョン・ラセターと対立し、途中解雇されてしまう。本作の監督はマーク・アンドリュースに交代されたが、クレジットには彼女の名前が残されたため、記録上はピクサー初の女性監督となった。『メリダとおそろしの森』はピクサーで初めて女性を主人公にした作品でもあり、批評・興行面ともに大きな反響を呼んだ。ジョン・ラセター失脚後のピクサーでは女性の活躍が少しずつ増え始め、『私ときどきレッサーパンダ』(2022)の**ドミー・シー**がピクサーで単独で監督を務めた初の女性監督となった。

重要作品リスト

『ビッグ』
(ペニー・マーシャル監督、1988)
ある日、魔法で突然大人の見た目になってしまった少年が繰り広げる喜劇。コメディ俳優から監督業に転身したペニー・マーシャルの長編第2作目となった本作は、女性監督作として初めて興行収入1億ドルを超えた記念碑的作品。

『ベイビー・トーク』
(エイミー・ヘッカリング監督、1989)
思わぬ妊娠と出産、子育てに右往左往する大人たちの動向を赤ん坊の視点から眺めた荒唐無稽なコメディ。映画は大ヒットし、『初体験/リッジモント・ハイ』でデビューしたヘッカリングを一躍ヒットメーカーに押し上げた。

『めぐり逢えたら』
(ノーラ・エフロン監督、1993)
ロブ・ライナー監督『恋人たちの予感』の脚本を手がけたノーラ・エフロンが自ら監督した本作は、過去の名作『めぐり逢い』へオマージュを捧げたラブストーリー。その後エフロンは90年代を代表する「ラブコメの女王」に。

『ディープ・インパクト』
(ミミ・レダー監督、1998)
彗星の衝突により地球滅亡が目前に迫るなか、人々はどう最後の日を迎えるか。スピルバーグの推薦により監督に起用されたミミ・レダーは、自身初のSF映画を見事に完成させ、超大作映画における女性監督の地位を底上げした。

『マトリックス』
(ラナ&リリー・ウォシャウスキー監督、1999)
コンピューターに支配された「仮想現実」からの目覚めをテーマにした本作は、最新のCG技術を駆使し、映画におけるまったく新しいビジュアルイメージをつくりだした。これから始まる新たな映画のあり方を提示した重要作。

『シュレック』
(ヴィッキー・ジェンソン&アンドリュー・アダムソン監督、2001)
累計約30億ドルの興行収入を記録し、“アニメシリーズ世界興行成績No.1”に認定された『シュレック』シリーズ。その1作目を共同監督したヴィッキー・ジェムソンは、その後アニメ・実写の両ジャンルで活躍する。

『結婚適齢期』
(ナンシー・マイヤーズ監督、2003)
脚本家出身のナンシー・マイヤーズによる監督2作目。ダイアン・キートンを主演にした本作は、50代の女性がヒロインを務めるロマンティック・コメディとして、ハリウッドの女性表象のあり方に革命を起こした。

『ロスト・イン・トランスレーション』
(ソフィア・コッポラ監督、2003)
『ヴァージン・スーサイズ』でアート系の映画作家として評価を得ていたソフィア・コッポラ。低予算で製作したこの長編2作目は興行的に大成功し、アカデミー賞脚本賞をはじめ数々の映画賞を獲得した。

『トワイライト〜初恋〜』
(キャサリン・ハードウィック監督、2008)
高校生のヴェラと、ヴァンパイアの青年エドワードとのロマンティックな恋愛物語。ベストセラーとなったティーン小説の映画化。主演二人の恋愛ゴシップも絡み、若者たちを中心に一大ムーヴメントを引き起こした。

『マンマ・ミーア!』
(フィリダ・ロイド監督、2008)
ABBAの楽曲をモチーフにした人気舞台の映画化。舞台版の演出も手がけたイギリス出身のフィリダ・ロイドが監督を務め、メリル・ストリープが主演した本作は、イギリス史上最高のヒット作品となった。

『あなたは私の婿になる』
(アン・フレッチャー監督、2009)
ダンサー兼振付家として活動していたアン・フレッチャーが監督、サンドラ・ブラックが、仕事の地位を守るため部下に偽装結婚を持ちかける堅物の編集長を演じた。映画は興行収入3億ドルを超える大ヒットを記録した。

『カンフー・パンダ2』
(ジェニファー・ユー・ネルソン監督、2011)
ハリウッドメジャーの長編アニメ映画で初めて女性が単独で監督を務めた本作は、女性監督の作品として史上最高の興行収入を記録。その記録は、後に『ワンダーウーマン』によって更新されることに。

『ワンダーウーマン』
(パティ・ジェンキンス監督、2017)
DC映画としてだけでなく、スーパーヒーロー映画として初めて女性が監督に起用された重要作。女性監督作品No.1オープニング成績を記録し、パティ・ジェンキンスは続編『ワンダーウーマン 1984』の監督も務めた。

『バービー』
(グレタ・ガーウィグ監督、2023)
『レディ・バード』『ストーリー・オブ・マイライフ/わたしの若草物語』で評価を得ていたグレタ・ガーウィグは、本作で10億ドルの興行収入を上げ、『ワンダーウーマン』の記録を抜き、女性監督作品の史上最高額を更新した。

5 現代の女性映画監督たち

鼎談

降矢聡(グッチーズ・フリースクール)、吉田夏生、田中竜輔(フィルムアート社)

「憧れ」から「共感」へ、「私」から「私たち」へ

ここでは、主に1980年代に生まれ、2010年代以降に活躍を広げる女性映画監督たちとその作品をめぐる鼎談をお送りする。映画史の先端で、いま女性監督たちは何を見つめようとし、どのようにそれを映し出そうとしているのか。

収録:2023年12月21日

ソフィアからグレタへ

田中●今回、主に「1980年代生まれの女性映画監督」をテーマとしたのは、彼女たちが本格的に商業・非商業問わず作品を次々と発表し始めるのが、およそ2010年代であることがひとつの理由です。つまりここ10年、あるいは15年ほどのスパンにおける女性監督たちの映画がどのようなものであるか、そこにはどんな潮流があるのかを議論してみたい。そのなかで、おそらく多少なりとも前後する世代の作品にも議論が広がるように思いますが、まず、その先行世代として無視できない存在にソフィア・コッポラがいると思います。

降矢●これは個人の感覚ですが、ソフィア・コッポラの映画って、もちろん女性の監督でありつつ、たんに「女性監督の映画」というよりも「ソフィアの映画」という強烈な個性を持った人の映画という印象があります。

吉田●ソフィアは多くのフォロワーを生みましたよね。彼女以後、カギ括弧つきで「女性ならでは」と言われるような、男性監督たちが気づかない、あるいは思いつかない感情の機微をもとに、ごく私的で個人的な物語を描く人が増えたけれど、やっぱりソフィアは突出していた。

ただ、今はもっと広がりを持った作品が増えた気がします。アカデミー賞でアレハンドロ・ゴンザレス・イニャリトゥの『レヴェナント:蘇えりし者』(2016)が監督賞と主演男優賞を獲得したとき、すごく印象に残ったのが、「オスカーを獲るために、白人男性は熊と戦えばいい、一方で、有色人種や女性は時代や社会と戦わなければならない」という、たしかアメリカの方のツイートです。「白人男性」という属性がいかに映画の世界で標準とされているかに対する上手い皮肉ですね。何というか、ソフィア・コッポラは、そうしたことを含む既存の枠組みへの反発とか問題提起とか、そういう類の社会への違和感をモチベーションとしている人ではないですよね。

もうすぐ最新作の『プリシラ』(2023)が公開されますが、前作『オン・ザ・ロック』(2020)を見て、彼女は時代に取り残されはじめているのでは?と思ったんです。ビル・マーレイとラシダ・ジョーンズが父娘を演じ、ジョーンズの夫の浮気疑惑に怒ったマーレイが真相を突き止めようとするという物語

で、ソフィアが監督として女性に寄り添い、夫婦間の問題をフェミニズムの視点で描こうとしてるのはわかるんです。ただ、「市井の人々を描いていますよ」という体だけど、暮らしの描写が無性に鼻につくというか（笑）。登場人物たちは皆、経済的にも文化的にとても豊かなわけですが、そうした恵まれた環境をソフィア自身が「市井」だと思っているんだなぁと伝わってきて、ノイズになりました。少し前にソフィアの当時16歳の娘が「友達とご飯行くためにパパのクレジットカードでヘリをチャーターしようとしたら、外出禁止になっちゃった」みたいな動画をTikTokに上げて話題になってましたけど、ソフィアも同じで、自分たちがいかに浮世離れしているかを自覚していないのかなって。

降矢●なにせコッポラ一族ですからね（笑）。

吉田●自分のズレに無自覚という点ともつながるのですが、ビル・マーレイが演じた父親の人物造形も引っかかりました。家庭を顧みず浮気を繰り返し、それを開き直り、年老いてもなお女性を口説きまくり、とにかく自由気ままで横暴で……ダメなところもあるけれど、でも、本当は娘思いの良い父親なんです！ みたいな役柄で。

降矢●そうそう、なんかちょっと人情味ある感じ。

吉田●そういうキャラクターを描くこと自体はもちろん何の問題もないけど、昔ながらの都合のいい家父長的父親像をソフィア自身が肯定的に見ているように感じて、その無邪気さに「おお……」となりました。もちろん、マーレイの配役についても考えてしまうし。マーレイは昔から気難しいイメージがある俳優ですが、最近は深刻な告発もされました。私は今も俳優としての彼を完全に嫌いにはなれないけど、ソフィアは、このキャスティングが自ずと生む批評性にも無自覚なままマーレイを配役しているように思えて。振り返ってみれば、もう今の時代では『ロスト・イン・トランスレーション』（2003）もジェンダーの観点からは批判は避けられないでしょうし、ひょっとすると『マリー・アントワネット』（2006）もそうかもしれない。

降矢●ソフィア・コッポラの映画がフェミニズム的ではないとは思わないですけど、何かを問い直すという視点はあまりないですよね。はたして無自覚なのか、実はめっぽう意識的なのかもとも思いますが、いずれにせよ、ズレを問い直すのではなく、ズレたまま平然と、そのズレたままを生きてしまう感じがする。『マリー・アントワネット』も『SOMEWHERE』（2010）も『ブリングリング』（2013）も、感覚がズレにズレまくっている人たちの話ですよね。ただ、そのズレを問い直したり正したりするよりも、そのまま生きてしまうことのほうが批評性を帯びるということはあるかもしれない。そしてそれはソフィアにしかできないことだと思う。

吉田●最近、K-POPに詳しい友人から面白い話を聞きました。NewJeansを始めとした韓国のさまざまな人気アイドルグループのアートディレクター兼プロデューサーを担っている、ミン・ヒジンというカリスマ的な女性がいます。彼女はまさにソフィア世代ど真ん中で、女の子たちのスタイリングにもMVにもその影響は顕著です。ただ、たとえば「OMG」という曲のMVは「メンタルヘルスの問題をファッションとして消費している」と批判されたりもしたようで、「女の子」であることに伴う傷や痛みを「私」という個人の物語に収斂させる、そうしたことがソフィア的な世界観のもとで無自覚に再生産されているとして、一部のファンからは疑問を呈されているそうです。

降矢●ソフィア・コッポラの世界観についての多くの肯定的な意見は、基本的に「憧れ」の側面がある気がします。こんな趣味とか生活とか考え方っていいな、という。

田中●『ヴァージン・スーサイズ』（1999）や『ブリングリング』には少し違う印象もありますけども、やっぱりソフィア・コッポラは「私」から何かを発信する作家だという印象は強いですよね。既存の価値観とか社会的な状況とか、もちろんそうした問題もあるけど、とりあえずは自分の関心をとにかく突き詰める、それがカッコいいっていう。しかし現在の女性監督たちはそういう「私」に関わる趣味とかセンスのカッコよさを提示することよりは、世界や社会についての誰もが共有できる問題を扱おうという姿勢の方が際立っている気がします。

降矢●そうそう、現代の作家たちは「かっこいい」みたいな憧れじゃなくて、「自分たちと同じことを考えているんだ」という共感で観客を惹きつけているのかも。この人は私たちのことを描いているんだ、と。「憧れ」から「共感」へ。

吉田●現代の女性監督は憧れの対象としての「I＝私」を描くのではなく、「WE＝私たち」を描いていると言えるのかもしれないですね。

降矢●いま**グレタ・ガーウィグ**（1983–）がなぜここまで支持されているのかというと、こうした視点で映画を作っているからなんじゃないか。最新作『バービー』（2023）だって、まさにバービーがもはや憧れの対象ではないという映画ですからね。

吉田●『レディ・バード』（2017）に大好きなシーンがあります。それは、シアーシャ・ローナンがバイト先のバックヤードで、ゲイであることがわかった元彼のルーカス・ヘッジズとハグをする場面です。たとえば最近リバイバルされたテリー・ツワイゴフの『ゴーストワールド』（2001）に、主人公ふたりがブラッド・レンフロ演じる男友達のアパートに遊びに行って、不在なことに拗ねて「あんたはゲイってことね」みたいな書き置きを残す場面があります。『ゴーストワールド』は自分が映画好きになったきっかけの作品でもあるのでオールタイムベスト級に好きですが、ガールズムービーにおける同性愛への言及の仕方としてこの2作を比べてみると、『レディ・バード』にいわゆる「アップデート」のうつくしい形を見た気がして、時代は変わるんだと感慨を覚えたんですよね。ハグをするふたりの全身を捉えた引きのショットは、優しさにあふれている。

あと、この映画のシャラメがすごく好きなんですよね。ひどい男ですけど、等身大の女子高生としてシャラメに恋焦がれているシアーシャがとてもかわいらしいし、何より、シャラメを「女子を夢中にさせる学校の美男子」として撮るのって、男性監督の場合は「そのまま」すぎて避けるかもしれないけど、ガーウィグはそれを真正面からやった。さすがだなと思います（笑）。

『レディ・バード』
（グレタ・ガーウィグ監督）
ブルーレイ+DVDセット：4,389円（税込）発売中
NBCユニバーサル・エンターテイメント

降矢●描き方が変わるということで言えば、『レディ・バード』は最終的に母との話になるのが面白い。少年少女たちの恋愛の話でも友情の話でもなく、どちらかというと青春映画では単に邪魔者されたり、抑圧的な存在として、画一的に描かれもしてきた親との関係性を新たに作り直そうとするようなものになっている。

グレタ・ガーウィグがすごいのは、作品ごとに今までの価値観やあり方を描き換えようとしているように思えるところです。『ストーリー・オブ・マイライフ／わたしの若草物語』（2019）も、いきなりお金の交渉から映画が始まる。そして終わりでも自分の小説の主人公を結婚させるか結婚させないか、させたらいくらくれるの？ みたいな著作権絡みの交渉をしている。あえてソフィアと対比すると、「憧れ」＝小説家になれた、というだけで終わらず、まさに「憧れ」を「問い直す」わけですよね。自分の恋の話だけとか家族や夢の話だけじゃなく、女性と仕事みたいな関係性の変化みたいなものを極めて現実的に描く。親や家族、そしてお金や権利ということを『ストーリー・オブ・マイライフ』で描き直したあと、『バービー』は、さらにあらゆるものを全部飲み込んだみたいなものになる。バービー“ランド”ですから。

田中●『ストーリー・オブ・マイライフ』って、邦題によって少し複雑な意味を持ってしまったかもしれないですね。原題は小説と同じく「Little Women」、つまり「私の人生の物語」ではなく、「小さな女性たち」の物語であるわけで。

『ストーリー・オブ・マイライフ／わたしの若草物語』
（グレタ・ガーウィグ監督）
DVD+Blu-ray：4,743円+税　発売中
発売元：株式会社ソニー・ピクチャーズ エンタテインメント

降矢●最初はまさに邦題通りの映画だなと感じたんですが、しかし改めて考えると確かにそうですね。

田中●決して「私の人生の物語」の側面がないわけではない、ですが「私」だけを描く映画でもやっぱりない。そこで問題になるのはやはり複数形の「私たち」。映画の構造自体もそうした見え方を可能にしている。

吉田●一見すると非常に個人的な話に思えても、その主語には複数の女性が重なって見えるということですかね。降矢さんのお話にすこしつけ加えたいんですが、『ストーリー・オブ・マイライフ』について考えるとき、その一年半ほど前に公開された、「フランケンシュタイン」の作者のメアリー・シェリーを題材にした『メアリーの総て』（2017）を思い出します。監督はサウジアラビア出身の女性、**ハイファ・アル＝マンスール**（1974–）。こちらは伝記映画ではあるけど、どちらも19世紀の西洋社会で物書きを夢見る女性が主人公です。『メアリーの総て』は

当時の女性が置かれていた過酷な環境がよくわかる、フェミニズムの入門としてはとても優れた映画です。同時に、物語の柱は詩人で夫のパーシーとの関係であって、彼との愛憎がメアリーの創作に大きく影響を与えているように描かれます。

一方で、『ストーリー・オブ・マイライフ』って、降矢さんが既に話してくれたように、まずお金の話から映画が始まるんですよね。原稿を渡して、原稿料を受け取る、というアクションを手元のアップで映したカットには、ガーウィグの明確なメッセージが詰まっている。『メアリーの総て』でもお金と著作権の話は一応は出てくるけど、まずそこから映画をスタートさせる『ストーリー・オブ・マイライフ』のアプローチは新鮮でした。それにこの映画は、主人公のジョーだけじゃなく、末っ子・エイミーの「女性にとって結婚は経済問題だ」というセリフが示すように、他の姉妹の選択についても、経済という観点を大きく取り入れて描いている。恋愛はあくまで彼女たちの人生を構成するひとつの要素であって、もっと芯の太い「私たちはどう生きるか」という問いを中心に据えている。

『はちどり』と『私ときどきレッサーパンダ』と『キャプテン・マーベル』と

降矢●「私」の話ではなく、「私たち」の話を語ろうとするとき、『バービー』と近い形でそのあり方を描いていたのが**キム・ボラ**（1981–）の『はちどり』（2018）だと思うんです。

『はちどり』では、主人公と同性である母親や姉の悩みと、異性である父親と兄の悩みがそれぞれ描かれる。同性であっても母と姉では年代が違うし、父親や兄もそう。同じ家族であったり同性だったり同年代であっても、それぞれの悩みを抱えている。また、主人公は自分のクィア性みたいなものへ当惑しているようでもある。その中で主人公の少女の母親や姉が「私は何もできなかった」とか「何の取り柄もない」というようなことを主人公に吐露するシーンがあるんですね。それが『バービー』での「私は基本のバービーだから何もできない、何をすればいいかわからない」という台詞に重なって見えたんです。

『はちどり』って一見すると思春期の女の子の話なんだけど、実はそのひとりの少女を通して、無数の人々の物語が重なって描かれている。にもかかわらず、そこで語られるさまざまな問題が全部投げっぱなしというか、何の解決もしないで終わることがすごい。母親の愛の問題も、姉の苛立ちも、兄や父親の鬱屈した気持ちも何も解決されない。この映画は1994年を舞台にしていますが、これは単純に物語の時代設定だけの問題じゃなく、こうした20年以上前の問題が、現実においても今に至るまで解決できてないということの表れなんじゃないかと。つまり、母の世代の問題は解決しないまま続いているし、そしてその娘である私も同じような問題に直面している。だからといって手を取り合えるかといえば、しかし親子関係はそう単純なものでもない。

現代の女性監督たちのやろうとしていることについて、僕のひとつの見立てなんですが、まず大きなモチーフとして母と娘（＝私）という設定があると思うんです。つまり古い世代と新しい世代がある。そこに対して、安易に対立関係を持ち込むのではなく、まず自分たちと同じような悩みを持ちつつ、それを解決することができなかった、古い世代が描かれる。そしてその世代の苦しみと同じようなことで、自分たち新しい世代も苦しんでいる現状を示す。しかしそこから新しい世代は、母の世代と同じ道を選ぶことはせず、苦しみや悩みを別の仕方でどうにかしようとする。そのような大きな流れの中で、「私たち」の問題が扱われている気がするんです。

吉田●韓国で社会現象にもなった小説を映画化した**キム・ドヨン**（1970–）監督の『1982年生まれ、キム・ジヨン』（2019）も、母と娘の話が軸にありますよね。ジヨンの母は、旧来の家父長制的な家族のあり方に違和感を覚えながらも、変えようがないものとしてそれを引き受けて子育てをしてきた。で

『はちどり』
（キム・ボラ監督）
Blu-ray：¥6,380（税込）
発売中
発売元：アニモプロデュース　販売元：TCエンタテインメント
提供：アニモプロデュース、朝日新聞社

も、娘のジヨンには自分とは違う生き方をしてほしいと願っている。『はちどり』と共通する部分があると思います。

降矢●そこに重ねて考えてみたいのは**ドミー・シー**（1989–）監督の『私ときどきレッサーパンダ』（2022）というディズニー・アニメーションです。この映画もアジア系の母親と娘の話で、2002年を舞台にしているんですが、母娘の家系には代々受け継がれる秘められたパワーがあって、感情が高まるとレッサーパンダに変身しちゃうんですね。主人公の娘は多感な時期に、生理の問題みたいなことを比喩的に語られてこのレッサーパンダへの変身能力を手に入れるんですが、それに対して母は「感情を露わにするのは良くない、社会に溶け込みなさい」って訓練を受けさせることで、娘に力を抑え込ませる。「かつて私もそうだったんだからあなたも従順な女性になりなさい」ということです。

母は、自分の親（娘にとってはお婆ちゃん）に反抗しきれなかったことの傷を今でもどこかに引きずっている。でもそれを知ったうえで娘は母に反発する。要するに自分の家系に備わっている能力だけじゃなく、母やそのまた上の世代が抱えていた傷や痛みをどう継承するか、そしてどう反発するかって話が語られるんですが、これは非常に『はちどり』に似ていると思うんですね。

田中●なるほど、「私たち」というのは、単にこの時代を生きている特定の世代の話でさえない。複数の世代をまたぐ関係を含めて問われていることだという見方ですね。

降矢●そこにはっきりと繋がるのが**アンナ・ボーデン**（1979–）とライアン・フレックが共同監督した『キャプテン・マーベル』（2019）。キャプテン・マーベルはそもそもものすごい力を持っているんだけど、ジュード・ロウには「感情をコントロールして使いこなせ」「そんなにスーパーパワーに頼るな」みたいなことをめちゃくちゃ言われる。これはわかりやすく父権的な社会が女性を抑圧してきたことの比喩でしょう。すでに世界を変えられるほどの力を持ってるのに、そんな些細なことで抑圧される。

その続きとなる**ニア・ダコスタ**（1989–）監督の『マーベルズ』（2023）がさらに面白いのは、『キャプテン・マーベル』に登場した女の子が再登場するんですけど、彼女はキャプテン・マーベルにずっと憧れていて、同じようにスーパーパワーを手に入れて一緒に戦うことになる。かつてキャプテン・マーベルがスーパーパワーを解放し抑圧から自由になった、それを見ていた小さい女の子が、最終的にはその憧れの対象と一緒に戦うことになる。旧世代は越えるべき敵ではない、かつて同じ痛みを持っていた人なんだという理解があるわけですね。

ものすごく単純な見方ですけど、親の世代というのは、かつて子の世代にとって単純に乗り越えなきゃいけないものだった。でも今は「母親の世代も私たちと同じように色んな悩みがあった」と理解されるし、そのうえで私たちの世代では、それをどうにか乗り越えなきゃと考える。上の世代は敵ではないし、しかし単純な友でもない。リスペクトの対象として、世代を超えた継承の仕方みたいなものが『マーベルズ』では描かれていて、まさに現代の女性たちの物語と呼ぶにふさわしい話になっていると感じました。『私ときどきレッサーパンダ』や『キャプテン・マーベル』が、旧世代とか父権的なものから抑圧とそこからの脱却の話だとすると、その裏面が『ハーレイ・クインの華麗なる覚醒BIRDS OF PREY』(2020)かもしれません。あの映画は、父権的なものの「抑圧」ではなく、ジョーカーという圧倒的存在の男性の「庇護」から外れた女性が自立する話でもある。

私たち、亡霊たち、身体と家族

田中●降矢さんの話を聞いていて、女性に比べると男性はやっぱりいまだにかなりの部分で「父殺し」に囚われた描写も多い気がします。父と息子の関係で考えると、映画に出てくる父親って息子に対して「お前の悩みはわかった、俺もそうだった、でも俺はこうして乗り越えたよ」みたいな話でわりと解決させたがるじゃないですか。つまり男性的な悩みは、男性の社会的な特権にも関わると思うのですが、ある程度は気合いとか根性みたいな感じで、一世代のうちに乗り越え可能であることも多く、そういう構造が長らく維持されていたということでもある。

吉田●ドラマシリーズ『ザ・モーニングショー』のシーズン3(2023)で心に残ったセリフがありました。放送局の管理職に就いている若いアジア系の女性と、ニュース番組のプロデューサーであるアフリカ系の女性が、ふたりで協力して局のお偉いさんを追い出そうって計画を立てるんです。しかしそこで、管理職の女性は「自分たちがやろうとしていることは、白人男性たちと同じようにパワーゲームに乗っかることではないのか」と疑問を抱くんです。するとプロデューサーの女性が、「そうはならない。なぜなら私たちには彼らにはないものがあるから。私たちには亡霊が見えるんだ」と言う。

社会のマジョリティとして生きてきた人間の多くは、自分たちにはあらかじめ特権が与えられていて、それは多数派に属さない人から多くを奪った上で成り立っているという意識がそもそもない。でも私たちには先人たちが負った痛みに対する自覚がある——彼女の言葉で言えば「亡霊」たちに対する想像力を持っているんだ、と。そう考えると、彼女たちの計画はある意味で亡霊の逆襲とも言える。先人たちが生きた過去の先に自分たちの今が存在している。「亡霊」という言葉を用いて世代間の連帯を表現するのは、結構グッときましたね。

降矢●現代の男性たちの映画では「父殺し」や「パワーゲーム」からどう降りるのか、ということが問題になっている気もします。そのことに関連しますが、女性監督が男性を描くとき、彼らの「男らしさ」について焦点を当てるのもとても重要なポイントですよね。**クロエ・ジャオ**監督(1982–)の『ザ・ライダー』(2017)や、若手監督ではありませんが、**ジェーン・カンピオン**監督(1954–)の『パワー・オブ・ザ・ドッグ』(2021)などです。そこには「男らしさ」に苦しめられる男性たちの姿があります。しかし、降りるのでもなく、単に乗っかるのでもなく、「亡霊」とともに「連帯」していくというのは、ここまでの話にめちゃくちゃ通じるものがありますね。

吉田●考えてみると、『1982年生まれ、キム・ジヨン』では、ジヨンの異変は「亡くなった祖母や友人が乗り移ったかのように突然喋り出す」という行為によって表現されるように、文字通り、亡霊を通じて過去と現在をつなぐという手法を取っているんですよね。ジヨンの母はまだ生きていますが、母が憑依したようにジヨンが語り出す場面もあります。ただ、母と娘という関係性こそが現代的なのかというと、ちょっと疑問はあるかも。映画のなかで血縁や恋愛による結びつきが特別視されてきた歴史がある分、最近はそうではない、友情や仲間意識による横の連帯に可能性を見出す向きはあると思うし、私も個人的にその流れは好きですね。家族の解体以後の新しい共同体をどう作るか、という方にトレンドがシフトしているというか。

田中●たとえば近年の作品だと**ローリーン・スカファリア**（1978–）監督の『ハスラーズ』（2019）などもそうでしょうか。あるいは**岨手由貴子**（1983–）監督の『あのこは貴族』（2020）では、普通であれば横並びになるはずのないふたりの女性の名づけえない関係が、それぞれの家族の問題と向き合いつつ、ひとりの男性を境目に構築されるという映画でした。そうした横の連帯はもちろん重要だと思うんですが、しかしそれが世代という縦の連帯問題と相反する、というわけではない気がするんです。

ちょっと視点を変えて、じゃあそうした関係はどうやって映し出されるのかを考えてみたいんです。まず横の連帯というのは、何よりもシンプルにひとつのフレームにその人たちをうまく収められるかどうかにかかってる気がする。余計な意味を加えずに、ただただ隣り合うふたりの存在をそれとしてどう収めるのか。もちろんこれも簡単なことじゃありません。一方で、母と娘に代表される世代の縦の連帯はどうかというと、たぶんひとつのショットでは、どんなに頑張ってもうまくいかない気がする。なぜかというと、いま「亡霊」というお話がありましたけども、そこには過去からの時間の経過をどう画面に示すかという問いがどうしても関わるからです。じゃあ何が必要か。切り返しショットなのか、特殊な編集なのか、大胆なCG処理なのか、あるいは超ロングテイクの撮影なのか、方法はいろいろあると思いますが、何かしらの異なる位相にある映像を繋ぐ操作は必要とされるんじゃないかと。

降矢●『私ときどきレッサーパンダ』に、主人公の娘が若い頃の子供の姿になった母親と、まさに友達のように、同世代のように話す場面があります。

田中●なるほど、まさにそういうことですね。すごく乱暴に要約すれば、映画において横の連帯というのは運動に、縦の世代は時間に属する問題なのだと。たとえば『バービー』は、バービーという存在がまず運動を獲得した先に、時間を獲得する映画だとも見れる。バービーの友人たちによる横の連帯の映画でもあり、バービーという存在を知るさまざまな世代に関わる縦の世代の映画でもあるのだと。

吉田●個人的には、横の連帯に対する近年の関心の高まりは、母と娘といった縦の連帯に「横の連帯」性を見出すようになった、とも言えると思っています。『1982年生まれ、キム・ジヨン』はその良い例なのかなと感じました。

降矢●母と娘の縦の連帯、親と子の関係の問い直しに関わるものとしては、たとえば**オードレイ・ディヴァン**（1980–）監督の『あのこと』（2021）とか**エリザ・ヒットマン**（1979–）監督の『17歳の瞳に映る世界』（2020）のように、妊娠や中絶を描いた映画がありますね。中絶の描かれ方に異様なほどのリアリティがある、ある意味ではグロテスクなくらいの痛みを持っていることは、おそらく**ジュリアン・デュクルノー**（1983–）監督の『TITANE／チタン』（2021）のような映画の表現にも関係すると思うんですが、家族というものを単純に祝福することについて疑問を提示しているようにも見えますね。

ほかにも妊娠や中絶を描いた作品で注目すべき作品は近年多いですよね。**ケリー・オサリバン**（1983/1984–）が主演と脚本を務めた『セイント・フランシス』（2019）は中絶とナニー、そして同性のカップルや産後うつなど、親と子という関係をさまざまな面から実感を持って描かれた素晴らしい映画ですし、**ハンナ・ベルイホルム**（1980–）監督の北欧ホラー『ハッチング-孵化-』（2022）は、まさに家族

『17歳の瞳に映る世界』
DVD：3,980円（税込）
発売中
NBCユニバーサル・エンターテイメント

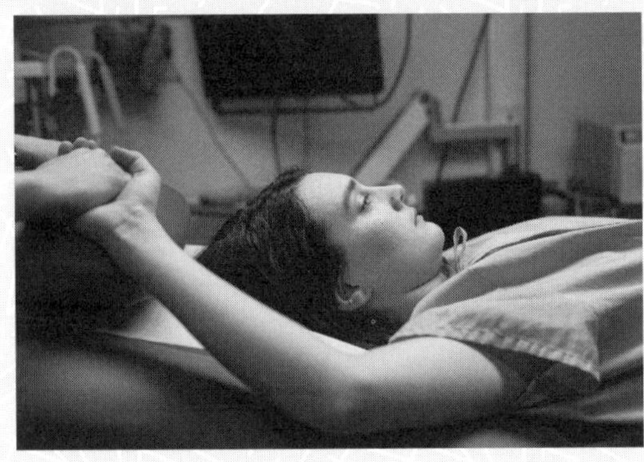

や母と子いうものの歪みを描いた映画です。これらの映画が今までの価値観、ここでは家族というようなものの転覆を描いていたとすれば、親からすれば脅威で恐ろしいもあるわけですよね。だから『TITANE／チタン』や『ハッチング―孵化―』など、ホラーという形式がぴたりとハマる。妊娠、中絶の映画ではないですが、**アナ・リリー・アミールポアー**（1980–）監督の『ザ・ヴァンパイア 残酷な牙を持つ少女』（2014）や**ローズ・グラス**（1990–）監督『セイント・モード 狂信』（2019）といった今注目すべき女性監督らも非常に刺激的なホラー映画を作っているのも興味深いです。

吉田●『17歳の瞳に映る世界』や『あのこと』、『TITANE／チタン』は、どれも妊娠や出産を家族や恋愛、そして男性との関係から切り離して描いている点が重要ですよね。まず何より、妊娠・出産とは、女性の身体が経験する重大な変化なのだという、物語表現において軽視されてきた事実が強調される。感情云々の前に個人の生命に関わる問題であり、だからこそ、男性の責任は問われるべきなんです。息苦しいほどに痛々しい描写についても、妊娠・出産における身体の当然の成り行きなのだから、目を逸らしてはならないものとして積極的に提示するということなのかなと思います。

降矢●女性の身体に関する描写でいえば、『セイント・フランシス』は生理について繰り返し言及されるんですよね。生理をギャグのように扱ったり、なにか重要な結果を導き出すためのストーリー上の仕掛けとして扱う映画は少なくない。しかしこの映画は、自然と当たり前のように生理について描写されているように見えた。そして何より感動したのは、出産後の尿漏れについて語り合うシーンです。一方には中絶や生理で悩む女性、もう一方には産後うつと尿漏れで悩む女性がいる。言ってみれば真逆のような立場の彼女たちが、下着の交換という行為で繋がり、連帯する。近年の映画でもっとも美しいシーンのひとつだと思います。

吉田●やや脱線しますが、異様なリアリティということで言うと、クロエ・ジャオ監督の『ノマドランド』（2021）で、フランシス・マクドーマンドがお腹を壊してトレーラーハウスのトイレで大をするシーンがあるじゃないですか。この排泄シーン、非常にリアルな音がかぶせられていて、生々しいんですよね。長年思っていることなんですが、アメリカ映画って、排泄や嘔吐といった、日常では隠される生理現象を露骨に描く、あるいは面白がる傾向がないですか？ 排泄物や吐瀉物をそのまま映すケースも珍しくないけど、日本ではなかなか見られない演出ですよね。どんな文化の違いがそれを生んでいるのかすごく興味があります。

あと、もう一度『ストーリー・オブ・マイライフ』の話をしたいのですが、この映画は、創作という行為に身体性が伴っているところも好きなんですよね。ジョーの指先についたインクの痕だったりとか、原稿を床に並べて眺めたり、腕が痛くなってペンを持つ手を替えてみたり。物を書くことへの苦心と喜びがみなぎっている。歴史・社会の文脈で女性の表象を考えることはもちろん不可欠ですが、同時に、外部と切り離されたところでの、純粋な身体の躍動として、ジョーというひとりの女性が感じる楽しさが見事に描かれている。ガーウィグの映画って、テーマだけでもフェミニズム的だけど、血の通った身体の喜びみたいなものをスクリーンに表出させる才能がずば抜けている気がします。

田中●そうした部分は女性自身のリアリズム、あるいは女性たちの自身のイメージを取り戻すために必要とされた演出とも考えられますね。たとえばアニエス・ヴァルダの『幸福』（1965）だとか、あるいはクローディア・ウェイルの『ガールフレンド』（1978）がその同時代にもたらした衝撃にひょっとすると近いのではないかと。

降矢●バービーの最後の婦人科のシーンと同じことですよね。妊娠とかそういうことを関係なしに、婦人科には行く。なぜなら自分の身体の問題だから。

吉田●男性からしたら結婚・家庭といった社会的な要素としか結びつかない事象が、あくまでも自身の痛み、身体に関わる問題であるように。「私」の問題としての個別のコンテクスト以上に、身体という「私たち」の問題が問われているという意味では、この座談会でずっと話していた話と繋がっているように思います。

少し話は変わるけど、**エメラルド・フェネル**（1985–）監督の『プロミシング・ヤング・ウーマン』（2020）で、キャリー・マリガン演じる主人公はラストで殺されてしまうじゃないですか。女性を虐げる男たちに裁きを与える彼女はヒーローとも言えると思うけど、「腕っぷしで敵を倒してハッピーエンド」とはいかず、フィジカルには限界があって、男性との揉み合いの末に負けてしまう。最終的に彼女の復讐は成功するものの、おとぎ話のような強い女性としてではなく、避けられない弱さを容赦なく描く選択をしていて、そのリアリティのあり方はとても現代的だと感じました。

「私たち」という適切な距離

吉田●最後に、**マリア・シュラーダー**（1965–）監督『SHE SAID／シー・セッドその名を暴け』（2022）、**キティ・グリーン**（1984–）監督『アシスタント』（2019）について触れておきたいです。性被害に遭った女性の映画はこれまでにも存在していましたが、そこでは、登場人物が暴力を受ける場面がしっかり映される場合が多く、逆説的に、ポルノグラフィックに消費されてしまうことが問題視されていました。しかし、この2作品ではそうした扇情的な描写が徹底して排除されている。『SHE SAID』では、性暴力が起きたシーンを映像で再現せず、ホテルの廊下のような、被害と関連する無機質な風景に被害を語る肉声だけが重なるという描き方をしている。性暴力をエンターテイメント化してはならないという強い意志があるし、女性の監督だからこそ生まれてきた表現方法にも思えます。

降矢●徹底してスペクタクルとして消費されることを拒む映画ですよね。『アシスタント』はまさに「アシスタント」で、つまり直接の被害者もいなければ、加害者も出てこない。『SHE SAID』でも記者たちが主人公になっているのも、ある種の距離感をきちんと作っていて非常に上手かった。

吉田●考えてみたら『プロミシング・ヤング・ウーマン』もそうなんです。この映画で描かれているのは、自分のための復讐ではなく友人のための復讐です。私はリアルタイムで本作を見たとき、どうして友だちの話にしたんだろう？ と思ったんですね。自分自身の被害という設定にした方が、登場人物のモチベーションも強くなって、物語の芯が太くなるんじゃないのかなって。でも、今回見返してみて、そして本日「私たち」の話をしたことで、なぜそうしたのかすごく納得がいきました。亡き友人のための復讐としたことで、複数に重なり合い共鳴する「私たち」の姿として女性の経験を描く映画となり、語る対象についてふさわしい距離が生まれているんだと思いました。

降矢●今回の話をすることで見方が変わる映画はたくさんありそうですね。「亡霊」という考え方も、あらゆる映画に**サラ・ポーリー**（1979–）の『ウーマン・トーキング 私たちの選択』（2022）的な声の映画としての側面を見出せる気もしてきました。特権的なビジュアルによるものではなく、無数の人の声をたぐるような映画として、現代の女性たちの映画があるんじゃないかなと。

田中●「私」から「私たち」へというのは、最後に「私たちは一緒になりました！」という話じゃないんですよね。「私たち」はひとつになるんじゃなく、最後まで複数のまま一緒にいるんだと。ゴダールがよく引用していた白バラ抵抗運動のゾフィー・ショルの「国家の夢はひとつになること、個人の夢はふたりでいること」という有名な言葉がありますが、今日の女性たちの映画のありかたに、これはすごく近しい響きを持っているのではないかなと、本日のお話を伺いながらずっと考えていました。

『プロミシング・ヤング・ウーマン』
ブルーレイ+DVD：4,980円（税込）発売中
NBCユニバーサル・エンターテイメント

CHAPTER3
映画を広げる女性たち

高崎郁子

未来をキュレーションする
——川喜多かしこと高野悦子 映画上映におけるふたりの女性パイオニア

配信による鑑賞に慣れ親しんだ現在ではしばしば忘れられがちだが、さまざまな国やさまざまな世代によって作られた映画は、それを仲介する誰かの試みなしには私たちのもとに届くことは難しい。一本の映画が上映されるということは、今もなおそれ自体が喜ばしい出来事なのだ。ここではふたりの日本における上映史の重要人物について学ぼう。

日本はいまや世界有数の映画上映大国といえる。2023年には1232本もの映画（うち邦画676本、洋画556本）が公開された[1]。コミュニティシネマセンター発行の『映画上映活動年鑑』によれば、この公開本数規模はフランス、ドイツ、オランダ、イギリス、オーストラリア、韓国といった諸外国と比べると、韓国に次ぐ2位に位置している[2]。さらに一年をつうじ、国際映画祭は約40、地域映画祭にいたっては150以上も開催されている[3]。こうした豊かな映画文化に重要な役割を果たしてきたのはミニシアターといえるだろう。ミニシアターとは「大手映画製作・配給会社の直接の影響下にない独立した経営を行い、単館ないしは数館による公開を前提とした「単館系」「アート系」と呼ばれる作品を中心に番組編成を行う小規模劇場・映画館」を指す[4]。ミニシアターが紹介する映画に目を向ければ、そのヴァラエティの豊かさに圧倒される。2023年から24年だけでも、ハリウッドの伝説的女優の特集「宿命の女 ルイズ・ブルックス」（シネマヴェーラ）、いまなお敬愛され続けるドライヤー監督の回顧上映「カール・テオドア・ドライヤー セレクション」（シアター・イメージフォーラムなど）、最新作『枯れ葉』（2023）の公開を機に監督の過去作を振り返る「愛すべきアキ・カウリスマキ」（ユーロスペース）、近年のベトナム映画の注目作をまとめて上映する「ベトナム映画の現在 plus」（アテネ・フランセ文化センター）など、時代や地域を越えた、実に多種多様な映画上映が行われた。

こうした多彩な企画の裏には映画プログラマーがいる。映画プログラマーはどんな映画を上映するかを決め、上映権利を獲得し、上映素材を入手し、必要とあらば映画に日本語字幕をつけ、上映スケジュールを組み、プロモーションを行う、いわば上映に欠かせない役割だ。しかし誰がどのようにプログラムを組んでいるかは公にされないため、ある意味日陰の存在といえる。

しかし上映にかかわる人であれば、女性プログラマーたちによる近年の目覚ましい活躍と、彼女たちの関心が上映企画にも表れていることがわかるだろう。たとえば、恵比寿映像祭で映画を担当していた清水裕はインディペンデント映画事情に精通しており、シェフィールド国際ドキュメンタリー映画祭で日本映画を上映したり、ロッテルダム国際映画祭などで実験映画を紹介するなど国際的に活動している。川喜多映画記念館の阿部久瑠美は、のちに取り上げる川喜多かしこの一人娘で配給会社のフランス映画社の副社長も務めた川喜多和子の展覧会を企画し、彼女に縁ある作品をまとめて上映した。国立映画アーカイブで開催された「蘇ったフィルムたち　チネマ・リトロバート映画祭」はさまざまな女性監督の作品紹介を行い、さらに「日本の女性映画人」特集は日本映画界で働く女性に注目した大規模回顧展である。これらは映画アーカイブで働く女性たちが担当している。また、独立系フェミニスト・クィアアートのリサーチコレクティヴsubversive recordsは、バーバラ・ハマーやマデリン・アンダーソンの作品など日本では上映機会が少なかったクィア映画の紹介を積極的に行っている。これらは映画プログラマーである彼女たちの経験や専門知識が生かされている。

このように現在上映施設で働く女性は少しずつ増えているが、かつての映画上映の現場において女性は稀であった。以前の保守的な慣習を変えたのは、映画界に参入し、勇敢にも道を切り開いてきた女性たちのたゆまぬ努力であったといえる。とりわけ川喜多かしこと高野悦子のふたりは、先駆者として、日本における映画上映に多大な貢献をしたばかりか、上映の重要性を誰よりも早く認識していたという点で特筆に値する。彼女たちは強い信念とともに、従来の慣例を打ち破り、業界で働く女性たちの礎を築いたといえる。このふたりの業績は、現場で働く映画関係者に大きな影響を与えたのみならず、彼女たちが紹介してきた作品もまた、映画を享受するすべての人々にインスピレーションを与え続けている。

ここでは、映画上映の領域で重要な役割を果たしてきたかしこと悦子というふたりの女性の偉大な功績を振り返るとともに、彼女たちの女性としての信念と、その信念が彼女たちのキャリアにどのような影響を与えたかを検証する。最後に、東京の小さな映画上映施設で映画プログラマーとして活動した私自身の立場から、彼女たちの不朽の遺産を考察し、過去数十年とは大きく異なる課題に直面している今日の上映について問うてみたい。

映画の母
——タイピストから東和商事の大立者へ

川喜多かしこ[5]は1908年に大阪市で誕生し、横浜フェリス女学院で英語を専攻したのち、1929年1月に川喜多長政が設立した東和商事にタイピストとして入社、同年に長政と結婚する。当初はサンドペーパーや美顔クリームなどさまざまな輸入品を扱っていた東和は、やがて映画配給をメインとするようになり、『アスファルト』（1929、ヨーエ・マイ）や『自由を我等に』（1931、ルネ・クレール）などのヒット作を日本に紹介した。結婚3年目にして、かしこは初めて欧州への映画買い付けの旅へ夫に同行する。この旅で、彼女は転機となる映画『制服の処女』（1931、ティーネ・サガン）と運命的な出会いを果たす。当時の日記を見てみよう。

> **九時　Ufa Pavillonへ行つたら偶然、見度いと思つてゐた“Mädchen in Uniform”（制服の處女）が掛かつてゐた。**
> **見て餘りのよさにびつくりした。**
> **映畫ではクレールの「自由を我等に」に比すべきもの。文學では一葉の「たけくらべ」に比すべきもの。きめの細かさ。味の深さ。**
> **大いに感激する。私は宣傳一つで日本でもうんと受けるのではないかと思ふが川喜多は意見が違ふ。**[6]

こうして、直感的に『制服の処女』が気に入ったかしこは渋る長政を説得し、「歐州旅行の記念」として映画を買い付けてもらう[7]。映画は1933年に公開され、かしこの目論見通り大ヒットを収めた。映画批評家の佐藤忠男の回顧によると、映画は「批評家たちに圧倒的に好評だった」という[8]。特に女学生や婦人たちから人気が高く、まさに「女が作り、女が輸入し、そして女たちによって大きく受け容れられた」作品となった[9]。ヒット作を手がけた長政でさえ想像だにしなかった『制服の処女』の成功は、かしこの鋭い感覚の賜物だった。こうしてかしこは東和の輸入映画の選定に欠かせぬ存在となり、長政とともに会社を牽引することとなる。東和はアメリカ映画が全盛の当時において、主に欧州からの映画を日本に紹介することで独自の地位を築き、いまの多様な映画文化を支える屋台骨となったのである。

芸術映画の重要性と上映への姿勢

かしこの映画に対する姿勢はとても誠実で真面目であった。1955年から2年間ロンドンで過ごした際には、「もう少し深く、映画そのものの理論とか、昔の名作とか、そういうものに接して勉強したいっていうふうな気持ち」になったと述べている[10]。それまで行ってきたように感覚的に映画の良し悪しを決めるのではなく、映画史的・理論的知識をもって映画の価値を判断しようと、英国映画協会へ足しげく通いさまざまな映画を鑑賞する。

この真摯な姿勢は1956年のベルリン国際映画祭以降、積極的に引き受けていた審査員の仕事に対しても表れている。

> **たいへんな重労働で、そこに出された映画を、もちろん非常に熱心に見なきゃならないし、(中略)審査員との討論をして賞を決めるっていう、非常に精神、肉体ともに疲れる仕事ですけれども、(中略)映画祭で見出された若い監督たちが、そのあといい仕事をして行くっていう、そういうのを見るのは、わたくしたちにとって非常に嬉しいし、それからまた、審査員になるかたたちが――全部が全部ではないですけれども、映画人として立派な人、また人格的にも立派な人たちに接することができまして、これは、私にもたいへんに自分のためにプラスになったと思っております。**[11]

このようにかしこが映画祭で刺激を受けるいっぽうで、日本の映画界は転換期を迎えつつあった。1958年に動員数が最高を記録して以降観客の足は急激に映画館から遠のき、1961年には大手映画会社のひとつであった新東宝が倒産する。それまで映画産業を支えていたスタジオシステムという支配構造の崩壊が目に見えたかたちで始まる。

それに呼応するかのように1950年代末から60年代にかけて「シネフィル」的な映画上映活動が出現する。若手の映画人や評論家たち9人によって作られた実験映画を中心に研究していた「シネマ」や[12]、川喜多和子が主宰する「シネクラブ研究会」[13]、さらには草月ホールで行われたアンダーグラウンド映画の上映会「草月シネマテーク」といった非商業的な映画活動が盛んとなる[14]。

それらとほぼ同時期に、芸術映画を上映する常設映画館を作ろうと「シネマ」のメンバーとかしこが中心となって「日本アート・シアター運動の会」を立ち上げる。そうしてかしこが副社長を務める東和が東宝に

『制服の処女』
発売元：アイ・ヴィー・シー
価格：¥1,980(税込)

持ちかけ、興行会社大手の三和興行が運営を任され始まったのが日本アート・シアター・ギルド（ATG）であった。ATGは全国10箇所の映画館と連携し、日本では商業公開されない芸術映画や実験映画を上映する活動を始めた。かしこはここで上映作品を選定するメンバーの唯一の女性であり、世界中を旅しながら得た豊富な映画の見聞を惜しみなく共有する[15]。彼女はこの活動について、当時の主流映画の水準の低下を嘆きながら熱い信念を吐露する。

> （中略）**この存在がなかったら、これらの**［筆者注：ATGで紹介されてきた］**優秀作品は決して日本に紹介されず、日本の観客や映画人は世界の映画水準を知ることなく、大型娯楽映画とセックス映画に食傷して次第に映画館から遠のく人々もふえて来ることであろう。**（中略）
> **日本映画の輸出の可能性は国際水準あるいはそれ以上の映画をつくり出すことにのみある。その水準を紹介するアート・シアターの存在は真に重要であり、これの消長は一国の映画産業と密接な関連を持っているのである。**[16]

この言葉から、かしこは観客や映画を作る者たちに向けて映画上映を行っており、質の高い映画を見せることで映画にたいする資質を養うという、未来への投資目的が多分にあったことがうかがえる。やがてATGは芸術映画の上映だけでなく実験映画の製作を手がけるようになるが、かしこのこの「優秀」な映画を見せる重要性についての認識は、後述する悦子との「エキプ・ド・シネマ」運動へと引き継がれてゆくこととなる。

このように、かしこは夫長政と共に東和を率いながらも映画の芸術としての価値を早くから意識しその普及に努めてきた。彼女の活躍において特徴的なのは、あくまでも夫長政を立てながらも、自らの理念に基づき積極的に行動してきたことだ。じじつ経歴紹介文の多くでかしこは「川喜多長政の妻」あるいは「夫人」と紹介されているし、かしこの業績は長政とセットで語られることが多い[17]。映画評論家の山本恭子から、男性と「対等でない姿勢で、対等にやっておられる」と称賛されると、かしこが「古風なのよ」と返答していることは、彼女の仕事にたいする姿勢を知るうえでとても興味深い[18]。こうした立場はある種封建的であり、妻や母親としての彼女のアイデンティティは男性に従属的であるように思われる。しかしかしこ自身が和子とともに東和を「最愛の子」と呼んでいることからも明らかなように[19]、彼女にとって母親や妻としての役割は映画と同程度に重要であったことがわかるだろう。対照的に次に触れる悦子は、妻、母、そして仕事と三足の草鞋を履くかしことは違い、妻でも母親でもなくひとりの自立した女性であることにより自覚的であったといえる。

女性としての挫折と仲間（エキプ）たち
——ミニシアターの先駆者

1929年、日本占領下の満州で生まれた高野悦子は、その生い立ちのなかで感じた女性としての制限や差別を率直に語っている[20]。たとえば12歳のとき、田坂具隆の『海軍』（1943）を鑑賞し感激した悦子が、海軍兵学校に性別のせいで入れないと知ったこと。成人してからは、戦中に人手不足を補うため女性の社会進出が推奨されていたにもかかわらず、終戦を迎えた途端女性は戦前と変わらず家事育児をすべきだという矛盾した風潮に変わったこと。こうした性的不平等に納得いかなかった彼女は「しっかり勉強して自分で考え、納得のゆく人生を送りたい」と強く感じるようになる[21]。悦子は以降こうした性差の試練に屈さず、強い意志で対峙することとなる。

大学卒業後東宝文芸部に入社し色々な映画を見るうちに、悦子は女性描写に違和感を抱くようになる。監督になるために撮影所への配置転換を希望するが、

「撮影所で働ける女性は女優とスクリプター（記録係）だけ、女性の助監督などもってのほかと、言下に退けられてしまった」という[22]。だが悦子は諦めなかった。その後1958年に渡仏。パリの高等映画学院（IDHEC）監督科の受験を試みる。しかしここでもまた、女性が監督になるのは難しいと編集科への入学を勧められてしまう。悦子は奮起し、猛勉強の末監督科へ入学、唯一の女性生徒として卒業した。帰国後、悦子は自らの監督作として映画の準備を進めるが、製作会社が悦子ではなく別の男性に監督を任せたため、再び監督になる夢は頓挫してしまう。この騒動は、結果的に悦子が裁判を起こし、映画のなかで「原案」として彼女の名前をクレジットすることで決着をみた。

さまざまな紆余曲折を経たあと悦子は天職に巡り合う。1968年に義兄の岩波雄二郎から岩波ホールの運営を任されることになったのだ。1968年2月9日に開館した岩波ホールは当初、多目的ホールとして多彩なイベントを行っていた。代表的なものとして「音楽サークル」「古典芸能シリーズ」「学術講座」などその内容は多岐にわたる。初期の映画上映に注目すれば「講座・戦後日本映画史」や、日本在住の外国人向けに行った日本映画の英語字幕付き上映「A SEASON OF JAPANESE FILM」などの画期的な企画を手がけ、大きな反響を得た。しかし、ここでも女性にたいする偏見に苦しめられる。

> **岩波ホールがつぶれるという噂を私は耳にした。私が女だからだという。**（中略）**なるほどあたりを見まわすと、全国に存在する七千館以上の劇場や映画館の現場の責任者はことごとく男性だった。高野悦子は能力がないからつぶれる、というのなら納得がゆく。**（中略）**それなのになぜ**（中略）**女性だからだめと言われなければならないのか。**[23]

こうした逆境のなか悦子は上映者として果敢に挑戦を続け、岩波ホールは唯一無二の映画館へと変貌してゆく。

「エキプ・ド・シネマ」と東京国際女性映画祭

きっかけはかしこがサタジット・レイの『大樹のうた』（1959）の上映先を探していることだった。いまや巨匠として知られているレイの名前は、当時よほどの映画ファン以外からは知名度が低く、さらにハリウッド映画でもないこの作品を紹介するのは配給会社や映画館にとってあまりにも危険な賭けであった。悦子は知り合いに声をかけるなど上映の可能性を探っていたが、ある時岩波ホールを上映場所に使うことを思い立つ。周囲の反対の中、悦子は自身が責任を取ると公開を決め、1974年岩波ホールで「エキプ・ド・シネマ」（映画の仲間の意）が始まった。悦子とかしこはエキプ・ド・シネマの使命を、以下の4つに掲げる。

> **1. 日本では上映されることのない第三世界の名作の紹介**
> **2. 欧米の映画であっても、大手興行会社が取り上げない名作の上映**
> **3. 映画史上の名作であっても、なんらかの理由で日本で上映されなかったもの、またカットされ不完全なかたちで上映されたものの完全版の紹介**
> **4. 日本映画の名作を世に出す手伝い**[24]

『大樹のうた』は出だしこそ好調とは言えないものの、最終的には多くの観客を動員し、『大地のうた』（1965）、『大河のうた』（1956）をあわせた「3部作一挙上映」やアンコール上映まで行うほどの大成功をおさめる。こうして一作品のみの上映を一定期間行うユニークな上映形態が定着する。その後、ジャン・ルノワールや、ルキノ・ヴィスコンティ、イングマール・ベルイマン、アンジェイ・ワイダ、衣笠貞之助といった巨匠の名作だけでなく、それまでほとんど商業公開されてこなかった中国や東南アジア、東欧、南アフリカなどの映画を多く紹介し、同様に評判を呼んだ。岩波ホールで上映される映画は質が高いと多くのリピーター客を生み出し、「エキプ・ド・

『大地のうた』
（監督：サタジット・レイ、1955、『大樹のうた』を含むオプー3部作の第1作）

シネマ」は岩波ホールの代名詞となる。また現在ほとんどの映画館で実施されている完全入替制、定員制を初めて導入したのもこの劇場であった。こうして岩波ホールは映画ファンにもっとも愛される映画館のひとつとなったのである。

さらに岩波ホールは、1980年代初頭のミニシアターの普及の契機ともなった。たとえば東京だけでも、1981年にシネマスクエアとうきゅう、1982年のユーロスペース、そして1983年にできたシネヴィヴァン六本木といった映画館が次々と誕生し、それぞれが個性豊かな独自のプログラム作品を上映するようになる。

1985年、配給会社ヘラルド・エースの原正人社長の要請により、東京国際女性映画祭のジェネラルプロデューサーを務めるようになる[25]。一度は監督を志したこともあり、1980年代に入ってからの女性映画監督たちの活躍を認識していた悦子は「女性監督の進出が映像文化を豊かにしていることを示したい」と、彼女たちの映画を積極的に紹介してゆく[26]。この根底には当時海外で女性監督が台頭する一方、日本では限られた人のみが監督を務めているという問題意識が悦子の中に強くあったようだ。それゆえに日本人監督の活躍のきっかけを作りたいと女性映画祭に力を入れるようになったのは、悦子のこれまでの経験に鑑みても自然な流れであったといえる。彼女は映画祭だけでなく岩波ホールでも羽田澄子といった女性監督の積極的な紹介を行い、彼女たちの地位向上に大きな役割を果たした。そうした努力が実を結び、1996年だけでも江の島と愛知で女性の作品に焦点を当てたふたつの映画祭が始まるなど、全国で「女性映画祭」と名のつくイベントが盛んに行われるようになる。惜しくも東京国際女性映画祭は2012年の25回で幕を閉じたが[27]、あいち国際女性映画祭は現在もなお国内で唯一「女性映画祭」を冠して活動を続けており、女性映画の最先端を紹介する場として存在感を増している。

悦子が亡き後も営業を続けていた岩波ホールは、残念ながらコロナ禍が一段落した2022年7月29日に54年の歴史を閉じた。しかし岩波ホールで上映されたその多彩な映画ラインナップは、上映関係者、映画製作者、そして観客たちにも大きな影響を与えたことは疑いようもない。

未来のための キュレーション
——ふたりのパイオニアからの教訓といまの課題

悦子やかしこがいなければ、今日の上映は大作映画しか見られない凡庸なものに成り下がっていただろう。このふたりの女性は芸術映画と商業映画の共存の場を創出したことで、日本の文化的景観に革命を起こしたと言っても過言ではない。悦子が「エキプ・ド・シネマ」の活動について「失敗してもともとだったから、かえって自由にやれた」[28]、「かえって日本の映画事情を知らなかったのがよかった」[29]、と述べているとおり、数十年前の男性優位の映画界における「アウトサイダー」な彼女たちの挑戦がこの革命を可能にした。彼女たちが作り上げた映画上映の豊かな文化的土壌は、上述した上映作品の多様性という側面だけでなく、現在活躍している映画監督たちにも確実に根付いている。

いまや映画業界ではプログラマーだけでなく、配給、宣伝、そして映画館の運営といったあらゆる局面で女性が活躍している。とはいえ現代が臨む課題は、数十年前にかしこや悦子が直面したものとは異なっている。

新たな脅威の最たるものは、映画の受容の変化によって浮かび上がる、映画上映の存在意義への問いである。コロナ禍を経て、U-NEXTやNetflixに代表されるようなサブスクリプション・サービスやオンライン上映がより人々の生活に身近なものとなり、映画は単なる消耗品としての側面も強くなってきている。1990年代と比較すると、現在のミニシアターの予算は大幅に縮小し、その結果コストを最小限に抑える方法として、単発上映や限定上映イベントへの依存度が高まっている。上映回数が減れば、口コミが広がる時間が減り、ひいては観客数も減る。それは結果的に上映によって得られる収益が減少し、映画のチケット代が値上がりし、人々の足が映画館から遠のくという悪循環を生み出す。多様な映画が上映されること、鑑賞できる映画が増えることは一見素晴らしいことのように思われるが、同時にその代償として個々の文化的理解や記憶は希薄になる。過密なスケジュールの中で映画は次々と消費され、ほんの数回上映されただけで忘れ去られてしまう作品が多すぎるのだ。

それに付随して、映画プログラマーの活躍と育成の場が極端に少ない点も重大な問題といえる。現在の主要な映画祭や映画館のほとんどは長年同じ人物がディレクターを務めており、若い才能が活躍する機会は限られている。これまでの上映者は映画館や映画祭などの特定の活動の場を得ることができればそこでキャリアを積めたが、現在は有期雇用であったり他の仕事とかけもちしながら上映活動を行う人も多い。多くの女性プログラマーたちの活躍はこうした労働環境のうえに成り立っていることもまた事実である。近年ではグッチーズ・フリースクールや肌蹴る光線といった、特定の上映会場を持たず、さまざまな劇場と協力しながら活動を行う自主上映グループが台頭するなど、映画プログラマーとしての活動方法も多様な選択肢が出てきている。とはいえ、映画や上映についての専門知識が要求される映画プログラマーたちが継続して活動し、彼らの上映ノウハウを継承し後進を創出するためのよりよい環境を作ることは、これからの映画上映の場に必要不可欠である。映画は一度上映して終わりではない。映画プログラマーたちが安心して働ける環境を作り、映画の意義をより深く問い直し、それを上映活動に反映することで、映画の価値を最大限に高めることができるのではないか。それを実現するために我々映画プログラマーたちはどうすればいいのか、これが今日抱える問題である[30]。

かしこと悦子がたどった道が示すのは、上映活動が未来のためのキュレーションであるということだ。COVID-19の蔓延によってストリーミングがその勢いを増したいま、映画館で映画を上映するための状況改善とその意義への問いは、これまで以上に真摯に考えなくてはならない。映画プログラマーとして、いまこそかしこと悦子の大胆不敵な模範を振り返り、彼女たちから学び直す必要があるだろう。彼女たちの偉勲は、向き合っている問題にどう対処するかで、後世の上映状況のみならず、映画観客や映画製作者の未来が決まると教えてくれているのだから。

【註】

1. 一般社団法人日本映画製作者連盟は、1955年から上映本数や映画のスクリーン数、入場者数などを調査し下記ウェブサイトにて公表している（http://www.eiren.org/toukei/data.html 参照2024年03月18日）。このデータによれば、コロナ禍で公開本数や入場者数が激減していたが、2023年に入りようやく元の水準に戻りつつあることが窺える。
2. この原稿執筆時点での最新版は2022年のデータである（http://jc3.jp/wp/wp-content/uploads/2023/06/A4%E7%89%88FEYB2022_Chap1_3.pdf 参照2024年03月18日）。とはいえ、ここでも言及されているように、日本にはフランスやイギリス、ドイツ、韓国のように映画産業への公的な支援や振興を行う組織がないにもかかわらず、「130館をこえるミニシアターが、大都市のみならず中小都市にも存在し、運営されている日本の状況は、（中略）「miracle（奇跡）」なのである」という指摘は非常に重要である（28頁）。現在は「日本版CNC設立を求める会（action4cinema）」という団体が立ち上がり、映画監督の是枝裕和、諏訪敦彦などを中心とし、映画の製作、配給上映、教育などの支援や労働環境の保全などを統括する仕組みの成立に向けてさまざまな活動を行っている。詳細は下記を参照のこと（https://www.action4cinema.org/ 参照2024年03月18日）。
3. http://jc3.jp/wp/wp-content/uploads/2023/06/A4%E7%89%88FEYB2022_Chap3_5.pdf 参照2024年03月18日。
4. ここではコミュニティシネマセンターによるミニシアターの定義を採用している。さらに近年では、ミニシアターは「シネマコンプレックス以外」の映画館として、既存興行館、ミニシアターを総称して「ミニシアター」としている例も散見される」とあり、ミニシアターの形態も多様化している（http://jc3.jp/wp/wp-content/uploads/2019/05/3_special1.pdf 参照2024年03月18日）。
5. かしこは外国映画の上映や配給だけでなく、海外における日本映画の紹介にも尽力した。さらにフィルム保存の重要性を早い段階から認識し、1960年にフィルム・ライブラリー助成協議会（川喜多財団の前身）を設立。国立のフィルム・アーカイヴ設立に寄与するなど、常に前衛的な展望をもちながら日本および海外の映画界の第一線で活動を続けた。こうしたかしこの多岐にわたる活動はいずれも重要なものである。しかしスペースの関係上、ここでは上映活動を中心に触れてゆきたい。
6. 『社史で見る日本経済史 第83巻：東和商事合資会社社史　昭和三年－昭和十七年』、加藤厚子監修、土田環解説、ゆまに書房、2015年、161頁。
7. 同上、163頁 。
8. 川喜多かしこ・佐藤忠男『映画が世界を結ぶ』創樹社、1991年、243頁。
9. 同上、243頁。
10. 川喜多『映画ひとすじに』、日本図書センター、1997年、112頁。
11. 同上、114–115頁。
12. 1957年に始まったこの運動は、「シネマ57」や「シネマ58」とされる例もあるが、ここでは「シネマ」と統一する。
13. 略称「六本木シネクラブ」。川喜多和子もまた、このシネクラブ活動を経て、柴田俊とともにフランス映画社を設立し、数々の名作を日本に配給した。スペースの関係上、ここで和子の上映史における重要性に触れられないのは残念であるが、彼女の功績についての再評価は別の機会に譲りたい。
14. 非商業映画上映の歴史については下記を参照のこと。（http://jc3.jp/wp/wp-content/uploads/2017/06/2_1_1_%E9%9D%9E%E5%95%86%E6%A5%AD%E4%B8%8A%E6%98%A0%E3%81%AE%E6%AD%B4%E5%8F%B2%EF%BC%88%E6%9D%91%E5%B1%B1%EF%BC%89.pdf 参照2024年03月18日）
15. 発足当初のメンバーは、かしこ、飯島正、飯田心美、井沢惇、植草甚一、清水千代太、登川直樹、南部啓之助、双葉十三郎、萩昌弘、羽仁進、松山善三、向坂隆一郎、草壁久四郎、丸尾定。ただし入れ替わりもあり、松本俊夫や佐藤忠男なども委員を務めていた。
16. 川喜多かしこ「アート・シアターの存在理由」（『朝日新聞』、1962年12月21日、朝刊）、11頁、258頁。
17. 青地晨「スーパー・レディー列伝」（『高校時代』、6巻、8号、1959年11月）137–138頁。藤島泰輔「名画バイヤー・川喜多かしこ」（『世代 '64』、2巻、2号、1964年2月）203頁）。石井好子「スクリーンの夢に魅せられて　ゲスト・川喜多かしこ」（『新評』、18巻、6号、1971年6月）111頁。「奥さんこんにちは　第237回」（『週刊平凡』、21巻、11号、1979年3月）125頁。
18. 川喜多かしこ、田中絹代、高峰秀子、山本恭子「座談会　映画における女性の立場」（『キネマ旬報』、1961年4月下旬号、283号、1098巻）68頁。
19. 『東和商事の歩み―1928-1955』、東和商事、1955年、269頁。
20. 以下、下記の資料を参照した。高野悦子『シネマ人間紀行』、毎日新聞社、1982年。高野悦子『私のシネマ宣言　映像で女性が輝くとき』、朝日新聞社、1992年。高野悦子『岩波ホールと〈映画の仲間〉』、岩波書店、2013年。
21. 高野『私のシネマ宣言』、36頁。
22. 高野『岩波ホールと〈映画の仲間〉』、7頁。
23. 高野『私のシネマ宣言』48頁。
24. 高野悦子編『エキプ・ド・シネマの三十年』、2004年、講談社、13頁。
25. 正確にいえば、「東京国際女性映画祭」はもともとカネボウがスポンサーであり「カネボウ国際女性映画週間」として始まったが、新聞記事などでは当初から「東京国際女性映画祭」と書かれることもあったことから、ここでは「東京国際女性映画祭」として統一する。
26. 「女性が撮った女性像」（『朝日新聞』、1985年4月24日、夕刊）2頁。
27. 第三回までは二年ごとで行われていたが、1991年の四回目以降は毎年開催されていた。
28. 「岩波ホール　来月で15周年」（『朝日新聞』、1993年1月23日、夕刊）14頁 。
29. 馬場秀司「大人の教養映画担い30年」（『朝日新聞』、1997年12月19日、朝刊）4頁。
30. 近年、一般社団法人のJapanese Film Projectが発足し、日本映画業界のジェンダーギャップ、労働環境などの調査、検証、そして提言を行っている。そのなかの映画上映の文化支援についての調査では、上映現場の支援不足について指摘するものが多い。アンケートの内容を見てみると、映画教育の重要性、映画の多様性の確保、永続的な上映環境のための支援の必要性など、上映システムにおけるさまざまな面において改革の必要性を多くの上映者が感じている点が浮き彫りになる。現在の映画上映環境をより良いものにするためには（そして未来の映画製作者および映画観客を育てるためには）、映画製作現場だけでなく、映画上映の場にも継続的な公的支援が必要だと強く感じている。（https://drive.google.com/file/d/1uq8pGZpF5TMBm2vf48smvfmV75vJE1tF/view 参照2024年03月18日）

INTERVIEW

聞き手・構成=降矢聡+田中竜輔

「私たちの自己主張」のために
――『女性監督映画の全貌』をめぐって

女性たちによる新しい映画を広げていくためには、もちろん女性たち自身の言葉が必要だった。映画はもちろんひとりでは作ることはできないし、もちろん映画を広げていく仕事もたったひとりではできない。けれど、そのためには最初のひとりがどうしても必要であり、そうしたひとりが別のひとりと出会うことが必要だ。松本侑壬子さんによる自身の仕事をめぐる冒険譚は、そうしたいくつもの出会いを積み上げていくような物語だった。

映画評論家
松本侑壬子 まつもと・ゆみこ

『女性情報』から始まった

――今回、松本さんにお話を伺いたいと考えたのは、まず『女性監督映画の全貌』という書籍について知りたいと思ったことが最初です。この書籍は2001年にパド・ウィメンズ・オフィスという出版社から刊行されており、編者には松本さんのほか、吉田真由美さん、林冬子さん、高野悦子さん、大竹洋子さん、小藤田千栄子さんがクレジットされています。図鑑のような大きさと厚さで、全世界を股にかけて20世紀の女性映画監督についてとりまとめるという壮大な書籍であり、20世紀までの女性映画監督史を知るにあたって日本語の必読文献とも言える一冊かと思います。こうした書籍が、いったいどんな経緯で作られるようになったのか、本日はお話を伺いたいと思います。

松本●パド・ウィメンズ・オフィスは女性運動の中から出てきた出版社で、その中心的な刊行物は主要6紙（当初は全国16紙）の女性に関するさまざまな報道や情報をまとめた『女性情報』という新聞切抜月刊誌なんですね。創刊は1986年4月。当時は女性に関するニュースがとにかく少なかったし、それを探すために新聞をひっくり返すのも大変。だったらいろんな記事から情報を集めて、それを1冊にまとめてしまったらどうだという発想から生まれた企

「女たちの映画祭」パンフレット、85年版と88年版

画で、この会社はウーマンリブの流れにある3人の女性の活動家が始めたものでした。

――パド・ウィメンズ・オフィスの方々と出逢われたのはいつごろだったんでしょうか。

松本●私は60年代安保の時代に学生だった世代で、68年から共同通信社で記者として働いています。ウーマンリブの影響を強く受けたのは60年代末から70年代にかけて学生だった、いわゆる団塊の世代が中心で、私より少し下ですね。その世代はのちに上野千鶴子さんみたいに女性問題を理論武装して男性と闘っていくわけですが、もちろんその前には運動の現場があった。ゲバ棒持ってヘルメット被って、大学紛争のバリケードの中で男たちと一緒に戦うっていう女性たちもいた。私は少し上の世代なので、当時はそういう人たちを「すげえな」って思って見てただけで（笑）。女にも色々いるんです。

その3人の女性は、活動家といってもそこまで過激ではなかったけど、厚生省でのピルの解禁運動なんかでは座り込みくらいはしたらしい。私は取材でのちにパド・ウィメンズ・オフィスの代表取締役になる内田ひろ子さんと仲良くなったんです。当時、新宿には女性だけの居酒屋やリブの拠点のような場所もあって、いろんな活動をしていた。よくある話ですがそのうちに意見の相違で２人が去ることになって、残ったひとりが内田さん。彼女は映画が好きで、彼女が中心となって「女たちの映画祭」というものを企画したんです。1985年にカネボウ国際女性映画祭が始まるずっと前、1978年の話ですが、海外の女性監督の作品を集めた小さな映画祭でした。女性運動と女性映画を同時に考えるという気運がその時代にはもう生まれていたんです。彼女が映画祭をやるとなったとき、せっかくだからってパンフレットを作ることになって、そこに私も原稿を書いた。白黒の印刷の具合は悪いものだったけど、作家の落合恵子さんなんかも寄稿していましたね。その後も細々ながら続いていたようで、私の手元には1985年版と1988年の「10周年記念号」の冊子が残っています。

――映画とそうした社会運動が文字通り密接に結びついたところから、松本さんの評論活動は始まっているんですね。

松本●いえ、私はずっとひとりで映画に描かれる女性像に“こだわり”を感じていたのですが、フェミニズムや女性問題を取材で追いかけるようになってから、自分の“こだわり”が映画と女性の構造的に見られるようになったんです。その後『女性情報』は1986年に刊行されたんですが、これが非常に当たったんですよ。男女雇用機会均等法が1985年に成立したこともあって、いろんな行政各所が公費でその本を買ってくれた。月刊誌ですけど、手間がすごくかかるので一冊何千円もするのに、市町村の男女共同参画室だとか図書館だとか大学の研究室がよく買ってくれた。そういうことで非常に強い経済的な基盤ができたんです。

“21世紀に向けての女性の情報資料誌”をうたうこの切抜雑誌に、内田さんは、個人的に映画が好きという自分の趣味で勝手に映画のページを作っちゃったんです。「女性映画がおもしろい」ってタイトルで、のちにその名前で雑誌も作りました（『別冊女性情報 女性映画がおもしろい』）。そこに書くことになった映画評論家が4人いて、大学の大先輩だった林冬子さん、吉田真由美さん、そして小藤田千栄子さん、それから私。この4人がのちに『女性監督映画の全貌』をつくることになるんだけど、この4人がそれぞれ1ページずつ持ってたんです、女性映画だけで4ページ。これはすごいことです、それも毎月ですよ（笑）。

高野悦子さんとの出会い

――皆さんはいまお話にあった『女性情報』の映画コーナーがきっかけでお知り合いになられたんでしょうか。

松本●いえ、もともと林さん、吉田さん、小藤田さんと繋がりを持ったのは岩波ホール、支配人の高野悦子さんがきっかけなんです。私たちのお姉ちゃん。文学や演劇の催しを中心に多目的ホールとして岩波ホールがオープンしたのは1968年なんですが、高野さんが総支配人に就任し、本格的に映画上映の場「エキプ・ド・シネマ」として動き始めたのは1974年ですね。

この年は、ちょうど私が共同通信で映画担当になる前年でした。当時、私のいた文化部は部署移動がすごく多くて、短い人だと2年くらいしか同じ部署にいられないんですが、私は1975年から1981年まで6年間も映画担当をしぶとく続けたんです。でもその座をゲットするのは並大抵じゃなかった。映画担当には2人の枠があったんだけど、そのうちひとりが抜けたんで、会議で希望者をつのることになったんです。そこで私が「やりたいです」って言ってんのに、ぜんぜん聞いてもらえないわけ。デスクは別の人に「お前どう？」なんて言ってる。ふだんは意見をそんなに言わない人間だったんだけど、このチャンスを逃したら先はないと思って、「さっきから私がやりたいと言ってるのに無視されてますけれども、何かまずいところがあるんですか？」って思い切って言ったんです。そしたらデスクが「いや、そういうわけでは……」って（笑）。やっぱり自己主張はすべきですね。言わなかったら誰か他の人が嫌々やっていたはず。

そういうわけで映画担当になって、私はすぐに岩波ホールに乗り込んで高野さんにインタビューをしたんです。2人とも話がすぐ横道にそれるから（笑）、1時間やそこらじゃ終わらない。カメラマンを先に帰らせてから、5時間ぐらい話を続けたの。最初からもう意気投合しちゃって、初対面で大親友になっちゃった。高野さんは私より10歳ぐらい年上だけど、公私混同でとても仲良くしていただいたの。おうちにも行ったし、それから一緒にカンヌ映画祭にも行ったんですよ。当時、共同通信はパリに支局があって、カンヌにはパリ支局の人がちょちょっと行って何か話題があれば拾ってくるくらい。今ほど重要視はしてなくて、わざわざ本社から取材に行った人はいなかった。その頃は日本ヘラルド映画の原正人さんにも目をかけていただいていたんだけど、ちょうどコッポラの『地獄の黙示録』の年でしたね、1979年。

業界ではこの作品で映画字幕翻訳者の戸田奈津子さんも本格的デビューをされた。戸田さんも大学の先輩で、すぐ仲良くなってかわいがってもらいました。

——高野悦子さんはもちろん日本の上映運動における最重要人物のおひとりですね。今日に至るまで、幅広い影響を残されている方だといえるように思います。

松本●彼女は日本人で初めてフランスの映画学校であるIDHEC（高等映画学院／現FEMIS）を卒業しておられて、元々は映画監督になりたかったんですよ。だけど当時の日本の映画界では、女性の仕事は女優か結髪さん、お化粧だけ。衣装も当時は男の人が中心。そもそもかつては女性の役だって女形の男性がやっていたという男社会。ましてや監督なんてものを女がやるなんてことは誰も思ってなかった。例外は1936年の坂根田鶴子監督と1950–60年代の田中絹代監督の2人のみです。

高野さんは母校日本女子大学の社会心理学を教えられていた南博先生のもとで、日本映画の観客動員の調査をしていて、その後に東宝に入社されましたが、それは監督になるためでした。だけども当時は女が映画つくるなんて鼻も引っ掛けられなくって、ここはだめだって思って辞めてしまい、「映画はフランスだ」って3ヶ月だけ夜も寝ずにフランス語の勉強をして、IDHECに入学されたそうです。あの方は本当に真面目な人だから頑張って立派に卒業された。おそらく日本人第1号ですよね。

——前例のないことに挑まれたということ自体が驚きです。

松本●そうやって彼女は意気揚々と戻ってきたけど、やっぱりチャンスがない。でもいちど「鉄砲物語」っていうオリジナルの歴史ドラマを執筆したところ、それを大映の永田ラッパ（雅一）って社長が「面白いテーマだ」と映画化しようという話があったそうなんです。ついに自分が演出できるかもと期待していたら、知らないうちに他の男の監督で『鉄砲伝来記』（1968、森一生監督）というタイトルで映画化してしまった。高野さん、もう怒ってね、裁判にもなって。のちに和解されて原作者として映画にもクレジットされたそうですが、だからって自分の映画が撮れたわけじゃない。高野さんはのちに日本とポルトガルの合作映画『恋の浮島』（1982、パウロ・ローシャ監督）でプロデューサーにはなられたけれど、自分では1本も映画が撮れなかった、やっぱり女性であるために。高野さんって腹が立つと食欲が出るそうで、当時は「“怒り飯”で体重増えちゃったわ」って。そういうユーモアというか、飾らぬおおらかな人柄の方でしたね。

でも幸いなことに高野さんの義理のお兄さん、岩波書店の岩波雄二郎さんですね、彼が神保町の良い場所にビルを作って、そこに文化活動もできるようなホールをつくることになり、高野さんに声をかけてくれて総支配人になる。そのうちに川喜多かしこさん（日本の映画文化活動の第一人者）と知り合って意気投合、「このホールで映画やったらどうかしら」となって、1974年から「エキプ・ド・シネマ」という上映運動が始まる。ホールは200席余りしかない小さい場所でしたけど、川喜多夫人はもう世界に知られた日本映画界の顔ですから、未公開の名作が次々に上映できる。岩波ホールの幕開けはインドの巨匠サタジット・レイの三部作でした。

そうそう、それから高野さんは留学していたとき、たまたま衣笠貞乃介監督とパリでお知り合いになられていたんですよ。衣笠監督の初期の名作『十字路』（1928）や『狂つた一頁』（1926）のフィルムが、日本には当時残っていなくて、ソ連とヨーロッパで見つかり、監督自らがそのためにパリに来られていてね。高野さんは衣笠先生と会えたことがとても嬉しかったそうで、それらの貴重な作品も岩波ホールで上映されました。岩波ホールは2022年7月に閉館してしまいましたが、ミニシアターというか映画芸術文化の拠点として果たした役割の大きさは計り知れない。とりわけ総支配人の高野悦子さんの元で、女性と映画の地平を広げた功績は大きい。私自身、岩波ホールや東京国際女性映画祭のおかげで、どれほど映画を通して世界の女性たちの生き方や置かれた状況を知り、共感したり励まされたか知れません。閉館をただ寂しく見ていた自分の無力さ不甲斐なさをかみしめています。

カネボウ東京国際女性映画祭

松本●カネボウ東京国際女性映画祭が始まるのは1985年、当初から高野さんがジェネラル・プロデューサーを務め、そこから2021年の第25回まで続いたわけです。最初は東京国際映画祭の中の冠企画で、「カネボウ国際女性映画週間」という名前でした。当時は日本もとても景気が良かったから、予算も潤沢（笑）。高野さんもにぎやかなことが好きだから、映画祭となればとにかくパーティするんですよ。そうするといろんな分野の女性が集まる。いわゆる芸能人ばかりじゃなくて、文化人や経済人、政治家など、普段顔を合わせないような幅広い分野の大物も来られる。男女雇用機会均等法（1985年）の制定の立役者でのちに文部大臣になられた赤松良子さん、社会党委員長の土井たか子さん、三木武夫首相の奥様の三木睦子さんなんかもいらしてた。外国からはフランスの大物女優ジャンヌ・モローやアニエス・ヴァルダ監督、ドイツのヘルマ・サンダース＝ブラームス監督……。

そんなふうにいろんな分野のトップ女性が集まるとっても華やかな場所だったんですけど、ある時期からお金があまり出なくなって、カネボウがスポンサーを下りてから一気に様相が変わってしまった。最初の頃は映画祭に来る外国のゲストの旅費・宿泊費まで全部出してたとか。ふつう映画祭に招かれても旅費は自費と聞いたことがありますが、当時は本当に予算があったんですね。そういう豪勢な時代もあったんですけど、2012年が最後ですね、その翌年に高野さんも亡くなられました。

この映画祭ではいろんな国の監督を呼んだけれど、そうするともちろんいろんな話ができる。たとえばカナダの国立映画庁の中にFスタジオという女性監督作品だけをサポートするシステムがあるだとか、フランスでの映画製作に関わる税金が云々とかね、いろんなことが聞けた。そういう意味でも得るものが多かったですね。この映画祭では世界の女性監督（一部脚本家、製作者、美術など含む）による302本が上映され、世界42カ国から監督159人が参加しています。本当に立派な国際映画祭でした。

――この映画祭でどんな作品が上映されてきたかなどについては、もちろん刊行の頃までですが『女性監督映画の全貌』に非常に細かく情報を記されています。東京国際映画祭の中で、この女性映画祭はどのような位置付けにあったのでしょう。

松本●東京国際映画祭って最初から電通が入っているでしょう。だからこのプログラムって、当時の営業活動の中では「女性も入れた方がいいよね」みたいな発想から始まったらしい。草の根の「女たちの映画祭」のような運動から盛り上がったわけではない。高野さん自身もスタートは「いただいた企画」だったと言っておられた。とはいえ企画の運営は彼女がちゃんと自由にできたし、それからマスコミがけっこう取り上げてね、芸能欄のみならず女性欄や社会欄でいろいろ書いてくれた。

実は多分私が一番書いてる（笑）。私は1996年に『映画をつくった女たち 女性監督の100年』という本をシネマハウスから出したんです。洋泉社で編集をさ

松本侑壬子
『映画をつくった女たち 女性監督の100年』
（シネマハウス）

れていた斎藤進さんとその奥様で映画評論家の大和晶さんの会社ですね。共同通信でも「映画監督シリーズ」みたいな題目で映画の連載をしていたんだけど、その頃にある専門紙の文化欄の若い女性記者と仲良くなったんです。そしたら彼女がひとりで芸能欄を任されてるんだけど、もうネタがないって言うんです。それで私に、何か記事を書いてくれないか、と。私は念願の映画記者になって、名刺一枚で誰でも会える、知りたいことといっぱいある、とやる気満々でしたから、ペンネームで女性映画監督について長い連載記事をその新聞に書き始めた。当時は便利なネット情報などなく、資料となる本がなくて苦労したので、その記事をまとめて本にしようと思い、知り合いに斎藤さんにつないでもらって、『映画をつくった女たち』という本を1996年に出版することができたのです。

——そのお仕事が『女性監督映画の全貌』には確実に繋がっている。90年代の半ば、今のように映画作品をインターネットで探したりということなどまだまだ難しい時代に、これほどの情報を集められていることには驚くほかありません。

松本●B5判566ページもある大きな辞書みたいな本で、三部構成。第1章と第3章が250ページくらいずつで、真ん中の第2章が座談会とインタビューで30ページ弱。書く方も頑張りましたけど、編集長の内田ひろ子さんは大変だったと思います。1995年頃に映画生誕100年ということで盛り上がったムードが日本でも映画業界にあったんですよ。その頃に『女性情報』に執筆していた4人で書籍を作ろうという話になったんですね。それが『女性監督映画の全貌』の最初の動き、もっと早く出せたらよかったんだけど、結局2001年に完成しました。

第1章では総論というか、世界中の女性の映画づくりはどうなっているのか、国ごとの女性監督たちの状況をまとめています。4人で分担して、吉田真由美さんはアメリカが好きだからアメリカ、私がドイツと日本。小藤田さんはカナダやフランス。林さんは小さな国や当時ほとんど知られていなかった中国やアジアについても、とっても細かく調べておられた。基本的には平等にみんな同じ分量で、ひとり200枚か300枚で書きましょうという話だったんだけど、とにかく林さんの原稿が上がらなかった（笑）。もうものすごい量を調べて書かれて全然終わらないの。結局は編集長が音を上げて、カットしたり、活字を極小ポイントにしたり工夫したみたいだけど、はじめの予定より大幅にページ数が増えたって頭抱えてた。第1章は吉田さんのアメリカ映画だけで60ページ弱、小藤田さんのフランスやカナダは20ページくらい、私の担当の日本とドイツは合わせて30ページ弱でしたけど、林さんが担当した箇所は100ページ強もあったんです。

第2章では高野さんにも参加してもらおうということで、小藤田さんが映画祭の司会をしていたこともあって、映画祭についての座談会を収録。映画祭の裏話や苦労とともに、映画祭をする楽しさが伝わってきます。せっかく高野さんが入られるんだからと映画祭の情報も記録としてまとめました。それから第2章では、世界で最も有名な女性映画祭であるフランスのクレテイユ国際女性映画祭のディレクターであるジャッキー・ビュエさんのインタビューを掲載しています。実は私、この映画祭にどうしても行きたくて、映画誕生100周年の前年の1994年に実際にひとりで行ってみたんです。そこでは本当に世界中から女性監督が集まっていて、そのエネルギーにもうびっくりしちゃった。「世界にはこんなに映画をつくる女性たちがいるんだ」って。

——この本について私たちが触れたのはごく最近のことで、刊行された同時代にはそれほど大きく取り上げられていた印象が実のところありません。しかしこの内容を見ると、もっともっと大きく取り上げられるべきだった本だと思いますし、映画について学ぶ上での必須文献になっていてもおかしくなかったように感じます。

松本●当時、映画史とか監督についてまとめた本はもちろんたくさんあったけど、女性監督に注目した本や参考書はほとんどなかった。だから自分たちでそういうことについてまとめるという必要性も感じていて、そういう意向でも作った本だったんです。ただ、悲しいかな小さな出版社で、広告費がゼロ（笑）。小さな記事はいくつか出してもらいましたが。女性監督に限らないけど、かつてのことを知っている人はそれを伝えなきゃ。黙ってちゃ駄目。たとえば世界最初の女性監督と言われているアリス・ギイっているじゃない？

――はい、2018年のドキュメンタリー作品『映画はアリスから始まった』という作品が契機になると思いますが、日本でもその公開に合わせてリバイバル上映が行われていましたね。

松本●『女性監督映画の全貌』でももちろん扱っているし、私も何度もギイについては書いてきたから、とっくに皆さん知ってるもんだと思っていたけど、映画の専門家でもほとんど知らないのね。このあいだYouTubeを見ていたら、結構ベテランな感じの映画解説者風な男性二人がアリス・ギイのことを「こんな女性監督がいたなんて知らなかった」みたいなお話をしてるわけ。まあ、かつてのカネボウ国際女性映画祭でも、来日された各国の映画監督に「アリス・ギイは知っていますよね？」って聞いたら誰一人知らなかったんですけどね。せいぜい名前くらい、「Alice Guy, Who?」って感じ。だからこそ、何度でも自分の知っていることは伝えようとしないとダメなんだと思います。

男の目／女の目／私の目

松本●評論を書くようになってから、たとえば黒澤明の映画を見ていても面白いなって思いつつ、「こんなこと女はしないよ」みたいなことが生意気にも気になるようになった。私は一貫して「女の目で」というより、「私の目」で見ています。でも私はやっぱり女なんで、当たり前ですけど女の目で見ている部分もあるわけ。男も女もなく素晴らしい映画はたくさんある。でもそういう視点からはちょっとこぼれる部分、女として引っかかるとか、女として感動するとか、そういうことについても書くようになったんです。私は活動家ではないし、ウーマンリブの世代でもない。でもそういう理論が伝わってくると、男が作った映画には男たちの理想の女性が出てくるって当然のことなんだな、だから女性監督ももっと出てこなくちゃって、改めて気づかされたんです。

――松本さんの映画評論の視野というのは、作り手の女性だけに向かうものではなく、スクリーンの上の女性たちのありかたについても向かっています。そこにはもちろん肯定的な視点もあるのですが、批判的な見解もそれと同じくらいに示されており、その相互の関係について読み手は考えることを必要とされるように思います。

松本●映画における女性像については『銀幕のハーストリー～映画に生きた女たち～』（パド・ウィメンズ・オフィス）という本でまとめたんだけど、「ヒロイン三条件」って私が勝手につけた定義があるんです。それは「①若い②美しい③性格がよい」というもの。つまりね、年上の男から見るとこういう女性が扱いやすいってこと。マリリン・モンローやオードリー・ヘプバーンばかりではなく、日本にもかわい子ちゃんがたくさんいましたけど、そういう人たちばかりが夢の女性、理想像としてずっと見られてきた経緯がある。もちろん私自身も、自分とは違うかもしれないけど、映画ならそういう女性像がいいよねって見ながら思っていたわけ。だから否定はしないけれど、そういう女性像にばかり映画史の中で光が当たっていて、そこに該当しない女たちが「うちらは関係ないのね」とか「私はもうおばさんだから関係ないのね」っていうふうになってしまうとつまらない。

無声映画時代から男と女どこが違うかっていえば、なんと言っても性的魅力ですよ。女はやっぱり巨乳だけじゃないわよね、って気持ちだってある（笑）。もちろん男だからこそいい男が描けるということもあると思うし、でも女ではそういう男を描けない、なんてこともない。男がつくるのと同じような映画を女が作ったっていいと思う、作ってみないとわかんないじゃない？　女は繊細だっていうけど、男の人の方が細かいところに気がつくってこともあるで

松本侑壬子
『銀幕のハーストリー〜映画に生きた女たち〜』
（パド・ウィメンズ・オフィス）

しょ？ こういうことは「男らしさ」とか「女らしさ」だけでは括れない。

かつて映画にはまだ「性の境界線」というものが伝統的にあって、たとえば男優が女装する映画ってのは昔からあったけど、それは基本的にはコメディでした。トニー・カーティスが女装する『お熱いのがお好き』（1959）とか、ダスティン・ホフマンの『トッツィー』（1982）とかね。こういう映画が公開された時代は、はっきりと男と女は違うものであって、性の違いがあってこそのドラマとして受け入れられていた。でも現代に近づいて、ゲイ・レズビアンやLGBTQ+を題材にしたシリアスな映画が大ヒットしたり賞取ったりして表舞台に出てくるようになり、そういうことは言われなくなりましたね。

――そうしたカテゴライズに抗うようなものをいかに生み出すかということですね。決して二元論だけで論じることはできないと。

松本●60年代の半ばから70年代にかけて、アメリカでもウーマンリブ以降の女性運動の中から、女性たちが映画で自己主張をしようとする気運が高まってきて、その影響はやがてハリウッドにまで届き、そこでつくられた最初の例が、ハーバード大学の同級生たちとクローディア・ウェイル監督がつくった『ガールフレンド』（1978）。この自主作品で初めて女の生の気持ちみたいなものが描かれたと思っているんです。ボーイフレンドとの恋愛やセックスの経験も楽しむけれども、でもそれがすべてじゃない、ひとりは詩人になりたい、もうひとりはカメラマンになりたいという夢を持ったふたりの友情の物語。でも詩人になりたいと言っていた彼女は好きな男と結婚して夢を諦め、カメラマンも苦労を続ける。そうした女性像っていうのはとっても新鮮だった。本音の女性像が少しずつインディペンデントの中から登場しはじめたと思ったんです。

1974年に『アリスの恋』でエレン・バースティンがアカデミー女優賞を獲りましたけども、この映画で彼女が演じたアリスというのは、アカデミー賞受賞者のなかで初めてヒロイン三条件に当てはまらないような役柄でした。ちなみにこのとき男優賞は『ハリーとトント』で映画初主演のコメディアンのアート・カーニー。おじいさんが猫と一緒にバイクで大陸横断するっていう話ですが、そんな映画がオスカーを取るなんてこともそれまでなかった。話を戻すと、『アリスの恋』のバースティンが演じたアリスは、特に美人でもない、夫を失った南部の中年主婦で、性格も特にいいわけじゃない。往年のヒロインとは相容れないような普通の女性が、夫が死んだことで子供の頃の夢だった歌手になりたいって息子ひとり連れて、カリフォルニアの故郷を目指して車で旅に出る。

――やはり70年代が女性たちの映画史を大きく変化させた時代だと松本さんは見られているように感じます。

松本●1963年にベティ・フリーダンの『新しい女性の創造』という衝撃的な本が発表されて、女性運動は一気に世界に広がっていきましたが、その当時の映画で何が最先端だったかといえばアメリカン・ニューシネマ。『明日に向って撃て！』（1969）とか『イージー・ライダー』（1969）なんかが新しいアメリカ映画として受け入れられていた時代で、当時は誰も結びつけて考えなかったけど、女性運動の高まりも

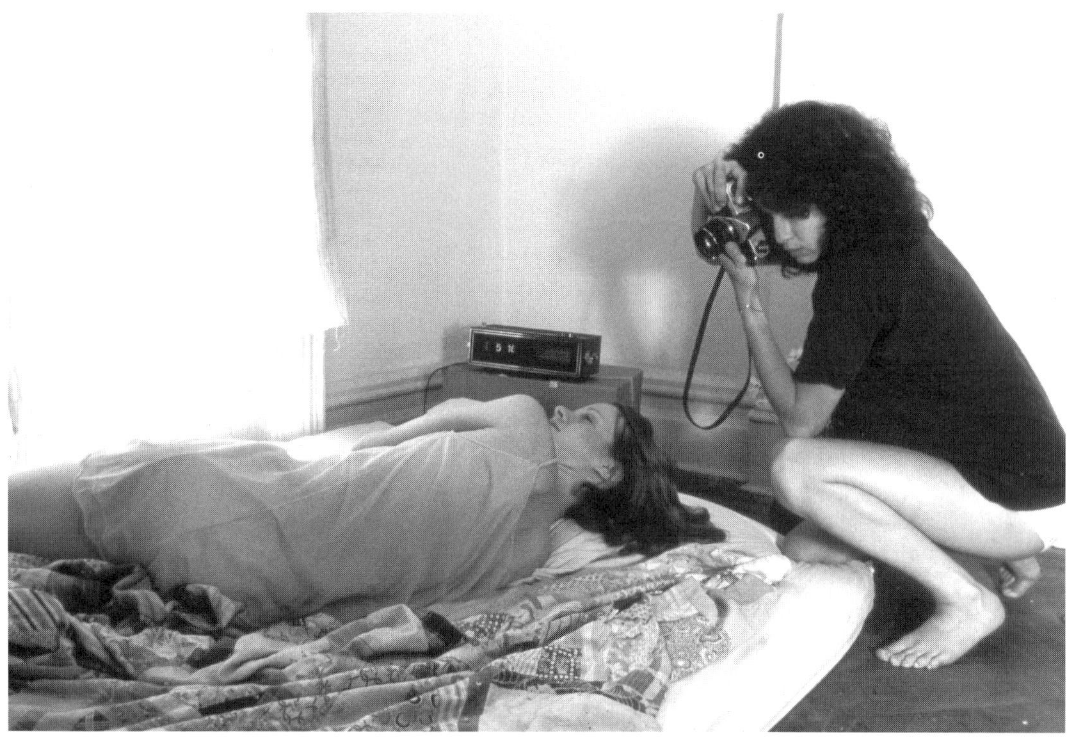

『ガールフレンド』©1978 WBEI.

同時期に芽生えていたんですよ。

アメリカン・ニューシネマってのは男の二人組が社会に反抗して暴れ回り、ギャングになったり無法者になり、最後には警官に追い詰められて蜂の巣になるという終わり方ですよね。そのブームに20年遅れて『テルマ＆ルイーズ』（1991）が公開されるでしょう。高校の同級生同士の普通のウェイトレスと普通の主婦が、走る四畳半みたいなサンダーバード66年式に乗り、2人で旅行に出かけたら途中で強姦されそうになる。そうしたらアメリカですから、普通の主婦でもピストルを持っていて、それで撃ったら相手が死んでしまった。もちろん2人は捕まりたくないから逃走劇が始まる。特に主婦の方はフリフリのお洋服でお出かけって感じだったのに、逃げるうちにジーパンとTシャツに着替えて、典型的なあの時代の自由さを示す服装になっていく。石油トラックに乗った男がふたりの乗った車にすごく卑猥な暴言を吐く。するとお返しにピストルを撃ってトラックを炎上させたりするんだけど、彼女たちはまさに脱皮していくんです。着るものが変わることで、やることも変わるというね。ニューシネマの男たちに20年遅れて、女の二人組が自由になるという映画が出た。もちろん逃げても逃げ切れるなんてことはなく、最後には断崖でパトカーの群れに取り囲まれてしまうんだけど、「あんたと一緒なら」って二人は友情を確かめる。ラストは、宙を飛ぶサンダーバードのストップモーションでね。かっこよく見せてるけどもちろん死ぬに決まってるんだけど。ニューシネマの男たちは犯罪者として警察や住民に射殺されて終わるけど、テルマたちは宙を飛んでいる。こういう映画がついに現れたわけですね。

――もちろん先ほどの話にあった『アリスの恋』は男性

監督であるマーティン・スコセッシの作品、『テルマ＆ルイーズ』もリドリー・スコットの作品ですが、そうした作品でも女性たちのありかたの変化は現れている、ということですね。

とはいえ、やはり女性監督という存在がいかなるものであるか、という視点が重要であることは言うまでもなく、『映画をつくった女たち 女性監督の100年』のような書籍が90年代の半ばに完成していることは驚くべきことです。

松本●この本にも書いているんだけど、東京国際女性映画祭にポーランドのアグニエシュカ・ホランド監督が来たとき、彼女は記者会見で「私が映画監督であることは、女性であることとなんの関係もありません」と言っていたんです。それはその通りで、言ってみれば作家の津島裕子さんもおっしゃってましたけど、「女流」であるってことは男性に対して二流、みたいなイメージがどうしてもあったからね。近年でも「女優」という言葉は使わず、「俳優」と書くことが多くなった。でもやっぱり当時は監督をする女性はあまりにも少なかったからね。だから「女流監督」ではなく、「女性監督」という言葉を使ったんです。

――高野悦子さんに関するお話にもありましたが、やはりこと日本においても映画業界における女性の扱いのひどさというのは、忘却してはいけない事実だと思います。

松本●日本ではご存知のように坂根田鶴子監督が昭和11年（1936年）に女性監督第1号になりますよね。彼女は『初姿』という劇映画を一本撮ったけれど、その後が続かず、戦時中は満州に行ってしまった。満州では文化映画や記録映画で活躍されていたそうですが、1936年ってヒトラー時代のドイツのベルリンオリンピックの年ですよ。つまりレニ・リーフェンシュタールが180人の製作スタッフを率いて、オリンピックの記録映画を撮っていた時です。その同じ年の田鶴子さんの境遇を考えるとね、泣けてしまいます。彼女が初めてスタジオに行った日、丁寧にしようと着物を着て行ったら、すぐ着替えて来いって言われて着替えて行ったら、こんどは天井の照明ぶら下げている板の上に登らされた、と。監督どころか、もう嫌がらせです。だから、以後はニッカポッカ（ズボン）を作ってもらってそれを着て、帽子はハンチングをかぶって、髪も切った。スタジオに監督として入れてもらえるかどうかが、女性監督にとっては最初の戦いだった。入ったら入ったで、与えられた作品はぜんぜん撮りたい題材ではなく、作品もヒットせず次作の注文もなくて、そのうちに戦争が始まってしまう。リーフェンシュタールは戦争が終わってからはナチスとの関係で散々叩かれたけれども、オリンピックのときに撮影したフィルムは全部で4万メートル。それを2年がかりですべて自分で編集してあの映画史に残る大作『オリンピア』（1938）二部作を完成させた。もっともリーフェンシュタールは人物も背負った問題も大きすぎて、ただ女性監督として括るには特殊すぎるかもしれないですが。

女性監督の映画作りといえば、坂根さんに限らず、女性が初めて映画を撮ったときの技術的・環境的悪戦苦闘ぶりは、東京国際女性映画祭で上映されたカナダの作品『Calling the shots～女性映画陣は語る～』（1989）にもありありと描き出されていました。このドキュメンタリー映画は、30代半ばの2人の女性監督が、ハリウッドを中心に、ドイツ、フランス、カナダ、香港などの現役女性映画人30数人に、それぞれの映画づくりの体験と意見をインタビューして構成したものですが、クローディア・ウェイル、シャンタル・アケルマン、アン・ホイ、ジャンヌ・モローなど、日本でも知られた監督たちの率直な声は、世界共通。映画づくりでの女性の状況はどこでも大変なんだなと思う一方、だからこそ挑戦する面白さも伝わってきました。

――一方で現実の女性運動自体を映画がリードしたというような作家もおりますよね。日本でも2023年に『アル中女の肖像』（1979）などの代表作がリバイバル公開されたドイツのウルリケ・オッティンガーなどについても、松本さんは96年に刊行された『映画をつくった女たち』ですでに触れられています。

松本●ウルリケ・オッティンガーやヘルケ・ザンダー

は、まさに女性運動を映画を中心にして動かすような監督だったわけです。ザンダーさんが来日されてゲーテ・インスティトゥートで上映があったときインタビューをしたんだけど、本当にドイツの人って感じでしたね、理論的で理屈好き（笑）。じつに理路整然とした視点をお持ちで、それをドラマ化して映画化している。日本などとは本当に違うな、なんて取材しながら思った。当時見たものだとウルリケ・オッティンガーがヴァージニア・ウルフの原作を映画化した『フリーク・オルランド』(1981）も面白かった。英国のエリザベス女王一世に仕えた美青年の主人公が、400年もの間生き延びて、途中から女になっちゃう映画で。おじいさんが真っ黒なイブニングドレス着てたりとかして、なんでも常識の逆をいく大胆不敵な冒険譚。イギリスのサリー・ポッター監督の『オルランド』(1992）はもっとウルフの原作に近いファンタジックな作品だけど、このオッティンガー版は徹底的にもう理論化のうえでパロディをやってるんだなって思った。まさに、映画を武器に闘う！という感じで。

こうして映画の中で描かれる女性像は“ヒロイン三条件”は温存しつつも、時代の現実を反映しながら少しずつ変わってきていると思っています。でも、まだ大変身とは言えない。第一、映画をつくる側の女性監督の受賞は遅かった。というより、ほとんど大きな賞はなかった。だから1993年カンヌ国際映画祭で、オーストラリア映画『ピアノレッスン』で、ニュージーランド出身のジェーン・カンピオン監督が女性で世界初のパルム・ドール受賞のニュースは嬉しかった。作品も申し分なかった。英国から長い航海を経て、ニュージーランドに嫁いできたろう者の花嫁のピアノをめぐる物語。スケールの大きなわくわく感溢れる実に巧みな映画づくりでしたね。ついでながら米アカデミー賞では2009年『ハート・ロッカー』で、キャスリン・ビグローが作品賞・監督賞。ハリウッドの長い歴史の中で、第82回にやっと女性監督が初めてオスカーを手にしたのです。

実はカンピオンはその3年前に、『エンジェル・アット・マイ・テーブル』にて1990年ヴェネチア国際映画祭で審査員特別賞など8賞を受賞していました。有名なリルケの詩の一節、「あわてないでいい 天使が不意にお前のテーブルに来たとしても」から取ったというすてきなタイトルの作品。主人公はニュージーランドを代表する実在の女性作家、ジャネット・フレイム。彼女が誤診で20代の大半を精神病院に入れられながら、自身の鋭い感性を磨き、作家としてひとり立ちするまでの反省をつづった原作の映画化です。悲惨な体験もジャネットの特異性にも向き合いながら、映画にただようやわらかな明るさ。カンピオンは「彼女の生命の感覚、彼女の香り」を表現したかったと語っています。心になじむいい作品ですね。

「私」の自己主張

――評論活動の中で特によく覚えておられることはありますか。

松本●映画記者時代、文部省から秀れた外国映画にあげる賞の審査員だったことがあるんです。その年の有力候補が、ナスターシャ・キンスキー主演の『テス』(1979、ロマン・ポランスキー監督)。キンスキーがいろんな男たちとの恋愛の果てに運命を変えられていくという映画だけど、じゃあなぜ彼女がそんな目にあうのかといえば、何より彼女が美人だから（と私には思えた)。そのときの審査員は女性が2人、男性が5人だったけど、実際、堂々とキンスキーファンを名乗る男性もいた。で、私以外のみんなが『テス』に票を入れた。でも私にはね、『テス』の構造はあからさますぎると思って、別の候補作だった『ローズ』(1979、マーク・ライデル監督）という映画に票を入れた。ベット・ミドラーがジャニス・ジョプリンをモデルにした歌手を演じた作品ですね。ミドラーが演じる主人公はスターなんだけど、そのバンドのリーダーが恋人。で、恋人との恋愛関係が壊れてしまうのをきっかけに、彼女はもうバンドの誰も味方になってもらえなくなる。ひとりぼっちになっちゃって散々苦労し、酒と麻薬で自滅していく苦闘の物語。

この審査会にはのちに日本映画大学の学長になられた佐藤忠男さんなど著名な映画評論家たちがいたんですけど、まず佐藤さんが「松本さん、そういう見方もあるね。面白いね、俺はこっちにするよ！」と言って味方してくれたんです。そしてだんだんと他の男性たちも賛成してくれた。そういう流れになって、最後にもうひとりいた女性の評論家が「じゃあ私も……」という感じで、やっと意見を変えてくれた（笑）。そうやって頑張って『ローズ』を支持できたわけです。

——素晴らしいお話ですね。

松本●この審査会に参加してみて、やっぱり女性もとにかくこういう場に入らないといけない、女性が新しい映画の見方を主張する場がないとダメだって思った。当時、映画評論家はやっぱりほとんど男性で、女性はといえば評論家というよりタレント化していた。そうやって自分を演出しないと男の中に埋まっちゃうわけ。もちろん小森のおばちゃま（小森和子）のように「私ひとりで頑張る」って割り切れる方はいいんですけど、そうじゃない人がちょっと変わった意見を言ったりすると、生意気だと必ず悪口を言われる。そういうのを怖がってあまり意見を言わない人が多かったんですが、やっぱりね、言わなきゃダメ。映画には男の見方、女の見方というか、100人見れば100通りの「私の見方」がある。こういう見方もあるんだと、女性たちも自信を持って自己主張をしなきゃいけないし、わかってくれる男性もいるんだってそのときに強く思いました。

本当に、私は映画から学んだことがすごくあるのよ。「映画は人生の学校だ」とかね、軽く言うみたいだけど、古いいい作品を見直すだけでもいろんなことを確認したり発見したり。本当に楽しいよね、映画って。楽しくなきゃ駄目ですよ、やっぱり。映画の楽しさは、年をとっても変わらない、一生ものですね。

『エンジェル・アット・マイ・テーブル』©1990 HIBISCUS FILMS, LTD　本作2Kレストア版 2024年日本公開予定

QUESTIONNAIRE
アンケート

映画を広げるという仕事をめぐって

映画配給、映画館運営、上映プログラミング、フィルム・アーカイブ、あるいは映画字幕まで。一本の映画はただつくられただけではその生を全うすることはできず、そのためにはおよそ誰かの手によって発見され、庇護され、あるいは翻訳され、観客のもとに届けられなければならない。ここではそうした「映画を広げる」という仕事を日々手掛けられる方々に、その仕事との出会いについて、そしてこの先に必要だと考えられていることについて言葉をいただいた。

1. ご自身のお仕事の概要について、その仕事を選択された経緯や印象的な出来事など、具体的なエピソードを交えてご自由にご紹介ください。

2. 現在の映画業界をめぐってのご意見、これから必要と思われる仕事のあり方についてご自由にお記しください。

森宗厚子 ● もりむね・あつこ

国立映画アーカイブ 特定研究員（2024年3月まで）、
広島市映像文化ライブラリー 映像文化専門官（2024年4月より）

1. 2020年から国立映画アーカイブにて上映プログラムの企画を担当しました。特に日本映画史上の注目すべき作家や作品を掘り起こして再評価することを意識しています。たとえば、戦前を中心に活躍した監督である石田民三や伏水修、また、無声映画期からカラー／ワイドスクリーン時代まで社会の変遷を背景に日常における人々の葛藤を描き続けた五所平之助監督、さらに、従来の通史では看過されてきた女性映画人たちの功績について光を当てています。
　今までの経緯を一言でいうと、その時々の行き掛かりの中でユニークな上映に携わる仕事の活路を模索しながら“道なき道”を歩んできたかたちです。具体的には、高校生時代に京都で自主上映のボランティア・スタッフに参加したことを皮切りに、大学卒業後に東京に移ってミニシアターや映画祭事務局、フィルム・アーカイブを有する公立ミュージアム、公共団体などにて、上映の運営や企画、時には映写にも従事しました。神戸や山形にも仕事のために移住したのは大変良い経験になりました。映画文化について東京一極集中のように捉えられがちですが、各地の拠点の発展も重要です。
　近年では女性映画人の歴史を掘り起こすうえで、“日本初の女性脚本家”について諸説ある状況に鑑みて、1920年代後半に尾上松之助作品などの時代劇の脚本家である林義子について論文を発表しました。初めて査読論文を書いた次第でしたが、自らで限界を設けずに何事にも挑戦してみることは大切と実感しました。

2. まもなく映画は130歳を迎え、映画の第二世紀での30年目として2周目の第２コーナーに向かいつつある時期となります。映画遺産を継承して新たな価値を見出していくため、映画保存や旧作上映さらに映画史研究といった側面もまた現代的な意義のある仕事であり、専門職として安定的な雇用が確立されることが望ましいと思います。

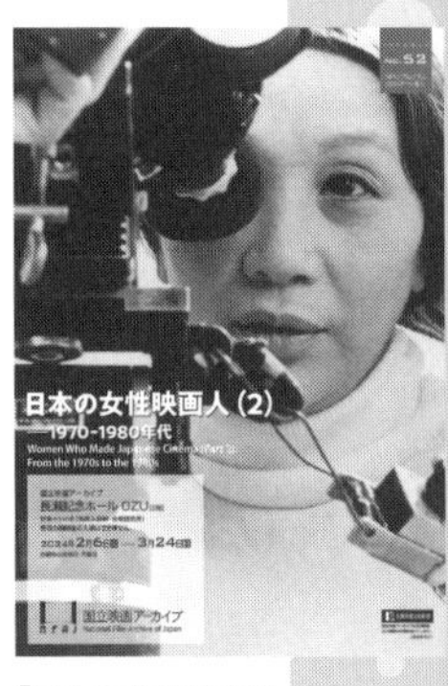

「日本の女性映画人（2）
――1970–1980年代」
会期：2024年2月6日－3月24日
主催：国立映画アーカイブ

古井戸香奈子 ● こいど・かなこ

株式会社クロックワークス　取締役

バイヤー仲間のドイツ人ローマンと。現在プロデュサーとして大活躍でオスカーもノミネートされました。今でも映画祭で飲みに行く仲間です。

1. 独立系配給会社で取締役をしています。幼少時から映画が好きで『ラッシー』が最初の映画体験でした。『バック・トゥ・ザ・フューチャー』を観てさらに覚醒し高校時代のアルバイトも地元の映画館でした。日本では映画批評を学べる学部が少ないと感じ大学進学のため単身渡米。現地では映像制作も学びましたが自ら監督になるより才能がある人を見つける仕事が向いていると確信した4年間でした。卒業後帰国し映画会社を中心に就職活動を経て現会社の立ち上げから参加しています。2000年前半は単館系作品の記録的ヒット作が多く、DVDも爆発的に売れていたので業界全体に活気がありお祭りのような日々を経験しました。現在も映画祭に参加して作品を選びますが世界中の個性的なクリエイター達と触れ合い日本に紹介できる仕事は飽きずにやりがいを感じます。特にライアン・クーグラー（ブラックパンサー）やギャレス・エドワーズ（ザ・クリエイター／創造者）などデビュー作を紹介した監督達がメジャー映画で大活躍しているのを知るととても誇らしいです。邦画では三池崇史監督の『牛頭』をカンヌ映画祭の監督週間で紹介出来たのは素晴らしい経験でした。個人的には国内配給と海外セールスを担当した『千年女優』で今敏監督と仕事した事は人生の宝物だと思っています。

2. 私自身子供を育てながら海外出張の多い業務を続けるのに大変苦労をしました。子供がいる家庭はもちろん両親の介護が必要な人、病気や障害を抱えている方と暮らしている方などの各自の生活スタイルにも合う柔軟性を持つ勤務体制を会社側から提案する姿勢が求められると思います。映画業界全体が画期的なモデルを構築出来れば継続的に優秀な人材を確保できると考えています。

高畠晶 ● たかばたけ・あき

CEO・Momo Films（https://momofilms.com/）

1. カナダで2022年7月に映画会社Momo Filmsを創立しました。日本の映画配給会社で働いていた経験から、カナダに移住してからも映画関係の仕事を続けたく、トロント国際映画祭のプログラミングの部署で働いたり、トロント日本映画祭では立ち上げから関わったりしてきましたが、映画祭以外では日本映画が北米ではほとんど公開されないことに気付きました。質の高い邦画を多くのカナダ人に観てもらいたいという思いから、映画会社を立ち上げました。日本とカナダの映画業界を繋ぐのがミッションなので、主に日本映画を専門にカナダで配給しています。またカナダ映画を日本に売るお手伝いや、カナダ人、日本人の撮影のコーディネートや通訳などもプロダクションサービスとして行っており、企業ＣＭなどの動画制作も始めました。今後は日本人や日本語が話せるタレントを中心としたキャスティングやエージェントのサービスも開始する予定です。また将来の夢としてプロデュースにも関わっていきたいと思っています。

2. カナダに関してはトロントではスタジオが数多くあり、カナダ作品のみならず、ハリウッド映画や大手配信会社の撮影が沢山行われており、クルーが足りない程だと聞いています。CGやアニメーションなどのポストプロダクションの産業も盛んです。また、カナダは国をあげてカナダ映画業界をサポートしているため、助成金も充実しています。共同制作に対してのサポートやロケ誘致、タックスクレジットなどもあるので、日本とカナダの共同制作のメリットは十分あると思っています。日本でもアメリカ資本のコンテンツ制作が増えてきているので、共同制作的なプロジェクトはカナダ、日本に限らず今後も増えていくのではないかと思っています。

2018年のトロント日本映画祭にて。上映をした『美しい星』の吉田大八監督と、日系文化会館館長のジェームス・ヘロン氏と一緒に。

武井みゆき ● たけい・みゆき

有限会社ムヴィオラ（映画配給）

1. もともと映画が大好きだったのですが、ムヴィオラを設立する前は10年以上広告の仕事をしていました。広告はそろそろいいかなと思った頃に、アテネフランセ文化センターさんとの出会いがあり、そのあと三百人劇場さんでの台湾映画の全貌、そしてフランス映画祭横浜広報事務局の仕事などがタイミング良く続いて、そこから、さらに自分がもっと多くの人に見てもらいたいと思える映画を紹介したいと思い、映画の仕事を本業にしました。当初は母の反対もありましたが、この年齢まで女性で仕事を続けられるのも会社を作ったからだともいえます。いくつになっても自分らしく仕事を続けられ、新しい映画に出会え、多くのスタッフや同業の仲間たちと出会えているのは素晴らしい仕事だなと思います（ただ安定した経済生活ではないのは悩みですが）。

2. 映画興行は“小さな”市場になったと感じています。バブル期のミニシアター全盛期に広がった映画の多種多様さ、新しい映画、自由な映画への希求は、日本経済の下降や時代の変化によって、観客を失い続けているのでは？ 映画を見ることは経済が土台にある行動なので、それは自然なことだと思います。みんな、余裕がないのですから。今は、この時代の中で、やるべき映画を見つけ、スタッフと共に仕事を継続することに努力しています。私の場合、これは経営者としては失格なのでしょうが、会社の収益以上に、配給する意味や価値を考えすぎてしまいます。性格なので仕方がないとあきらめていますが、収益と意味のバランスがとれた仕事をしたいものです。大きな意味では、10年後にも20年後にも意味の消えない映画を配給していきたいですが、目の前のこととしては、SNSの登場によって、メディアの弱体化を感じているので、観客の限られた支出の中でどのように映画を届けるのか、そこが大きなテーマだと感じています。

マレーシアの女性監督ヤスミン・アフマド没後15年になる2024年、代表作にして遺作の『タレンタイム』を7/20〜全国順次公開します。

村田敦子 ● むらた・あつこ

株式会社ミモザフィルムズ　代表取締役

1. 大学卒業後、1年間ロサンゼルスに遊学していた時期がありました。
　午前中の語学学校を終えた後、午後は暇を持て余して映画館に入り浸って映画を浴びるように見ているうちに、「一体誰がこの膨大な映画の中から日本で公開する映画を選んでいるのだろう？」という疑問が湧き、「映画の買付配給」というビジネスに興味を持ちました。帰国してからアルバイトをしながら独立系の映画配給会社に履歴書を送りまくりましたが採用には至らず、当時はまだ映画配給はやっていなかった東北新社に入社、仕事をしながら映画会社への転職のチャンスを狙ってました。運よくギャガ・コミュニケーションズ（現ギャガ）に転職した1990年1月、私の映画配給ビジネスのキャリアがスタートしました。
　最初は宣伝の仕事、その後数社で買付や劇場営業の仕事も覚えながら、与えられる映画ではなく、自分が選んだ好きな映画だけを仕事にしたいと思い始めました。2006年のトロント映画祭で出逢った『大いなる沈黙へ　グランド・シャルトルーズ修道院』というドキュメンタリーに執着してこの映画を公開するために2011年12月に独立しました。

2. コロナ禍を経て、日本の洋画マーケットはコロナ前と比較して縮小してしまいました。今まで映画館で映画を観ていたシニア層がネットで映画を見る事を覚えてしまったからです。映画館の環境が元に戻っても、シニア層は映画館に戻ってきてくれてないのです。弊社のようなミニシアター系の洋画を生業としている映画会社にとって大打撃です。
　同業他社は旧作を掘り起こしたり、若年層向けの映画にシフトしたりと模索していますが、私はあくまでも新作に拘りたい、新しい才能を見出したいと思っています。自分が選んだ映画が3本続けてコケたら会社を閉じようと思ってますが、映画の神様はなかなか足抜けをさせてくれません（笑）

石原香絵 ● いしはら・かえ

NPO法人映画保存協会・代表（https://twitter.com/filmpres）

1. 若い頃に映画館で映写業務を経験し、物質としての映画フィルムに興味を持つようになり、米国の専門学校で映画保存を専門的に学びました。帰国しても就職先がないことはわかっていたので、活動の拠点になるようにと結成したグループが現NPO法人映画保存協会（FPS）の前身です。FPSではさまざまなボランティア活動を経験しましたが、同時に非常勤講師として大学でフィルムアーカイブについて教えてもいたので、もう一度学びたいという思いに駆られて30代後半で「研究」の世界に飛び込みました。その集大成として2023年に邦訳出版した専門学校時代の恩師の代表作『無声映画入門』（美学出版）は、映画保存の理論と実践の書です。

パオロ・ケルキ・ウザイ著『無声映画入門：調査、研究、キュレーターシップ』（2023 美学出版）

2. 映画を愛する人たちはこれまで当然のように映画の製作に、あるいは上映や鑑賞に夢中でした。日本ではアーキビストですら未だ認知度が低く、ようやく2020年から国立公文書館による認証制度が始まったばかりです。映画アーキビストとなると需要はほとんどなく、フランスや韓国をお手本にしたはずの日本版CNCの未来構想にも保存の二文字は見つかりません。しかしデジタル化によって映画の長期保存は難しくなる一方です。無声映画時代の作品の原版がほとんど残らなかったように、ボーンデジタル作品もほとんど残っていかないかもしれません。これからの人に、そんな未来予想を覆してほしいものです。

A.

上條葉月 ● かみじょう・はつき

字幕翻訳者

1. 映画に関わる仕事をしたいけど人と一緒に何かをするのが苦手で、字幕なら一人でできる仕事だ！と思い大学時代に映像翻訳の学校に通い始めました。講師だった松岡葉子さんが登壇されると聞いてグッチーズ・フリースクールの上映会へ行き、その後グッチーズメンバーの方に「字幕やりたいです！」と突撃した記憶が……。行き当たりばったりで今に至るという感じですが、配給や上映者の皆さんや作品とのご縁に恵まれたおかげで、細々と続けられています。

2. 字幕に関していえば、他の翻訳者さんがどういう働き方をされているか、どういうキャリアパスがあるのか、といった情報交換をする機会があまりないので、「みんなどうしているのだろう」と悩むことはあります。いわんや若い方に相談されてもあまりアドバイスもできない……（私が情報収集できていないだけかもしれませんが）。映画業界と言ってもさまざまですが、フリーランスの多い業界だとは思うので、困った時に相談できる場や、自分達の権利をみんなで守れるような同業者の組合的なものがあるといいのかなと思います。

志尾睦子 ● しお・むつこ

シネマテークたかさき 総支配人／高崎映画祭 プロデューサー

1. 学生の頃、高崎映画祭のボランティアスタッフに参加したのが、この仕事に関わる入り口でした。10代までは全く映画館に行く習慣もない生活だったので、その頃はまだ映画が好きだという自覚もありませんでした。高崎映画祭で出会った前代表者や当時のプログラムディレクターのプロフェッショナルさに驚き、ものすごく刺激を受けました。彼らの映画に対する情熱に感化され、シネフィルや映画を愛する人たちに囲まれて、上映という仕事の奥深さを知りました。
　社会人になっても、映画祭ボランティアスタッフは継続していましたが、常設の映画館を作る話が具体化してきたため、当時の仕事を辞めて、立ち上げに参加しました。母体をNPO法人にしたのは映画館の運営事業のほか、出張上映や、制作支援、資料のアーカイブや、若手映画人の発掘と育成など、映画の入り口から出口までを網羅する組織を目指したからです。加えて、地方都市で映画に関わりたいと願う若者たちが従事できる職場を作ることも重要なことでした。私自身は、さまざまなご縁に導かれて現職に辿り着いた感覚です。
　多くの方々に支えられ設立から20年が経ちますが、おかげさまでNPO法人の活動は当初掲げた事業を少しずつ展開してくることができています。任意団体の市民活動である高崎映画祭と、シネマテークたかさきをはじめとするNPO法人の活動は、役割が違うため、両方続けていけることを願っています。そのためにも次世代にうまくバトンタッチしていくことが今の使命だと考えています。

2. 昔はこうだった、ということに囚われすぎないことが大事だと思っています。これから必要なことは、希望の持てる夢のある職業にするために、一人ひとりが考えて行動することだと思います。経験の浅い人はその人にしか見えないこともあり、経験を積んできた人にしか見えてこないこともある。それを共有し風通しよくするために、映画業界の垣根を超えて、さまざまなところと連携したり、専門的な知恵や要素を取り入れていくことが肝要だと思います。

2024年高崎映画祭にて

根本 道子 ● ねもと・みちこ

国立映画アーカイブ 映画室 技能補佐員

1. 1970年代、まだ映画がフィルムで上映されるのが当たり前だった時代に、私は映画の仕事がやりたい一心で、フリーのフィルム編集者、沼崎梅子さんに弟子入りしました。それが、私と映画フィルムとの長い縁の始まりです。沼崎さんからは、フィルムのつなぎ方からはじめて、ネガ編集やポジ編集の基本的な技術を教えていただきました。

編集の仕事をやめた後、東洋現像所という映画フィルムの現像所（現 IMAGICA Lab.）に入りました。私が働いていたのは、フィルムプロセス部の準備係という部署で、現像が終了したネガに先付けリーダーを付けたり、持ち込まれたネガのつなぎ目がプリンターを無事に通るかチェックするような仕事を行っていました。

やがてIMAGICA（東京映像センター）も映画界のデジタル化のあおりを受けて、2015年にフィルム現像のラインを停止することになりました。現像機が止まった日の光景は、今でもはっきりと思い出すことができます。私はその数ヶ月後に「東京国立近代美術館フィルムセンター」（現 国立映画アーカイブ）に転職しました。「国立映画アーカイブ」は、映画の収集、保存、研究、公開などを行っている国立の機関です。私は今も、国立映画アーカイブの京橋本館で、主に上映用プリントの準備作業に携わっています。ホールで上映するフィルムがはがれたり切れたりせず、無事に映写機を通るか事前にチェック、補修をするような仕事です。

2. 数年前に、東京の下町に49席の試写室のような映画館がオープンしました。私自身、度々その映画館に映画を見に行くのですが、うれしいことに、何時いっても、他の館では見られないような老若男女の観客で賑わっているのです。おそらく、上映環境の良さと作品の選び方の秀逸さで、今までにない客層をつかんでいるのだと思います。これは希有な成功例かもしれませんが、やり方次第では、まだまだ「映画館」にも新しい人たちが集まるのだということを知ってとても頼もしく感じています。今までになかったような新鮮なセンスをもった若い映画人たちが多数現れ、新しい映画界を切り開いていってくれることに大いに期待したいと思っております。

今も、フィルムに囲まれて仕事をしています。

BOOK GUIDE
ブックガイド

彼女たちの研究・批評・理論

ここでは主に女性たちによる映画をめぐる研究・批評・理論文献について紹介したい。
ここに記すことができたのはごく一部のものだけれど、
これらを指針に図書館や書店（古書店）、あるいはネットの海を彷徨ってみてほしい。
その先にあなた自身のよりはてしないブックガイドが切り開かれることを期待している。

本ページ作成にあたっては、映画上映団体Nowsreelの中田円凛氏、沖田航平氏、
フェミニスト批評誌『i+med(i/e)a イメディア』の小林亜伽里氏のご協力をいただきました。深く感謝いたします。

『闇の中の女：アイリス・バリーと映画芸術』〔未邦訳〕

ロバート・シットン＝著
原書：Robert Sitton, Lady in the Dark: Iris Barry and the Art of Film, Columbia University Press, 2014

ここでは、映画のなかの、映画をつくる、そして映画を語る女性たちにまつわる書物を紹介していく。そこではもちろん、映画を守り後世に伝えてきた女性に光を当てることも必要だろう。本書が描き出すのは、フィルム・アーカイブ運動のパイオニア、アイリス・バリー（1895–1969）の生涯である。

彼女の数奇な人生を手短にたどってみよう。英国バーミンガムで生まれ育ったバリーは、詩作の世界に足を踏み入れ、エズラ・パウンドやパーシー・ウィンダム・ルイスといったヴォーティシズムの面々と親交を深めるようになる。1920年代に入ると雑誌や新聞で映画評の執筆をはじめ、先駆的な映画批評書『Let's Go to the Pictures』を著すほか、ロンドンで上映運動に携わるなど、芸術としての映画を早くから熱烈に擁護した。30年代には米国に渡り、開館まもないニューヨーク近代美術館（MoMA）にフィルム・ライブラリーを設立すると、その初代キュレーターとして目覚ましい活躍をみせる。とりわけD・W・グリフィス作品を保存・再評価し、この忘れられていた老監督をいち早く永遠の巨匠の地位に据えたことは、毀誉褒貶あれど彼女の最大の功績といえるだろう。しかし第二次大戦後、反共主義の気運が高まるなかでニューヨークを去り、フランスで余生を過ごす。そして1969年、不遇のうちに没するのだった。

映画産業がそうであるように、フィルム・アーカイブの世界もまた男性優位であり、それゆえ男性アーキビスト——誰にもまして「父」アンリ・ラングロワ——の伝説が繰り返し唱えられる一方で、バリーの名前が挙がることは相対的に少ないままである。そのような状況にあって、この波乱に満ちた物語に目を向けるのも一案だろう。（沖田航平）

『チック・フリックス：フェミニスト映画運動の理論と記憶』〔未邦訳〕

B・ルビー・リッチ＝著
原書：B. Ruby Rich, *Chick Flicks: Theories and Memories of the Feminist Film Movement*, Duke University Press, 1998

オルタナティヴな映画表現とフェミニズムが出会った時代の息づかいを感じとるには、この本がうってつけだろう。「ニュー・クィア・シネマ」の名付け親としても知られる映画批評家、B・ルビー・リッチのおもに1970〜80年代のエッセイを収めた本書で、まずわれわれを圧倒するのは「フェミニスト映画」の名の下に広がる豊かな地平である。シャンタル・アケルマンやイヴォンヌ・レイナーの実験的作品はもちろんのこと、『ボーン・イン・フレイムズ』（1983、リジー・ボーデン）や『スムース・トーク』（1985、ジョイス・チョプラ）といった80年代の物語映画、『ある方法で』（1977、サラ・ゴメス）のような同時代のワールドシネマ、さらにレニ・リーフェンシュタールやレオンティーネ・ザーガンによる古典的女性映画まで——近年、こういった作品が相次いで上映され、日本でもその全貌が明らかになりつつあるだけに、フェミニスト映画ガイドとしての意義は今なお大きい。なかでも『Fuses』（1967、キャロリー・シュニーマン）や『Daughter Rite』（1980、ミシェル・シトロン）など、女性アーティストの手による映像作品は、今後の紹介が強く待ち望まれるところだ。

さらに特筆すべきは、それぞれのエッセイに付されたプロローグである。時として本編よりも多くの紙幅が費やされたプロローグでは、政治的・理論的なコンテクストからゴシップめいた挿話まで、リッチ自身の記憶が軽妙な文体で語られる。それによって本書は、ただ過去の遺物を今に伝えるのではなく、時代の生々しい証言たりえている。（沖田航平）

『ヌーヴェル・ヴァーグ：男性単数形の映画』〔未邦訳〕

ジュヌイヴィエーヴ・セリエ＝著
原書：Geneviève Sellier, *La Nouvelle Vague : Un cinéma au masculin singulier*, CNRS éditions, 2005
英訳：*Masculine Singular: French New Wave Cinema*, trans. Kristin Ross, Duke University Press, 2008

ヌーヴェル・ヴァーグをめぐっては、これまで数多くの書物が著されてきた。1950年代後半から60年代初頭、『カイエ・デュ・シネマ』出身の映画作家たちによって引き起こされたこの運動が、その後の映画史に決定的な影響を与えたことは周知の通りである。極論を言うなら、シャンタル・アケルマンの諸作品も、70年代以降の数々の理論的試みも、ヌーヴェル・ヴァーグの現代性なくしてはまったく異なるものになっていただろう。しかしその輝かしく革命的なイメージが、ある側面を覆い隠してはいまいか？

そのような問いから出発し、社会文化的分析を通して、セリエはヌーヴェル・ヴァーグ像の大胆な読み直しを試みる。作家主義批評はロマン主義的な天才概念の延長であり、形式的革新の裏には政治的無関心が潜んでおり、一方で新しきアメリカ文化から生まれたこの運動は、他方で大衆としての女性が出現した戦後フランス社会に対する旧きブルジョワ男性たちの反動でもあった——手厳しい指摘は決して尽きることがない。後半ではジャンヌ・モローやブリジット・バルドーといったミューズの表象が検討されるほか、左岸派の映画作家たちにも一章が割かれ、「男性単数形」のヌーヴェル・ヴァーグとは異なるオルタナティヴな系譜が簡潔ながらもはっきりと示される。ややドグマティックな分析と性急な結論に異を唱える者は多いだろうが、この映画史的神話に一石を投じたたぐいまれな書である。（沖田航平）

「視覚的快楽と物語映画」

ローラ・マルヴィ=著
邦訳：斉藤綾子訳、『「新」映画理論集成①――歴史／人種/ジェンダー』(岩本憲司・武田・斉藤編、フィルムアート社、1998 年／『ヴィジュアル・プレジャー：ローラ・マルヴィとピーター・ウォーレンのシネマ』所収、Nowsreel編、2023年）所収
原文：*Visual Pleasure and Narrative Cinema*, 1975

イギリスの映画理論家ローラ・マルヴィによる1975年の論文で、今日ではフェミニスト映画批評理論の古典の一つに数えられる。映画装置の中に組み込まれた「視線」の概念のジェンダー化された政治性を精神分析理論を利用して暴露し、今日の映画批評においては中心的な尺度の一つとなった「男性の視線」の概念を初めて緻密に理論化したフェミニスト映画批評の先駆的、かつ記念碑的な論文である。本論でマルヴィは、去勢不安やスコポフィリア、呪物崇拝といった、男根中心的なフロイトの精神分析理論を「政治的な武器」としてフェミニストとして応用そして修正し、「見る」という行為そのもの、そして視覚的メディアとしての映画の装置の中に組み込まれた家父長制的、男性中心的な快楽の構造を暴き出す。マルヴィによれば、物語映画は第一に、カメラの後ろに立つ監督の視線を体現するが、その視線はスクリーン上で、男性の主人公の視線として表象される。この視線は続けて、映画を鑑賞し、主人公と自己同一化を体験する観客によって共有され、観客は窃視的な映像体験から快楽を得る。こうした映画のプロセスの中で、問題となる視線は、「男性のもの」として徴づけられており、反対に、男性的な視線を注がれる対象＝客体としての役回りを割り振られた女性は、見られる対象、すなわち「スペクタクル」としての性質によってのみ定義されるのである。マルヴィはこのように男性を能動、女性を受動と二項対立的に結びつける、ジェンダー間の権力の非対称性に基づいた視線の構造を、ヒッチコックの『裏窓』（1954）や『めまい』（1958）などを例に挙げて精読し、メインストリームの映画とその快楽が打破されるためには、そうした視線を成り立たせる映画の規則がそのものが解体されねばならないと論じる。（小林亜伽里）

フェミニスト批評誌『i+med(i/e)a イメディア』

小林亜伽里・増田麻耶=編、2021年

2021年に、古典文学からニュー・メディアに至るまで、あらゆる表象文化のフェミニズム批評を専門とする二名の大学院生（小林亜伽里、増田麻耶）によって立ち上げられたフェミニズム批評誌。日英のバイリンガルでの刊行で、米国の『Camera Obscura』(1976年)や英国の『Another Gaze』（2016年）など、女性の大学院生らが自ら主体となり刊行された欧米のフェミニスト映画批評誌の流れを汲むものである。本書との関連で特に注目されたいのは、「Beyond Female Gaze：女性の眼差しを再考する」と題した同誌の創刊号である。同号には、上述のマルヴィの1975年の論文「視覚的快楽と物語映画」で理論化された「男性の視線」の概念を発着点として、いわばそのフェミニスト的オルタナティブ（あるいはアンチテーゼ）と呼べる「女性の視線」とはいかなるものであるか、という問いのもと、男性中心的、異性愛規範的な「男性の視線」の単なる裏返しや反転ではない、多義的で複数性を孕んだ可能性として「女性の視線」のあり方を想像する論考が集められている。本誌に掲載されている女性と映画にまつわる重要な論考としては、フェミニズム映画批評と女性による映画制作の変遷を概観し、その両者が交わる一つの結晶点としてセリーヌ・シアマの『燃ゆる女の肖像』（2019）を精読する斉藤綾子「視線の政治学：女性たちの視線をいかに取り戻すか」、18世紀イギリスの作家ジェーン・オースティンの小説『エマ』の二つの映画アダプテーションを「女性の眼差し」への需要の観点から比較文学的に分析した北村紗衣「ジェーン・オースティンのいけすかないヒロイン～『エマ』の変貌」、男性中心の古典的なポルノグラフィーにおける視覚中心主義の、フェミニストによる批評の流れをまとめた増田麻耶「視覚中心主義を再考する：映画の肌、身体、ポルノグラフィー」などがある。また、アニエス・ヴァルダの『5時から7時までのクレオ』（1961）などの草分け的な作品からキャシー・ヤンの『ハーレイ・クインの華麗なる覚醒 BIRDS OF PREY』(2020）といった近年の商業最新作まで、女性監督による「女性の眼差し」を体現した映画を網羅的に紹介する小林亜伽里「Female Gaze映画ガイド」もあわせて参照されたい。（小林亜伽里）

「映画、フェミニズム、アヴァンギャルド」

ローラ・マルヴィ=著
邦訳:小林亜伽里訳、『ヴィジュアル・プレジャー:ローラ・マルヴィとピーター・ウォーレンのシネマ』(Nowsreel編、2023年)所収
原文:*Film, Feminism and the Avant-Garde*, 1979

ローラ・マルヴィによる本論文は、メアリー・ジェイコブス編『Women Writing and Writing about Women』(1979年)に寄稿された論考が、マルヴィの単著『Visual and Other Pleasures』(1989年)に再録されたものである。マルヴィが「視覚的快楽と物語映画」の冒頭でも指摘するように、男性中心的な映画の伝統を打破するオルタナティブな新しい映画の伝統とは「空からすっと落ちてくるようにして」突如得られるものではないが、家父長制的な映画のあり方に対峙して、女性による女性についての映画制作と批評のあり方を模索・構築することに奮励してきた女性の映画作家や批評家たちの仕事が確実に存在することも事実である。そのような前提を元にして、1970年代の女性解放運動に機を得て、フェミニズムの政治性を原動力とする女性による女性についての映画の「理論」と「実践」が、いかにしてモダニズムのアヴァンギャルドの伝統と結びつき、互いに共闘してきたか、その歴史の変遷を追ったのが本論である。ドロシー・アーズナーやアイダ・ルピノといった初期の女性監督たちの仕事(それぞれ映画技師、女優としてキャリアを始めた)、1972年にカリフォルニアで創刊された最初の学術的なフェミニスト映画批評誌『Women and Film』とそれに続く『Camera Obscura』誌、ニューヨークとエジンバラで開催された二つの最初の女性映画祭、「女性によって、女性のためだけに(作られた)、女性とフェミニスト政治学についての最初の映画」としてのケイト・ミレット『Three Lives』(1971)、さらにはシャンタル・アケルマンの『家からの手紙』(1977)、マルヴィと彼女の夫のピーター・ウォーレンとの共同監督作『スフィンクスの謎』(1977)など、シニフィエとシニフィアンの一見閉じた階層的な関係性に切り込むフェミニスト映画作品に言及しながら、マルヴィは、フェミニスト映画文化を築くための最初の建設的な一歩は、「映画の形式(フォーム)と表象された題材(マテリアル)との間の不一致を探り、スクリーンと観客の間の閉じられた空間を裂くさまざまな手段を模索する」ことであると論じ、同時代の映画界における女性のインディペンデントな美学、アヴァンギャルドの美学模索への努力を描き出す。本論の邦訳とあわせて、Nowsreel編『ヴィジュアル・プレジャー』に掲載の小林亜伽里による同論の解題「女性の映画を『観る』ということ」(51-57頁)も参照されたい。(小林亜伽里)

『私はなぜ書くのか』

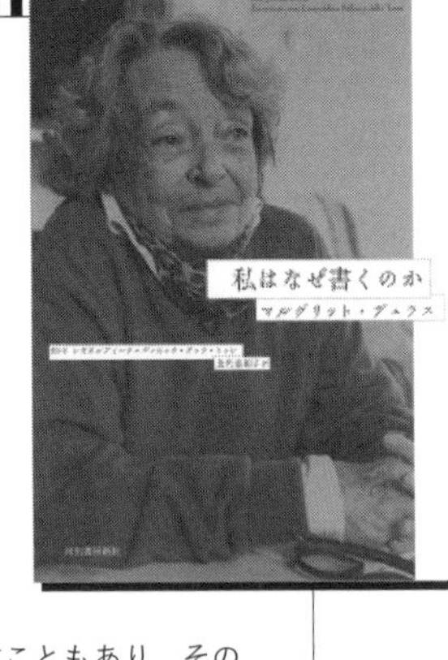

マルグリット・デュラス=著　レオポルディーナ・デッラ・トッレ=聞き手
邦訳:北代美代子=訳、河出書房新社、2014年
原書:La Passion suspendue, Editions du Seuil, 1987

デュラス自身が人生、文学観、映画観を一冊のうちに語ったインタビュー本。デュラスは「時間つぶし」のために映画を撮ったとうそぶく。だが、彼女の自己批評、映画の趣味、新人監督への助言は真摯そのものである。デュラスは自身の記憶を打ち寄せては砕ける波のように幾度も繰り返し表現してきた。デュラスの映画はただ虚心に画面を見つめればよい表層的な映画ではなく、フレームの外を絶えず意識する必要がある。映像と説話と音を分離させた「異端の映画」は類をみない。彼女はすでに書いた文学を映画化することもあれば、自身の映画から文学として書き起こすこともあり、その間=テクスト性を無視することはできない。入門として、最適なのがこの本である。本書は『デュラス、映画を語る』、『緑の眼』、『マルグリット・デュラスの世界』よりもあらゆる意味で読みやすい。訳者による文学作品の解題もあって原作を読む助けにもなる。もし、映画作家を志している方が読むとしたら、「効果や技術に詳しい映画人は、そこここに大勢いるけれど、ときには間違う危険を冒してでも、新しい言語を作り出すことはできずにいる」という挑発に応じないわけにはいかないだろう。映画狂による映画が映画狂たちの間で窒息死してしまいがちな現状。映画を作るにせよ、見るにせよ、そこから自由になる必要があるのではないかということを考えさせられる。(中田円凛)

『シモーヌ Les Simones VOL.4 特集:アニエス・ヴァルダ』

現代書館、2021年

ボーヴォワールの名を冠した「雑誌感覚で読めるフェミニズム入門ブック」のアニエス・ヴァルダ特集号。改めて、ヴァルダという極私的な作家による個人的な映画の魅力が紹介されている。新たな映画への可能性を夢見るヴァルダによるエッセイ「トロントについての覚え書き」の全訳は読んでおきたい。「ごく稀な例外を除いて、私たちが映画で見るのは、ジャン・ユスターシュの言うママと娼婦というふたつの典型的な女性像のどちらかだ」という穏やかだが鋭い告発はいまなおアクチュアリティをもっている。68年の性の解放はあくまでも男性中心的なものであった。性的に解放された女性とはすなわち若い男性にとって都合の良い奴隷でしかなかった。当然、ヌーヴェル・ヴァーグの潮流はその濁りが混じっている。アントワーヌ・ド・ベックがいみじくも指摘するようにヌーヴェル・ヴァーグの男性監督が描いた女性登場人物は客体でしかない。むろん、それは日本においてもそうで、セクシスト的な映画が「アート」として高く評価され、映画史が編まれた事実は否めないし、いまだにそうした映画が作られている。だが、ヴァルダはそうした抑圧に静かに抗ってきた。パリではなく、カリフォルニアで革命と遭遇するというずれ。ずれること、はみだすこと。ヴァルダは子を産む自由、育てる歓びを歌いながら、規範とは異なったオルタナティブな家庭や愛をさまざまな形で提示してきた。それは監督作ではない原案の『モン・パリ』(1973、ジャック・ドゥミ)、台詞協力の『ラスト・タンゴ・イン・パリ』(1972、ベルナルド・ベルトルッチ)でさえ一貫している。余談だが、「表現者としての被写体」というアプローチを試みるイソベカオリはヴァルダとも共鳴するところがあるように思える。(中田円凛)

『男と男のいる映画』

淀川長治=著　青土社、1996年

しばしば、クィアな語り部たちが映画を紹介してきた。メディア用のペルソナであるということは留保すべきではあるが、そうしたパフォーマンスも相まって、水野晴朗、おすぎとピーコ、わけても淀川長治は多くの視聴者に映画を届ける機会を創出した。淀川は吉行淳之介との対談で『太陽がいっぱい』（1960、ルネ・クレマン）が同性愛を扱った映画だと次々と指摘してみせた。件の映画のクライマックスにて、海から引き揚げられて袋からはみだした死体の手と、殺した男がカクテルを飲む手がマッチカットで「握手」しているかのように見えると言うのだ。私はこの映画のカット割りだけを見ても、あまりにもあっという間で、生者と死者が手を重ねあっていることを示唆しているとまで解釈する余地があるとは思えなかった。そんなたった一瞬の編集を深く解釈する自由な読解はいまだからこそ有効であり、可能性があるのではないか。いくら映画の再生が反復可能になったところで、画面に表象された記号を解釈するのは観客次第である。淀川は持ち前の観察眼と記憶力もさることながら、読む人としての才能も並外れていたのである。いわば、淀川は映画について語ることによって映画を作ったシネアストなのだ。『男と男のいる映画』は晩年の著書であるが、これはまさに淀川長治による〈男〉の映画史である。本書で改めて語り直されることによって違う魅力が見えてくる。彼の映画評は匂いさえかおる。（中田円凛）

『知りすぎた女たち　ヒッチコック映画とフェミニズム』

タニア・モドゥレスキー=著
邦訳:加藤幹朗・中田元子・西谷拓哉=訳、青土社、1992年
原書:*The Women Who Knew Too much : Hitchcock and Feminist Theory,*
New York & London : Methuen, 1988

ヒッチコック映画の伝統的で支配的な解釈に対して、フェミニズム映画理論、文化人類学、精神分析、実存主義哲学を援用し、その両義性を再検討した映画研究書である。すぐれた書き手たちによるヒッチコック論を踏まえながら、映画そのものの演出についても精緻な分析を披露している。たとえば、『汚名』（1946）について、「このフィルムはアリシアという性的な女から肉体を奪い去るだけではない。たえず彼女の視覚を損なわせるのであり（ヒッチコック映画は恐ろしいほど頻繁に女性に対してこれを行う）、それによって男性が視線ばかりか、知識と権力（映画において、これらは常に視線と結びついている）を握る唯一の支配者でありつづけることを保証するのである」とある。ヒッチコック映画の「知りすぎた女たち」の主観として想定される見た目ショットはモドゥレスキーが例に挙げる『汚名』（1946）で傾いて映るC・グラントに留まらず、『恐喝』（1929）であらゆるサインがすべてナイフに見えたように、『第三逃亡者』（1937）では瞬きをする黒塗りの殺人犯役のJ・カーゾンが、『断崖』（1941）ではグラントの横顔が、『知りすぎた男』（1956）では広角レンズで肥大した拳銃が、『めまい』（1958）ではJ・スチュワートの横顔が、『マーニー』（1964）では垂らした赤いインクが、恐怖の対象として提示され、それに対してリアクションする女優のクローズアップへと必ず繋がる。女性が謎という客体としてのみではなく、主体として女性が秘密を暴く。たしかに、女性主人公は『裏窓』のリザ（G・ケリー）のように罰を受けるかもしれない。だが、ほかでもない、その真相は去勢不安に満ちた父権的社会そのものの脆さなのだ。（中田円凛）

CHAPTER4
ドラマシリーズの女性たち

座談会
2013年以降のドラマシリーズにおける女性たちをめぐって

DISCUSSION

座談会
2013年以降のドラマシリーズにおける女性たちをめぐって

稲垣晴夏、黒岩幹子、関澤朗、山本恭輔、降矢聡、吉田夏生、田中竜輔＝談

収録＝2023年12月28日

降矢●この座談会では、本書で取り上げられなかったドラマシリーズについて色々と語っていければと思っています。視聴環境が整ってきたこともあり、膨大な数のドラマが作られ、見られる状況になっています。そのなかでも女性に焦点を当て、特に注目に値する作品についてそれぞれの目線からお話いただければと思います。視聴環境の変化などに伴い変わってきたことや、映画ではなくドラマだからこそ可能なことなど、さまざまに展開できればと思います。

フィービー・ウォーラー＝ブリッジ、ドラマ界のグレタ・ガーウィグ

吉田●今から11年前の2013年、Netflixが初の自社プロデュース作品として『**ハウス・オブ・カード 野望の階段**』（2013–2018）を配信で公開し、同じ年に、それまで大ヒットしていた、ケーブルチャンネルAMC放送の『**ブレイキング・バッド**』（2008–2013）が完結しています。この頃は、ネット配信というドラマの鑑賞形態がより一般化していく、転換期と考えられるかもしれません。日本に関して言えば、それ以前って外国のドラマはケーブルテレビに契約したり、あるいはレンタル店で大量に借りたりしないといけないものが多くて、見ることのハードルがやや高かった。しかし配信が普及したことで、ネット環境と端末さえあれば、移動中の隙間時間でも、テレビがないお家でも見られるようになって、気軽に楽しめる環境が整ったのではないかと考えています。

まず、ドラマシリーズの女性表象における重要な作品として『**Fleabag フリーバッグ**』（2016、2019）を取り上げたいと思います。これはイギリスのBBCが運営するインターネットチャンネルで最初に公開された作品で、国外での放映権をAmazon Prime Videoが獲得したことで世界で広く見られるようになり、日本でも女性を中心に話題を集めました。

主演のフィービー・ウォーラー＝ブリッジは原案・脚本・制作総指揮も兼ねているんですが、この主人公フリーバッグって、どこか「現代のブリジット・ジョーンズ」と形容したくなるキャラクターなんですよね。『ブリジット・ジョーンズの日記』（2001）でレネー・ゼルヴィガーが演じるブリジットは、経済的に自立して生きているけど、シングルとして生きていくことに不安も覚えている30代前半の女性。ポスト・フェミニズムの社会における女性のジレンマを見事に描いた映画で、失敗もたくさんするけどいつも明るくチャーミングなブリジットは、男女問わず観客が愛せるよう、親しみやすさが重視されていたと思います。フリーバッグも、キャラクターが置かれた状況はブリジットに似ている。でも、好感度に背を向けた突き抜けた女性なんです。人の物は盗むし、嘘はつくし、いわゆる「空気を読まない」発言を連発するし、見ているとたまに本当にムカつくときがあります（笑）。とはいえ、このドラマに出てくる人って基本的にみんな何かしら問題があるんですが。フリーバッグはとにかく型破りだけど、その破天荒さが弱さと表裏一体になっているところが、キャラクターの奥行きを表していると思います。彼女は親友の死に大きな責任を感じていて、心に深い傷を負っている。性に対する異常なまでの奔放さも、自由の象徴というよりは、依存に近い。回が進むごとに、フリーバッグの華奢な肉体のなかで渦巻く痛みや怒りが輪郭を持ってきて、視聴者は「好き」とか「嫌い」を超えて、彼女という存在の圧倒的なエネルギーに打ちのめされる。『ブリジット・ジョーンズの日記』の時代よりいっそう複雑化している現代社会において、フリーバッグは、ブリジットのような「愛されるべき存在」という安全圏を大胆にぶち破ることで、逆にリアリティのある女性像を生み出したんだと思います。

田中●このドラマでまず気になるのは、カメラ目線でのいわゆる「第四の壁」を超えた、フリーバッグの語りかけですよね。最初にお話に出た『ハウス・オブ・カード』でも使われてい

『ハウス・オブ・カード　野望の階段』
(2013–2018)／73話(シーズン1–6)／製作総指揮:デヴィッド・フィンチャー、ケヴィン・スペイシー、エリック・ロス／配信:Netflix、ソニー・ピクチャーズ・テレビジョン／キャスト:ケヴィン・スペイシー、ロビン・ライト、ケイト・マーラ、マイケル・ケリー

『ブレイキング・バッド』
(2008–2013)／62話(シーズン1–5)／企画:ヴィンス・ギリガン／放送:AMC／キャスト:ブライアン・クランストン、アーロン・ポール、アンナ・ガン、ディーン・ノリス、ボブ・オデンカーク

『Fleabag フリーバッグ』
(2016、2019)／12話(シーズン1–2)／製作総指揮・原案・脚本・主演:フィービー・ウォーラー＝ブリッジ／配給:BBC／キャスト:フィービー・ウォーラー＝ブリッジ、シアン・クリフォード、オリヴィア・コールマン、ビル・パターソン

『セックス・アンド・ザ・シティ』
(1998–2004)／94話(シーズン1–6)／製作総指揮:マイケル・パトリック・キング、ダレン・スター、サラ・ジェシカ・パーカー／監督・脚本:マイケル・パトリック・キング／製作・放映:HBO／キャスト:サラ・ジェシカ・パーカー、クリスティン・デイヴィス、シンシア・ニクソン、キム・キャトラル

『ハイスクール・ミュージカル:ザ・ミュージカル』
(2019–)／30話(シーズン1–3)／製作総指揮:オリヴァー・ゴールドスティック、ティム・フェデラー、ビル・ボーデン／配信:Disney+／キャスト:オリヴィア・ロドリゴ、ジョシュア・バセット、マット・コーネット、ソフィア・ワイリー

た演出です。

黒岩●そういうカメラ目線を使った異化効果というのは海外ドラマでは結構前からよく見ますよね。**『セックス・アンド・ザ・シティ』**(1998–2004)の初期も、主人公のキャリーが執筆するコラムのテーマについて複数の人が街頭アンケート的にカメラ目線で答えて、最後にキャリー自身もカメラ目線で締めるみたいな演出がありました。ただ、そういう演出ともまた違いますよね。

降矢●『フリーバッグ』の場合、物語の説明だとか経緯の説明じゃなく、どこか感情的なものを語りかけてくる話し方に聞こえるのも面白いですね。

黒岩●ナレーション的な役割ではなく、視聴者に心の内で思っていることを漏らしているだけといった感じでしょうか。

関澤●映画館で見るのとテレビやスマホで見るのとでは、この演出はかなり印象が異なる気がします。劇場で見ると『デッドプール』(2016)みたいにちょっとネタっぽいというか、冗談っぽいものに見えがちですが、テレビやスマホで見る場合はもっと親密な演出な感じを受ける。

山本●一種のリアリティ・ショー的なニュアンスみたいなものがありますよね。そこでリアリティ・ショーに慣れた現代の視聴者の親しみを狙っているんじゃないかと。少しやり方は異なりますが、作品としてわかりやすいのは**『ハイスクール・ミュージカル：ザ・ミュージカル』**(2019–2023)シリーズ。これは2006年に放映されたテレビ映画『ハイスクール・ミュージカル』が映画として存在する世界線で、その作品を再現するようなミュージカルをする高校生たちを撮るという構造になっています。もともとの『ハイスクール・ミュージカル』にはメタ構造はないのですが、設定上もメタであり、撮り方も出演者たちがリアリティ・ショー的に本音を喋るシーンを入れるなどメタな作りになっています。

稲垣●第四の壁を超える男性の語りかけって、どこか広い対象に向けた「一体感」みたいなものを感じさせることが多かった印象があります。でもフリーバッグの振る舞いは、より内輪な関係性での「目くばせ」のような感じがするんですよね。そういった近しい友人間でするようなコミュニケーションのとり方と、ドラマという日常性を帯びた鑑賞の枠組が、彼女の存在をよりなまなましいものに感じさせるのかも。

吉田●なるほど。このドラマの人物って、基本みんな行動がフィジカルですよね。女も男もわりと暴力を振るうし(笑)。でもこの演出は、そういう即物性とは対照的ですよね。

田中●ドラマの第1話って設定の説明というニュアンスの作品も多いですが、『フリーバッグ』の第1話は非常に断片的というか、ショートエピソードの羅列のような感触がありましたね。お姉さんとの関係も出てくるんですけど、肉親というよりちょっとやばい知り合いくらいの印象があった。

吉田●この姉妹の描き方も、本当に脚本が上手いですよね。真逆の性格で、そんなに仲が良くはない。几帳面でしっかり者、キャリアウーマンのお姉さんは、いつもフリーバッグに「しっかりしなさい」って呆れていて。でもシーズン2では、ふたりの関係の微妙な変化がシリーズ全体を通じて細やかに紡がれていく。父と継母の結婚式なんて素晴らしいシーンばかりですし、関係性のグラデーションを丁寧に描写できるのも、やっぱり、尺を長く取れるTVシリーズならではの良さですよね。

黒岩●私は今回初めて『フリーバッグ』を見たんですが、すごく好きでした。かつての若い女性を主人公にしたドラマの基本姿勢って、主人公が仕事も恋も自分で選び勝ち取っていく、そんなたくましさを描くみたいなのがベースにあったじゃないですか。でも『フリーバッグ』の主人公は何も選ばない。「自分の身体を求められなくなるのがいちばん嫌」ってセリフもあるんですが、人には自分を選んで欲しいけど、自分から誰かを

『キリング・イヴ/Killing Eve』
（2018–2022）／32話（シーズン1–4）／製作総指揮：サリー・ウッドワード・ジェントル、リー・モリス、フィービー・ウォーラー＝ブリッジ、エメラルド・フェネル／放送：IMG／キャスト：サンドラ・オー、ジョディ・カマー、フィオナ・ショウ、キム・ボドゥニア

『ビッグ・リトル・ライズ』
（2017–2019）／14話（シーズン1–2）
製作総指揮：デヴィッド・E・ケリー、ジャン＝マルク・ヴァレ、リース・ウィザースプーン／放送：HBO／キャスト：リース・ウィザースプーン、ニコール・キッドマン、シャイリーン・ウッドリー、ゾーイ・クラヴィッツ、アレクサンダー・スカルスガルド、アダム・スコット

『ビッグ・リトル・ライズ』
〈シーズン1〉3
DVD：レンタル　ワーナー・ブラザース ホームエンターテイメント

選ぶことはない。過去に親友と母親を亡くしている、愛する人・愛したい人を失ってしまったことが要因としてあると思うんですけど、なかなか人を好きにならないんです。

吉田●『フリーバッグ』はフェミニズムに対する向き合い方がバッド・フェミニスト的ですよね。フリーバッグが父親からチケットを渡されて、姉と一緒にフェミニズムの講演に行く場面があるけど、「もしあなたが完璧な体を手に入れられるとしたら、5年の寿命と引き換えにするか」という登壇者の問いかけに、姉妹は即座に手を上げたりする。他にも、フリーバッグの「胸が大きかったらフェミニストにならなかった」みたいなセリフがあったり、社会のあり方に漠然と疑問は持っていても、そこに根づいた異性愛規範をサッパリ棄却することもできない、ブリジット・ジョーンズも持っていた類のジレンマみたいなものを、もっと露骨かつブラックに取り上げている。

黒岩●シーズン2では神父が登場して親密な関係になるんだけど、でも神父というのは恋愛ができないから、これも成就しない。しかしそこでなんらかの希望を得るというストーリーなんですよね。選択肢が多い現代において、彼女の生き方を場当たり的だとか後ろ向きにとらえる人もいるかもしれないけど、違う視点ではたくましい、能動的に何かを選ばなくても前向きに生きていくことはできるって希望がある。そういうところがいいと思ったし、新しい女性像にもなっている気がしました。

吉田●このアンドリュー・スコット演じる神父がフリーバッグといい感じになるシーンで、フリーバッグがいつものように、さっき話題に出た観客への語りかけをやるんですよね。すると、いきなりそれにアンスコが気づく。これが素晴らしい演出で。

黒岩●「誰に話しかけてるの？」ってね（笑）。面白いですよね。

吉田●このドラマの『フリーバッグ』というタイトルって、一応主人公の名前ということになっているんですが、実は劇中では一回も彼女の名前は呼ばれない。つまり、彼女の名前が実際に何なのかは誰にもわからないんです。そういう意味でも、「フリーバッグ」は単なるひとりの存在ではなく、匿名的で複数的な人物とも言えるかもしれません。

フリーバッグを演じるフィービー・ウォーラー＝ブリッジは、『**キリング・イヴ**』（2018–2022）というドラマでも脚本を手がけているんですが、こちらは話のスケールが大きいスパイもので、ジョディ・カマーが殺し屋、サンドラ・オーが極秘捜査機関のリーダーを演じています。主人公ふたりの性愛も交えた関係性の描写もさることながら、たとえば、男性を基準に運営されてるオフィスで、トイレに入ると便座が上がったままで、そのうえ紙が置かれていない、みたいな、そういう微細な点に着目できる観察眼がすごいなと思いました。その後、フィービーは映画でも大活躍していて、2018年の『ハン・ソロ／スター・ウォーズ・ストーリー』にドロイドの声で出演、2020年には『007／ノー・タイム・トゥ・ダイ』の脚本のひとりに名を連ね、2023年の『インディ・ジョーンズと運命のダイヤル』にも出演しています。

黒岩●そう聞くとドラマ界のグレタ・ガーウィグみたいな存在にも感じますね。

吉田●ですね。顔立ちもちょっと似ている気がしてきます（笑）。ふたりとも、同じく俳優出身ですしね。その上、ガーウィグも『フランシス・ハ』（2012）で「こじらせ系」と呼ばれるようなアラサー女性を演じて知名度を上げましたし。ガーウィグのパートナーが『フランシス・ハ』を監督したノア・バームバックなのは有名ですが、フィービーも『イニシェリン島の精霊』（2022）などで知られる映画監督・劇作家のマーティン・マクドナーと長年交際しているんですよね。ゴシップ的にも少し共通点があるという（笑）。まぁそれは別としても、ふたりとも映像における身体性を大事にしているというスタイルは共通していると思う

『アリー my Love』（1997–2002）／112話（シーズン1–5）／製作総指揮：デヴィッド・E・ケリー、ビル・デリア／放送：Fox／キャスト：キャリスタ・フロックハート、グレッグ・ジャーマン、リサ・ニコル・カールソン、ジェーン・クラコウスキー、ピーター・マクニコル

『ボストン・リーガル』（2004–2008）／101話（シーズン1–5）／原案・製作総指揮：デヴィッド・E・ケリー／製作：David E. Kelley Productions、20th Century Fox Television／放送：ABC／キャスト：ジェームズ・スペイダー、ウィリアム・シャトナー

『TRUE DETECTIVE』（2014–）／24話（シーズン1–3）／原案：ニック・ピゾラット／放送：HBO／キャスト：マシュー・マコノヒー、ウディ・ハレルソン、ミシェル・モナハン

し、そこには俳優出身という経歴がどこか影響を与えているかもしれません。

市井の人々を描く ——ドラマでしか描けないもの

吉田●ドラマシリーズの新時代を考える上で次に取り上げたいのは、HBOが製作・放送した『**ビッグ・リトル・ライズ**』（2017–2019）です。デヴィッド・E・ケリーというプロデューサーが製作総指揮を務めているんですが、彼はもともと『**アリー my Love**』（1997–2002）や『**ボストン・リーガル**』（2004–2008）といった、配信前の時代にヒット作品をたくさん手がけてきました。『ビッグ・リトル・ライズ』は原作小説をもとにケリーがテレビ用に脚本を書き、ニコール・キッドマンやリース・ウィザースプーンが出演した作品です。

私はこの作品、とりわけシーズン1が特に重要だと考えているんですが、その理由の大部分は監督がジャン＝マルク・ヴァレだということによります。ヴァレでなければ、こんな傑作には絶対なっていない。ヴァレは映画監督としてすでに充実したキャリアがあって、『ダラス・バイヤーズ・クラブ』（2013）が一番有名だけど、私は『わたしに会うまでの1600キロ』（2014）、『雨の日は会えない、晴れた日は君を想う』（2015）が特に好きですね。

私は、ヴァレって「傷」の描写に長けた作家だと思っています。ここでいう傷とは、「痛み」としての傷も含まれるけど、私たちのなかに刻まれた消えない痕跡、そう、「痕」のような意味合いが大きいです。鏡を見たときとか食器を洗っているときとか、私たちは日常のふとした瞬間に、脈絡なく過去の情景を思い出したりしますよね。それは良い思い出のこともあれば、辛い記憶のフラッシュバックのこともある。ヴァレの作品って、こうした、回想というほどではない、閃光のように蘇る記憶の断片がよくはさまれるんです。幼少期に見た台所で料理をする母の後ろ姿であったり、別れた人と過ごした他愛もないひと時であったり。物語の説明としてではなく、今という時間を引き裂く傷として突如姿を表す記憶。私たちが生きてきた時間というものに対する距離の取り方がとてもリアルに感じるし、何より繊細で、絶妙な心のひだを捉えることができる。

稲垣●『ビッグ・リトル・ライズ』のメイン・キャラクターもそれぞれに痛みを抱えた女性ですよね。でも彼女たちの人間性を決して一面的に美しく描こうとはしてない。リース・ウィザースプーンをはじめ、それまで映画を主軸として来たような俳優たちが、相当複雑で個性的な役を演じています。

吉田●HBOは2014年に『TRUE DETECTIVE』をスタートさせていますが、こちらはマシュー・マコノヒーとウディ・ハレルソンが主演。これも配信用の作品ではないけど、やっぱりこの頃から、映画スターがドラマシリーズに進出する例が増えてきたと思う。『ビッグ・リトル・ライズ』では「ニコール・キッドマン、リース・ウィザースプーン、ローラ・ダーンが出てる！」っていう衝撃があったけど、今はそのぐらいのスターが集まるのもさほど不思議なことではなくなってきました。

稲垣●しかもリース・ウィザースプーンとニコール・キッドマンは製作にも加わっています。

吉田●『**TRUE DETECTIVE**』（2014–）も主演ふたりは製作総指揮も兼任してますよね。出演していないシーズン2以降も、製作総指揮は継続している。

さて、『ビッグ・リトル・ライズ』は、カリフォルニアのモントレーを舞台にした、小学生の子どもを持つ母親たちの物語です。第1話の冒頭で、どうやら殺人事件が起きているらしいことがわかるのですが、誰が亡くなったかはよくわかりません。ミステリーの要素をベースに置きつつも、常に母親たちの人間関係を主軸にしながら話は進んでいきます。

私がこのドラマで特に感動したのは、重層的な人物造形ですね。リー

『フレイザー家の秘密』(2020)/6話/原案・脚本:デヴィッド・E・ケリー/監督:スザンネ・ビア/放送:HBO/キャスト:ニコール・キッドマン、ヒュー・グラント、エドガー・ラミレス、ノア・ジューブ、ドナルド・サザーランド

『ナイン・パーフェクト・ストレンジャー』/(2021)/8話/原案:デヴィッド・E・ケリー/監督:ジョナサン・レヴィン/キャスト:ニコール・キッドマン、メリッサ・マッカートニー、マイケル・シャノン、ボビー・カナヴェイル、ルーク・エヴァンズ

『シャープ・オブジェクツ』(2018)/8話/監督:ジャン=マルク・ヴァレ/放送:HBO/キャスト:エイミー・アダムス、パトリシア・クラークソン、クリス・メッシーナ、エリザ・スカンレン

ス・ウィザースプーンのキャラクターが、よくある「噂好きのおせっかい主婦」に見えるように、どの主要人物にもある種の類型的な設定が与えられています。キッドマンは若い夫とセクシーな夫婦生活を送る美人妻、ローラ・ダーンは子育てと仕事を両立するバリキャリ、といった具合に。もちろんドラマは「そこにはこんな裏側が……」という方向に進んでいくわけですが、それを「実際はこんなにドロドロしてますよ」と下世話に描くのではなく、つい彼女たちを類型化して見てしまう視聴者のフィルターを一枚一枚取り払うように、彼女たち一人ひとりの物語を優しい手つきで紐解いていく。女性に対する意地悪な目線が一切ないんですよね。リース演じるマデリン、キッドマン演じるセレステ、あとシャイリーン・ウッドリーが演じる若いシングルマザーであるジェーン。この3人って性格も全然違うし、最初は、本当に気が合うようには見えません。仕方なく一緒にいるのかな的な(笑)。でも、子どものトラブルや彼女たち自身のトラブルに向き合うなかで、一見表層的で自分勝手に見えるマデリンの真の優しさであったり、物静かなセレステがマデリンに抱く深い友愛であったり、そういう、3人の心の奥の奥にふっと触れられる瞬間みたいなものがいくつもあって、それは、3人だけじゃなく全ての主要人物に当てはまることで。だからこそ、バラバラな彼女たちが協働するようになる過程がとても自然で、連帯のうつくしさがあって、こうした細やかな関係性の描写は、各回1時間弱で1シーズン全7回という時間の長さがあったからこそ可能になったと思います。

黒岩●そうそう、出てくる人みんな嫌な人なんだけど(笑)、そこまで嫌いにはなれないというか、好きとか嫌いという観点では感情移入できないですよね。それぞれの女性の個性やキャラクターに引き込まれるというよりも、全編を通してどんよりとした色合いでとらえられるモントレーという街自体が主人公で、その閉塞感に支配されていくような感覚になります。

吉田●このドラマのアレクサンダー・スカルスガルドは、個人的に不動のベスト・アレクサンダー・スカルスガルドです。一見完璧なビジュアルなんだけど、よく見るとちょっと不気味、みたいな彼の持ち味を見事に生かしている。本当にこれ以上のキャスティングはない。

黒岩●表向きは美貌のエリート、妻に対してだけDV野郎っていうクズっぷりを見事に体現してますよね(笑)。

吉田●スカルスガルドだけじゃなく、すべての配役が奇跡のように上手くいっている。黒岩さんは「街自体が主人公」と指摘されましたが、私はこのドラマって全篇に「どこでもない場所」の雰囲気が漂ってるなってずっと思ってたんです。舞台設定は明確にあるけど、出てくるのは基本的に学校と家ばかりで、スーパーとか公園とか、地域の広がりを感じさせる場所がほとんど出てこないんですよね。母親たち行きつけのカフェは、なんかリゾート感があるし(笑)。箱庭的な世界のなかで、裕福な母親たちの閉ざされた人間ドラマが展開して……。ともすればすごく非現実的に見えそうなのに、ヴァレの慎ましく丁寧な演出と神がかったキャスティング、そして俳優たちの見事な演技が、物語に説得力を与えているんですよね。

そういえば、キッドマンとデヴィッド・E・ケリーは、**『フレイザー家の秘密』**(2020)や**『ナイン・パーフェクト・ストレンジャー』**(2021)というドラマシリーズでもタッグを組んでいます。どちらも、サスペンス、ミステリー的なプロットを下地にしつつ、人間ドラマに焦点を当てているところがまさに『ビッグ・リトル・ライズ』と似た手法で。

配信以前のドラマシリーズって毎話監督が変わることが当たり前で、ひとりの監督によって作品のカラーが作られることはあまりなかったと思います。でも、近年ではひとりの監督が、それもある程度キャリアのある有名な映画監督が、全エピソー

ドを手がける例も増えていて、たとえば『フレイザー家の秘密』はスサンネ・ビアが、『ナイン・パーフェクト・ストレンジャー』はジョナサン・レヴィンが全話を監督しています。でも、ここでわかるのが、ジャン＝マルク・ヴァレという人のすごさなんです（笑）。今挙げた2作品は、あざといクリフハンガーや小細工がたくさんあって、非常に俗っぽい仕上がりになっている、つまり『ビッグ・リトル・ライズ』が避けた「ドロドロ」や「お涙頂戴」に頼っちゃってるんですよね。これらの作品を見て、ああ、デヴィッド・E・ケリーというプロデューサーはあくまでそういうわかりやすく扇情的な、いわゆる「昼ドラ的」な作品を作ろうとしているだけなのかもな、監督がヴァレだったからこそ、それを超えた作品になったんだな、って思いました。

もうひとつヴァレが全篇監督を務めたドラマシリーズである『**シャープ・オブジェクツ**』（2018）も、ヴァレが作品を救った例だと思っています。これは『ゴーン・ガール』（2014）の原作者、ギリアン・フリンの小説の映像化なのですが、もうね、とにかくイヤ〜な話なんですよ（笑）。アルコール依存と自傷行為に苦しんだ新聞記者の女性が、少女ふたりの殺人事件を捜査すべく故郷の田舎町を訪れ、地元の名士である母親や妹と再会して自分の過去とも向き合うことになり、といった話なんだけど、あらゆる人物にイヤな背景がありすぎる（笑）。でもそれが、ヴァレの上品かつ細やかなタッチで展開することで、露悪っぽさが緩和されてるんですよね。ただこちらは最終的には物語の不快さが勝って、個人的にはあまり好きな作品ではないのですが。少女のような雰囲気を持つ危うげな母親役にパトリシア・クラークソンを配役するあたり、やっぱりキャスティングは素晴らしかったけど。ヴァレは、2021年のクリスマスに、58歳の若さで急死してしまいました。もう彼の新しい作品が見られないと思うと、本当に、悲しい気持ちになります。

黒岩●『ビッグ・リトル・ライズ』は基本的にアッパークラスの人々の話だといえると思うんですが、描写としてひとつ気になったのは、無職のまま引っ越してきたシングルマザーの登場人物もあまりお金に困っているように見えないところです。

吉田●ケリーのドラマって、主要キャラクターはみんな裕福というか、経済的に苦労している人物はほとんどいない印象がありますね。あと『ビッグ・リトル・ライズ』って、母親たちの親世代の徹底した不在という問題がありますよね。マデリンやセレステは、人柄とかライフスタイル的に、親ともまだ結びつきが深そうに見えるんだけど、彼女たちの親が話にからむことは一度もない。シーズン2でとある人物が登場して変化が起こるわけですが、その人はコミュニティに属さない異物として現れるわけだし、かえって、あの世界が徹底した親子間の関係のみに完結している異様さを浮き彫りにしている気がしました。

黒岩●近年のドラマではいわゆる富裕層と貧困層では、どちらを扱うことが多いんでしょう？ 傾向とかあるんですか？

吉田●あまりに作品数が多いので一概には言えないと思うけど、いわゆる「人間ドラマ」、とりわけフェミニズムの視点を意識的に取り入れた作品だと、富裕層とまではいかなくても、中流以上が多いかもしれませんね。『フリーバッグ』も、フリーバッグこそカツカツでも、今日食べていくのもやっとみたいな状況ではないし、しっかり結びつきのあるお父さんやお姉さんは良い暮らしをしていますし。

山本●そうしたことは『ブリジット・ジョーンズの日記』の頃から批判されていますよね。つまり「フェミニズム的な言説を享受できるだけの経済的な余裕がある層」、ミドルクラス以上じゃなければそういう現実には加われもしないということの表れになっていて。

関澤●とはいえ視聴者の数がこれほど膨大になると、当然ミドルクラス

『オレンジ・イズ・ニュー・ブラック』
（2013–2019）／91話（シーズン1–7）／原案：ジェンジ・コーハン／製作・配信：Netflix／キャスト：テイラー・シリング、ローラ・プレポン、ケイト・マルグルー、ナターシャ・リオン、タリン・マニング

『BEEF/ビーフ』
（2023–）／10話／監督：イ・サンジン／配信：Netflix／キャスト：アリ・ウォン、スティーヴン・ユァン、デヴィッド・ヨー、マリア・ベロ

『ウォーキング・デッド』
（2010–2022）／177話（シーズン1–11）／企画：フランク・ダラボン／キャスト：アンドリュー・リンカーン、ノーマン・リーダス、スティーヴン・ユァン、ジョン・バーンサル、サラ・ウェイン・キャリーズ、ローリー・ホールデン

以上ばかりではないわけで、それを念頭に置いたドラマも出てくるわけですよね。

山本●その意味ではやはり**『オレンジ・イズ・ニュー・ブラック』**（2013–2019）が重要ではないかと。主人公に中流白人女性のパイパーという人物を置き、女性刑務所に収監された彼女は自分とはぜんぜん違う社会的状況にある人たちと出会う。そういう仕掛けを用いて、これまで描かれてこなかった人たちの背景を描き出していく。この作品から結果的に黒人やラテン系、アジア系などいろんな人たちがデビューしていったこともあり、大きなブレイクスルーになった作品ですね。このドラマの強みは、刑務所という環境で女性しかいない状況を作り出したがゆえに、そこに多様な女性を描く必要があったということです。学校とも同じで、限られた空間の中の多様な女性たちを見せることが実利的にも必要というか。

吉田●階級の表象という観点では、A24製作のドラマシリーズ**『BEEF/ビーフ』**（2023）も挙げておきたいです。アジア系アメリカ人の男女が主演を務めていて、男性が**『ウォーキング・デッド』**（2010–2022）でブレイクしたスティーヴン・ユァン、女性がコメディアンのアリ・ウォンです。ユァンが演じるのは、お金なし、恋人なし、厄介な親戚ありの、人生に疲れている工事請負業者の男で、一方のウォンは、素敵な夫と娘を持つめちゃくちゃ成功した実業家という、対照的な人物像になっています。このふたりはそれぞれの理由で日々に不満を抱えているわけですが、ある日、ふたりの車が接触事故を起こしそうになり、そこからウォンがユァンにあおり運転をする流れとなり、因縁の物語が始まります。ふたりは憎しみ合い、相手の生活を滅ぼそうとあらゆる行動に出る。しかし、幾度もの復讐の応酬を経て、ふたりはお互いにしか見えない不思議な共通性に気づき、最終的に、友情でもない、もちろん恋愛でもない、非常に奇妙な親密さへと辿り着くんです。

　女性を対象とした男性同性愛の読み物やそれを愛好する文化を指す「やおい」という言葉がありますよね。その用法について現在では賛否があるようですが、ここではそこには踏

『オレンジ・イズ・ニュー・ブラック シーズン1』
レンタルDVD　発売・販売元：（株）ソニー・ピクチャーズ エンタテインメント

『トリック／TRICK』
（2000–2014）／34話／放送：テレビ朝日／キャスト：仲間由紀恵、阿部寛、生瀬勝久、野際陽子

『エレメンタリー ホームズ＆ワトソン in NY』
（2012–2019）／154話（シーズン1–7）／原案：ロバート・ドハティ／放送：CBS／キャスト：ジョニー・リー・ミラー、ルーシー・リュー、エイダン・クイン、ジョン・マイケル・ヒル

『サムバディ・サムウェア』
（2022–）／14話（シーズン1–2）／製作総指揮・主演：ブリジット・エヴァレット／放送：HBO／キャスト：ブリジット・エヴァレット、ジェフ・ヒラー、メアリー・キャサリン・ギャリアソン

『セックス・エデュケーション』
（2019–2023）／32話（シーズン1–4）／エグゼクティブ・プロデューサー：ジェイミー・キャンベル、ベン・テイラー／配信：Netflix／キャスト／エイサ・バターフィールド、チュティ・ガトゥ、エマ・マッキー、ジリアン・アンダーソン

み込みません。昔、よしながふみさんが、**『トリック／TRICK』**（2000–2014）の主人公ふたりの関係を「男女のやおい」と表現していたのを覚えています。よしながさんはここで、対立したり価値観が違ったりしていても、同じ志を共にできる・互いを認め合える関係といった意味で「やおい」を定義されているんですが、『BEEF/ビーフ』のふたりも、まさに「男女のやおい」だと思ったんです。男同士では珍しくなくても、男女だとあまりそういう関係性って描かれない。ルーシー・リューが“女性版ワトソン”になった**『エレメンタリー ホームズ＆ワトソン in NY』**（2012–2019）とか、バディものみたいなジャンル作品だと、今までもそういう男女の関係性を扱うドラマシリーズはあったかもしれないけど、『BEEF/ビーフ』みたいに人間ドラマがメインの物語で、こういう、性別や階級の違いを超越した先にある対等さ、みたいな関係性を描くのはけっこう新しい試みに感じました。

田中●基本的に男女関係のドラマってある種の規範が存在するジャンルじゃないですか。意図的にそこに主眼を置かないことで、既存の様式に陥らないような語りを作れるような選択自体が増えているということでもあるんですかね。

吉田●商業映画の場合、約2時間という制限のもとで作られたフォーマットに半分乗っかりつつ、そこを刷新するような要素を持ち込めるのが利点ですよね。しかしドラマの場合、当然尺が伸びるわけで、単純な形式に当てはめるのが難しくなる。ただ、それは冒険をする余裕が生まれるということでもありますもんね。『BEEF/ビーフ』のふたりの関係は、2時間でやれって言われたら相当きついと思うんですよね。

稲垣●尺の話で言うと、HBO製作の**『サムバディ・サムウェア』**（2022–）もドラマにおける時間の厚みを使って新しい試みをしているシリーズだと思います。主演と製作総指揮を務めるブリジット・エヴェレットは、地元の田舎町からNYに出てきて、現在はコメディアン／歌手として活躍しているのですが、外見上はぽっちゃりした中年女性である彼女が「もし自分が地元に戻っていたらどうなったか」を半自伝的に描いた作品です。登場人物も従来のドラマでは脇役を演じていたんじゃないかと思わせる、飾り気のない自然体なキャラクターばかりです。帰郷して地元の採点センターで働きはじめたエヴェレットが演じる主人公・サムは、かつて高校の同級生だったらしいけれども、サム自身は全く覚えていない、同僚の中年男性に声をかけられます。彼らは恋愛関係になることはないですが、徐々に波長が合いはじめ、日常会話での細かなチューニングを繰り返しながら、徐々にソウルメイトのような関係を築いていきます。アメリカの田舎町を舞台に、平凡に暮らすクィアな中年のふたりが、自分たちの道を切り開いていく過程を、ささいな日常の機微の積み重ねによって描き出しています。そうした日々の小さな変化の集積が、時間の経過とともに彼らの再生へと結実していく演出が本当に巧みで、この描写はドラマという尺でしか実現できなかったんじゃないかと思いました。

関澤●アメリカでは、ドラマは良くも悪くも映画よりちょっと敷居の低いものとして長年扱われてきたのではないでしょうか。だからこそ映画スターは近年までドラマに出演すること自体稀だったわけですが、一方ドラマは映画で見かけることは少ないものの独特の存在感を備えた俳優が活躍できる場であったわけですよね。ある種の親近感というか、大仰なものを見ていない感じの良さ、この作品はそういうところを大事にしているようにも思えます。

ダイバーシティ、あるいはドラマシリーズの継続問題

稲垣●『セックス・エデュケーション』（2019–2023）はどうでしょうか。このドラマは高校が舞台ですが、さまざまな階級が混ざり合った場所ではありますよね。

『さわやか3組』
(1987–2005)／340話(シーズン1–17)／製作・放送:NHK教育テレビジョン

黒岩●舞台がアメリカじゃなくてイギリスというのも多少影響してそうですね。

吉田●簡単にあらすじを紹介しますと、主人公はエイサ・バターフィールド演じるオーティス・ミルバーンという名前の男の子で、彼はお母さんがセックスセラピストなんです。オーティス自身は思春期真っ盛りだけど、まだ性経験はない。そんな彼がひょんなことから、同級生の不良っぽいパンクス文学少女、メイヴの誘いを受けて高校にセックス・クリニックを開くことになります。クリニックはすぐに繁盛し、同性愛の子も異性愛の子も、いろんな子たちが性の悩みを相談しに訪れ、オーティスは母親譲りの性に関する知識を駆使して学生たちにセラピーをしていきます。日本語に訳せば「性教育」というタイトル通り、中高生がこのドラマを見て、性愛にはいろんなあり方があるんだって学んで、自分自身を肯定できるようになる、ティーン向け**『さわやか3組』**(1987–2005)みたいな良い作品なんです……が、これ本国イギリスや北米だとR-18指定がついているみたいなんですよね。

黒岩●ええっ!? 意味ないじゃん(笑)。

吉田●日本だとR-15のようですね。確かに結構しっかり性描写をするので、教育ドラマっぽい作品であることを考えると、もう少し控えめでもいいんじゃないかなって思ったりもしました。逆に、年齢制限をつけることで少年少女たちに「気になる」って思わせる戦法なのかもしれませんけど(笑)。

田中●ところでこの主演の男の子は『ヒューゴの不思議な発明』(2011)で主役のヒューゴを演じた男の子ですよね。

黒岩●あと、『バービー』(2023)に出ている女の子もいた。

吉田●メイヴ役のエマ・マッキーと、シーズン2でカップルになるエリック役のチュティ・ガトゥ、アダム役のコナー・スウィンデルズですね。

田中●こういう学校を舞台にした作品ですと、かつてはいわゆるスクールカースト的な問題みたいなものが中心にあった印象ですが、この作品はどうなんでしょう。

吉田●スクールカースト自体はあるけど、ヒエラルキーが問題になるということではないと思います。たとえばメイヴは学校のはみ出しものだけど、彼女は最初、ジョック的な人気者と付き合ってるんですよね。その後、メイヴはオーティスとも良い感じになって、このふたりの関係がシーズン4まで続くメインプロットになっていくんですが。ともあれ、目立つグループは一応あっても、学生たちはあんまり上下関係を意識していなくて、ただ個性の違うグループがフラットに広がっているという感じです。このドラマは、性に関することだけじゃなく、もっと広く、パートナーとの付き合い方だったり、友人や親子関係まで、思春期でぶつかりがちなテーマを本当に幅広く扱っていますよね。オーティスの親友であるエリックはガーナとナイジェリアにルーツを持つゲイの男の子なんですが、自分も家族もみんなクリスチャンで、シーズン4で、洗礼を受けるかどうかという問題とぶつかることになります。宗教や信仰もしっかりテーマに取り入れるのはさすがだなと思いました。

稲垣●ドラマで取り上げられる登場人物たちの属性は本当に幅広いですよね。トランスジェンダーの方もアセクシュアルの方も出てきます。テーマで言うと未成年の中絶に関してもしっかり描かれていましたよね。イギリスでは中絶の費用が無料かつ16才以下でも本人の意思のみで決定できるというのを知って衝撃を受けました。メイヴがその手術を受ける前に、待合室で順番を待っている女性とお互いに励まし合う、その空気がすごくよかった。

吉田●私も、メイヴに関して好きな場面があります。メイヴはトレーラーハウスでひとり暮らしをしていて、お母さんが薬物依存だったりとなかなか大変な家庭環境。彼女の一番の友だちはお屋敷に暮らすお嬢さまなんですけど、とある学校のイベントにメイヴがお金がないから行けないと打ち明けたとき、その親友が「私が払うよ」と援助を持ちかけ、メイヴは「あなたは私のことをわかってない」と怒って喧嘩になるんです。最終的に、親友はメイヴの気持ちを理解して和解するのですが、友情における敬意とは何かという大切な問いがそこにはあって、このふたりの関係って、すごく良いなって思いました。

ただ、この作品ってシーズン4でものすごく失敗していると思うんです。シーズン3の最後にみんなが通っていた学校が閉鎖されちゃって、生徒たちが別の学校に行かないといけなくなるんですが、これはもうジャンルに限らずドラマシリーズあるあるなんですけど、「シリーズを続けることを目的に話をつくる」という悪循環に陥ってしまうケースってよくあって、このドラマも完全にそれだと思うんですよね。もちろん先に話したエリックの洗礼の問題など、とても意義深いテーマは扱われるんですが、メインキャラクターたちのくっついたり離れたりがいい加減くどくて、「もう付き合いきれない」って気持ちになったのは確かです（笑）。ルビーしか勝たん……。

黒岩●新シーズンをどれだけつくるかという問題は常にあるんでしょうね。『ビッグ・リトル・ライズ』もニコール・キッドマンがシーズン3の企画を進めているというニュースが出ていましたが……。『セックス・エデュケーション』の場合、より多様な性的指向や関係性を描くために話数を増やしていったのかもしれませんが。

吉田●シーズン4でオーティスたちが転校した学校がなかなかユニークなので、なおさらもったいないなと感じます。なんかGoogleのオフィスみたいな校舎で、瞑想室やヨガクラス、誰でもいつでも発表可能な演説広場があって、SDGsにめちゃくちゃ配慮した、インクルーシブでオープン、とことんピースフルな校風なんです。生徒はみんな平等だから評価もつけないし、陰口は禁止。もちろんジェンダーニュートラルでLGBTQ+フレンドリーで、学校のリーダー的存在のグループも、性的少数者の子たちでした。

この学校について、SNSでは「現実味が薄い」という意見を見たりもしたのですが、別に、フィクションのお話だし、そこで過剰に現実味を重視する必要はないし、いま社会の課題とされているさまざまな問題をクリアしたひとつの理想像を描いてみる、その試み自体は面白いし意味があると思いました。

黒岩●実際そういう学校もあるのかもしれないしね。

吉田●ただ、私がもっと面白いと思ったのは、ある種の理想像を掲げつつ、その綻びを描く手法の巧みさです。たとえば、学校のリーダー的グループは、陰口や噂話をしたら罰金を払うというルールを作っているんだけど、実はみんな互いに鬱憤を溜めていて、不満を言いたくてしょうがなかったことが後々わかる。他にも、学習障害のある女の子が、ずっと誰にも気づいてもらえていなかったといったエピソードがあったり。でももちろん、『セックス・エデュケーション』はそうした綻びをあざけるような真似はしません。終盤、エレベーターの故障を学校が修理しないせいで車椅子利用者の男子生徒が上階に行けず、それを抗議するために生徒が一丸になって座り込みをするエピソードがあるけど、この場面では、最初こそ戯画化されていた理想の学校像が、「失敗を重ねながらも、より良い学校のあり方をみんなで目指す」という、血の通った理想の学校像へと変化しているんですよね。それでもやっぱり、全体としてはシーズン4はあまりうまくいってないと思いますけど（笑）。

稲垣●このドラマは身近な環境に照らし合わせて、さまざまなジェンダーや性の問題に目をむけるきっかけをつくっているように思うんです。現実にかなり近いところにあるフィクションの世界という、少し手を伸ばしたら到達できそうなところに持ってきてるのがこの作品のいいところだと思うんです。頭の片隅におきな

『ゴッドレス -神の消えた町-』
(2017)/7話/監督・脚本:スコット・フランク/配信:Netflix/キャスト:ジャック・オコンネル、ジェフ・ダニエルズ、ミシェル・ドッカリー

『クイーンズ・ギャンビッド』
(2020)/7話/原案:スコット・フランク、アラン・スコット/監督:スコット・フランク/配信:Netflix/キャスト:アニャ・テイラー゠ジョイ、ビル・キャンプ、モージズ・イングラム、マリエル・ヘラー、ハリー・メリング、トーマス・ブロディ゠サングスター

小説『クイーンズ・ギャンビッド』
(新潮文庫)
ウォルター・デヴィス著、
小澤身和子訳、2021年

がら生活できるような。

吉田●現実を描くって何だろうって問いかけでもあるのかもしれないですね。

黒岩●このドラマってベースは『初体験/リッジモント・ハイ』(1982)や『アメリカン・パイ』(1999)といった、80〜90年代よくあった童貞喪失映画ですよね。それを今の世代の若者とシチュエーションでやるとどうなるかみたいな実験的な側面もあったのかな?

吉田●映画だったら、おそらくオーティスが童貞を喪失するところで終わっちゃいそう。でもこのドラマでは彼がシーズン2であっさり初体験をしてしまう。しかも相手は好きな女の子じゃないという。

黒岩●かつその後で本当に好きな子とも結ばれ、さらに別れもする、と。確かにそういう紆余曲折は映画だと描きづらいかもしれないですね。

女性たちの勝利、敗北、あるいは逆襲

吉田●最近では、男性が中心だったジャンルで女性の存在にスポットライトを当てたようなドラマシリーズも増えています。私はスコット・フランクが大好きなんですけど、彼が監督・脚本を担当したドラマ**『ゴッドレス -神の消えた町-』**(2017)と**『クイーンズ・ギャンビット』**(2020)はどちらもすごくよかった。『ゴッドレス』は西部劇なんだけど、舞台となる町は、鉱山事故で男性がほとんど死んでしまい、女性たちによって自治が行われている。『クイーンズ・ギャンビッド』は、冷戦期のアメリカにおけるチェスの天才少女ベスが主人公です。孤児であるベスは養護施設で幼少期を過ごすのですが、そこでは日常的に子どもたちにビタミン剤と称して薬物が投与されていて、ベスは依存症になってしまう。しかし、その薬の力で天井にチェスの盤面の幻覚が見えるようになって、天才的な才能を開花させる、というところから物語が始まります。作品のトーン自体はダークではあるんですが、どこか『少年ジャンプ』的な話にも見えるというか。

稲垣●手強そうな男性相手にもどんどん勝っていくんですが、彼女に負けた男たちがもれなく友好的なんですよね。一般的なドラマだと、その後嫌がらせとかをされてもおかしくないんですが……。

吉田●ベスの宿敵となる、ソ連の世界チャンピオンのおじさんも魅力的ですよね。「彼女は孤児なんだろう? 私たちと一緒だ。生きるために勝たなきゃならない」っていうセリフ、めちゃくちゃグッと来ました。あと、ベスと養母の関係もすごくよかった。ベスは無愛想でドライだけど養母を心から慕っていて、養母は遠征についていくと大抵すぐ酔っ払っちゃうしいわゆる模範的な良い母親ではないけれど、ベスのことを親身にサポートしている。カラッとした関係だけど深く互いを信頼している、ベスト・バディなんですよね。ちなみに、その養母を演じているのは、『幸せへのまわり道』(2019)などを撮った映画監督のマリエル・ヘラーです。

関澤●彼女の夫はハラスメント気質かつ浮気症で、彼女のところから去ってしまうんですが、そういう家庭事情を基盤にした連帯もあるんですよね。

吉田●「もう妻ではないけど、母親にはなれる」っていうセリフにこもった反家父長制的メッセージはしびれましたね。

関澤●最後、主人公は薬の依存から脱却して最強の敵に挑むんですが、かつてのライバルたちが力を貸してくれる。そこも少年漫画的な展開でしたね。

吉田●ずっと頼っていた存在から離れて自力で戦えるようになるっていうのは、ちょっと『ヒカルの碁』っぽい。佐為がいなくなっても勝てるようになる、みたいな(笑)。ただその意味では、『クイーンズ・ギャンビット』はベスが最初から最後まで圧倒的に強すぎる気はしました。「自分の盤面に佐為が生きているんだ」とヒカルが気づいた瞬間のような感動は訪れなかったかな。

山本●テック業界を題材にした作品

『ドロップアウト
〜シリコンバレーを騙した女』
(2022)／8話／企画:エリザベス・メリウェザー／配信:Hulu／キャスト:アマンダ・セイフライド、ナヴィーン・アンドリュース

『レッスン in ケミストリー』
(2023)／8話／監督:サラ・アディナ・スミス／配信:Apple TV+／キャスト:ブリー・ラーソン、ルイス・プルマン、アヤ・ナオミ・キング

に『**ドロップアウト〜シリコンバレーを騙した女**』（2022）という作品があります。この作品はセラノス詐欺事件という現実の事件が題材になっていまして、指からの1滴の血液検査で全部の病気がわかるという技術を開発したことで、次のスティーヴ・ジョブズになるとまで言われていた女性であるエリザベス・ホームズが主人公で、アマンダ・セイフライドがホームズを演じています。これは全くの嘘の発明で、ホームズは有罪判決を受けて禁錮刑になっているんですが、要するにある種の没落譚のようなストーリーではあるのです。ただ、これは同時にシリコンバレーの男社会で女性が活躍しようとするとどうなるのかという警告の物語にもなっています。一見テック業界はリベラルで男女問わず対等に扱う世界のように見えるけれど、実態はすごくマッチョで悲惨な世界であり、そこで成功するにはどうしても男性的な価値観を内面化しなければならず、この女性もまたひとりの犠牲者でもあるというように語られます。具体的には人前では低い声で喋る演技をしたり、感情に流されない判断をするといって世話になった社員を平気で首にしたりするんですが、いかにトキシックな男性性を内面化していかないと戦っていけないか、たとえそう振舞っていても所詮もっと大きな力のを持つ男性たちの手駒でしかなく、いかに理不尽に切り捨てられるかみたいなことが描かれていて、テック業界とフェミニズムの相性の悪さっていうものを真正面から描いた点で価値ある作品だと思います。

吉田●エリザベス・ホームズについては、『ドント・ルック・アップ』(2021)のアダム・マッケイ監督による映画化も進んでいるみたいです。ジェニファー・ローレンスがホームズを演じると報道が出ましたが、「セイフライドがもう完璧にホームズを演じきったから」という理由で“ドロップ・アウト”してしまい、今もまだ誰が主演を務めるかは決まっていないようですね。

山本●もうひとつ『**レッスン in ケミストリー**』（2023）という作品がありまして、これはブリー・ラーソン主演の1950年代を舞台にした作品で、化学の世界で女性がキャリアアップすることの難しさということがテーマになっています。一見実話のようなドラマなのですが、原作小説はかつて広告代理店で働いてた作家の経験から書かれたものです。主人公は化学の研究者なのですが博士号を持っていないことで、雑用ばかりさせられまともに研究をさせてもらえない。研究所のミスコンに強制参加させられるところからドラマは始まり、秘書と勘違いされるようなエピソードが続きます。そんな彼女の夢を理解してくれる男性がパートナーになることでうまくいきかけるのですが、その人が交通事故で亡くなり、さらに悲惨な目に遭ってしまう。結局彼女はその後テレビ業界に転身するのですが、そこもまた男性社会であることは変わらない。しかしそこで彼女は、料理を用いて化学を一般大衆に教えるという主婦向けの教育的な番組をつくるんです。一見するとステレオタイプ的な女性像の補強になりかねない料理という題材をうまく利用して、そこから家庭に留まっている才能はあるのに活躍できない女性たちを解き放つという話になり、最終的には教員として化学を教えるというストーリーラインになっています。もちろんフィクションだからこそできる話ではあって、『ドロップアウト』の現実描写に対して対極にあるような描かれ方もあるんですが、こうした2作品が同時代に登場していることは重要かなと思いました。

吉田●『レッスン in ケミストリー』はあっという間にパートナーが事故死してしまって大変驚きましたが、すでに主人公が彼との子を身ごもっていたことがわかり、どこまで彼女に試練を課すんだと思いましたね（笑）。また、主人公は指導教員の性暴力に遭い、それを告発しようとしたことで博士への道を閉ざされてしまったというあまりに辛い過去があ

『ウォッチメン』(2019)／9話／原作:アラン・ムーア／原案・デイモン・リンデロフ／放送:HBO／キャスト:レジーナ・キング、ドン・ジョンソン、ティム・ブレイク・ネルソン、ヤーヤ・アブドゥル＝マティーン2世、ジェレミー・アイアンズ

『ジェシカ・ジョーンズ』(2015–2018)／39話(シーズン1–3)／原案:メリッサ・ローゼンバーグ／配信:Disney+(2022年2月末までNetflix)／キャスト:クリステン・リッター、マイク・コルター、レイチェル・テイラー、ロザリオ・ドーソン

『ワンダヴィジョン』(2021)／9話／原案・脚本:ジャック・シェイファー／監督:マット・シャクマン／配信:Diseny+／キャスト:エリザベス・オルセン、ポール・ベタニー、ジェット・クライン、ジュリアン・ヒルヤード

『奥さまは魔女』(1964–1972)／254話(8シーズン)／製作総指揮:ハリー・アッカーマン／放送:ABC／キャスト:エリザベス・モンゴメリー、ディック・ヨーク、ディック・サージェント

りましたね。

山本●非常にトラウマ的なエピソードもあったり、いささか戯画的な演出もあるんですが、これらのように、テックや科学といった長らく男性の世界とされてきた社会で生きる女性の視点を現実に地に足つけて描くということはこれからも必要なことのように思います。

田中●少しジャンルは異なりますが、HBOのドラマ版『**ウォッチメン**』(2019)についてはどうでしょう。ザック・スナイダーによる映画版もそもそもアラン・ムーアによるコミック自体もですが、これはヴェトナム戦争以後のアメリカ史に焦点を当てた作品であり、このドラマも間違いなくそこに新しい視点を持ち込んでいます。

関澤●原作と映画版は女性への加虐的な要素が強い作品ですが、HBOドラマ版はそれに対するカウンター的な側面があります。主人公のヴィジランテは黒人女性の警察官ですが、最初に家父長的な警察所長が死んで、父親が不在のアメリカを誰がどう守っていくのかという話になる。

田中●原作において最もアメリカ的なヒーローであるコメディアンが、ヴェトナムの女性との間に子供をつくり、その女性を殺して帰国するという話に端を発する作品の本質に繋がりますね。

関澤●このドラマ版はヴェトナムがアメリカの一部になっているという設定で、この主人公の女性警察官も実はヴェトナム系なんですね。もうひとり重要な女性キャラクター、オジマンディアスという原作の黒幕にあたる人物の娘が出てくるんですが、彼女もヴェトナム系なんです。このヴェトナムにルーツがあるふたりの女性に対し、最終的にDr.マンハッタンという作中で最強格のスーパーヒーローの力が、どちらに継承されるのかという話になる。このDr.マンハッタンはそもそもアメリカ人男性の原子力研究者で、実験中の事故から人間としての身体を失い、核の力を内在したヒーローです。そのように、アメリカ人男性の力を次世代のヴェトナム系女性が継承するという構造も巧みに織り込まれているように思います。

女性ヒーローたちの喜びと憂鬱——MCUの拡大と混沌

山本●2008年に始まるMCU(マーベル・シネマティック・ユニバース)の中で、女性キャラクターあるいは女性ヒーローは、初期からずっと登場していた一方で、脇役ないしはヒーローたちのガールフレンドや妻というポジションしか与えられていませんでした。女性ヒーロー単独でフォーカスが当てられた最初の作品は『**ジェシカ・ジョーンズ**』(2015–2018)。2015年のドラマだったんですけど、これは当時はまだMCU本流ではなかった。正式な初単独は2019年のブリー・ラーソン主演『キャプテン・マーベル』、そこに本編で死亡してからやっと主演となったスカーレット・ヨハンソンの『ブラック・ウィドウ』(2021)が続く……予定だったんですが、コロナの影響で公開が前後したことで、先に公開されることになったのが配信シリーズ『**ワンダヴィジョン**』(2021)です。

吉田●オープニングが毎回すごく凝ってますよね。

関澤●第2話は『**奥さまは魔女**』(1964–1972)のオマージュで、チャーミングで最高でしたね。

山本●第1話が50年代風、2話が60年代風……とシットコムやテレビドラマのその時代ごとの演出や画質を匂わせたオープニングが毎回用意され、これらのシットコムパロディのオープニング楽曲を書いたのが『アナと雪の女王』の「レット・イット・ゴー」等を作曲したロペス夫妻だったりします。しかもこの夫婦本人たちが歌っています。そもそもこのドラマの主演であるエリザベス・オルセンといえば、『**フルハウス**』(1987–1995)のミシェル役、メアリー＝ケイト&アシュリー・オルセンの妹です。

『アベンジャーズ／エンドゲーム』(2019)でMCUのフェイズIIIが幕を閉じ、そこで失ったいろんなものとの喪失と向き合うヒーローたちの

『フルハウス』
(1987–1995)／192話(1–8シーズン)／製作総指揮:ジェフ・フランクリン他／キャスト:ジョン・ステイモス、ボブ・サゲット、デイブ・クーリエ、キャンディス・キャメロン、ジョディ・スィーティン、アシュレー・オルセン、メアリー＝ケイト・オルセン

『ホークアイ』
(2021)／6話／原案・製作総指揮:ジョナサン・イグラ／配信:Disney+／キャスト:ジェレミー・レナー、ヘイリー・スタインフェルド、フローレンス・ピュー、トニー・ダルトン、アラクア・コックス

『ミズ・マーベル』
(2022)／6話／原案:ビシャ・K・アリ／配信:Disney+／キャスト:イマン・ヴェラーニ、マット・リンツ、リッシュ・シャー

『シー・ハルク:ザ・アトーニー』
(2022)／9話／原案・脚本:ジェシカ・ガオ／配信:Disney+／キャスト:タチアナ・マスラニー、マーク・ラファロ、ティム・ロス、ジャミーラ・ジャミル、ベネディクト・ウォン

セラピーのフェイズとして、フェイズⅣは始まりますが、Disney+の配信ドラマシリーズと映画がこれまで以上に緊密に関わり、主軸さえ追っていければおおよそは摑めるものの、観客からは「宿題が増えた」みたいな反応も目立ちます。ただ、一方でこれまでフォーカスが当てられていなかったような人たちをしっかり時間かけて描けるようになったということでもある。

そこでまず『ワンダヴィジョン』ですが、これは主人公のワンダ・マキシモフが自身の家族と愛する人をすべて失った喪失の中で、怒りや悲しみと向き合いきれずにシットコムの世界に逃げるという方法で自己セラピーを試みる物語です。そこから彼女自身がヴィランと化してしまうという終わりに向かうのですが、ただ、それほどの時間をかけてひとりの女性キャラクターを書いたのは、MCUではもちろん初めての試みです。一方で『**ホークアイ**』(2021)や『**ミズ・マーベル**』(2022)は若手の新キャラクターを描くドラマですね。『ホークアイ』はヘイリー・スタインフェルドがジェレミー・レナーから世代継承するという物語で、彼は2012年の『アベンジャーズ』でホークアイが気づかない間に命を救ってた子どもが成長した役柄なんです。超人ばかりのアベンジャーズの中で弓持った普通の存在に憧れていた子もいるよということで、先代ホークアイのセラピーにもなっていく。

『ミズ・マーベル』もまた、ブリー・ラーソン演じるキャプテン・マーベルに憧れてるパキスタン系アメリカ人のオタクの高校生が、おばあちゃんから送られてきたバングルを手にしたことでスーパーパワーに覚醒するという話で、ピクサーの『私ときどきレッサーパンダ』(2022)みたいな話ですよね。孫がルーツを受け入れることで、母親とおばあちゃんが和解して3世代で強くなるという昨今のハリウッドで繰り返される移民女性ヒーローものの典型的な物語。そこにキャプテン・マーベルが絡むことで、『マーベルズ』(2023)へと繋がっていくんですが、こうした継承が描かれ始めている。

『アイアンマン』(2008)が第1作に選ばれたときは、リソースとして古くは1940年代まで遡る膨大なコミック群から、いかにグッズが売れるかということが重要で、ごく単純にマーケティングの観点から選ばれていたことは広く知られています。結果として当初こそ白人男性のヒーローばかりが選ばれていたんですが、『ブラックパンサー』(2018)や『キャプテン・マーベル』あたりからその選択の理由が変わります。もちろんそれはダイバーシティを意識してということもあるんですが、同時に現在のマーベルコミックの潮流を取り込むということでもあるんです。

つまり、MCUは基本的にかつてのコミックの流れを追うように実写化するコンセプトで生まれたものですが、いまは同時代のマーベルコミックの潮流を映画でも扱うし、さらには映画からコミックに移し替えられた要素もある。

関澤●正史世界に対する並行世界アルティメット・ユニバースを舞台にしたコミック『アルティメッツ』のフューリーの容姿は、非公式かもしれませんが完全にサミュエル・L・ジャクソンです。実際に作中でも「もしフューリー役を俳優が演じるなら…」という会話でサミュエル・L・ジャクソンへの言及があります。本作は2002年刊行なので、MCU誕生前からフューリーのキャストは決まっていたと言えるかもしれません。

山本●『ミズ・マーベル』でカマラを演じているイマン・ヴェラーニは、それまで役者でも何でもなくて、ただマーベルが好きなパキスタン出身のカナダ人だったんです。それがこの役にキャスティングされたところ、今や『ミズ・マーベル』本誌のコミックライターになったんです。

黒岩●へえ、まさにマーベルの世界を生きてるんだ。

山本●もうひとつの重要作品としまして、『**シー・ハルク:ザ・アトーニー**』(2022–)があります。この作品の主人公、タチアナ・マスラニー演じ

るジェニファー・ウォルターズことシー・ハルクは、いわゆる第四の壁を越えて視聴者に語りかけをする存在です。
関澤●『フリーバッグ』っぽいですよね。偶然かもしれませんが、同時代的な共振が感じられます。
山本●完全に同じ手法です。このドラマは主人公の弁護士であるジェニファーが、従兄弟であるブルース・バナーことハルクと一緒に車に乗っていたら事故にあって、その際に出血したハルクの血液が体内に入り、彼女自身もハルクになってしまったという話なんです。
　ブルース・バナー／ハルクってめちゃくちゃ強いんですが、怒りをコントロールできずに暴走しちゃう問題がたびたび映画でも描かれていたと思うんですね。ところが『シー・ハルク』の場合、「女性はこの社会でつねに怒りのコントロールを求められてる、だからハルク化をコントロールするのなんて余裕です」って感じで、そこからは弁護士とハルクという二足の草鞋を両立させる法廷日常コメディっぽく話が進むんです。そして最終的な敵はオンライン上に集うミソジニー男性コミュニティ。『シー・ハルク』の公開時、「MCUには女性ヒーローが増えすぎだ」みたいな言説がTwitter（現X）上でもさんざん書き込まれていましたが、実は作品の中で彼女も同様の攻撃に晒されます。これはシー・ハルクが第四の壁を越えられるということで、こういうネット上の反応を扱うこととも相性が良いのでしょう。さらにはディズニープラスのアプリのメニュー画面からもシー・ハルクがひょこひょこ出てきちゃうという（笑）。シー・ハルクは、コミック版でもページを破って「編集者はどこだ！」って話の展開に文句言いに行くみたいな描写があるんですが、こういう点をドラマシリーズでも取り込んでいる。
田中●『シー・ハルク』は未見なのですが、第四の壁越えといえばデッドプールとも異なる感じなのでしょうか。
山本●デッドプールは単純に観客に語りかけるだけという感じなんですが、シー・ハルクは物語の展開自体にもっと直接的に影響を与えるんです。ですから、この『シー・ハルク』をふまえて2024年夏に公開される新作の『デッドプール＆ウルヴァリン』の描写がどうなるのか、そもそもこのシー・ハルクが他のヒーローと合流できるのかということも気になりますね。
　さらにアニメーションですけれど、『ホワット・イフ…？』（2021、2023）というシリーズがあって、これは本当にマーベル世界の「もしも（if）」の世界を描く作品で、たとえばキャプテン・アメリカではなくそのパートナーであるペギー・カーターがもし超人血清を打っていたら？というようなストーリーを展開するものです。
関澤●のちに実写シリーズでも『ドクター・ストレンジ／マルチバース・オブ・マッドネス』（2022）にも別個体のキャプテン・カーターが登場しました。
山本●あるいは15世紀のネイティブ・アメリカンの女性がスーパーパワーを獲得することで、アメリカ大陸が植民地支配されず、現在のアメリカが生まれない世界を描くとか、あるいは『マイティ・ソー』の世界においてソーの父親こそが悪だったんじゃないかという反家父長制の読み替えをすることで、死の女神ヘラ（ケイト・ブランシェット）がヒーローになるという話だとか。『ホワット・イフ…？』は特にシーズン2に入ってから、MCUがいかに白人男性中心主義的な世界観だったかの自己批判としてマルチバースを用いているような印象があります。
吉田●悪役として知られてきたキャラクターに焦点を当てて、そちら側の視点から既存の物語を描き直すというのは、ドラマシリーズだけでなく映画でも一種のトレンドになっていますね。
山本●まさに、ディズニーだったら『マレフィセント』（2014）や『クルエラ』（2021）がそうであったように

『エコー』(2024)／5話／脚本:マリオン・デール／監督:シドニー・フリーランド、カトリオーナ・マッケンジー／配信:Disney+、Hulu／キャスト:アラクア・コックス、ヴィンセント・ドノフリオ、チャーリー・コックス

です。結局、無数にあるリソースから映像化することには非常に恣意的な選択が介在しているわけで、さらにその選択をしているのは誰なのか、それを見たいって思ってる観客は誰なのかは重要な視点です。しかしそうした広がりは、スピンオフからさらにスピンオフをつくるみたいな流れをうんでいて、たとえば2024年に配信される『**エコー**』というのは『ホークアイ』に登場したキャラクターなんですが、コミックでは単独タイトルになったこともないマイナーさ。耳の聞こえないネイティブ・アメリカンということで描かれてこなかったキャラクターとしては非常に面白い背景を持っているんです。このようにとにかく複雑化していて、この点について経営陣からは疑問の声も出ていると聞きます。

田中●根本的にこういう膨大な作品群をたったひとつのシリーズでやる必要があるのか、個別に企画を立ててもいいんじゃないかとは素直に思っちゃうんですよね、単純に追いかけられないという個人的事情もありますが……。

降矢●こういうシステムって本当に広がりがあるのかなという疑問は否めないですね。閉じたシステムの中だけで際限なく広がっているという印象がどうしてもあります。むしろ非常に内向きであるとも言えますよね。

山本●MCUがシリーズとしての限界を迎えたタイミングと、女性やマイノリティのヒーローたちにフォーカスが当てられ始めたタイミングが重なっていることは重要な点です。エンパワーとマーベルの力を掛けたタイトルの『MPower』(2023)というドキュメンタリーがありまして、これは『ガーディアンズ・オブ・ギャラクシー』シリーズでガモーラを演じたゾーイ・サルダナが製作総指揮に入り、MCUにおいて女性たちがどうやって女性ヒーローを自分たちの物語として作り上げてるのかということを、ブリー・ラーソンやエリザベス・オルセンなどに話を聞くという作りになっています。この製作に関わったヴィクトリア・アロンソというマーベルで長らく要職についていた数少ない女性がいたんですが、この作品が配信された直後にクビになったんです。因果関係は不明ですが、この作品自体も一時削除対象になりかけたという話もある。ディズニー社的には自分たちの女性社員のエンパワーメントを促すだとか、インクルージョンを推し進めるということを喧伝しつつ、そのうえでのゴタゴタが直接見えてくるのがMCU作品でもある。

MCUがこれほどまで大きなフランチャイズとして成功したからこそ、ようやくマイノリティにスポットを当てる事ができるようにもなったし、膨大なコミックにはまだまだ可能性が秘められている。これまで大きな作品で女性を描くことのなかったことへの反省を踏まえていま方針がとられていますが、はたして本当にきちんとしたクオリティの作品が作れているのか。MCU自体の低迷と女性ヒーローの作品が多くなっている時期が重なったために、必要以上にその原因が女性ヒーローや女性クリエイターたちに押し付けられているようにも見えます。組織が失敗する可能性の高い危機的状況で女性にリーダーシップを任せる「ガラスの崖」と、今のMCUの状況は無縁ではないかもしれません。

関澤●『アベンジャーズ／エンドゲーム』(2019)の終盤で取ってつけたように女性ヒーローたちが集結する場面がありましたね。非常にテンションの上がるハイライトシーンではあるけど、今思い返すと女性ヒーローたちがひと山いくらの存在にされているというか、ちょっと大雑把にまとめられてしまった面もある。だからこそ、ドラマシリーズで一人ひとりの存在を時間をかけて紹介できるようになったということ自体は、やはり評価できることだと思います。

神話を再び組み上げる——「スター・ウォーズ」の女性たち

山本●もうひとつのディズニー傘下の巨大フランチャイズの話もできれ

『マンダロリアン』
(2019–)／24話(1–3シーズン)／原作：ジョージ・ルーカス／原案・脚本：ジョン・ファヴロー／配信：Disney+／キャスト：ペドロ・パスカル、カール・ウェザース、ジーナ・カラーノ、ニック・ノルティ

『ボバ・フェット／The Book of Boba Fett』
(2021)／7話／原作：ジョージ・ルーカス／原案：ジョン・ファヴロー／配信：Disney+／キャスト：テムエラ・モリソン、ミンナ・ウェン、ディン・ジャリン

『オビ゠ワン・ケノービ』
(2022)／6話／原作：ジョージ・ルーカス／監督：デボラ・チョウ／配信：Disney+／キャスト：ユアン・マクレガー、ルパート・フレンド、サン・カン、モーゼス・イングラム、ヴィヴィアン・ライラ・ブレア

『キャシアン・アンドー』
(2022–)／12話／原作：ジョージ・ルーカス／原案：トニー・ギルロイ／配信：Disney+／キャスト：ディエゴ・ルナ、カイル・ソーラー、アドリア・アルホナ、フィオナ・ショウ

ばと思います。「スター・ウォーズ」シリーズは軸が多いMCUに比較するとすごくわかりやすいんですね。なぜなら全ての作品がひとつの歴史の流れに並べられるからです。つまりいちばん多くの人が知っている『エピソード4／新たなる希望』(1977)から『エピソード6／ジェダイの復讐』(1983)のストーリーラインはなんら揺らいでおらず、この前後に新しい物語が加えられているだけだからです。実は最近発表されたジェームズ・マンゴールドによる新しい話は、その2万5千年前を舞台にしたストーリーラインになるそうです。

黒岩●え、マンゴーがここにきちゃうの？

山本●近年のシリーズでは**『マンダロリアン』**(2019–)を皮切りに、**『ボバ・フェット／The Book of Boba Fett』**(2021)、**『オビ゠ワン・ケノービ』**(2022)、**『キャシアン・アンドー』**(2022、2024)と続き、女性キャラクターを主演に据えた**『アソーカ』**(2023)が始まっています。タイトルロールが女性なのは『アソーカ』だけですが、男性がタイトルになっているシリーズでも多くはダブル主人公みたいな体裁で女性も登場するんですね。『マンダロリアン』シーズン3ならケイティ・サッコフ演じるボ゠カターン、『キャシアン・アンドー』ならジュヌヴィエーヴ・オライリーの演じるモン・モスマ議員のように。重要なのはそうしたキャラクターたちの多くは、ドラマシリーズから突発的に生まれたキャラではなく、アニメシリーズなどでこれまでもずっとバックボーンが描かれてきていた存在だということです。「スター・ウォーズ」シリーズがディズニー傘下に入ってから、エピソード7(2015)、8(2017)、9(2019)ではレイという女性が主人公になったわけですが、それ以前のテレビシリーズではもともと女性主人公にフォーカスが当てられた作品が作られていて、それが2008年以降の『クローン・ウォーズ』というアニメ作品です。これはアナキン・スカイウォーカーに実は女性の弟子がいたという話から始まるんですが、その女性がアソーカという人物で、彼女の話が2008年から2020年にかけて7シーズンのアニメーションで作られている。

これは本編のエピソード2と3の間を埋める時間軸なんですが、中には映画でナタリー・ポートマンが演じたパドメとアソーカが共闘する回もあります。ディズニー傘下に入ってから始まった『スター・ウォーズ反乱者たち』(2014–2018)っていうアニメ作品でも、女性と男性の混在チームが描かれていたり、2020年の『クローン・ウォーズ』の最終章では、前述の『オレンジ・イズ・ニュー・ブラック』出身のラテン系の俳優による姉妹キャラクターが出てきたりする。MCUは昔のコミックからさまざまなキャラクターを引っ張ってくるわけですが、「スター・ウォーズ」はアニメシリーズでの蓄積がこれからの実写に向けたリッチな資源になっていくことが予想されます。最新アニメシリーズの『バッド・バッチ』(2021–)でも、男性しかいなかったクローン兵士の中に女性も存在したという話をしたりするわけです。

少し異なるパターンとして『ジェダイの帰還』に登場したモン・モスマは、もともとチョイ役の女性キャラだったんですけど、彼女は『クローン・ウォーズ』や『反乱者たち』というアニメシリーズを経て『キャシアン・アンドー』や『アソーカ』などでもフォーカスをあてられています。ファンサービスでもあると同時に、シリーズがつながっていることを表現するために必要だったのでしょう。これらのドラマシリーズは、元々の映画版とのつながりももちろんありますが、それ以上に『クローン・ウォーズ』に代表されるアニメシリーズで育て上げられてきたキャラを新たに実写展開することで、バックボーンをより強固にすることに成功しているわけですね。

関澤●MCUでも『ホワット・イフ…？』で、実写版を演じた俳優がボイスアクターをするという流れがあって喜

『アソーカ』
（2023–）／8話／原作：ジョージ・ルーカス／原案：ジョン・ファヴロー、デイブ・フィローニ／配信：Disney+／キャスト：ロザリオ・ドーソン、メアリー・エリザベス・ウィンステッド、リュー・ボルディッツォ、レイ・スティーヴンソン

ばれていましたけども、そういう観点でもマーベルと逆方向ですね。

ディズニーによる買収以降の「スター・ウォーズ」制作体制の中で、デイブ・フィローニというクリエイターが力を増していった背景があるんですが、それは彼が『クローン・ウォーズ』をずっと作ってきたということと、それに続く『マンダロリアン』が成功したからですよね。

山本●現ルーカスフィルムCCOのフィローニはもともとルーカスの直属の弟子で、彼がずっとアニメを引っ張っていたわけですが、『マンダロリアン』は彼がジョン・ファヴローとタッグを組み、実写でも成功した。その背景をもって、これまでアニメで育て上げてきたアソーカを実写で撮ろうっていう話に向かい、これからドラマシリーズをまとめた『アベンジャーズ』のような集合作品の映画を撮ろうとしているわけです。

関澤●僕は『アソーカ』を見て、非常に良いショックを受けたといいますか、感慨深かったんですね。まず主人公のジェダイ騎士が女性で、アジア系の女性がその弟子。そしてヴィランは魔女のようなキャラクター、脇を固めている味方も先ほど話に上がったモン・モスマだったり女性が中心。男性キャラクターはもちろんいますが、囚われの姫のような設定の男性キャラクターがいたりと、人数的にも役回りとしても男女比がかつての「スター・ウォーズ」から逆転しているわけです。

僕は男性として「スター・ウォーズ」を見て育った世代で、同性のかっこいいキャラクターに憧れるような気持ちでずっと見てきたわけなんですが、『アソーカ』を見ているなかで、そうした「かっこいい」を体現している存在がほとんどすべて女性になっていることに気づいて、「ああ、そうなのか」と。これまで「スター・ウォーズ」や男性主体のさまざまなフランチャイズを見ているときに、女性の観客が感じていた感覚というのはもしかするとこういうものだったのかもと気づけたというか。オリジナルのヒロインであるレイア姫は、典型的な囚われのお姫様で、シリーズを通してもちろん活躍しているんですが、たとえば唐突に水着を着せられるエピソードなんかもあったりして、そういうところのキャンプな人気みたいなものもあった。そういう扱いではなく、あくまでも物語を構成する主要キャラクターがほぼすべて女性だということに隔世の感がありました。「スター・ウォーズ」が40年をかけてそういうところにたどり着いたというのが、すごく印象深い。そういう意味でも『アソーカ』は非常に面白かったです。

山本●ただ、もちろん『クローン・ウォーズ』を見てない人からすれば、近年のドラマシリーズはほとんどがぽっと出のキャラにしか見えないんじゃないの？ というツッコミはもちろんその通りだと思うんですよ。MCUのドラマシリーズの乱発もですが、そこは難しいところです。

黒岩●私はマーベルのキャラクターに疎いんで、たとえばミズ・マーベルなんかは、てっきり有色人種の女の子を主人公にした映像作品をつくるために最近生まれたキャラなのかと思っていました……。

山本●映画版の『マーベルズ』はブリー・ラーソンによる『キャプテン・マーベル』の実質的な続編ですが、この中で新しい世代と連帯するという話も、前提は『ミズ・マーベル』や『ワンダヴィジョン』から引っ張ってきたものであるということが、直接的に興行収入に影響しているのは確かなんですね。それだけに、女性ヒーロー作品には客が入らない、という短絡的な見方になってしまうのは正しくないし、好ましくない事態だと思います。

田中●この2つのシリーズの多面展開における大きな違いとして、MCUは基本的に現代アメリカを舞台にしてることは大きいと思います。つまり作品の中で普通の人がヒーローに憧れるという姿勢が、現実の観客の視点ともほとんど一致している。マルチバース展開は、物語の展開上で必要なだけじゃなく、登場人物たちと観客の距離を変えるために持ち込

『ウエストワールド』
(2016–2022)／36話(シーズン1–4)／原案:ジョナサン・ノーラン、リサ・ジョイ／放送:HBO／キャスト:エヴァン・レイチェル・ウッド、アンソニー・ホプキンス、エド・ハリス、ジェームズ・マースデン、タンディ・ニュートン、ジェフリー・ライト

『ウエストワールド』
〈ファースト〉コンプリート・セット(3枚組)
Blu-ray:¥6,788円(税込)
ワーナー・ブラザース ホームエンターテイメント

まれたものだと思うんですね。

山本●まさにそういうことです。

田中●「スター・ウォーズ」はどうかというと、このシリーズって基本的には別世界におけるひとつの大きな神話ですよね。だから新しい女性の登場人物が出てきました、というストーリーラインがあったとしても、単純に新しいキャラクターが現れた、と自分のこととは切り離して受け入れられちゃうのではないか。仮にキャスティング上になんらかの事情が介在していたとしても、あくまでも物語の問題であって、観客としてはその事情と距離を保てるんじゃないかと。

山本●そもそも人間以外のクリーチャーも当初からたくさん登場する世界ですしね。

田中●「スター・ウォーズ」もMCUも、それなりに現実的な事情での設定変更とかって結構あると思うんですよね。ただ、MCUはより直接的に現実とつなげて語られやすいのかなと。『エンドゲーム』以降、多くのキャストが離脱したことに重ねて、こうした新しい展開が広がっている状況は、コミックにおけるリランチに似ているかもしれません。コミックでもシリーズが続き過ぎると、新規の読者を獲得するのが難しくなるんで、物語を利用して全体の流れのリセットをすることがあるんですけど、MCUもそういうことを意識せざるを得ないのかもしれない。

関澤●ディズニープラスのようなサブスク主体の体制は契約者数を維持・増加しなければならない命題があるため、とにかく継続的に作品を作り続けようとする。しかしそれがシリーズ全体の品質低下を招き、逆に観客が離れていく。これはなかなか解消できない問題ですよね。

女性たちの描く
ドラマシリーズの世界

吉田●映画スターがドラマシリーズに出演者としてもプロデューサーとしても関わる、あるいは著名な映画監督がドラマをつくるといった流れとともに、ドラマづくりをステップとして映画の方に向かう制作者も増えていて、そこではもちろん女性クリエイターも数多く現れています。

そういう流れのなかでは、まず**『ウエストワールド』**(2016–2022)が挙げられるのかなと思います。製作総指揮・原案、一部監督も務めたリサ・ジョイは、クリストファー・ノーランの弟のジョナサン・ノーランのパートナーで、『ウエストワールド』は彼との共作です。これはマイケル・クライトンの原作ですが、近未来の、西部開拓時代を再現した体験型テーマパーク「ウエストワールド」が舞台です。そこでは人間そっくりのアンドロイドたちが生活をしていて、入場者は彼・彼女らを欲望のままに弄ぶことが許される、文字通りの無法地帯。アンドロイドたちは毎回記憶をリセットされて、与えられたシナリオを日々繰り返しているんですが、あるときからアンドロイドの何人かに、消されたはずの記憶が断片的に蘇るようになり、自我が芽生え、「何かがおかしい」と気づいていくという物語です。シーズン2以降はパークの外の世界の話に向かって、元々の方向性からは少しずつずれていくんですが、シーズン1の終盤では、息の止まるトリックといいますか、非常に衝撃的な展開がありまして……。

関澤●すごいですよ、僕は最後まで気づきませんでした。ドラマならではの展開ですよね。

吉田●このトリックの強烈さもあって、シーズン1はかなりの見応えになってますよね。リサ・ジョイはこのあとヒュー・ジャックマン主演で『レミニセンス』(2021)というSF映画を撮っています。この映画も近未来が舞台で、ノスタルジーが重要な意味を持っていて、色々と『ウエストワールド』にも通底する要素のある作品でした。彼女が好きなことを遠慮せずやっている感じがあって、いろんなフェティッシュを感じられてウキウキしたし、興行的にも評判的にもコケたみたいですが、私はめちゃくちゃ素晴らしいと思ったし、大好きな映画ですね。かなり正統なハードボイルドなんですよ。

『ツイン・ピークス』
(1990–1991)／30話(シーズン1–2)／脚本：マーク・フロスト、デヴィッド・リンチ／放送：ABC／キャスト：カイル・マクラクラン、マイケル・オントキーン、シェリル・リー、フランク・シルヴァ、キャサリン・クールソン

『ザ・モーニングショー』
(2019–)／22話／原案：ジェイ・カーソン／脚本：ケリー・エーリン／配信：Apple TV+／キャスト：ジェニファー・アニストン、リース・ウィザースプーン、スティーヴ・カレル、ビリー・クラダップ、マーク・デュプラス

関澤●『ウエストワールド』では主人公の農場の娘であるエヴァン・レイチェル・ウッドが暴力的な虐待を受けていたり、娼館のマダムであるタンディ・ニュートンも凄惨な扱いを受けるんですが、その世界ではとにかく彼女たちはアンドロイドでしかないので合法的に蹂躙される。そして彼女たちは殺されるとラボのようなところに運ばれて、そこにはたくさんのアンドロイドがストックされていたりもするんですが、死んだ身体を整備・調整されて、再びワールドに戻される。そんなふうにずっとひどい目に遭っている女性たちが、最後に反乱を起こして外に出てこうとするというのがシーズン1のストーリーラインですね。

吉田●ジェームズ・マースデンが演じる美青年アンドロイドも、ただ消費されるだけの存在で。

関澤●男性もいわばラブドール的な存在なんですよね。男も女性の客に奉仕するだけの役割で、もちろん殺しても大丈夫。

吉田●文明の発展とともに社会がコントロールする術を学んできたはずの人間の暴力的・動物的・残忍な欲望が、ブレーキが外れたまま発散される。そして被害者たる彼女・彼らはアンドロイドなので、その非道について考える権利すら剥奪されている。そんな彼女たちが目覚め、結託してその仕組みを転覆させようとするのは、非常にフェミニズム的な闘争の物語とも言えると思います。

関澤●自分の認識の世界の外側に、もしかしたら別の世界が広がってるかもしれないと疑う構造がすごく面白い。その構造自体が、現実において女性が抑圧されていることのメタファーになっているように思います。ところで、ドラマシリーズっていろんな人に監督をさせますよね。かつて**『ツイン・ピークス』**(1990–1991)でダイアン・キートンが監督したという話は有名ですが、近年では『マンダロリアン』のブライス・ダラス・ハワードの演出がめちゃくちゃ面白い。

黒岩●『マンダロリアン』の監督はジョン・ファヴローがメインですが、タイカ・ワイティティなんかも参加しているんですね、豪華だな。ブライス・ダラス・ハワード監督回が目を引くというのはどういうところなんでしょう？

関澤●まず彼女はシーズン1の第4話「楽園」で黒澤明の『七人の侍』(1954)へのオマージュ丸出しというか、ほとんど同じストーリーの回を監督しています。ここでAT-STという二足歩行の戦車が登場するんですが、これはかつて『スター・ウォーズ エピソード6／ジェダイの帰還』(1983)ではイウォークという小熊のような種族に破壊されてしまい、その弱すぎる描写をツッコまれることが多い存在だったんです。それがこのエピソードではものすごく巨大な脅威として演出されていて。本家「スター・ウォーズ」でAT-STはこんなに怖い戦車としては描かれなかったので、ここまで見せられるのはすごいなと。

次に『ボバ・フェット／The Book of Boba Fett』「チャプター5：マンダロリアンの帰還」なんですが、これは愛機を失っていた主人公がジャンクのスターファイターをチューンアップするという話なんですね。かつてのアメリカに置き換えるならアメ車をガレージでカスタムするかのような原風景的な話で、もちろん完成した機体を飛ばすシーンで終わるわけですけど、その飛行シーンの疾走感、爽快感も素晴らしかった。ブライス・ダラス・ハワードはこのフランチャイズで初めて本格的に演出家デビューしたと思うんですが、見事に才能を開花させています。

黒岩●ブライスは以前『Dads 父になること』(2019)っていう父親を題材にしたドキュメンタリーを撮っていましたけど、そういう活劇を監督するようになるとは思っていなかったですね。

関澤●ドラマは間口の広さゆえに、新しいキャリアに挑戦する人にとってのチャンスになっている面もあるのがよいですよね。

吉田●そういう視点で言うと**『ザ・モーニングショー』**(2019–)にはミミ・レダーがメインの監督で参加してい

『トップ・オブ・ザ・レイク』
(2013, 2017)／13話(シーズン1–2)／原案・脚本:ジェーン・カンピオン、ジェラルド・リー／放送:BBC UKTV、BBC Two／キャスト:エリザベス・モス、ホリー・ハンター、ピーター・ミュラン

ますが、最近は映画が撮れなくなったからドラマに移行した、ということでもないと思うんですよね。以前はそういうケースも多かったかもしれませんが。こちらももちろん映画が撮れなくなったからではないけれど、ジェーン・カンピオンは原案・脚本・メインの監督を担当した**『トップ・オブ・ザ・レイク』**(2013、2017)が当時大絶賛されましたが、この作品も、「有名監督がドラマシリーズを!」の先駆けのひとつと言えそうですね。しかも、放送されたのが、冒頭でドラマシリーズの転機として言及した2013年。

黒岩●『ザ・モーニングショー』は、脚本には男性が多いですが、演出がほぼ女性なんですよね。主演のジェニファー・アニストンとリース・ウィザースプーンが内容にもかなり口を出したらしいですね。

吉田●ふたりとも製作総指揮に入ってるし、ほぼ作り手的な側面もあるかもしれない。『ザ・モーニングショー』は、#MeToo運動に正面から向き合った力作ですよね。朝の人気情報番組に、スティーヴ・カレル演じる男性の看板キャスターの性加害報道で激震が走る。長年彼と組んできた女性キャスターを演じるのがアニストン。報道を受け解雇された男性の後任として、しがない地方局のレポーターから全国ネットのキャスターに大抜擢されるのがリースで、ドラマならではの尺の長さを見事に活用している作品です。

アニストンはいわゆる男社会をたくましく生き抜いてきた女性なんですが、実はハラスメントを知りながら見過ごしていたんです。そのうえ長年仲良く働いてきたカレルへの情を捨てきれない。野心にあふれるリースは放送局の組織的な問題を明らかにしようと奮闘するのですが、その過程でもちろんアニストンと対立する。アニストンはリースを番組から降ろそうとしたり、水面下でさまざまな政治が渦巻くのですが、シーズン1の最終回は特に心に残っています。ずっと対立してきたアニストンとリースが、未明のニューヨークの路上でお互いへの怒りと隠し事を打ち明ける。その後ふたりで局に戻り、アニストンは自身の過ちを反省し、共に正義を遂行します。いやぁ、感動しましたね。全然別の背景や人間性を持つふたりが手を取り合うようになる話は、やっぱり胸を打ちます。『ザ・モーニングショー』は、『BEEF/ビーフ』のユァンとウォンみたいな関係を女同士にして描いたと言えるかもしれない。

ちなみに、コロナ禍を舞台にしたシーズン2も見どころはありましたが、シーズン3は、さっき『セックス・エデュケーション』のときに話した「シリーズを続けることを目的に話をつくる」フェーズに来ちゃっていると感じて、かなり残念でした。ジョン・ハムが完全にイーロン・マスクの役として出てきたのは笑いましたね。決してつまらないわけではなくて、放送局の幹部から番組ADまで、立場の違うさまざまな女性に光を当てるお仕事ドラマとしては良くできていると思います。

アニストンはこれが初、そして現時点で唯一のドラマシリーズの製作総指揮だけど、リースはもう到底追いきれないほど、めちゃくちゃ製作しまくってますね(笑)。リースって、『Black & White/ブラック & ホワイト』(2012)あたりの頃は低迷期だったって自分で認めていて、三角関係に挟まれる女性みたいな似た役が続いて、仕事を楽しめていなかったそうなんです。って、これはWikipediaの情報なんですけど(笑)。リースの日本語版Wiki、なぜか異様に充実してるんですよ。

降矢●たしかに『幸せの始まりは』(2010)もそういう役どころだ(笑)。

吉田●それを打破したのが、製作と主演を務めたジャン=マルク・ヴァレの『わたしに会うまでの1600キロ』でもあったので、彼女にとってヴァレとの仕事は、人生を変えた出会いだったでしょうね。『ビッグ・リトル・ライズ』シーズン2の翌年には**『リトル・ファイアー〜彼女たちの秘密』**(2020)というドラマで製作・主演していて、これは明らかに『ビッグ・

『リトル・ファイアー〜彼女たちの秘密』(2020)／8話／原案:リズ・ティゲラー／配信:Hulu／キャスト:リース・ウィザースプーン、ケリー・ワシントン、ジョシュア・ジャクソン、ローズマリー・デウィット

『エクスパッツ 〜異国でのリアルな日常 〜』(2024)／6話／監督・脚本:ルル・ワン／配信:Amazon Prime Video／キャスト:ニコール・キッドマン、サラユー・ブルー、ジヨン・ユー

『Disclaimer(原題)』(2024)／監督・脚本:アルフォンソ・キュアロン／配信:Apple TV+／キャスト:ケイト・ブランシェット、ケヴィン・クライン、サシャ・バロン・コーエン、コディ・スミット＝マクフィ、レスリー・マンヴィル

リトル・ライズ』を意識した、思春期の子どもを持つ母親たちの物語なのですが、人物造形も演出も『ビッグ・リトル・ライズ』にあった慎ましさや鋭さは皆無でそんなにうまくいっていませんでした。でもこれだけたくさんの作品を製作してたら、ハズレも出てくるのは無理ないですよね（笑)。『わたしに会うまでの1600キロ』と同じ2014年にはデヴィッド・フィンチャーの『ゴーン・ガール』のプロデューサーもしているし、このあたりから、彼女のプロデューサー業無双が始まっているようですね。自分で低迷期とはっきり呼ぶような時期を経ているだけに、精力的に作品をつくっている姿には、なんだか嬉しくなります。

降矢●『ハイスクール白書 優等生ギャルに気をつけろ!』（1999）の続編が企画されてるんですよね。

吉田●あれ、どうなるんでしょうね。私も好きな映画だけど、ただ結構キモい話ではあるし、続編をつくるなら相当上手く脚本を書かないと今の世の中には受け入れられない気がします。でもリースがそこらへんの状況をわかってないわけはないから、逆にあっと驚くプランがあるのかなと興味を引かれます。『キューティ・ブロンド3』も、キャスト続投で製作が進んでいるようです。リース、乗りに乗ってますね。

黒岩●映画におけるマーゴット・ロビー的な役割を、いまドラマではリース・ウィザースプーンやニコール・キッドマンが果たしているのかもしれないですね。

吉田●キッドマンは、製作総指揮・主演を務め、『フェアウェル』(2019）のルル・ワンを監督に迎えた**『エクスパッツ 〜異国でのリアルな日常〜』**が2024年1月から配信が始まります。香港に暮らす駐在妻たちのドラマのようですが、フィリピン人の家政婦など、これまで不可視化されてきた領域の女性たちにも大きな役が与えられているようで、とても楽しみにしています。ただ、アメリカ資本で作られたドラマとして彼女たちの物語を見るってどういうことなんだろう、と考える意識は持っていなくてはならないと思いますが。

あと何といっても、これからの注目作は『TRUE DETECTIVE』のシーズン4ではないでしょうか。このドラマは、刑事ふたりの犯罪捜査という共通するテーマのもと、シーズンごとに独立した別々の物語が展開するんですが、初めて女性ふたりが主人公です。そのうちのひとりはジョディ・フォスター。子役時代をのぞけば、ドラマシリーズ初出演です。監督はメキシコ出身の女性で、舞台はアラスカ。予告編の時点でとても面白そうで、期待しかありません。そのほかにも、ケイト・ブランシェットが主演し、アルフォンソ・キュアロンが全話監督・脚本を務める**『Disclaimer』**（2024）もApple TV+で2024年内に配信が始まるようで、結構な話題作になるのではないかと楽しみにしています。

映画館で映画を見る体験の尊さは割と広く共有されていると思うのですが、私はそれと同じように、ドラマシリーズを鑑賞することも、素晴らしい「体験」をもたらしてくれると信じているんですよね。「今日は帰ったらあのドラマの続きが見れる！」って待ち遠しくなる作品がある日々って私にとってすごく幸福で、あと、ドラマって数日に分けて見ることが多いから、「去年の夏かぁ、あのドラマを見てた時期だな」みたいに思い出すことが割とある。この点は配信前の時代から言えることだとも思いますが、ドラマシリーズの鑑賞って、自分の生活の記憶とすごく密接にあるんですよ。

映画スターはどんどん積極的にドラマシリーズに参加するようになって、もちろん彼・彼女たちはスターだからドラマの製作側からもウェルカムなわけですが、そうした地殻変動を通じて、ドラマシリーズという表現の可能性自体がもっともっと探索され、出演者の幅も題材の幅もどんどん広がって豊かになっていって、私たちを驚かせてくれる作品がまたたくさん生まれていったらいいなと思うし、そうなる気がします。考えるだけでわくわくしますね。

執筆者&イラストレーター　略歴

CHAPTER 1

佐藤久理子（さとう・くりこ）
パリ在住、文化ジャーナリスト。日本で映画誌の編集に携わった後、渡仏。ヨーロッパの映画祭に精通し、各メディアで映画人のインタビューや批評を手がける。映画サイト「映画.com」でパリ・コラムを連載中。著書に映画にちなんだパリの名所を紹介する『映画で歩くパリ』（スペースシャワーネットワーク、2015年）。横浜フランス映画祭の作品選定アドバイザーを務める。フランスの映画批評家協会、および外国人映画批評家協会会員。

あんころもち
元少女まんが家のイラストレーター（もどき）。現在は都内で会社員として働きつつ、大好きなコメディ映画のZINEを不定期で発行したりしなかったり。今回はたくさん女性のイラストが描けて楽しかったです！

稲垣晴夏（いながき・はるか）
1992年北海道生まれ。大学で建築史を学んだ後、映画の保存や上映の仕事に携わっている。上映企画「建築映画館2023」プログラム担当。

星遼太朗（ほし・りょうたろう）
1997年福島生まれ。国立映画アーカイブ研究補佐員。「お仕事図鑑」を書き終えてから見た『マディのおしごと　恋の手ほどき始めます』（2023）は傑作だった。金目当てのはずが少年の弾くピアノに心底胸を打たれる」・ローレンスの瞳の震え。

山本恭輔（やまもと・きょうすけ）
東京大学大学院学際情報学府 博士課程在学。修士（学術）。専門はフェミニスト・カルチュラル・スタディーズ、メディア文化論、言語人類学など。主にアメリカ映画におけるジェンダーや人種の問題を研究している。

黒岩幹子（くろいわ・みきこ）
1979年生まれ。編集者・ライター。スポーツ紙「東京中日スポーツ」やWEBマガジン「boidマガジン」、映画パンフレットの編集に従事。編書に『青山真治クロニクルズ』（共編著、リトルモア）、『映画は爆音でささやく 99-09』（樋口泰人著、boid）など。

鈴木史（すずき・ふみ）
1988年宮城県生まれ。映画監督・文筆家。東京藝術大学大学院映像研究科映画専攻監督領域修了。映画評・エッセイを「Filmground」、「NOBODY」、「BRUTUS」ほかに寄稿。トークイベントへの登壇や現代美術のフィールドでの作品制作も行っている。連載中のエッセイに「一本の（　）から考える○○のこと」（せんだいメディアテーク）、「迂回路の夜の人影たち」（boidマガジン）など。

はせがわ なな
カンボジアに住む映画ファン。すでにパンパンであったスーツケースに、リージョンフリーのDVDプレーヤーとお気に入りDVD約200枚を詰め込み移住（そのせいで渡航時の荷物が重量オーバーとなり、超過料金2万円を支払う）。近所に映画館を発見し、今後はマイナーなアジア映画の発掘を楽しみたいと考えている。

ペップ
ツイシネ（#twcn）主宰＆cinematifメンバー。ツイシネ（#twcn）では劇場公開新作映画をお題にネタばれなしの感想を#twcnで募るイベントを毎月開催。cinematifでは劇場公開新作映画をお題に参加者でトークするマンスリー・シネマ・トークを毎月開催。リアルもオンラインもあるのであなたもぜひご参加を。ご質問等はペップのXのアカウント（@josep_guardiola）までお気軽に！

鷲谷花（わしたに・はな）
大阪国際児童文学振興財団特別専門員。専門は映画学、日本映像文化史。共編著に『淡島千景 ― 女優というプリズム』（共編著、青弓社、2009年）、訳書に『ワンダーウーマンの秘密の歴史』（ジル・ルポール著、青土社、2019年）。単著『姫とホモソーシャル：半信半疑のフェミニズム映画批評』（青土社、2022年）が、第45回サントリー学芸賞を受賞。近年は昭和期日本の幻灯（スライド）文化についての調査研究及び、幻灯機とフィルムによる一般向け上映活動にも取り組んでいる。

樋口幸之助（ひぐち・こうのすけ）
映画会社を退職後、フリーで映像制作を開始。脚本を書いたり、映画を撮ったりする。先日、知り合いの小学4年生と「『エイリアン2』のパワーローダーヤバいよな」という話で意気投合した。グッチーズ・フリースクール校長。

関根麻里恵（せきね・まりえ）
表象文化研究者。共著に『ポスト情報メディア論』（ナカニシヤ出版、2018年）、『「百合映画」完全ガイド』（星海社、2020年）、『ゆさぶるカルチュラル・スタディーズ』（北樹出版、2023）など。『ユリイカ』『現代思想』などにも寄稿。

大本有希子（おおもと・ゆきこ）
広島県生まれ。東京を拠点に活動するイラストレーター。2020年パレットクラブスクール卒業後、映画パンフレットや雑誌、映像などのイラストレーションを担当。Instagram：ppppiyo

川口敦子（かわぐち・あつこ）
映画評論家。著書「映画の森―その魅惑の鬱蒼に分け入って」、訳書「ロバート・アルトマン わが映画、わが人生」など。キネマ旬報、映画芸術などに寄稿。

稲葉なつき（いなば・なつき）
イラストレーター。アナログとデジタルでイラストを描いています。どうぶつのイラストが得意ですが最近人間も描いています。映画と漫画とアニメと灯台が好きなオタクです。京都在住。Instagram：natsuki.178

Yuko Kagawa（yukorangel）
1996年愛媛県生まれ。イラスト・アニメーション、動画編集を主に活動するクリエイター。ソフィア・コッポラ監督の『マリー・アントワネット』で世界観づくりに感銘を受けてから、映画を観るときはプロップスばかり注目してしまう。Instagram.com：yukorangel

小澤英実（おざわ・えいみ）
翻訳家、批評家、東京学芸大学准教授。専門はアメリカ文学・文化研究。共著に『村上春樹 映画の旅』（フィルムアート社）、『幽霊学入門』（新書館）、『現代批評理論のすべて』（新書館）、訳書にカルメン・マリア・マチャド『彼女の体とその他の断片』（共訳、エトセトラブックス）、ロクサーヌ・ゲイ『むずかしい女たち』（共訳、河出書房新社）、フランク・O・キング『ガソリン・アレーのウォルトとスキージクス』（創元社）エドワード・P・ジョーンズ『地図になかった世界』（白水社）などがある。

上條葉月（かみじょう・はづき）
1992年生まれ。字幕翻訳者。字幕翻訳の仕事の傍ら、映画上映の企画・プログラミングも行う。劇場パンフレットや雑誌「ユリイカ」「DVD&動画配信でーた」に寄稿するなど、文筆家としても活動。

関澤 朗（せきざわ・あきら）
1985年生まれ。グッチーズ・フリースクールで映画『アザー・ミュージック』（2019）を配給しているほか、雑誌「ムービーマヨネーズ」1〜3で編集・執筆を担当。本書には既刊『USムービー・ホットサンド』に続き参加。

CHAPTER 2

常石史子（つねいし・ふみこ）
1973年生まれ。フィルム・アーキヴィスト、獨協大学准教授（表象文化論、映画研究）。国立映画アーカイブ研究員、オーストリア・フィルムアーカイブ技術部長を経て現職。論文に「ポジ編集からネガ編集へ―1920年代ドイツ語圏におけるポストプロダクションの変容」（『映像学』109号）、「トーンビルダー（音＝画）―ドイツ語圏における初期「無声」映画の一形態」（同111号）など。

渡部幻（わたべ・げん）
企画・編集・作品解説：『60／70／80／90／ゼロ年代／アメリカ映画100シリーズ』（芸術新聞社）。編集：粉川哲夫『映画のウトピア』（芸術新聞社）。パンフレット寄稿：『ファースト・カウ』『ニナ・メンケスの世界』『悪魔のシスター』他。雑誌寄稿：映画雑誌『南海』《ジョナサン・デミの音楽、デイヴィッド・バーンの映像》他。

新田孝行（にった・たかゆき）
フランス映画史研究。最近の著作に『レオス・カラックス 映画を彷徨うひと』（項目執筆、フィルムアート社、2022年）、「ないがしろにされた演奏――ジャン＝リュック・ゴダールの「メタフィルム・ミュージック」をめぐって」（『ユリイカ』臨時増刊号「総特集ジャン＝リュック・ゴダール」、2023年）など。

高崎郁子（たかさき・いくこ）
アテネ・フランセ文化センターで上映企画を担当後、明治学院大学大学院文学研究科映像芸術学研究コース博士後期課程在籍、東京造形大学非常勤講師。翻訳にカジャ・シルヴァマン著「歴史的トラウマと男性主体」（『バンダライ』、2022）。主な論文に「父権的秩序の崩壊――アルベルト・カヴァルカンティ『私は逃亡者』の試み」（『バンダライ』、2018）、「『その信管を抜け！』（1949）のジェンダー表象分析――戦後イギリス映画における傷ついた男性性についての一考察」（『映像学』、2022）など。

渋谷哲也（しぶたに・てつや）
1965年兵庫県生まれ。日本大学文理学部教授。専門はドイツ映画、映像文化。著書に『ドイツ映画零年』（共和国）、編著書に『ファスビンダー』（共編、現代思潮新社）、『ストローブ＝ユイレ シネマの絶対に向けて』（森話社）、『ナチス映画論　ヒトラー・キッチュ・現代』（共編、森話社）など。翻訳書にR.W.ファスビンダー『ブレーメンの自由』『ゴミ、都市そして死』（ともに論創社）。また『天使の影』、『13回の新月のある年に』などドイツ映画の字幕翻訳を多数手がける。

古賀太（こが・ふとし）
日本大学芸術学部教授。国際交流基金、朝日新聞社勤務を経て、2009年より現職。著書に『美術展の不都合な真実』、『映画大国イタリア　名画120年史』、翻訳に『魔術師メリエス』など。

赤坂太輔（あかさか・だいすけ）
映画批評家。シネクラブ＆ウェブサイトnew century new cinema主宰。1997、1999年『ポルトガル映画講座』、2012年『アルゼンチン映画の秘宮』等を開催、ペドロ・コスタ、ペーター・ネストラー、グスタボ・フォンタンらを作家特集に先駆け紹介上映。著書『フレームの外へ――現代映画のメディア批判』（森話社）、出演作にジャン＝クロード・ルソー監督『晩秋』『Un monde flottant』がある。イギリスの映画雑誌『sight&sound』の世界映画史上ベストテン2012、2022に参加。

月永理絵（つきなが・りえ）
ライター、編集者。小雑誌『映画酒場』『映画横丁』編集人。『朝日新聞』『週刊文春』『CREA.web』他、新聞・雑誌・WEBメディアで映画評やインタビュー記事を執筆。

CHAPTER 3

松本侑壬子（まつもと・ゆみこ）
映画評論家。1968～99年に共同通信社記者、2000～2009年に十文字学園女子大教授。著書に『銀幕のハーストリー～映画に生きた女たち』（パド・ウィメンズ・オフィス）『映画を作った女たち――女性監督の100年』（シネマハウス）、共著に『女性監督映画の全貌』（パド・ウィメンズ・オフィス）など。

沖田航平（おきた・こうへい）
2002年生まれ。東北大学文学部在籍。2022年にNowsreelを立ち上げ、翌年から上映活動をはじめる。現在は第四回上映を準備中。翻訳にピーター・ウォーレン「二つのアヴァンギャルド」など。

小林亜伽里（こばやし・あかり）
1998年、東京生まれ。英国、オックスフォード大学中世・近世文学研究科、博士後期課程所属。2021年に慶應義塾大学文学部を首席で卒業後、2022年にオックスフォード大学より英文学修士号を取得した。専門は文学および視覚文化のフェミニスト批評、翻訳論、中世ヨーロッパ文学研究、西洋古典の受容研究。現在はフェミニスト批評誌『i+med(i/e)a』の共同編集長を務める。

中田円凛（なかた・えんり）
1998年生まれ。Nowsreelメンバー。第二回「ヴィジュアル・プレジャー　ローラ・マルヴィとピーター・ウォーレンのシネマ」（2023）を企画。今後は東京で映画、クィア、アヴァンギャルドを軸に上映会活動を行う予定。

協力
アイ・ヴィ・シー
紀伊国屋書店
ギャガ
ソニー・ピクチャーズ　エンタテインメント
ハピネットピクチャーズ
プンクテ
JAIHO
NBCユニバーサル・エンターテイメントジャパン
TCエンタテインメント

編者略歴

降矢聡（ふるや・さとし）
リンジー・ローハンと同じ年生まれ。『ムービーマヨネーズ』企画・編集。「DVD＆動画配信でーた」にて、コラムを連載中。編著に『USムービー・ホットサンド 2010年代アメリカ映画ガイド』（フィルムアート社）、共著に『映画を撮った35の言葉たち』、『映画監督、北野武。』（ともにフィルムアート社）、『映画空間400選』（INAX出版）。近年、輝きを増すナターシャ・リオンの活躍が嬉しい。グッチーズ・フリースクール教頭。

吉田夏生（よしだ・なつみ）
1988年生まれ。映画配給会社、国立映画アーカイブ等の勤務を経て、2024年現在はトロントの大学院で映画の保存を専門とする修士課程に在籍中。日本での学生時代には、大衆文化における女性表象等について学んだ。『USムービー・ホットサンド』の俳優座談会に参加したり、『ムービーマヨネーズ3』の編集・執筆を担当したりもしている。ずっとヤスミン・アフマドが大好き。

ウィメンズ・ムービー・ブレックファスト
女性たちと映画をめぐるガイドブック

2024年4月30日 初版発行

編　降矢聡＋吉田夏生
監修　グッチーズ・フリースクール

ブックデザイン　石島章輝（イシジマデザイン制作室）
石神正人（DAY）
森大和（WAONICA）

編集　田中竜輔
発行者　上原哲郎
発行所　株式会社フィルムアート社
〒150-0022
東京都渋谷区恵比寿南1-20-6
第21荒井ビル
Tel. 03-5725-2001
Fax. 03-5725-2626
https://www.filmart.co.jp

印刷・製本　シナノ印刷株式会社

Printed in Japan
ISBN978-4-8459-2320-5　C0074